# 화이트헤드 철학과
# 기독교 자연신학

# 화이트헤드 철학과 기독교 자연신학

초판 1쇄 인쇄 2015년 2월 15일
초판 1쇄 발행 2015년 2월 23일

**지은이** 존 B. 캅 Jr.
**옮긴이** 이경호
**편 집** 권연주
**교 정** 권연주, 황웅
**디자인** 스토리하우스

**펴낸곳** 도서출판 동과서
서울시 영등포구 국회대로 53길 23, 태성빌딩 4층
**등록번호** 제22-405호
D.K.S. Publishing Co.
23, Gukhoe-daero 53-gil, Yeongdeungpo-gu,
Seoul, 150-038 Rep. of KOREA
**전화** (02) 333-7533
**팩스** (02) 6280-2353
**값:** 30,000원
ISBN 978-89-6525-119-4 93160

# 화이트헤드 철학과
# 기독교 자연신학


존 B. 캅 Jr. 지음

이경호 옮김



동과서

## 참고 문헌 약호

화이트헤드의 저작들에 대한 각주의 참조 사항들은 다음과 같은 약호로 표기된다. 각주에서 약호 다음에 나오는 숫자는 별다른 지적이 없는 한 해당 저작의 쪽수를 지시한다.

*AI* *Adventures of Ideas*. The Macmillan Company, 1933.
오영환 역,『관념의 모험』(한길사, 1996).

*CN* *The Concept of Nature*. Cambridge University Press, 1920.

*Dial* *Dialogues of Alfred North Whitehead*, as recorded by Lucien Price. Little, Brown and Company, 1954.

*ESP* *Essays in Science and Philosophy*. Philosophical Library, Inc., 1947.

*FR* *The Function of Reason*. Princeton University Press, 1929.

*Imm* "Immortality," in Schilpp, ed., T*he Philosophy of Alfred North Whitehead*. See "Schilpp" below.

*MT* *Modes of Thought*. The Macmillan Company, 1938.

*PNK* *An Enquiry Concerning the Principles of Natural Knowledge*. Cambridge University Press, 1919; second ed., 1925.

*PR* *Process and Reality. An Essay in Cosmology*. Corrected edition. Edited by David Ray Griffin and Donald W. Sherburne. New York: Free Press, 1978[1929]. 오영환 역,『과정과 실재』(민음사 1991).

*RM* *Religion in the Making*. The Macmillan Company, 1926.

*SMW* *Science and the Modern World*. The Macmillan Company, 1926. 오영환 역,『과학과 근대세계』(서광사, 1989).

화이트헤드에 관한 이차 문헌들은 처음으로 인용될 경우에는 저자와 저서 제목이 모두 표기되지만 같은 저서가 계속 인용될 경우 저자만 표기한다.

Blyth, John W. *Blyth, Whitehead's Theory of Knowledge*. (Brown University Studies, Vol. VII.) Brown University Press, 1941.

Christian, William A. Christian, *An Interpretation of Whitehead' s Metaphysics*. Yale University Press, 1959.

Ely, Stephen Ely, *The Religious Availability of Whitehead' s God*. The University of Wisconsin Press, 1942.

Hammerschmidt, William W. Hammerschmidt, *Whitehead's Philosophy of Time*. King's Crown Press, 1947.

Johnson A. H. Johnson, *Whitehead's Theory of Reality*. Beacon Press, Inc. 1952.

Kline, George L. Kline, ed., *Alfred North Whitehead: Essays on His Philosophy*. Prentice-Hall, Inc., 1963.

Lawrence, Nathanial Lawrence, *Whitehead's Philosophical Development*. University of California Press, 1956.

Leclerc, Ivor Leclerc, *Whitehead's Metaphysics: An Introductory Exposition*. The Macmillan Company, 1958.

Leclerc, (Ed.) Ivor Leclerc, ed., *The Relevance of Whitehead*; The Macmillan Company, 1961.

Lowe, Victor Lowe, *Understanding Whitehead*. The Johns Hopkins Press, 1962.

Palter, Robert M. Palter, *Whitehead's Philosophy of Science*. The University of Chicago Press, 1960.

Schilpp, Paul Arthur Schilpp, ed., *The Philosophy of Alfred North Whitehead*. Tudor Publishing Company, 1951.

Sherburne, Donald W. Sherburne, *A Whiteheadian Aesthetic*. Yale University Press, 1961.

# 역자 서문

본서는 다음과 같은 몇 가지 독특하고 중요한 특색들을 지녔다. 그 특색을 간단히 알려주는 것으로 역자 서문을 대신하겠다. 우선, 본서는 기독교 자연 신학또는 기독교적 철학적 신학적 작업의 일환으로 집필되었지만, 알프레드 노드 화이트헤드Alfred North Whitehead, 1861~1947의 형이상학에 관한 최고의 해설서요 주해서로 높게 평가되는 저술이다. 비록 본서가 화이트헤드 형이상학의 포괄적인 주제들 가운데 우선적으로 종교나 기독교 신학과 직접 관련될 수 있는 주제들만을 다루고 있다고 하더라도, 그런 주제들특히, 신론과 인간론과 종교론 등에 관한 화이트헤드 형이상학의 핵심적 관련 진술들과 의미들을 직접적으로 해설하고 있기 때문에 화이트헤드 형이상학에 대한 해설서요 주해서 자체로도 평가되며, 그래서 기독교 신학과 연관해 그의 형이상학의 성격을 온전히 파헤쳐 드러내 주는 명저로 평가 받아 왔다.

이런 의미에서, 저자에게 철학과 신학은 화이트헤드의 전체적이고 포괄적인 체계 내에서 우선적으로 주목해야할 주제들 중 배열상의 차이에 불과하다. 그런 방식으로, 과정 철학과 과정 신학은 각각 우선적으로 주목하는 주제들과 그렇지 않은 주제들 사이에서의 연관성이나 실제적인 내용상에서 원칙적으로는 차이가 존재하지 않으며, 화이트헤드의 명시적인 진술들은 물론이거니와 그의 축약된 암묵적인 표현들은 더욱 풍성하게 발전되고 있다는 느낌이다. 화이트헤드에게서 전제되어 있는 것들을 명확히 드러낸다는 의미에서 말이다. 그래서 본서는 화이트헤드의 형이상학을 해설한 책이자 기독교 신학 책이다. 이는 신학의 형성과 관련해 규범이나 기준을 중시하는 사람들에게 상당히 논쟁적일 것이다. 이에 대해서는 본서의 『구판$_{1965}$』서문과 제7장을 꼼꼼히 읽어보라고 권하고 싶다.

그럼에도 불구하고, 저자는 종교적 경험의 입장에서 화이트헤드의 어떤 입장들을 실제로 수정하고 있다. 그러나 저자는 그런 수정이 화이트헤드의 형이상학을 왜곡하는 것이 아니라 종교적 경험으로 그 체계를 더욱 풍성하게 발전시키는 것으로 이해하고 주장한다. 실제로 저자는 본서에서 위대한 철학들을 활용했었던 과거의 기독교 신학들$_{가령, 어거스틴과 아퀴나스의 신학들}$이 자신들의 실재적인 종교적 경험을 통해 그 철학들이 명시적으로 검토하지 않았거나 미약하게 표현하는데 그치고만 실재의 측면들을 더 분명하게 검토하고 표현해줌으로써 그 철학들을 더욱 풍성하게 발전시켰다는 의미를 제시하며, 화이트헤드의 형이상학을 기독교 신학으로 활용하는 본서에서의 작업도 그것들과 크게 다르지 않다고 여긴다. 단, 해당 철학 체계를 부분 발췌해 가는 형식이 아닌 온전히 수용하여 더욱 정합적이고 논리적으로 보충한다는 측면에서 말이다.

그런데 화이트헤드의 형이상학적 입장의 수정과 관련해 본서의

『구판』과 『수정판$_{2007}$』사이에서 하나의 아이러니컬한 변화가 일어났다. 이 점은 역자는 물론 본서가 『수정판』으로 재출간되는데 중요하다고 생각하기 때문에 어느 정도 길게 언급해야 할 것 같다. 숙지하고 있는 사람들은 알다시피, 화이트헤드의 신관을 둘러싸고 신을 '하나의 유일한 현실적 존재'로 볼 것인가 아니면 '현실적 계기들의 사회'로 볼 것인가의 문제에서, 과거 저자는 화이트헤드의 입장을 수정하는 편에 섰었고, 그 근거로 작용한 것이 하츠혼의 합리주의였다. 그런데 놀랍게도 그렇게 강력하게 주장되었던 그 수정된 입장이 『수정판』에서는 철회되고 화이트헤드의 입상이 더 강력한 것임을 인정하면서 화이트헤드의 본래의 입장을 해설하는 것으로 제5장이 새로 쓰이게 되었다는 것이다. 『수정판』을 내게 된 결정적 계기가 바로 이 제5장을 다시 써야만 했기 때문이었다. 이러한 재수정이 역자에게는 솔직히 혼란스러운 것이었다. 그러나 저자는 이 『수정판』에서 과거의 입장에 결함이나 논리적 흠등이 발견되어 재수정을 결심 했다고 하지 않고 화이트헤드의 직관이 하츠혼의 합리주의보다 더욱 강력한 것임을 발견하게 되었기 때문이라고 말한다. 사실 그러한 재수정으로의 결심은 오랜 시간을 두고 서서히 일어났을 것이고, 그것이 2007년 『수정판』의 출간으로 나타났을 것이라고 생각된다.

사실 역자가 개인적으로 본서에서 가장 인상 깊게 동의하고 있었던 부분이 바로 『구판』제5장에서의 치밀한 합리주의였을지도 모른다. 그래서 혼란스러웠다. 최근 본서 저자의 제자이자 동료인 또 한명의 발군의 과정 신학자인 데이빗 그리핀David R. Griffin도 동년 2007년에 출간한 한 저술『Whitehead's Radically Different Postmodern Philosophy』, (2007)에서 본서 저자의『구판』만을 인용하며 어떤 이슈에 대해서는 수정안을 제시하기도 하지만 이 사안의 재수정에 대해서는 일체의 언급이 없으며, 자신은 여전히 범시간주의pantemporalism를 주장한다고 하는 것 등으로 미루어 저자의 재수정에 동의하지 않는 것 같아 보인다.

이런 이유 등으로 역자는 개인적으로『구판』의 제5장 내용을 살려서 이 번역서에서는『구판』과『수정판』의 5장들을 나란히 실어볼까 하는 생각까지 했지만 저자와의 메일 서신 교환에서 저자가『수정판』이 번역 소개되기를 강력히 원하고 있음을 확인하고 그 뜻을 따랐다. 그러나 그럼에도 불구하고, 인격적 동일성의 문제제2장 등을 포함해 몇 가지『구판』에서의 수정들은 오랜 세월의 검증을 견뎠으며 아직도 대부분 강력히 확신하고 있다고 말하고 있는 것으로 보아, 종교적 경험의 입장에서 화이트헤드의 입장을 수정하여 그 사상을 왜곡이 아닌 더욱 발전시킨다는 저자 본래의 주장이 타당성을 잃지는 않을 것이다. 역자에게도 그 문제에 대해 더욱 깊게 관련 자료들을 다시 보고 생각하는 계기가 되었다고 할 수 있으며, 그래서 이『수정판』이 더더욱 풍성한 논의를 불러들이게 되었다고도 말할 수 있다고 본다.

본서는 마이클 베버Michel Weber가『화이트헤드 이후』After Whitehead, 2004에서 표현했듯이, 과정 신학이나 과정 종교 철학에서 랜드마크

landmark의 지위에 있는 매우 중요한 책이자 고전이 된 책이며, 많은 후대의 과정 신학자들과 그들의 저술들이 참조하고 의존하는 원본격의 책일 뿐만 아니라, 현대 신학 구성의 탁월한 한 사례인 과정신학을 그 최전선에서 맹활약하며 확고한 반석 위에 올려놓은 저자의 다른 저술들의 주제들가령, 기독론, 생태신학, 경제 윤리, 신과 세계의 관계성, 인간론, 영혼론 등의 철학적 기반과 근거와 바탕을 제공하는 책이다. 그의 사상을 연구하는 학자들은 이를 확인할 수 있고, 그래서 본서는 캅과 그의 창조적인 현대 신학으로서의 과정신학의 탄생과 형성을 이해하는데 관련 전공자들이 필수적으로 반복해 열독해야 하는 내작magnum opus이며, 이미 언급했지만 화이트헤드 형이상학을 연구하려는 학자들도 반드시 숙독해야만 하는 연구서라고 자신 있게 말할 수 있는 저술이다. 특히, 화이트헤드의 신론에 관한 국내 연구 논문들의 엉성하다 할 수 있는 서술과 이해를 바로 잡아주고 체계적인 정보를 제공하는데 좋은 안내자가 될 것으로 믿어 의심치 않는다. 화이트헤드가 신론을 형성해간 역사적 단계들과 그 가운데 일어난 견해에서의 변화 등을 자세히 다루며 그의 신론이 세계의 질서 문제를 해명하는 우주론적 논증에 속한다는 통찰 등을 다루고 있기 때문이다제4장.

앞에서도 계속 지적했지만, 본서는 『구판』과 『수정판』 두 종류가 있다. 이에 대해서는 저자의 『수정판』 서문을 읽으면 자세히 알게 되겠지만, 제5장에서의 큰 폭의 변화를 떠난다면 거의 『구판』 그대로이고 군데군데 몇 문장들만이 그 제5장의 수정의 빛에서 다시 소폭으로 다듬어졌을 뿐이다. 제1장에서 제3장까지는 아주 극소수의 단어교체를 제외한다면 거의 바뀐 것이 없고, 제4장도 전체적인 내용은 그대로이면서 구별을 좀 더 세분화하고 제5장 내용과의 연관성에서 몇 단락들이 새로 써졌지만 거의 그대로라고 보아도 무방하다. 제6장이나 제7장도 제4장의 경우와 대동소이하다. 『과정과 실재』 인용에서는 『구판』에서의 1929년 『맥밀런 판』이 셔번과 그리핀에 의한 1978년 『교정판』으로 바뀌어, 삼부작에 한해 역자가 갖고 있는 국내 오영환 교수 국역본$_{1991년판}$의 쪽수를 일일이 병기해 놓았다. 본서가 화이트헤드의 주요 저작들을 매우 광범위하게 인용하며 논의를 전개하고 있기 때문에 꼼꼼하게 읽으며 화이트헤드 철학을 공부하려는 독자들에게 도움이 될 것으로 기대한다.

그리고 역자는 본서의 영인본에는 없지만 저자의 중요 논문들 가운데 하나를 【역자 첨부 부록】의 형태로 본 번역서에 추가하였다. 제목은 「실재론을 방어하며」$_{\text{In defense of Realism}}$ 이다. 이 시대 중요한 구성 신학자들 가운데 한 사람인 고든 카우프만$_{\text{Gordon D. Kaufman}}$의 칸트주의 관념론에 대해 화이트헤드의 실재론 판본으로 실재론을 옹호하는 글이다. 저자도 그 글 서두에서 밝혔지만 칸트에 대해 어떤 태도를 취하는가에서 카우프만과 저자는 입장을 달리한다. 따라서 꼼꼼하게 읽을 필요가 있는 글이다. 그 글의 출처는 해당 역자 주에서 밝혔다. 마지막으로 본서의 번역 출간에 관심을 갖고 언제 나오느냐고 묻곤 하시며 격려를 아끼지 않으시는 감신대 장

왕식 선생님과 출간 의뢰에 흔쾌히 응해주신 도서출판 《동과서》 황병기 주간님께 머리 숙여 감사드린다.

역자 이경호

# 『수정판$_{2007}$』 저자 서문

나의 『기독교 자연신학』의 재출간이라는 아이디어가 일어났을 때, 나는 적극적으로 반응하였다. 그 아이디어는 웹상에서 이용할 수 있었고, 거기에서 많은 사람들이 활용했었다. 같은 무렵, 나는 이 저술의 불어 번역서를 승인해 줄 수 있느냐는 문의를 받았다. 나는 그 프로젝트를 듣고서 매우 기뻤었다.

그럼에도 불구하고, 나는 몇 가지 점들로 인해 주저하지 않을 수 없었다. 본서는 내가 60년대 초반에 썼던 책이다. 세계와 교회는 당시 이후로 대폭의 변화를 거듭해 왔다. 나는 이런 점들을 잊지 않고 있다. 또한 나는 이 책을 저술한 이후 40년이 넘는 기간 동안 이 책에서 다룬 많은 주제들에 대해 가르쳐 왔다. 화이트헤드에 관한 나의 어떤 해석들과 그의 개념 체계를 발전시키고 활용하는 나의 시도들도 중요한 변화를 겪어 왔다.

나의 보다 나중의 간행물들은 이런 변화들을 반영하고 있다. 그럼에도 불구하고, 나의 이 『기독교 자연신학』 초판 속의 정식화들은 여전히, 나의 사고가 가장 크게 달라진 입장들에 관하여서도 현재의 나의 견해들처럼 취급되고 있다. 이 상태로 이 책의 재출간과 불어본도 갖게 되면 현재의 나의 생각과 당시의 나의 생각이 동일하다고 전제하려는 경향은 더욱 강화될 것이다. 나의 견해들이 달라졌다고 단지 재출간될 책 서문에서나 알려주는 것은 이 책을 진지하게 취급하는 무대를 제공할 수 없을 것 같았다.

이 책의 『초판』에는 또 다른 문제들도 존재한다. 이 책의 초판은 가부장적 언어로 쓰여 졌는데, 그 당시 모든 사람들이 그렇듯이 나도 별다른 생각 없이 그렇게 했을 뿐이다. 오늘날에는 그런 언어가 남성인 나에게조차 비위가 상하게 들린다. 그리고 1960년대 말엽 다른 많은 개신교도들처럼 나도 신학의 인간 중심적 특성이 몰고 온 해악을 알게 되어 엄청난 충격을 받았다. 따라서 나는 "자연"신학에 관한 나의 이 책의 초판 속에서 자연이 매우 사소한 역할밖에 하지 못하고 있다는 점 때문에 오랫동안 불편함을 느껴왔다. 이런 충격은 나로 하여금 신학을 더욱 폭넓게 정의하는 방향을 지향케 하였다.

이 책의 초판은 당시의 나의 저술 상황이었던 신정통주의 신학과 불트만의 실존주의 사상이 지배하고 있다는 점을 반영하고 있다. 당시 저술을 했던 상황에서는 거세게 불던 급진적 신학이나 제2차 바티칸 공의회가 던진 놀라운 충격을 예상할 수 없었다. 이 책은 곧이어 불어 닥친 해방신학도 전혀 예상할 수 없었는데, 이런 점들은 그 후 정치적이고 경제적인 세계들에 대한 내 작업의 많은 부분에 새로운 방향을 일러주었다. 게다가, 당시 나의 생각은 구조주의나 탈구조주의적 포스트모던 사상과도 관계가 멀었다. 기독교 자연신학을 변호해야할 상황이 당시의 상황으로부터 매우 달라졌다는 것은 아주 분명해 보인다.

이 모든 점들에도 불구하고, 나는 몇 가지만을 수정하더라도 이 책이 현재의 요구를 충족시킬 수 있을 것이라는 결정을 내렸다. 나는 여전히 기독교 자연신학 프로젝트를 옹호하기를 원하며, 이것은 상황에서의 차이에도 불구하고 반복된 옹호를 요청하는 소수파의 관점으로 남아 있다. 나는 내가 60년대 제공했던 기본적인 논증을 계속 지지한다. 나는 알프레드 노드 화이트헤드Alfred N. Whitehead의 사상이 이런 프로그램을 보완하는데 가장 유망한 근거를 제공한다고 여전히 믿고 있다. 화이트헤드에 관한 나의 대부분의 주석들은 세월의 검증을 견뎌냈으며 거의 변화를 필요로 하지 않는다. 비록 현재 내가 마음에 품고 있는 윤리에 관한 문제들이 당시에 내가 생각하고 있던 문제들은 아니라고 하더라도, 이 책의 초판의 내용은 여전히 타당하다고 생각한다.

독자들은 60년대 초에 집필된 이 책의 초판이 당시 이후로 발생했던 많은 점들을 고려하고 있지 못하고 있다는 점을 알게 될 것이다. 그들은 이 책의 초판이 전반적으로 오늘날 나의 중심적 열정과 헌신에 적합한 강조점들이나 섬세한 점들과 관련해서는 집필되지 못했다는 점도 알게 될 것이다. 이 새로운 『수정판』은 그런 점들의 방향을 향해 약간 기울어지도록 편집되었고, 가부장적 언어는 새로운 표준의 성性 중립적 정식화들로 대체되었다. 그러나 이러한 수정들은 매우 소폭으로만 이루어졌다고 할 수 있다. 독자들은 또한 관련될 수 있는 많은 문헌들이 있지만 이 『수정판』과 관련되지 않고 있다는 점도 알게 될 것이다. 이런 관점에서의 유일한 변화는 내가 화이트헤드의 대작인 『과정과 실재』의 교정판으로 인용을 바꾸었다는 점뿐이다. 웨스트민스터 존 녹스Westminster John Knox 출판사의 편집자 게리 리Gary Lee가 이런 과제들을 맡아 많은 수고를 하였다.

나의 현재의 견해들이 60년대 내가 했던 주장들과 아주 달라진 곳에서만 나는 실질적인 변화를 가하였다. 제4장과 제6장과 제7장에서는 사소한 변화들만이 발견되지만 제5장은 단연코 가장 중대한 변화들과 관련된다. 다른 곳에서는 텍스트가 약간 수정되었지만 제5장에서의 옛 자료의 대부분은 새로운 자료로 대체되었다. 나는 제5장에 새로운 제목을 달 필요성마저 느꼈다. 1965년 이후 나의 사고에서의 변화에 관심을 갖고 있는 독자들은 이 제5장으로 곧장 갈 수 있다.

화이트헤드의 사상에 근거한 기독교 자연신학을 수용할 가능성은 내가 이 책을 처음 썼던 당시보다 오늘날 약간 더 가망성이 높을 것이다. 그럼에도 불구하고, 이런 나의 판단은 개신교 영향권에서는 사실이 아니다. 시카고 대학 신학부는 더 이상 과정 사상 연구의 중심지가 아니며, 거기에서 상급의 교육에 종사하는 과정 신학자도 더욱 드물어졌다. 클레어몬트 대학원은 이런 역할에서 시카고를 대신할 수 없었다. 다행히도, 여기저기서 신학자들특히 페미니스트 신학자들이 개별적으로 과정 신학자들의 작업이 유용하다는 점을 발견해 왔으며, 과정 신학이 생생히 유지되도록 도와 왔다. 이런 유관 분야에서의 문헌들은 크게 증가해 왔다. 따라서 전반적인 결과에서는 기복이 없는 편이다.

자유주의 개신교 전통의 상속자들에 의한 것보다는 보수적인 복음주의자들에 의해 받아들여질 희망이 더 많을 수도 있다. 복음주의자들 중 어떤 사람들은 자신들의 신앙을 위한 근거를 부여하는데 많은 관심을 갖고 있다. 그들은 과학적 세계관이 중요하다는 점과 그것이 종교적 신념에게 초래시킨 문제들에 대해 더욱 의식하고 있다. 그들 가운데에서 "개방적 신학"open theology을 향한 의미 있는 운동이 전개되어 왔다. 이 신학은 성서에 기반을 두면서 거기서 과정 신학의 가르침을 지지하는 많은 내용들을 발견한다. 비록 개방적 신학이 어느 정도 화이트헤드의 철학과 떨어져 있다고 하더라도, 강력한 성서적 특성을 주장하길 원하는 그 운동의 참여자들 가운데 어떤 사람들은 화이트헤드 철학에 조예가 깊다.

동아시아의 개신교 영향권에서도 화이트헤드에 대해 어느 정도 관심을 보여 왔다. 일본의 개신교인들 사이에서는 잘 확립된 화이트헤드 학회에 참여하는 사람들이 있다. 화이트헤드의 사상이 기독교와 불교의 대화에서 유용하다는 점이 입증되어 왔다. 한국에서는 개신교 신학이 원기 왕성한 기획이지만 그 대부분의 신앙은 보수적이다. 진보적인 소수의 사람들에게서만 과정 신학이 의미 있는 역할을 하고 있다. 한국에서도 과정 신학은 다른 종교 전통들과의 관계성을 지지하는 문을 열어주었다. 중국에서는 급속하게 성장하는 교회가 과정 사상에 의해서 깊이 영향을 받아 오지는 않았지만, 억압과 박해의 오랜 세월을 통해 과정 사상에 당도

한 텡 주교Bishop Teng는 가끔 자신을 과정 신학자로 자리 매김한다.

예나 지금이나 과정 사상의 전망은 잘 알려진 역사적 근거들로 인해 개신교 영향권에서보다는 가톨릭 영향권에서 더욱 밝다고 하겠다. 제2차 바티칸 공의회 직후 가톨릭의 샤르댕에 대한 관심은 화이트헤드에게도 개방적이도록 만들었다. 개방성의 시기가 점차 사라져갔지만, 결코 전적으로 폐쇄된 것은 아니다. 루뱅 대학의 장 반 데어 베어컨Jan Van der Veken은 자연 신학을 가르쳤고 전 세계로부터 온, 영어를 말하는 가톨릭 학생들에게 과정 사상을 소개하였는데 특히 찰스 하츠혼의 사상을 소개하였다. 그들 가운데 어떤 사람들은 호주, 필리핀, 그리고 인도에서 적극적인 옹호자들이 되었다. 최근에는 과정 신학자인 한스 요아킴 샌더Hans-Joachim Sander가 잘츠부르크에서 신학을 가르치도록 바티칸의 승인을 얻어냈다. 더욱 최근에는 화이트헤드의 사상이 루뱅라네부Louvain-la-Neuve에서 개최되었던 신학 컨퍼런스의 주요한 주제가 되기도 했다. 아프리카의 가톨릭 영향권에서도 화이트헤드의 사상에 대한 관심이 점차 증가하고 있다. 이곳에서는 화이트헤드의 사상이 토미즘보다는 그곳의 토착 전통들과 더 관련될 수 있다.

신학분야에서 화이트헤드의 미래 영향력은 화이트헤드의 사상이 다른 분야들에서 하는 역할에 크게 달려 있다. 미국에서의 주된 문제는 화이트헤드가 철학과에서 점점 덜 가르쳐지고 있다는 것이다. 특히, 대학원 수준에서 말이다. 다른 곳에서의 상황이 더욱 고무적이다. 유럽특히 동유럽에서는 화이트헤드의 사상이 철학자들 사이에서 상당한 관심을 끌고 있다. 이 점은 동아시아특히 중국에서도 마찬가지이다. 높이 존경받는 프랑스 포스트모더니즘의 참여자 질 들뢰즈Gilles Deleuze와 지도적인 과학 철학자인 이자벨 스텡거Isabelle Stengers는 모두 화이트헤드가 중요하다는 점을 발견하였다. 이 점이 불어권 세계의 문을 열어주려 하고 있다.

교육 철학의 분야에서도 줄곧 화이트헤드에 관한 관심이 존재해 왔다. 이 관심은 현재 증가 중인 것 같다. 프랑스는 이 분야에서도 화이트헤드의 영향력에 대해 호의적임을 입증하였다. 그리고 중국은 특별히 비옥한 토양을 제공하였다. 많은 경영 이론가들이 최근 과정 사상에 호소하고 있다. 베르그송이 그들의 사상에서 두드러졌었으나, 화이트헤드의 영향력도 증가하고 있다.

아마도 미래를 위해 가장 고무적인 것은 사려 깊은 과학자들이 화이트헤드의 사상과 점차 결합되고 있는 범위일 것이다. 최근에는 독일의 생물학자들 사이에서 비약이 있었고, 다른 분야에서는 관심이 고루 분산되어 왔다. 그러나 단연코 가장 위대한 관심은 물리학자들 사이에서 이다. 점점 더욱 많은 사람들이 화이트헤드 사상이 물리학특히 양자 물리학에서과 깊은 연관성이 있으며 또한 유용하다는 점을 발견해 왔다. 물리학자들이 보다 공적으로 화이트헤드의 사상을 포용하는 것은 다른 과학에서 수용의 전망을 중대하게 개선시킬 것이다. 궁극적으로 이런 점들은 자연신학의 목적을 위해 화이트헤드를 기독교적으로 수용할 수 있는 전망을 개선시킬 것이다.

혹자는 여전히 이런 점들 가운데 어느 것이 사물들의 폭넓은 도식 속에서 많은 중요성을 가질 수 있는 것이냐고 물을지 모른다. 나는 현재 화이트헤드의 철학이 정말로 더욱 중요하다는 점에 대해 60년대 보다 더욱 많은 확신을 갖고 있다. 기독교 신앙은 실재에 대한 자신의 근본적인 이해가 서구 문화에 대한 신랄한 비판 속에서 점차 거부당해 왔기 때문에 헤아릴 수 없이 고통을 받아왔다. 오늘날, 더욱 양질의 교육을 받은 사람들일수록 점점 더 신을 믿지 않게 되거나 독특한 기독교적 가치들을 신뢰할 가능성이 낮아지고 있다. 미국에서는 보수적 기독교의 형태가 지적으로 소외된 상황 속에서 살아남아 번창하고 있다. 그러나 앞으로의 전망은 생각이 깊고 양질의 교육을 받은 사람들을 끌어들이고 그들의 진지한 헌신과 확신을 획득하기를 원하는 어떠한 기독교도들을 위해서도 어둡다. 이런 상황은 과학들의 한계에 직면한 사람들이 기독교 신앙의 어떤 형태를 지지하기도 했었던 세계관을 채택한다면 기필코 변화될 것이다. 나는 나의 경력을 통해 줄곧 이런 변화를 희망해 왔으며 그런 변화를 위해 내 작업을 수행해 왔다.

# 『구판$_{1965}$』 저자 서문

본서는 화이트헤드 철학에 근거한 하나의 "기독교 자연신학"을 저술한 책이다. 본서의 기획에 대한 공식적 기술과 정당성은 제7장 1절에서 시도되었다. 하지만 과히 세밀하지는 않더라도 특별히 이 간략한 서문에서도 저자가 자연 신학적 작업을 재개$_{再開}$하자고 촉구하기 위해 화이트헤드 철학에 호소할 수 있는 개인적인 해명의 자리가 존재할 수 있다.

나는 『개신교 신학 속의 생생한 선택들』$_{\text{Living Options in Protestant Theology}}$에서 최근의 주요한 신학들이 자신들의 확증된 주장들을 정당화하기 위해 활용하는 근거들을 주로 분석하면서 기독교 자연 신학이 요청되고 있다고 논증한 바 있다. 나는 자연 신학을 명백히 거부하는 신학들도 가만 보면 자연 신학의 영역에 속한 것으로 인식되는 함축적 의미들을 가정하거나 발전시키고 있음을 보여주고자 하였다. 그리고 자연 신학을 주장하는 경우에도 해당 자연 신학이 특수한 기독교적 성격만을 고집하고 있다고 논증하였다. 이런 이유들이라면 실제로 우리가 자연 신학의 구성 문제를 극도로 진지하게 다루어야 한다고 제안하는 것도 합리적일 것이다. 그럼에도 불구하고, 우리는 우리의 기독교적 헌신의 영향을 조금도 받지 않는 합리성 그 자체를 활용할 수 있다고는 전제할 수 없을 것이다.

나아가 나는 신학자들이 현재 씨름하고 있는 다수의 문제들이 약간 의식적으로 수용된 철학적 부류에 속한 관념들로 인해 형성된 전제들로부터 발생했다는 점을 제시하고자 한다. 하지만 그런 관념들이 철학적인 것들이기 때문에 주목하지 않겠다고 하는 것도 그것들이 신학 작업 위에 군림하는 폭군이 되도록 허용하는 것이다. 왜냐하면 그런 관념들을 비판하고 의식적으로 반성하고 성찰해야만 그러한 관념들을 근절시킬 수 있기 때문이다. 이것은 기독교 신학자가 자연 신학의 과제에 직접 부딪칠 때에만 자신의 고유한 자유가 성취되기를 희망할 수 있다는 것을 의미한다.

자연 신학에 진지하게 관심을 가져야만 기독교 신학의 다른 과제들에도 진지하게 관심 갖는 일이 유리해진다는 점이 처음부터 강조되어야 한다. 나의 본래 의도는 본서에서 다른 신학적 과제들에도 주목하는 것이었으나 그것이 현실적으로 어렵다는 점을 알게 되었다. 그래서 본서는 거의 전적으로 자연 신학의 문제만을 취급한다. 내가 그리스도론이나 구원론 같은 주제들에 관한 진지한 연구를 몇 해 늦춘다고, 그 주제들이 자연 신학의 문제만큼 중요하지 않다는 인상을 독자들이 받지 않았으면 한다. 그럼에도 불구하고, 자연 신학에서 그리스도론으로 이어져 가야할 '전후 관련성'도 역시 지극히 중요하다. 왜냐하면 그런 전후 관련성은 자연 신학적 해명에 필수적인 개념적 성격을 활용치 않는다면 나의 입장으로는 그리스도론을 정식화하는 일이 불가능해지기 때문이다. 하지만 이것은 그리스도에 대한 신앙이 그런 개념적 해명을 선행적으로 요청한다는 것을 의미하지는 않는다. 자연 신학이 우선적이라는 점은 교리를 정식화하는 데에만 적용되어야 할 것이다. 따라서 그리스도에 대한 신앙과 동떨어진다면, 그리스도론을 정식화하는 문제는 발생하지 않을 것이며, 기독교 자연 신학의 문제도 발생하지 않을 것이다.

나의 논증은 그리스도에 대한 신앙이 그리스도론의 정식화로 직접 진행해 나갈 수 없다는 데에 있지 않다. 확실히 그렇게 할 수 있으며 가장 위대한 신학의 많은 부분들이 그와 같은 진행 절차를 따랐다. 그러나 나의 논증은 그런 절차를 따른다고 하더라도 신앙 그 자체에 의해서는 유효성을 직접 얻어낼 수 없는 다수의 사항들이 전제되고 있다는 데에 있다. 이런 전제들언어, 실재, 역사, 자연의 본성들 등과 같은이 폭넓게 받아들여지고 그것들이 교리적 정식화의 과제에 합치하는 것으로 여겨진다면, 그 전제들을 무비판적으로 수용해도 문제는 없을 것이다. 그러나 나의 믿음에 따라, 합치되는 경우들이 아니거나, 다양한 전제들이 내용의 전달을 방해하거나, 그 다양한 전제들이 그리스도교 복음을 충분히 표현하는 일을 방해한다면, 자연 신학을 정면에서 다루는 것은 충분한 신학적 구성에 체계적으로 선행하는 과제가 된다.

지금까지 나는 신학의 내적인 상황에 근거해 자연 신학에 진지하게 관심갖자는 제안을 한 셈이다. 또한 나는 신앙 자체를 위해서도 자연 신학적 기획이 쇄신돼야할 근거가 존재한다고 믿고 있다.

그리스도교 메시지에서 전통적으로 제시돼온 범주들이 오늘날

다방면의 사람들에게서 그 모든 의미들을 철저히 상실해버린 시대에 우리가 살고 있다는 광범위한 인식이 존재한다. 이 점은 여러 요인들로써 예시될 수 있다. 어떤 요인들을 통해서는 변화란 모든 세대들이 경험하는 것이기 때문에 복음을 동시대의 언어로 전화轉化시킨다면 더 이상의 특수한 문제들이 발생하지 않는다고 할 수도 있다. 그런 전화를 영원한 과제 같은 것으로 보면서 말이다. 그렇지만 나는 다른 요인들을 통해서 우리의 문제가 이런 시대적 변화의 문제에만 국한되지 않는다고 확신하고 있다.

문제의 핵심은 인간이나 신에 대한 개념들과 연관된다. 본 논의를 단순화하기 위해 문제를 신에 대한 개념에 제한해 보자. 우리들 주변과 우리들 안에서 자라온 대부분의 문화 영역에서 "신"은 이제 공허한 메아리가 되어 버렸다. 이 문제는 더 이상 교회와 불화 상태에 있는 특수한 지식인 부류와 대화를 시도하려는 전문 신학자들만의 문제가 아니다. 이 문제는 목회자들이 교회의 가장 민감한 리더들이나 청년들과 만날 때 겪어야 하는 문제가 되었다. 그리고 아마도 무엇보다 이 문제는 자신과 자신의 목회를 이해하고자 하는 양식 있는 목회자들의 문제가 되었다.

자연 신학에 반대해온 대다수의 신학자들은 이런 상황에 반응하면서 이러한 문화적 현상이 복음을 위해서는 근본적으로 중요하지 않게 다루어져야 한다는 입장을 취한다. 어떤 사람들은 신에 대한 잘못된 관념들이 사라져 예수 그리스도를 통해서만 계시되는 진실로 초월적인 "신"과의 만남의 기회가 높아진다며 이 문제를 대수롭지 않게 생각하면서도 실제로는 호재라고까지 주장한다. 이런 입장은 교회의 실제적 특성인 경건을 위한답시고 문화를 경멸적으로 보는 태도와 흔히 결합되곤 한다. 또 다른 사람들은 "신"이라는 용어가 공허해진 것은 우리가 이제 이 용어를 그만 사용해야 하거나, 이 용어를 현대인들에게 유의미한 범주들(사랑, 심층, 창조적 교류, 진정한 생명, 또는 인도주의)의 관점에서 재정의해야 한다고 생각한다. 이런 관점들이라면 어떤 의미로든 "신"이 복음 안에서 고유한 자리를 차지하지 못한다.

다른 대안적 반응은 역사 속에서 사용돼온 용법과의 실재적인 연속선상에서 "신"이라는 용어를 유의미한 화법으로 복귀시키는 것이다. 나는 이러한 복귀가 유용할 뿐만 아니라 가능하다고 판단한다. 실제로 기독교인으로서의 나 자신의 영적인(spiritual) 실존에게 "신"이라는 용어에 대응되는 실재는 나의 지적인(intellectual) 확신의 일부로서 너무도 중요하다. 그러나 나는 다른 사람들이 나의 지적으로 확신하는 중요성에 대한 감각에 공감하지 않는다는 점을 지각한다. 신앙을 사람들 편에서의 어떤 지적이고 영적인 개방성에는 조금도 호소하지 않고서 줄곧 신의 선물로만 이해하는 사람들은 신에게 지적으로 접근하는 것은 핵심을 벗어났거나 잘못된 것이라고 반박할 것이다. 그렇지만 나는 성서와 기독교 역사 속에서 신이 지적이고 문화적인 역사와 전적으로 무관하게 활동한다는 견해를 위한 정당성을 전혀 찾을 수가 없다. 인간 실존이나 인간 공동체의 특수한 양태들 외에는 복음이 어떤 의미로도 신과 관련될 필요가 없다고 믿는 사람들은 “신”이란 용어의 유의미함에 악영향을 끼쳐온, 위에서 말한 문화적이고 지적인 세력들“신”이란 용어를 현대인들에게 유의미한 범주들로 다시 정의하려는 세력들: 역자 주이 자신들이 계속적으로 확증하려는 대부분의 것들에 역행하고 있는 것을 알아채지 못하는 사람들과 같아 보인다.

아무튼 어떤 대안이 제시되더라도, 나는 내 자신이 확신하고 있는 것을 말해야만 할 것이다. “신”이라는 용어의 유의미함을 복원하려는 노력이 내게는 기독교 신앙의 건강함심지어 생존을 위한 궁극적인 중요성을 내포한 문제로 여겨진다. 나의 이런 노력은 “신”이라는 용어가 적절히 관련될 수 있는 지평을 정당화하는 것을 의미한다. 이 결정적인 용어“신”로부터 의미가 증발된 것은 신앙을 명증히게 표명하는 신화적 기능 속에서 발생한 것이 아니라, 초기 기독교인, 중세 기독교인, 그리고 초기 근대인이 자기들의 실존을 이해하고 있었던 지평들을 파괴시켰던 우주론들의 기능 속에서 발생해 왔다는 점은 굳이 지적될 필요조차 없는 사실이다. 이 때문에 이 용어의 의미 복권은 그 용어의 유의미함을 가정하는 선포나 신학을 지속시키는 것이면서 그 유의미함을 파괴시켜온 세력들을 직접 성찰할 필요가 있다는 명백한 사실을 의미 한다. 이것은 우리 시대의 자연 신학이 체계주의자의 자의적인 사치로 간주될 것이 아니라, 기독교 신앙의 선포와 확신에 매우 근본적인 것임을 의미한다.

자연 신학이 요청될 뿐만 아니라 가능하기도 하다는 것은 현대 우주론의 파괴력이 최종적인 요구에서는 현대인의 지적인 상황에 뿌리를 내리지 못하고 있음을 전제한다. 이런 논제의 관점에서 일반적인 논의를 진행하는 것은 본 서문에서는 불가능하다. 본서 전체가 그런 논의를 위한 논증을 구성해야 할 것이다. 본서의 논증은 다양한 현대 우주론 사상들의 파괴적 의미를 지니지 않은 또 다른 하나의 우주론이 성립될 수 있으며, 그 우주론이 다른 우주론들보다 현대의 상황에 더욱 충분하다고 암암리에 주장한다.

나 자신을 매료시켰으며 내가 하나의 "기독교 자연신학"을 발전시키자고 제안하는 근거가 되는 철학은 알프레드 노드 화이트헤드Alfred North Whitehead의 철학이다. 그의 작업에는 대부분의 현대 사상들의 허무주의적 경향을 무력화시키는 완전히 발전된 대안이 존재한다. 20세기의 어느 누구도 그보다 더욱 정직하게 열린 정신을 숙지하면서 지식을 인상적으로 종합하려고 시도해온 사람은 없었다. 최근에 그의 작업에 대한 관심이 현격히 증가하고 있으며, 우리는 그가 가장 위대한 영향력을 행사할 시대가 미래에 도래할 것이라고 예견할 수 있다.[1]

화이트헤드 사상에 근거해 기독교 자연신학을 발전시키려는 시도는 그 사상이 철학적으로 탁월하다는 점을 전제한다. 물론 이런 전제를 뒷받침할 증거들이 제시될 수는 없겠으나, 나 자신은 화이트헤드가 모든 시대를 통틀어 가장 위대한 창조적 사상가로서 플라톤·아리스토텔레스·칸트 등과 동급의 철학자라는 점에 완전히 설득되었다. 내가 본서에서 활용하는 화이트헤드에 관한 작업만으론 독자들이 그의 천재성에 대해 어느 정도 감이라도 잡을 수 있을지 심히 걱정스러울 따름이다. 현재로선 독자들에게 그들의 주의 깊은 연구를 통하여 화이트헤드가 그렇게 승인될 수 있는 사람이었는지에 대해, 그의 분석과 포괄적 종합이 근원적으로 충분했는지를 테스트해 보도록 요청하는 수밖에 없다.

화이트헤드의 탁월성에 대한 나의 경우를 입증할 것이 아니라, 그가 때때로 의외의 방면에서 경탄을 자아냈다는 점을 보여주도록 하겠다. 여기서는 화이트헤드의 사상을 요약해 소개하는 자신의 글에 불만족으로 고심했던 영국의 실존주의자 콜린 윌슨Colin Wilson의 찬사를 제공한다. 나 역시 윌슨이 말한 모든 것에 전적으로 통감하며 그것을 완전히 나의 입장으로 여길 수도 있다.

> "화이트헤드의 사상은 극도로 난해하다. 그러나 그의 산문체가 우리가 물을 수밖에 없는 전부는 아니다. 따라서 전술한[나의 경우에는 이하의] 나의 요약은 당혹스러울 수밖에 없다. 나는 처음으로 화이트헤드에 접근하는 독자들에게 그의 사상을 매혹적인 것으로 제시하는데 성공하지 못했음을 의식한다. 그렇지만, 나는 그가 미래의 언젠가 20세기의 가장 위대한 철학자로 평가될 것으로 강력히 확신한다. 그리고 그를 요약해 보여주려는 시도가 이루어져야만 했다. 영국은 자기 사상가들에게 언제나 묘하게도 공정하질 못해왔다. 만약 화이트헤드가 독일인이었다면, 그는 십중팔구 틀림없이 그의 사상의 해석을 위해 대학의 특수 학과를 헌정 받았을 것이다.
>
> 놀라운 점은 화이트헤드가 자신의 고유한 실존주의를 창안했다는 점에 주목하는 사람들이 없었다는 점과(심지어 형이상학에 무관심한 영국적 견해에서마저 말이다) 그의 실존주의가 대륙의 어떠한 사상가들

의 실존주의보다 더욱 철저하고 더욱 충분했다는 것이다. 그는 그 자신의 헤겔과 그 자신의 키에르케고어를 하나로 통합시킨 사람이다. 그의 『과학과 근대세계』는 읽혀진다는 추가적 이점을 제공하는 20세기의 *비과학적인 후기*(Unscientific Postscript)이다." 2)

내가 철학으로서 화이트헤드 철학에 섬세하게 관심을 가지며 철학적 맥락에서 그 위대한 가치를 확신함에도 불구하고, 본서는 기독교 자연신학에 관한 저술이다. 이것은 본서가 기독교 신학을 위한 중요한 문제들을 다룬다는 것을 의미한다. 그리고 기독교 신학은 철학적 탁월성의 기준들이 언급될 수 있는 것들을 결정함으로써 성립한다. 본서가 제시하는 논증은 철학적 장점의 관점에서 판단해야 하지만, 주제의 선택과 탐구의 초점은 신학적 열정에 의해 결정된다.

최종적으로 본서는 나의 고유한 확신들을 표현한다. 본서의 어떤 절에서는 화이트헤드가 취급하지 않은 주제들을 다루며, 다른 절에서는 그의 견해에서 벗어나는 입장들을 제시한다. 그럼에도 불구하고, 나는 사상의 기본 구조에서 화이트헤드에게 심오하고도 압도적인 빚을 졌으며, 그의 철학에 대한 나의 이해에 심오하게 영향을 받게 된 각 주제들을 나름의 성찰로써 시작하고 있으므로, 본서는 또한 화이트헤드에 관한 저술이기도 하다. 나는 본문 중에서 그의 입장에 대한 설명을 끝내고 나의 고유한 생각들을 도입하는 지점들을 조심스럽게 지적하였다. 어떤 경우에는 화이트헤드의 입장이기도 한 것들이 나의 입장인 것처럼 제시되기도 하였다. 나의 독창성을 주장하려는 특별한 열성에서 그런 자세를 취했던 것은 아니며, 내가 화이트헤드의 권위를 깔고 주장하였을 때에 보다 편안함을 느낄 수 있었기 때문이다. 그러나 나는 본서의 여러 논쟁점들에 대해 화이트헤드 해석자들 사이에서 누가 맞고 누가 틀렸다는 식의 모든 체계적 성격의 논쟁으로부터 비교적 자유롭기를 희망한다.[3] 이 때문에 나의 고유한 견해들과 화이트헤드의 견해들이 일치하고 있느냐에 대해 진지하게 의혹이 제기될 때에는 모든 책임이 본인에게 있음을 밝힌다.

본서는 전체적으로 화이트헤드의 철학적 입장의 임의의 주요한 특징들을 기본적으로 숙지하지 못한 독자들에게는 거의 아무런 의미가 없다. 그의 철학을 해설하는 여러 권의 탁월한 저서들이 있는데 대부분은 근래에 출간되었다. 짧은 서문 탓에 나는 다음과 같은 몇 가지만 소개해 보도록 하겠다. 아이보 레클레어의 『화이트헤드 형이상학』Whitehead's Metaphysics: An Introductory Exposition, 빅터 로우의 『화이트헤드 이해하기』Understanding Whitehead의 제I부, 그리고 도널드 셔번의 『화이트헤드주의 미학』A Whiteheadian Aesthetic의 처음부터 88쪽까지 등을 참고하면 좋을 것이다. 약간 오래됐지만 지금도 여전히 유용하여 최근에 재판을 찍은 존슨의 『화이트헤드의 실재론』Whitehead's Theory of Reality도 있다. 윌리엄 크리스천의 『화이트헤드 형이상학 해석』An Interpretation of Whitehead's Metaphysics은 화이트헤드 사상의 주요한 특징들에 대한 논의를 남김없이 해내고 있다.[4]

나는 본서에서 다른 사람들과 다투듯이 화이트헤드를 소개하려는 시도를 하지는 않았다. 그렇지만 또한 나는 독자들이 위의 책들 중 어떤 것들을 읽었다거나 화이트헤드의 저작에 매우 직접 친숙해 있을 것으로 전제할 수도 없었다. 그래서 나는 제1장에서 독자들에게 화이트헤드의 관점을 소개하면서 몇 가지 본질적 용어들의 의미에 대한 실마리를 제공하였다. 이는 거의 직관적인 호소일 수밖에 없지만 손쉬운 예화들이 그런 직관을 풀이해 주기를 간절히 바랄 뿐이다.[5] 이 제1장 자체는 간략히 구성됐지만 대부분의 본질적 개념들이 이어진 장들 속에서의 논증들로써 독자들에게 명확히 이해되기를 희망한다. 나는 화이트헤드의 전문 용어들을 내가 처음으로 그것들을 도입하는 인용문들 속에 두었으며 그 인용문은 그 용어들의 의미를 적절히 전달할 수 있는 문맥에 위치시켰다.

제2장은 신학적 인간학을 담고 있는, 인간에 관한 화이트헤드 학설의 여러 특징들을 제시한다. 내가 아는 바로는 이런 측면에서 화이트헤드 사상에 접근하여 수행된 저작은 이전에 거의 없었다. 제3장은 화이트헤드가 발전시킨 가치 이론의 주요한 특징들을 요약한다. 더구나 이 장은 인간의 특수한 윤리적 상황에 관한 성찰들을 도입한다. 이는 화이트헤드 사상 속에서 발견될 수 있는 것을 넘어간다. 이런 윤리 이론이 화이트헤드의 가치 이론 및 철학 일반과 철저히 양립할 수 있다고 나는 희망한다. 그리고 여기서 언급되는 많은 내용들에 대한 전적인 책임은 본인에게 있다.

제4장은 화이트헤드의 세 권의 저작들을 통해 그에게서 나타난 신에 관한 사상의 발전을 개괄한다. 비록 이 장에서 화이트헤드의

방법론 문제가 논의되기도 했지만 제시된 내용들은 일반적으로 비판적critical이 아닌, 기술적descriptive이다.

『초판』에서는 제5장이 제4장의 어떤 주제들로 되돌아갔다. 체계적인 문제들을 제기했었고 화이트헤드 철학의 본질적인 요청에 가장 철저히 공명하는 것으로 당시의 나에게 보여진 해결책들을 발전시켰다. 어떤 점에서 이것은 화이트헤드가 명확하게 수용하지 않은 결론으로 나아갔고 또 다른 점을 통해서는 그에 의해 해결되지 않고 남겨진 문제들을 해소시켰다. 비록 어떤 점들에서는 본서를 저술한 이후 여러 해에 걸쳐 내가 화이트헤드 자신에게 귀속시키지 않은 견해들을 여전히 지지한다고 하더라도, 나는 내가 개선을 시도한 많은 점들보다 화이트헤드 자신의 정식화에서 더욱 위대한 지혜를 발견하게 되었다. 따라서 제5장은 화이트헤드의 입장이 보다 철저히 설명되고 나의 현재 견해들도 표현되도록 이 『수정판』 속에서 광범위하게 다시 쓰일 수밖에 없었다.

제6장은 화이트헤드 관점에서 "종교란 무엇인가"를 이해하려고 시도한다. 이 장은 이 주제에 관한 화이트헤드 자신의 사상을 논의하기도 하지만, 그의 철학이 그에 의해서는 반성되지 않은 종교적 경험의 몇 가지 유형들을 설명하는 방식을 매우 독자적으로 성찰하기도 한다. 여기에서도 나의 지식을 최대한 활용하여 새로운 근거를 개척하였다.

제7장은 본서를 일관하는 신학에 대한 이해와 그것의 문제적 성격의 본성을 설명하려고 시도한다. 어떤 사항들은 화이트헤드

에 의해 이루어진 것이지만 이 장에서는 검토 중인 철학과 신학의 본성에 대한 나의 고유한 이해를 피력한다. 자연 신학 방법론에 강력한 관심을 가진 독자라면 이 제7장부터 먼저 읽어도 된다.

본서는 전체적으로 특수하게 본서의 헌정자인 하츠혼 교수에게 속한다고 볼 수 있다. 그는 나에게 화이트헤드 철학을 소개해 주었고, 나의 열정에 불을 지폈다. 또한 일차적인 중요성으로는 그리스도교 신학을 위한 자연 신학을 이미 화이트헤드로부터 발전시키기도 했다는 점이다. 본서에서의 신에 관한 논의는 직간접적으로 하츠혼의 작업에 의해 고무되지 않은 것이 거의 없을 정도이다. 내가 상세한 점에 이르도록 신뢰감을 주지 못한 것은 제 삼자의 사상을 병행해 논의함으로써 본문이 복잡해지는 것을 피하려는 나의 소망 때문이었다. 화이트헤드의 신에 관한 학설을 발전시키는 나의 제안들에서 철학적으로 타당하고 가치 있는 것들은 대부분 하츠혼에 힘입었다고 말하는 것이 정직할 것이다. 물론 나의 정식화들의 상세한 기술들을 위한 책임은 하츠혼에게도, 나를 도와준 아래에서 열거될 사람들에게도 있지 않으며, 나의 작업에서 발견되는 혼동과 실수는 전적으로 본인이 져야할 책임임을 분명히 밝힌다.

하츠혼 교수는 화이트헤드의 신에 관한 학설(제4장)의 초고를 읽고서 매우 가치 있는 비평과 격려를 전해주었다. 나는 유사한 도움을 토마스 알타이저 · 넬 페레 · 아이보 레클레어 · 도널드 셔번 등에게서도 받았다. 나는 이 기회에 재차 그들에게 심심한 감사를 전한다. 나는 나의 "화이트헤드 세미나"에 참여했던 학생들에게 화이트헤드의 인간에 관한 학설의 일부뿐 아니라 신에 관한 초고도 제공했었다. 나는 그들의 인내, 질문들, 그리고 문제 제기에 대해 모두 고마움을 표한다.

대학원의 다른 학생들도 나에게 도움을 주었다. 그들 중 많은 지면을 상세히 검토해 주었고 편집과 색인 작업까지 도맡아준 래리 로우즈로에게 적지 않은 도움을 받았다. 그는 화이트헤드 철학에 친숙하지도 않으면서 개념적 명료성을 검토하기 위해 원고를 꼼꼼히 읽고서 좋은 수정 방안도 내놓았다. 나는 또 다른 방식으로 델윈 브라운에게도 크게 힘입었다. 그는 현재 화이트헤드의 신에 관한 학설로 학위논문 작성에 몰입 중이다. 그는 원고 전체를 읽고서 비판해 주었다. 더욱이 많은 중요한 핵심 사항들에서 화이트헤드에 대한 나의 현재의 이해는 브라운과의 대화에서 비롯되었으며, 그것이 본서의 집필을 이끌기도 하였다. 제임스 카탄자로와 제임스 고쓰 또한 원고 일부를 읽고서 유익한 제언을 해주었다. 그리고 총장 어니스트 콜웰의 격려와 도움이 없었다면 결코 나의 계획을 완수할 수 없었을 것이다.

마지막으로 가장 중요한 나의 가족, 특히 나의 아내에게 감사의 마음을 전한다. 그들의 관용과 이해와 지원은 나의 연구와 성찰과 집필의 *필수 조건*$_{\text{sine qua non}}$이었다.

## 장주 … 『구판1965』 저자 서문

1) 다음을 참조하라. 로우(Lowe)의 『화이트헤드 이해하기』(Understanding Whitehead), v; and Lowe "Whitehead's Philosophical Development,"; 쉴프(Schilpp) ed., 『알프레드 노드 화이트헤드의 철학』(The Philosophy of Alfred North Whitehead), 124. 화이트헤드가 끼칠 예상되는 영향력의 증가를 주장할 수 있을법한 객관적 증거는 그의 사상에 관해 출판된 저작들의 양이 증가하고 있다는 점과 그에 관해 집필된 학위 논문들의 수가 증가하고 있다는 점에 있다. 또한 찰스 하츠혼의 작업이 위대하고도 중요하다는 점에 대한 최근의 때늦은 인식도 화이트헤드에 관한 관심의 증가와 긴밀히 연결된다. 다음을 참조하라. Schubert Ogden, "Theology and Philosophy: A New Phase of the Discussion," *The Journal of Religion*, Jan., 1964, 1-16. 최근 수십 년을 지배해 왔으며 화이트헤드와 하츠혼 두 사람의 작업에 주목하는 것을 방해해왔던 철학과 신학 모두에 대한 접근들이 시들어 졌다는 판단과 새로운 생동감이 화이트헤드와 진지하게 대화함으로써 철학과 신학 양자에서 최선으로 성취될 수 있다는 판단은 보다 주관적이다. 그리고 심지어 물리 과학들에서도 화이트헤드가 많은 빛을 던져준 물음들과 재차 씨름할 필요가 있다는 동터오는 인식이 존재하게 되었다는 나의 견해도 보다 주관적이다. 이런 점은 다음의 저서들에 의해 제시되었다. Milic Capek, *The Philosophical Impact of Contemporary Physics* (D. Van Nostrand Co., Inc., 1961), and Adolf Grünbaum, *Philosophical Problems of Space and Time* (Alfred A. Knopf, Inc., 1963).

2) Colin Wilson, *Religion and the Rebel* (Houghton Mifflin Co., 1957), 317.

3) 화이트헤드에 관해 가장 비판적이고 해석학적인 다수의 논문들이 최근에 책의 형태로 묶여 출판되었다. 다음을 참조하라. Kline, ed., *Alfred North Whitehead: Essays on His Philosophy*; Leclerc, ed., *The Relevance of Whitehead*; Schilpp, op. cit.; *Studies in Whitehead's Philosophy* (Tulane Studies in Philosophy, Vol. X. Tulane University Press, 1961).

4) 화이트헤드와 직접 맞붙어 씨름하기를 원하는 독자라면 그의 『관념의 모험』으로 시작하도록 권하고 싶다. 특히 제3부가 적당하다.

5) 나는 화이트헤드가 본서의 제1장이 제시하는 방식으로 자신의 문제들을 정식화하는데 도달했다는 의미를 전하는 것이 아니다. 수학과 논리학의 근거들로부터 자연과학의 원리들과 포괄적 우주론에 이르기까지 화이트헤드 사상의 현실적이고 일반

적인 발전을 명료하게 설명한 것을 위해서는 다음을 참조하라. Lowe, "Whitehead's Philosophical Development," Schilpp, 15-124. 로우의 이 글은 그의 『화이트헤드 이해하기』(*Understanding Whitehead*)의 117-296의 내용으로 개정되고 확장되어 재출간되었다.

# CONTENTS

CONTENTS

# 1장

# 화이트헤드 철학 서설

## 1. 화이트헤드 철학과 이원론 문제

전통 철학에서 핵심적 문제는 존재하는 사물의 종류를 결정하고 그 사물들이 상호 연관되는 방식을 규정하는 것이다. 이 문제에 답하려 할 때 우리는 두 가지 주요한 형태의 실마리들을 갖게 된다. 우리는 막대기 · 돌 · 산들과 나무들 · 동물과 인간의 신체를 쳐다보며 물질이나 실체 개념을 직관적으로 떠올린다. 다른 한편, 우리는 고유한 의식적 경험의 본성에 대해 성찰할 수도 있으며 정신성에 대한 개념도 직관할 수 있다. 물론 물질과 정신에 관한 개념들은 광범위하게 다양하여 다른 개념적 가능성들도 존재할 수 있지만 다수의 철학들은 이런 단순한 이원성duality으로 조명되어 왔다.

이러한 이원성을 따르게 되면, 우리는 물질적 사물과 정신적 사물 간의 연관성 문제에 직면하게 된다. 그러나 정신과 물질을 모두 설명하는데 공헌하는 더욱 포괄적인 실재 이해가 존재하지 않는다는 듯이, 정신과 물질은 서로 다르기만 한 것일까? 그러한 다르다는 직관이 이치에 맞는 듯 하지만, 그것은 날카로운 철학적 문제들로 귀착해 버린다. 우리의 정신적 경험은 신체 내에서나 밖에서나 물질적 사물의 움직임들과 매우 밀접하게 관계하고 있는 듯하다. 이런 관계성이 어떻게 가능해 질 수 있을까? 정신이 물질과 완전히 다르다면 정신은 물질적 신체에 영향력을 행사할 수 있는가? 이런 영향력 행사는 물질의 운동 원인이 물질과는 전적으로 다른 질서에 속하는 어떤 실재를 의미할 수 있으며, 따라서 본질적으로 물리학자들이 발견한 것에는 낯설고 관련성도 없는 듯하다. 또는 역으로 정신이 전적으로 비정신적 원인을 따르면서 그 원인적 행위를 통해 결정된다는 것을 의미할 수도 있다.

이러한 이원론이 상식 속에서 막중한 소임을 감당해 왔지만, 대다수의 철학자들은 이 이원론을 극복하기 위한 노력을 거듭해 왔다. 그들의 노력은 주로 세 가지 방식들 가운데 하나의 형태로써 이루어져 왔다. 첫째, 물질은 정신에 대해 하나의 현상으로 이해될 수 있다. 이런 입장을 위한 정당성은 물질에 대한 우리의 개념적 근거를 조심스레 생각해볼 때 물질은 전적으로 감각 경험의 한 기능으로 판명된다는 것이다. 그리고 우리는 감각 경험이 본래 정신적인 것임을 알고 있다. 즉 감각 경험은 의식적 경험을 갖는 정신성에 속한다. 따라서 물질 개념은 감각 경험적 속성들의 공재성$_{togetherness}$ 개념으로 환원되어야 한다는 것이다.

이 입장도 철학적인 개연성을 갖지만, 상식과 17 · 18 · 19세기의 과학은 이러한 제안을 대개 무시해 왔다. 사람들은 자신들의 고유한 경험 외에 다른 어떤 것과 관계하고 있다고 강하게 확신하며, 그 다른 것이 바로 물질적인 것이라고 생각한다. 이원론이 제기하는 이 문제의 두 번째 해결책은 물질을 이 문제를 푸는 실마리로 보면서 정신이 물질의 한 기능일 뿐이라고 주장한다. 정신은 부수현상적$_{epiphenomenal}$인 것으로 주장된다. 모든 사물들의 실재적 원인들은 물질적 행위에서 찾을 수 있으며 주관적 경험은 물질적 힘들의 산물로 간주된다. 그래서 정신은 물질에게 독자적인 영향력을 행사할 수 없다고 본다.

그러나 전적인 유물론total materialism도 전적인 유심론total mentalism만큼 받아들이기 어렵다. 비록 정신적 경험이 부수현상적일 수 있더라도, 그 경험은 존재하는 것 같으며 우리 인간들에게 매우 중요한 경험인 것처럼 보인다. 예를 들어, 정신과 물질의 관계에 대해 묻는 것도 바로 우리의 정신이 아닌가! 비록 우리의 모든 정신적 상태들이 물질적 상태들에 의해 일어나더라도, 그것은 정신이 무엇이며 물질적 원인이 작동하는 방식에 관해 우리에게 아무 것도 말해주지 않는다. 그래서 제3의 대안이 추천될 수 있다. 그 대안은 보다 포괄적인 통일성 하에 이원성을 포괄하는 것이다. 이 통일성은 어떤 종류의 실재가 우리의 주관적인 정신적 상태와, 그 상태에는 객관적인 것 모두의 기저에 있다는 것을 의미한다. 이것은 모든 실재가 어떤 하나를 배제하지 않고 정신과 물질 모두에 참여한다는 것을 의미한다. 우리가 정신이라 부르는 것과 물질이라 부르는 것 모두를 설명할 수 있는, 하나의 단일한 실재를 발견하려는 이와 같은 시도는 여러 형태들을 취할 수 있다. 그런 형태들 가운데 하나가 바로 화이트헤드의 철학이다.[1)]

20세기의 물리 과학들은 물질 개념이 자기들이 탐구한 바를 결국 조명해 주지 못한다는 생각에 개방될 수밖에 없었다. 이 점은 몇 가지 방식들로 폭로됐지만, 예시의 방식으로 그것들 가운데 하나에 주목하는 것이면 충분할 것이다. 우리가 원자라고 부르는 것이 우주의 궁극적 소재로 간주된다면, 물질 개념은 적절한 것 같았다. 원자들은 침투할 수 없는 소재들의 극미한 덩어리로서의 역할을 하는 것 같았다. 원자들은 일정한 위치를 잡고서 공간 속을 지속적으로 움직이는 것으로 조명될 수 있었다. 그리고 전체적으로 기계론적 모형이 원자를 이해하는데 활용될 수 있었다. 하지만 이런 방식으로는 이해할 수 없었던 다른 현상들은 바다의 파도 같은 이미지를 가진 것처럼 보였다. 공기와 같은 매질medium은 압축되거나 확대되거나 파동을 일으켰다. 예를 들어, 빛의 전달에 적합한 매질은 모든 공간으로 확대되는 것으로 가정되었었고 에테르ether라 불리기도 했었다.

그럼에도 불구하고, 원자가 최종적인 것이 아니라 전자들, 양자들, 그리고 "공허한 공간"empty space 등으로 구성된 것으로 발견되었을 때에도 문제들은 발생하였다. 처음에는 이런 새로운 존재들entities을 물질을 이루는 입자들로 이해하려는 시도가 있었는데, 어떤 목적들을 위해서는 그런 생각도 적절한 기능을 할 수 있었다. 그러나 다른 관점들에서 보면, 그런 존재들은 입자의 역할을 하는 것이 아니라 파동에 더욱 근접한 역할을 하는 것으로 판명되었다. 빛이 작용할 때의 유사한 이원성입자와 파동 간 이원성: 역자 주을 위한 증거관련 탐구자들을 오랫동안 난처하게 했던도 역시 더욱더 집요해졌다. 세계를 구성하는 궁극적 존재들은 때에 따라 입자의 역할을 하기도 하고, 파동의 역할을 하기도 하는 것 같았다. 또한 이런 성가신 점에 다음과 같은 점, 즉 그런 존재들은 중간의 공간을 거치지 않고도 한 곳에서 다른 곳으로 이동할 수 있는 것 같다는 점이 추가된다. 나아가 전자들과 양자들은 전하electric charges를 나르는 사물들이 아니라는 점도 매우 분명해졌다. 물질적 모형은 이런 방식의 전하電荷 전달을 필요로 하지만, 그것들은 오히려 그 자체가 전하라는 점이 매우 분명해졌다는 말이다. 한 사건이 다음 사건과 일정하게 접속되어 지금-이곳과 그때-저기에서 일어나는 것 같다. 그 두 사건들 간에 인접된 운동이 존재하지 않는데도 말이다. 사물들은 균일한 흐름 속에서 발생하지 않고 폭발이나 분출 속에서 발생한다. 이런 점과 관련해 우리는 영화motion picture에 대해 생각할 수 있다. 왜냐하면 영화는 사실 불연속적 그림들의 계승일 뿐이기 때문이다.

이런 저런, 더욱 난처하고도 신비스런 사실들 때문에 다수의 과학자들은 인간의 정신이 사물의 본성에 관해 어떠한 개념을 형성할 수 있다는 생각을 포기하였다. 실재를 기술하려는 노력은 대부분 포기되었다. 우리의 직관을 당혹스럽게 하는 새로운 이론들이 제기되었지만, 실험의 결과들을 설명하거나 예측하는 데는 성공적이었다. 전체적으로, 철학자들은 전통 철학의 문제들에 답하려는 시도를 포기하면서 언어 연구에 필사적으로 몰두하기 시작하였다. 하지만 어떤 사람들은 우주의 궁극적 불가해성unintelligibility을 인정해야 하는 현실을 거부하면서 우주의 이상한 기능 방식을 이해하려는 관점에 적합한 모형들을 계속해서 찾아 나섰다. 화이트헤드는 바로 이런 철학자들 가운데 한 사람이었다.[2)]

물질과 정신에 관한 통속적인 관념들은 모두 자연 세계의 궁극적 존재들로 보이는 저 불연속적 사건들을 이해하는데 아무런 도움도 주지 못한다. 그러나 정신, 즉 인간의 경험을 설명하는 다른 방식들이 더욱 도발적이었다. 예를 들어 윌리엄 제임스William James가 논증한 바에 따르면, 인간의 경험은 하나의 매끄럽고 구분 불가한 과정으로 발전하지 않고 싹들buds이나 방울들drops처럼 성장한다.[3] 1초 내에도 경험 계기들의 일련의 계승들이 존재한다.[4] 이것은 결과적으로 인간의 정신과 물리학이 자연에서 발견한 존재들에는 공통적인 것이 존재할 수 있음을 제시할 수 있다.

여러 가지 방식으로 우리가 실재나 그 실재의 일부를 이해하기 위해서는 어떠한 모형이라도 인간의 경험에서 틀림없이 발생되어야 한다. 우리는 인간의 경험 외에 다른 곳에 호소할 수가 없다. 그러나 감각 경험의 흐름 속에 주어지는 사물들은 이미 과학에 의해 불충분한 것으로 발견된 입자 모형이나 파동 모형 외에 다른 모형들을 제시하지 못한다. 그렇다면 희망 있는 유일한 모형은 인간의 경험 그 자체가 된다. 더욱이 우리가 인간의 경험과 물리적 자연이 근본적으로 다른 성격들을 가진다고 주장할 때에는 해결이 불가능한 철학적 문제들도 그것들이 모두 속한 일반적인 유類적 관념이 발견된다면 풀릴 수 있다. 인간과 그들의 정신성이 보다 단순한 자연적 형태들에서 오랜 시간을 거쳐 진화해 왔다는 우리 현대인들의 확신은 인간의 경험과 자연 세계의 존재들 간에는 어떤 가족적 연관성family connection이 존재하고 있다고 제안하기도 한다.[5] 아무튼 화이트헤드는 인간의 경험 자체가 사물들의 궁극적 본성을 해결하는 하나의 실마리가 되는 사변적 가능성을 대담하게 발진시켰다. 전자적 사건들은 전자적 경험의 계승으로 간주될 수 있다. 그 사건들의 불연속성은 계승되는 인간 경험의 불연속성과 유사한 것으로 개념화될 수 있다.

화이트헤드는 전자의 경험이 모든 방식에서 인간의 경험과 동일하다고 결코 제안하지는 않았다. 전자들은 감각 경험 · 의식, 그리고 상상력을 가질 수 없다. 만약 "경험"이 모든 사물들과 관련해 반드시 의미가 있는 것이라면, 확실히 하나의 더욱 일반적인 용어가 발견되어야 할 것이다. 하지만 이와 관련해 화이트헤드는 경험이라는 개념이 자체적으로 충분히 기여할 수 있다고 생각하였다. 그래서 결국 인간은 자신의 무의식적 경험에 대해 말할 수 있게 된다.

자연적 존재들이 인간 경험과 동일한 존재의 범주에 속한다고 간주될 수 있다는 제안은 상세한 설명이 주어지지 않으면 전혀 가치를 지닐 수 없다. 만약 이 첫 번째 사변적 추측이 장점을 지녔다면, 철학자들은 인간의 경험이 발생하는 방식을 남김없이 분석하기 위해 전진해야 한다. 철학자들은 물리적 세계의 궁극적 존재들을 조명하기 위해서 가장 원초적인 차원에서 일반화될 수 있는 요소들을 발견할 수 있을 것이다.[6] 이런 분석 과정은 화이트헤드에 의해 놀라울 정도로 상세하게 성립되었고 특수한 물리적 현상들을 이해할 수 있는 방식에 관해 헤아릴 수 없이 많은 제안들을 생산해 냈다. 또한 그 분석 과정은 시간과 공간과 현대 과학자들이 세계에 접근하는데 활용되는 다수의 기하학들을 이해할 수 있는 근거를 제공하기도 하였다. 더 나아가 그 과정은 미학 · 윤리학, 그리고 종교 등을 위해서도 풍부한 시사점들을 제공하였다. 참으로 인간의 관심 영역들 가운데 화이트헤드의 분석이 조명할 수 없는 영역은 거의 없어 보인다.

## 2. 현실적 계기

화이트헤드는 한 사람의 수학자이자 논리학자로서 자신의 과제를 크게 구분하였지만, 그의 학문 절차는 우리가 이 분야들에 대한 통속적인 이해에 기초해 예측할 수 있는 것이 아니었다. 화이트헤드가 자신의 사상에서 물리학 · 생리학, 그리고 심리학과 연계된 지식을 한 번도 배제한 적이 없었기 때문에, 그의 학문 절차는 현상학적이었다고 할 수 있을 것이다. 화이트헤드는 우리 모두가 알고 있으며 과학의 빛에서 더욱 상세히 이해될 수 있는 인간의 경험에서 출발하면서 그런 경험이 발생하기 위해 반드시 필요한 것에 대한 문제를 제출했다고 말하는 것이 그나마 최선일 것이다.

우리는 인간의 경험을 그리고 자연의 궁극적 입자들을 이해하기 위해 반드시 전제되어야 하는 것은 계승하는 "경험의 현실적 계기들"[7] actual occasions of experience 임에 주목해야 한다. 경험이란 하나의 지속적 흐름이 아니라 구별된 개체적 단위들에서 드러나는 것이다. 이 순간적 계기들은 의식적인 주목으로는 명확히 파악되지 않는 빠르기로 서로를 계승한다. 그래서 하나의 현실적 경험 계기를 직접 분석하기는 불가능할 것이다.[8]

하나의 개별적 계기에 대한 초점적인 주목이 어렵거나 불가능하다는 사실이 계기들이 포함하고 있는 것에 대한 분석을 막지는 못한다. 왜냐하면 우리가 조금이라도 갖고 있는 경험을 인식시키는 모든 특성들이 개별적 계기들 속에서도 획득될 수 있다고 전제될 수 있기 때문이다. 이 점에서 유일한 예외는 변화다. 왜냐하면 변화는 계승하는 순간적 경험들 간의 차이이기 때문이다. 그래서 각각의 경험 자체는 변화하지 않는 것이어야 한다.[9] 우리는 1초나 그 정도에 일어나는 단순한 경험을 취할 수 있다. 또한 우리는 시간적 계승에 의존하지 않고 그 단순한 경험이 포함하는 것을 분석할 수 있다. 그리고 우리는 1초나 그 정도의 시간에도 이런 저런 계기들이그리고 아마도 모든 계기들이 인식 가능한 속성들이나 성격들을 갖는다고 전제할 수 있다. 하나의 예를 다루어 보자.

내가 현재 녹색의 넥타이를 보면서 그것이 갈색이었으면 하고 바라는 상황을 상상해 보자. 이 경험과 관련된 요소들을 분석해 보자.[10] 감각적 지각이 상당할 정도의 역할을 하는 것이 사실이지만, 우리가 처음부터 명확히 해두어야 할 것은 화이트헤드에게는 그런 지각이 근원적인 역할을 하지 못한다는 점이다.[11] 화이트헤드는 감각 여건만이 경험 속에 주어진다는 전제가 철학에 재앙이 되어 왔음을 보여주었다. 감각 여건은 전자들에게까지 귀속시킬 수 있는 인간 경험의 어떤 일면들을 발견할 모든 가능성들을 확실히 폐기해 버린다. 아원자적 입자들이 비전과 접촉을 향유할 것으로 생각하는 것은 엉터리일 것이다. 물론 천이 녹색임을 지각하는 경험도 있다. 하지만 또한 녹색이면서 나의 신체와 관련해 특수한 기하학적 관계를 가지는 공간 속의 한 영역을 점유한 특정 사물에 대한 경험도 있다. 화이트헤드는 사물 자체에 대한 이런 경험이 학습의 과정에 의존해 있는 것이 아니라고 주장한다. 우리는 일차로 감각 여건만을 경험한 후 그 경험을 통해 감각 여건이 존재들을 표현해 주는 방식으로 학습하지 않는다. 가장 단순한 동물은 마치 자기가 사물들 사이에 둘러싸여 있다는 식으로 행동을 하지, 단순히 감각만을 따라 행동 하지 않을 것이다.[12] 감각 여건 속에서 우리에게 주어진 경험을 제외하더라도 하나의 실재가 존재한다는 느낌은 참으로 원초적인 것이다. 실제로 우리의 생리학 지식은 감각 경험이 우리에게 이차적 경험 요소이지, 일차적 요소는 아니라고 제시한다. 비록 직접적 내적인 성찰은 그런 일차적 경험 요소를 제시하지는 못하지만 말이다.

물리학과 생리학을 따라 우리는 넥타이를 이루는 분자들에게서 오는 빛의 행렬이 눈에 부딪히고 후두엽의 돌출부까지 그 행렬의 영향력을 전달하게 될 세포들을 활성화 시킨다는 점을 알고 있다. 우리가 그 분자들이 위치한 공간 영역을 이차적으로 전하는 녹색의 천을 경험하는 것은 바로 이런 모든 점이 발생한 이후에나 가능한 것이다. 화이트헤드는 우리가 이런 지식을 진지하게 다루어야 하며, 모든 경험 계기에서 발생한 것을 이해하려 할 때 그런 지식을 활용해야 한다고 주장한다.[13] 이런 방식으로 녹색의 넥타이를 보는 것은 상당히 복잡한 문제를 드러내는 것이다. 그것은 넥타이의 분자들이 경험하는 주체에게 끼치는 하나의 영향력인 복잡하고 간접적인 과정을 창시한다. 경험하는 주체는 가장 직접적으로는 자신 두뇌의 사건들을 경험하지만, 그 사건들은 경험하는 주체에게 눈에서 일어난 사건들을 제공해 준다. 그리고 눈에서 일어난 사건들은 그 사건들을 일으킨 앞선 원인들을 지적해준다. 헤아릴 수 없이 많은 사건들이 일어난 것인데 그 사건들 각각은 그것들의 계승자에게 인과적 효과성을 끼치고 있다. 이런 모든 사실들은 경험 계기에게 끼치는 세계의 물리적 영향력을 표현하고 있다. 이런 영향력이 바로 화이트헤드가 경험의 "물리적 극"physical pole[14]이라고 불렀던 것이며, 우리가 우리의 최근 과거의 사건들과 관련되는 우리 자신을 경험하게 해주는 것이다. 즉 우리의 현재 경험은 과거의 사건들에서 파생된 경험인 것이다.

우리 경험의 물리적 극은 "물리적 파악"physical prehension이나 "물리적 느낌"[15]physical feeling으로 분석될 수 있다. 각각의 물리적 파악은 하나의 순간적 계기가 다른 순간적 계기를 느끼는 것이다. 느껴진 계기는 언제나 느끼는 계기의 과거에 놓여있어야 한다고 주목하는 것은 화이트헤드의 철학을 이해하기 위해 엄청나게 중요하다. 원인은 언제나 결과보다 앞에 있다. 선행 계기는 후속 계기를 위해 "인과적 효과성"[16]causal efficacy을 행사한다. 후속 계기는 선행 계기를

"파악한다".[17] 이 용어들은 역으로 작용할 수 없다. 달리 말해, 동시적 계기들 간에는 인과적 관련성이 존재할 수 없다.[18] 원인과 결과가 종종 거의 동시에 발생할 수 있다는 보다 뿌리 깊이 박힌 상식은 거시적 차원의 경험들에서 파생된 것이지, 미시적 존재들의 세계에는 적용될 수 없다. 거시적 차원에서는 내가 펜에게 가하는 압력이 펜의 운동과 거의 동시적인 것처럼 보인다. 압력이 먼저 가해지고 펜의 운동이 뒤이어 일어나는 것임에도 불구하고 말이다. 이런 차원에서는 뉴턴주의 역학Newtonian mechanics이 매우 충분한 것처럼 보인다. 하지만 펜과 같은 대상들에 대한 우리의 경험에서 파생된 모형들은 미시적 세계를 다루기에는 무능력하며, 정확히 이런 무능력이 낡은 세계관들의 붕괴를 불러온 원인이 되었던 것이다. 게다가 적어도 과거를 되돌아보면, 우리는 날카로운 철학적 문제들이 언제나 원인과 결과의 이런 동시성을 수반하고 있었다는 점을 보게 된다. 왜냐하면 그렇게 볼 경우 과거가 현재에 미치는 영향력에 대한 우리의 전체적 느낌이 매우 불분명해지기 때문이다. 이와 달리, 과거가 현재에 끼치는 하나의 매우 중요하고 확실한 영향력이라 할 수 있는 과거에 대한 우리의 기억이 존재하지 않는다면, 어떠한 지식도 성립될 수 없는 것이다. 아무튼 우리가 화이트헤드를 연구할 때에는 물리적 파악이 언제나 오로지 과거주로 직접 과거만을 파악하는 것임을 명심해야 한다. 눈에서 발생한 사건들은 눈과 넥타이 사이의 공간에서 발생한 사건들을 계승한 것이고 더 멀게는 넥타이 속의 분자 사건들을 계승한 것이다. 뇌에 이르는 신경

계통 속에서 일어난 사건들은 눈에서 일어난 사건들을 계승한 것이며, 다음으로 뇌에서 발생한 사건들이 뒤따르며, 최종적으로는 인간의 의식적 경험 계기에 영향력이 전달된다. 헤아릴 수 없이 많이 계승되는 물리적 파악은 넥타이 속의 분자 사건들이 인간 경험자에게 중재되는 영향력을 위해 요구된다.

일상의 의식적 경험에서 녹색의 천이 그 천을 보는 경험과 동시적인 것처럼 우리에게 제시된다는 점에서 우리는 속고 있는 것이다. 화이트헤드는 우리의 전체 경험 가운데 이런 차원을 "현시적 직접성"presentational immediacy[19]이라고 불렀다. 우리가 명증하고 독특하게 초점적으로 주목할 때마다 과거에 대한 우리의 물리적 느낌인과적 효과성의 양태에 있어서의 경험은 배경 속으로 사라지고 현시적 직접성의 양태에 있어서의 우리의 경험적 요소들만이 득세하게 된다. 현시적 직접성의 양태에서 가장 현저한 경험적 측면들은 감각 여건들이다. 이러한 사실이 명증하고 독특한 관념들과 관련된 철학자들로 하여금 이런 감각 여건들을 우선적인 것으로 다루도록 만들어 버렸다. 그러나 경험을 가장 심층적으로 반성해 본다면, 감각 여건이 아닌 실재적 사물들이 우리의 환경을 구성하며 경험을 위해 인과적으로 효과가 있다는 점을 우리가 지속적으로 전제하고 있음을 알게 된다. 우리는 이 인과적 효과성이 작동하는 방식에 대한 과학적 설명을 진지하게 취급해야만 한다. 그렇게 취급할 때의 문제는, 녹색의 천의 예에서 그 천이 현시적 직접성의 양태에서 어떻게 두드러지게 되는지를 이해하는 것이다. 현시적 직접성의 양태에서의 천은 우리 눈의 방향으로 빛을 전달하는 무수한 분자들과는 전적으로 다른 것이다.

현시적 직접성의 양태에서 녹색의 천을 위한 유일한 직접적 원천은 눈과 뇌에서 발생한 사건들이어야 한다. 이 사건들은 다수의 여건들로 인간의 경험에 공헌한다. 이러한 여건 속에 현존하는 어떤 속성은 그 여건들에서 추상되어 우리가 녹색이라고 부르는 것으로 변형된다 화이트헤드는 이것을 "변환된"[20] [transmuted]이라고 불렀다. 그리고 그 속성은 사람의 신체 바깥의 특정 공간 영역에 동시적으로 투사된다. 이 공간 영역이란 대략적으로 해당분자들이 눈에 빛을 반사시키는 영역이다. 이것은 하나의 매우 복잡한 과정이지만, 여기서는 대부분의 상세한 내용들을 생략할 수밖에 없다. 핵심적인 사실은 다수의 수용된 여건들을 하나의 녹색 천으로 변형시키는 이런 과정이 정신적 작용이라는 점이다. 이 과정은 여건 속에 주어져 있지 않은 어떤 속성의 도입과 관련된다. 다시 말해 녹색이라는 의식적으로 경험된 시각적 속성은, 뇌세포들에 의해서는 의식적으로 거의 향유되지 않는다. 녹색 greenness 과 어느 정도 유사하며 뇌세포들이 실제로 소유하고 있고 해당 경험에 기여하는 어떤 속성이 틀림없이 존재하지만, 인간적 정신 계기가 여기서 새로움의 요소를 도입하고 있는 것이다. 경험된 사물에서 파생되지 않지만 경험자에 의해 발생하는 경험 계기의 이러한 독창성을 화이트헤드는 계기의 "정신적 극"[21] mental pole 이라고 불렀다. 이 독창성은 지금껏 지적된 대로 감각적 경험에서 어떤 역할을 하는 것이 사실이지만, 또한 더욱 원초적인 경험의 차원에서도 모종의 역할을 한다. 그 가장 현저한 역할은 상상력이 있는 사상에서 이루어진다.

녹색의 천에 대한 예에서 나는 넥타이가 녹색이 아닌 갈색이 될 가능성에 대해 생각하고 있었다. 내가 녹색을 보는 순간에는 갈색의 어떠한 대상도 보고 있지 않다고 전제해 보자. 이때 나는 단지 이전에 보았던 어떤 갈색의 대상을 기억하는 것이며, 보다 정확히 말해, 그냥 갈색의 색깔만을 기억하고 있다고 할 수 있다. 이것은 내 과거의 어떤 경험 계기가 현재의 경험에 무언가를 공헌하고 있음을 의미하기도 한다. 이 과거의 계기는 생성 중인 존재가 아니라 생성을 끝낸 것이기 때문에 새로운 계기가 과거의 계기를 물리적으로 느꼈다고 할 수 있다. 그럼에도 불구하고 갈색의 속성은 나의 이전 계기의 정신적 경험의 일부였다. 화이트헤드는 파악된 계기 속의 정신적인 것을 물리적으로 파악하는 것을 "혼성적인 파악"[22] hybrid prehension이라고 불렀다. 이런 혼성적인 파악에서 파생된 갈색에 대한 파악은 이제 해당 계기의 정신성의 일부를 이루는 녹색과의 대비 속에 처해진다. 두 가지 색깔들의 비교나 대비는 경험의 또 다른 복잡한 일부가 되며, 갈색 넥타이에 대한 관념화이트헤드가 "명제적 느낌"[23] [propositional feeling]이라 부른 것이 또 다른 경험의 일부가 된다. 이 모든 복잡성이 경험의 정신적 극에 속한다.

그러나 경험에는 이것들 이외에도 더욱 많은 사실들이 존재한다. 지금까지 기술된 각 측면들은 정서적 색조가 동반된 것들이다. 넥타이라는 단순한 그것임it-ness[24]은 자신의 정서적 색조를 전달해

주며, 녹색의 천은 또 다른 정서적 색조를 전달해 주며, 갈색에 대한 기억은 세 번째 정서적 색조를, 녹색으로서의 넥타이에 대한 관념은 네 번째 정서적 색조를, 갈색으로서의 넥타이에 대한 관념은 다섯 번째 정서적 색조를 전달해 준다. 화이트헤드는 이 모든 정서적 색조들을 문제의 현실적 존재들의 경험들인 파악의 "주체적 형식"[25] subjective form 이라고 불렀다. 어떤 파악들은 대상으로 다른 현실적 계기들을 가지며, 우리가 살폈듯이 이 파악들은 화이트헤드에 의해 물리적 파악들로 불렸다. 그러나 다른 파악들은 모든 특수한 실현에서 추상되는 형식들, 관계들, 그리고 속성들을 가진다. 화이트헤드는 이런 파악들에서 느껴진 존재들을 "영원한 객체"[26] eternal objects 라고 불렀다. 영원한 객체는 경험의 계기와 달리 현실적 존재들이 아니다. 그것들은 어떠한 경험 속에서든 조금이라도 실현되어야 하는 순수한 가능태들로서 모든 현실적 실현을 떠나더라도 개념화될 수 있는 것들이다. 모든 현실적 존재는 이러한 가능태들을 어떤 제한된 수 number 로 실현한다. 하나의 가능태가 실현된 형식으로 충족되는 장소와 관련되지 않고서 그 가능태를 향유하게 될 때 화이트헤드는 이런 향유를 "개념적 파악"[27] conceptual prehension 이라고 불렀다. 개념적 파악은 영원한 객체 자체를 파악하는 것이다. 물리적 파악이 각각의 현실적 경험 계기의 물리적 극을 구성하듯이, 개념적 파악은 정신적 극을 구성한다.

그럼에도 불구하고 아직 우리는 경험 계기의 다양성을 남김없이 기술하지는 못하였다. 우선 전체 경험은 어떤 목적의 지배를 받는다. 아마도 내가 나의 정신을 활용하지 않았다면 갈색 넥타이에 대한 갈망은 없었을 것이다. 아마도 나는 저녁에 옷을 입을 의도로 새로운 정장을 입을 수 있다. 이것은 어떤 목적이 비추어진 것이며 파악들이 특수한 힘주체적 형식들이 갖는 힘과 주체적 지향들을 갖는 것은 이런 목적의 빛에서 일부분 가능해진 것이다. 이렇듯 주체적 형식들과 파악들은 상호간 결부되어 있다. 화이트헤드는 이런 목적적 요소가 모든 계기 속에 주어져 있다고 확증했으며 그런 요소를 계기의 "주체적 지향"[28] subjective aim이라고 불렀다.

추가적으로 넥타이의 녹색이 갈색이었으면 하는 갈망을 갖게 될 때의 경험에 대해서만 우리가 기술한다면, 우리는 경험의 구체성으로부터 얼마나 많은 추상을 하고 있는지를 인식한다. 내가 어떤 정장을 입섰나는 생각은 하나의 특수한 정장을 입지 않고 다른 가능성들을 선택할 것과 대비시키고 있는 것임을 나는 이미 제시했었다. 내가 입지 않을 하나의 특수한 정장은 여러 가지 예상들을 가능케 하기 위해 결합된 기억들의 관점에서 엄청나게 복잡한 분석을 요구하며, 정장을 선택할 저녁의 계획에 좀 더 희미한 관련항을 이루는 것이다. 여기서 말하는 여러 가지의 예상들이란 넥타이 · 신체적 느낌배가 고프거나 막연한 불편함 등에 대한 경험들 이외에 다수로 주어진 다른 감각적 경험들을 의미한다. 이 모든 경험들은 각각의 경험 순간들에서 자기들의 역할을 하고 있다. 이 모든 경험들은 물리적이든 개념적이든 그것들이 발생하는 여건들로 분석될 수 있으며, 이런 여건들과 그것들의 주체적 형식들로부터 형성된 복잡한 패턴으로 분석될 수 있다. 아마도 그런 패턴들 보다 더욱 중요한 것은 이전의 경험 순간과 연결된 직접적 연속성 immediate continuity 일 것이다. 이 연속성은 주로 현재 속에서 반복되는 자신의 주체적 형식과 지향을 갖고 있는 또 다른 물리적 파악이다. 전체로서의 경험 계기는 그것을 구성하는 낱낱의 단순한 요소들의 종합을 거듭 실현한 것이다. 이러한 최종적인 순간의 종합을 화이트헤드는 "만족"[29] satisfaction 이라고 불렀다. 그럼에도 불구하고 우리가 그런 한 순간의 종합이 얼마나 오랫동안 발생하느냐 하는 물음을 받는다면, 지금껏 내가 기술해 왔던 모든 것들이 나의 눈이 넥타이를 본 첫 순간에 일어났음을 알게 된다. 그런 경험은 채 1초도 안 되는 시간이라도 충분하다.

이것은 지극히 일상적인 인간의 경험을 분석한 것에 불과하다. 그것은 상세한 면에서는 모든 다른 경험과 다르겠지만, 가장 일반적인 구조에서 보자면 그런 분석을 통해 우리가 경험 일반의 본성에 대한 하나의 실마리를 얻는 것은 참이라고 화이트헤드는 제안한다. 우리가 과거, 즉 화이트헤드가 물리적 파악이라 불렀던 것으로부터 오는 영향력을 수용하는 현실이 존재한다. 이러한 사실은 주로 인접된 계기들에 의해 중재되지만 궁극적으로는 과거 사건들 전체 과정이 반영된 인과적 효과성과 관련된다. 새로운 계기를 위해서는 바로 이런 전체 과거의 인과적 효과성이 필요한 것이다. 물리적 파악에는 과거의 계기가 느꼈던 방식을 단순히 반복하는 과거의 주체적 형식이 존재한다. 개념적 파악에는 일탈이나 새로움의 가능성으로 과거로부터 도래한 여건에 대한 어떤 재연 reenactment이 존재한다. 그리고 이 모든 사실은 임의의 계기가 자신의 만족을 달성하고자 할 때에 자신을 위해 가치를 가지며, 그것이 미래에 미칠 적절한 영향력을 위해 하나의 주체적 지향의 지배를 받는다. 가장 일반적인 관점에서 화이트헤드는 모든 경험 계기들이 닮았다고 믿었다.

나는 이렇듯 간단한 인간 경험을 기술하면서 인간의 경험 계기가 자신이 대부분의 경험 내용을 위해 의존하고 있는 다른 자연적 발생들을 특징짓기 위해 비교적 중립적 용어인 "사건들"이란 말을 사용하였다. 그리고 이미 우리는 정신-물질의 문제에 대한 앞에서의 논의 속에서 우리가 미시적 사건 개념에 대해 갖고 있는 유일한 실마리는 인간 경험 자체인 것 같다는 점에 대해서도 살폈다. 우리는 이제 인간의 경험 계기에 대한 이런 분석이 사실상 미시적 사건 개념을 조명할 수 있는 것인지에 대해 성찰할 준비를 마쳤다. 만약 이것이 가능하다면, 우리는 자연 속의 미시적 사건들이 현실적 경험 계기에도 적용할 수 있다는 전제를 성찰해야만 한다.

물론 인간 경험 계기의 일반적 구조에 대한 기술이 아원자적 존재들의 영역에 적용될 때에는 지금껏 사용된 모든 용어들이 의식에 대한 어떠한 암시도 주지 않는다는 점을 주장해야 한다. 그러나 의식에 대한 암시를 배제하는 것은 인간적 계기에서마저 이미 사실인 것이다. 우리는 우리의 뇌 속 사건들을 파악할 때에 의식적이지 않다. 우리는 이런 파악의 주체적 형식이나 우리의 정신성을 구성하는 개별적 요소들의 주체적 형식을 구성하는 개별적 느낌의 색조에 대해서도 의식하지 않는다. 다만 우리는 임의의 계기 생성의 발전된 위상들 속에서 효력을 발휘하는 이런 단순한 여건들의 매우 고차원적 종합만을 의식할 뿐이다.[30] 이 점에서 광대한 수의 개별적 파악들이 비교적 몇몇의 일반적 대비로 단순화되고 통일성으로 종합된다. 물론 여건의 수용이나 그 여건들의 재생산 혹은 미래로의 그 여건들의 단순 전달을 결코 넘어서지 못하는 경험 계기는 전적으로 무의식의 상태로 남아 있게 된다.

화이트헤드는 낱낱의 계승적 발생들을 통한 에너지의 벡터적 전이가 물리적 파악의 관점에서 설명될 수 있다고 제안하였다.[31] 그는 우리가 존재들$_{\text{entities}}$을 경험의 달성으로 이해할 때 입자적 특성과 파동적 특성을 모두 설명할 수 있다고 보았다.[32] 화이트헤드는 현실적 계기들이 유기체와 통일성의 다양한 정도들에 따른 다양한 사회들[33] 속에서 어떻게 공재적인 군집을 이룰 수 있는지를 보여주며, 물리적 법칙들이 어째서 그런 사회들의 기능으로서 통계학적 성격을 갖는지를 보여주었다.[34] 그러나 나는 화이트헤드의 범주들을 물리적 현상들을 해석하는데 상세하게 적용하는 문제를 심층적으로 다룰만한 자격은 없는 사람이다.[35] 그럼에도 불구하고 우리의 인간 경험과 미시적인 발생들 간의 친밀한 관계는 충분히 제시되어야만 한다.

나의 이런 분석이 조명하고자 하는 하나의 개념은 현실적 경험 계기의 개념에 관한 것이다. 왜냐하면 이런 개념 분석이 화이트헤드의 우주론적 정식화에서 핵심이 되고 있기 때문이다. 현실적 계기나 경험의 계기로 차별 없이 지칭되는 이 개념은 "현실적 존재"actual entity에 상응하는 것이다.[36] 화이트헤드가 현실적 계기와 현실적 존재에 가했던 유일한 구별은 그가 "현실적 존재"란 용어를 신을 지칭할 때 사용했다는 점에 있다.[37] 이런 관점에서 내가 본서에서 화이트헤드의 실제적 사용에서 벗어날 때마다 나는 어법을 명확히 할 것이다. 현실적 존재들은 궁극적인 실재적 사물들, 즉 궁극적 개별자들이다. 그것들을 떠난다면 아무 것도 존재하지 않는다. 화이트헤드의 철학 전체는 이 존재들을 분석하고 그것들 간의 관계를 탐색하는 것이다.

각각의 현실적 계기는 세계의 전체 과거를 배경으로 하여 존재한다. 세계의 과거는 사신들의 주체적 "직접성"[38]subjective immediacy의 순간을 가진 후 "소멸"[39]하는, 헤아릴 수 없이 많은 현실적 계기들로 구성된다. 현실적 존재들은 소멸할 때 단순히 무nothing로 돌아가는 것이 아니라, 화이트헤드가 "객체적 불멸성"[40]objective immortality이라고 불렀던 고유한 양태를 갖는다. 이것은 그 존재들이 새로운 계기들에 의해 파악될 수 있는 객체로서의 효력을 가지게 됨을 의미한다. 이 존재들은 새로운 계기들이 어째서 과거의 계기들의 실제적인 특성들을 구현하고 있는가를 설명해 주는 작용인들이다. 예를 들어, 만약 누군가 나의 경험을 설명하기를 원한다면, 그는 나의 과거의 경험들과 나의 환경과 나의 신체에서 발생해온 직접적 과거 사건들을 지적할 수 있어야만 한다.

현재 나의 생성을 결정할 때 이런 과거의 영향력이 너무도 막강해서 많은 생리학자들은 과거의 영향력이 전부인 것처럼 전제하는 경향이 있다. 어떤 사람들은 내 과거의 매우 상세한 경험, 나의 유전자 속에서 구현된 보다 광범한 과거의 힘, 그리고 현재 나에게 침입해 있는 영향력 등을 알 수 있다면, 나의 미래적 경험을 정확히 예측할 수 있다고 믿는다. 그러나 화이트헤드는 이런 사실에 반대하며 우리가 자유로운 존재라는 보편적이고 실제적인 전제를 신봉하였다. 우리는 우리의 의식 속에서 생생하게 존재하는 자유의 특수한 한 행위에 초점을 둘 수는 없을 것이다. 하지만 이 점은 물리적 파악들만이 관련될 수 있는 상황과 다르지 않다. 우리의 모호하지만 완고한 경험은 우리가 과거에 의해 결정되기도 하지만 또한 자유를 행사하는 존재라는 점을 나타낸다. 다시 말해 과거에 의한 결정은 실재적이지만 절대적이지는 않다. 과거 속에서 존재해 왔던 나와 전체 세계는, 나의 다음 순간의 생성을 한정적으로 제약할 수 있을 뿐이다. 그러나 이런 제약 속에서도 다음 순간의 나의 결정, 즉 나에게 침입해온 과거의 이런 모든 힘들에게 반응할 수 있다는 점에서 나는 여전히 자유를 갖고서 존재한다.[41)]

다시 한 번 강조하지만, 이런 자유는 의식의 문제가 아니다. 계기의 자유나 자기-결정권은 의식이 생기기 전에 발생한다. 인간적 계기에서는 자유를 의식할 수도 있고 의식하지 못할 수도 있다. 명증한 의식적 결정은 일반적으로 매우 특수한 결정의 사례에 가깝다. 화이트헤드는 존재하는 모든 계기들에게 자기-결정권이나 결정의 어떤 요소를 부여하였다. 광대한 수의 계기들에서 이런 자유는 과거를 재현하는 데에만 사용된다. 그러나 현대 물리학은 사물들의 근저에 궁극적 자발성을 위한 징표들이 존재한다고 보았다. 인간은 원칙적으로 개별적인 전자들의 행위들에 대해서는 결코 예측할 수 없다는 점이 분명하지만, 전자들 보다 커다란 존재들의 행위들을 다룰 때에는 예측에 성공하는 것도 분명하다. 매우 많은 궁극적이고 현실적인 존재들이 그 행위에 관련되고 있기 때문이다. 충분한 수의 개별자들이 관련되는 곳이라면 각각의 개별자 편에서의 우연이나 자발성이라도 군집 행위에 관한 예측에 위대한 정밀성을 허용하게 된다. 반면 개별자들 각각에 대해서는 그것들을 정확하게 예측할 근거가 없다. 이 때문에 화이트헤드가 미시적 존재들(가령 전자들)에게까지 과거의 폭넓은 인과적 영향력과 자유를 할당하는 것이 과학이 우리에게 제시하는 세계와 일치하는 것 같다.

## 3. 현실적 계기들의 사회들

세계를 구성하며 최종적으로 쪼갤 수 없는 존재들은 현실적 경험 계기들이다. 하지만 이 계기들은 단지 순간적으로만 존재하며 과거로 사라지기 전 주체적 직접성의 무상한 한 순간을 향유할 뿐이다. 이 개별적 계기들은 강렬한 내적인 관찰이나 과학적 도구 중 하나에 의해서만 탐지될 수 있을 뿐이다. 우리는 일상 경험들 가운데에서는 이 개별적 계기들을 의식할 수 없으며[42] 과학들에서도 이 계기들은 거의 모습을 보이지 않는다. 대부분의 경우 우리의 의식적 경험은 개별적 계기들이 아니라 계기들의 군집인 거시적 존재들과 관계할 뿐이다.

모든 실재적인 상호 관계성에 의해 특징 지워지는 모든 계기들의 군집들은 "결합체"[43] nexus라고 불린다. 이 결합체적 관계성은 매우 느슨할 수도 있다. 각각의 성원들이 다른 성원들에게 의존해 있다는 점을 예증하는 임의의 공통의 특징에 의해 결합체가 특성 지워질 때 그것은 "사회"[44] society라고 불린다. 유기체나 한정성의 어떠한 강도라도 가져야만 하는 여러 사회들이 존재할 수 있다.

화이트헤드는 계기들과 사회들에 관한 일반적 관념으로부터 보다 특수한 유형들의 사회들의 존재를 추론해 내지는 않았다. 우주는 사회적 질서 안에서조차 그런 질서를 결여하고 있는 계기들의 한 결합체로 구성되어 있다. 더 정확히 말해, 우주는 사회적 질서의 얇은 색조를 띨 수는 있지만, 그 이상은 아니다. 보다 특수한 사회적 질서 유형들이 존재한다고 주장할 수 있는 유일한 근거는 우리가 사실상 그런 사회적 질서를 갖는 존재들과 마주치고 있기 때문이다.

예를 들어, 하나의 전자electron를 고찰해 보자. 만약 마구잡이로 발생하는 계기들만이 존재했었다면, 우리는 전자에 대해 어떠한 말도 할 수 없었을 것이다. 그러나 실제로 우리는 오랜 시간을 거친 하나의 단일한 전자가 동일한 전자라는 사실을 확인할 수 있다.

실제로 우리는 시간을 통한 그 전자의 자기동일성에 의해 깊은 인상을 받기 때문에, 그 전자의 자기동일성은 외부 세계와 변화무쌍한 관계들을 겪으면서도 자기는 변하지 않는 물질의 한 방울이라는 점에 대해, 우리를 설득할 수 있는 상당히 과학적이며 철학적인 성찰을 필요로 한다. 화이트헤드는 전자가 단지 전자적 발생들의 계승일 뿐이라고 우리에게 가르쳐 주었지만, 여전히 그는 그 전자적 계기들 사이에 하나의 특수한 관련성이 존재한다는 점을 설명할 수 있어야만 한다. 우리가 하나의 단일한 전자를 시간을 통해 존속하는 것으로 확인할 수 있을 정도로 말이다.[45)]

존속하는 객체는 시간적으로 이어지고 계승되는 현실적 계기들의 사회이다. 화이트헤드는 이 사회들이 연속적이거나 인격적 질서를 갖는다고 기술하였다.[46)] 이런 사회에서는 동시에 존재할 수 있는 두 개의 계기가 존재할 수 없으며, 각각의 순간 하나의 계기만이 발생하여 그 사회 속의 모든 선행 계기들을 파악하고, 그 사회의 한정 특성defining characteristic을 재현하며, 그 한정 특성의 패턴을 자신의 후속 계기에게 중재한다.

전자는 자기를 유지시키는 계승하는 계기들이 극단적으로 유사한 존속하는 객체의 유형에 속한다. 화이트헤드는 이런 전자적 계승이 물리적 극이나 물리적 느낌의 압도적인 우세에 의해 일어난다는 점을 보여준다. 각각의 계기는 선행 계기의 느낌과 그 느낌이 앞의 것을 재현한 것을 느끼고 재현하는데, 이러한 느낌과 재현은 무한히 반복된다. 그 계승하는 계기들은 다른 계기들의 과거에 의해 거의 영향을 받지 않으며, 새로운 계기가 실현할 새로움은 본래 지극히 미미하거나 미래를 위해 거의 효력을 발휘하지 못한다. 존속하는 객체들은 세계의 사물들에게 안정성stability을 제공한다.

우리는 일상생활 중에 우리가 개별적 계기들과 거의 관련되지 않는다는 점에 대해서는 이미 주목했었다. 우리는 이제 개별적으로 존속하는 객체와도 우리가 많이 관련되지는 않는다는 점도 인식해야 한다. 우리는 테이블이나 돌과 관련된다. 우리는 이런 사물들이 순차적으로 친밀하게 상호 관련된 다수의 분자들로 구성되어 있음을 안다. 화이트헤드는 존속하는 객체들로 분석이 가능해지는 이런 종류의 몸체들을 "입자적 사회들"[47]corpuscular societies이라고 불렀다. 그럼에도 불구하고, 우리는 사회들에 대한 이런 분류가 매우 엄격하게 이루어지고 있다고 생각하지 않도록 유의해야 한다. 하나의 사회는 존속하는 객체들로 조직화 되고 있는 것들도 있고 그렇지 않은 것들도 있는, 많은 현실적 계기들로 구성되어 있을 것이다. 이런 저런 유형의 계기들의 지배에 따라 사회는 입자적일 수도 있고, 그렇지 않을 수도 있다. 게다가, 존속하는 객체들은 자신들의 한정 특성의 중요성과 임의의 존속하는 객체의 이전 성원들로부터 물려받은 결정성decisiveness의 정도 등에 따라 다양할 것이다. 존속하는 객체와 입자적 사회의 두 경우들을 매우 단순한 명료성으로 두드러지게 만드는 무한히 다양한 질서들이 존재한다.

아마도, 이 범주들 가운데 어느 것에도 속하지 않는 가장 중요한 사회는 살아 있는 세포living cell일 것이다. 이 세포 내에는 분자

같이 존속하는 객체가 존재한다. 그러나 또한 그 세포에는 존속하는 객체로 점유되지 않는 많은 공간도 존재한다. 이런 공간은 종종 공허한 곳으로 지칭되는데, 이 "공허한 공간"에서 세포의 생명을 구성하는 계기들이 발생한다.[48] 얼핏 보면 생명을 이 공허한 공간과 연결하는 것이 이상해 보일 수도 있다. 그래서 몇 가지 설명이 차례로 제시되어야 한다.

주지했듯이, 화이트헤드에게는 모든 계기가 물리적 극과 정신적 극을 갖는다. 이것은 모든 계기가 과거의 계기들과 영원한 객체들<sub>혹은 가능태들</sub>을 모두 파악한다는 것을 의미한다. 영원한 객체에 대한 파악은 새로움의 가능성, 즉 생성하는 계기가 자기의 과거 세계로부터 물려 받지 않은 어떤 특성을 구체화하게 될 가능성을 도입한다. 이런 가능성이 실현되는 정도만큼 생명의 싹이 주어지게 된다. 하지만 일반적으로 존속하는 객체들을 구성하는 계기들에서처럼 분자를 구성하는 계기들 속에서도 새로움이 존재하기는 하지만 매우 하찮은 것에 불과하다. 반복은 존속을 위해 요구된다. 우리의 감각 기관들과 과학적 도구들을 통해 탐구하게 되는 것이 바로 이런 존속하는 객체들과 그것들로 구성되는 입자적 사회들이다. 우리는 이런 사회들이 주어져 있지 않은 곳에서는 아무 것도 찾을 수가 없다. 그럼에도 불구하고, 우리는 중요한 사건들이 이 "공허한 공간"에서 일어나고 있다는 점을 알고 있다. 그렇기에 우리는 그 곳에 있는 계기들도 고려해야만 한다.[49]

그래서 세포 속에 있는 분자에서 보다는 세포 속에 더욱 많은 생명이 존재한다. 그러므로 이런 생명은 분자들에 의해 점유되지 않은 공간에서 발견되며, 특수하게는 공허한 공간의 계기들에서 발견된다. 이 계기들은 훨씬 많은 새로움에 의해 특징 지워지지만 분자를 구성하는 계기들 보다는 지속성이 훨씬 떨어진다. 그런고로 이 세포는 전체적으로 존속하는 객체들의 안정성과 주로 공허한 공간 내에 있는 정신적 계기들<sub>그래서 물리적으로는 거의 탐지되지 않는</sub>의 생명을 결합시킨다.

세포들은 채소나 동물의 신체 같은 복잡한 세포들의 사회로 차차 조직화 된다. 다시 말해, 살아 있는 사물들의 이런 위대한 가족들 간에는 예리한 구분선이 존재하지 않는다. 그럼에도 불구하고, 보다 충분히 발전된 각 종류들의 성원 간에는 중요한 차이점들이 존재한다. 동물들은 지배적이거나 통합적인 성원들을 갖는 반면 채소들은 민주적인 성원들만을 갖는다고 화이트헤드는 말한다.[50] 채소들에는 사회의 전체 안녕(well-being)을 위해 필수적인 그 사회의 단일한 성원이 없다. 반면 동물들에는 지배적 성원이 실제로 존재한다. 화이트헤드는 그런 단일한 성원을 "지배적"[51](dominant) 계기라고 불렀다. 우리 자신의 신체에서 지배적 계기는 우리의 내적인 성찰을 통해 우리가 가장 직접적으로 알고 있는 것이다.[52] 이것은 제2장에서 상당히 길게 논의될 것이다.

개별적인 현실적 존재들과 다양한 사회적 유형으로서의 그 존재들의 군집들 간의 구별은 최근의 철학에서 많이 비판되는 주체-객체 도식(subject-object schema)의 문제에 화이트헤드가 창조적인 공헌을 했다는 점을 이해하도록 만들어 준다. 화이트헤드는 주체-객체 도식이 경험에서 매우 근본적이라고 믿었다.[53] 모든 경험 계기들은 자신에게 객체적인 다른 존재들과 관련된 주체들이다.[54] 그럼에도 불구하고, 화이트헤드 분석의 몇 가지 특징들은 이 도식을 전통적인 해석과는 확연히 상반된 것으로 설정한다.

첫째로, 객체들로 경험된 현실적 존재들에 대한 모든 분석은 그것들의 고유한 본성 속에서 그것들 또한 주체들이라는 점을 제시한다.[55] 우리가 사회들이 아닌 개별자들에게 초점을 둔다면 주체와 객체 사이의 차이는 주체가 현재의 것이고 객체는 과거의 것이라는 단순한 점에 놓여 있다.[56] 현재 "주체적 직접성"[57]을 향유하는 현실적 경험 계기는 주체성을 갖는 그런 순간을 중단할 것이며 새로운 경험 계기들을 위한 하나의 객체가 될 것이다. 이 순간 현재가 경험하는 객체들은 단지 자체 상의 과거에 주체로 있었던 것들이다. 만약 우리가 인과적 효과성이 언제나 과거로부터의 효과성이며, 과거로서의 한 계기는 더 이상 주체가 아님을 명심한다면, 원인들은 언제나 주체들인 결과들을 위해 항상 객체일 수밖에 없다고 이해할 수 있게 된다. 주체-객체 도식에 따른 경험에 관한 인식론적 분석의 엄밀함은, 과거와 현재의 차이 외에 어떠한 방식으로든 객체를 주체와는 다른 것으로 보는 존재론적 견해로 떨어지도록 허용되어서는 안 된다.

둘째로, 화이트헤드는 경험의 진정한 객체가 우리의 오감이 투영된 영역들에 주어진 감각들이나 동시적 존재들이 아님을 우리에게 보여준다. 대부분의 전통적인 객체들에 관한 사유는 객체들을 주체들과 동시적인 것으로 생각하거나 감각적 경험에 주어진 것으로 생각하는 오류를 저질러왔다. 이런 오류가 주체-객체 도식이 갖고 있던 대다수 난점들의 근원에 자리 잡고 있다. 감각들의 세계가 주체의 세계 안에 있거나 더불어 있다는 정확한 인식이, 경험이 객체를 전혀 갖지 않는다는 잘못된 결론으로 빠져든 것이다.[58] 화이트헤드는 실재 세계의 객관성과 현시적 직접성의 세계-내-자아self-in-the-world 경험의 온전성을 모두 바르게 평가할 수 있다.

셋째로, 화이트헤드는 주체와 객체에 대한 우리의 이해가 현실적 개별자들과 그것들의 사회를 구별하지 못함으로써 혼란에 빠졌다는 점을 보여주었다. 특별히 철학자들은 입자적 사회들을 현실의 개별자들로 다루는 경향을 보여 왔었다. 우리가 막대기와 돌 같은 것들이 주체성을 갖는다는 관념에 정확히 저항하였기 때문에, 우리는 우리의 경험과 독립적인 그것들의 모든 지위를 인정하지 않게 되든가, 아니면 그것들을 존재론적 의미에서 객체들로만 간주하도록 내몰려 왔다. 이 점에서 화이트헤드는 돌이나 막대기 등과 같은 것들이 주체들의 사회임을 우리에게 보여주었다. 사회는 진정한 개별적 존재의 개체성을 갖지 않고 하나의 개별적 형상이나 패턴의 개체성만을 가질 수 있기 때문에, 전체로서의 사회는 주체성을 갖지 않는다. 입자적 사회로서의 나무나 돌의 비활성이나 수동성은, 그 사회를 구성하는 양자적 계기들과 전자적 계기들도 비활성적이거나 수동적이라고 가정할 근거를 우리에게 주지 못한다. 화이트헤드가 직접성의 순간 주체이며 과거로 지나갔을 때에는 새로운 주체를 위한 객체가 된다고 보았던 존재는 현실적 계기 차원에서의 존재이지, 나무나 돌 등의 차원에서의 존재가 아니었다. 사회들에 대한 우리의 경험은 궁극적으로는 개별적인 과거의 경험 계기들에 대한 근본적인 경험에서 파생된 것이다.

화이트헤드의 철학에 대한 이런 간결한 서문으로써 나는 이번 장을 마무리 한다. 이번 장에서의 나의 주요한 관심은 화이트헤드가 현실적 존재나 현실적 경험 계기 등을 통해 의미했던 것, 그 존재들이나 계기들이 상호 관련되는 방식들, 그리고 그것들이 사회들로 군집을 이루며 공재하는 방식 등에 대해 몇 가지 개념들을 전달하는 것이었다. 화이트헤드 철학의 대다수 중요한 다른 측면들은 이번 장의 고찰에서는 전적으로 배제되었다. 그런 측면들 가운데 몇 가지는 이어지는 다음 장들에서의 논의를 이해하는데 필수적인 것들이다. 그래서 나는 필요할 때마다 그것들에 대한 설명을 시도할 것이다. 나아가 나는 논의가 계속 전개됨에 따라 이번 장에서 도입된 주제들이 점차적으로 보다 명확해지고 그 의미들이 뚜렷해지기를 바란다.

## 장주 … 1

1) (AI 245/301); (MT 205).

2) 참조. (MT 185~186).

3) 이 점에서 화이트헤드는 윌리엄 제임스의 영향력을 인식하고 있었다(PR 68/159).

4) 화이트헤드는 그런 인간 경험의 계승이 1초에 4번에서 10번까지 발생할 수도 있을 것이라고 제안하였다. (AI 149, 233/198, 289~290); (MT 220).

5) (FR 11); (AI 237/293).

6) (PR 19, 112/75~76, 229); (AI 239, 284/295, 346); (MT 231~232).

7) (PR 22, 73/79, 167). 전부 갖춘 표현인 "경험의 현실적 계기들"은 화이트헤드가 구사한 표현은 아니다. 그는 『과정과 실재』에서는 보통 "현실적 계기"로 말하였고, 『관념의 모험』에서는 "경험의 계기"라고 쓰고 있다. 그러나 의미에 있어서는 모두 같은 것들이다.

8) 화이트헤드는 자신의 만족을 의식할 수 있는 계기는 존재하지 않는다고 하였다(PR 85/185).

9) (PR 35, 58~59/102, 143).

10) 더욱 전문적인 논의에 관심이 있는 독자들을 위해서는 이 예가 하나의 의식적 지각과 상상적 느낌 사이의 대비와 관련되고 있다는 점이 주목될 수 있겠다. 보다 고차원적인 경험의 위상들에 대한 셔번의 설명은 탁월하다. 이를 위해서는 다음을 참조.『화이트헤드 미학』(A Whiteheadian Aesthetic), 55~69.

11) 감각적 지각이 비교적 피상적이라는 사실은 『사고의 양태』의 주요한 한 주제이다. 예를 들어 (MT 41, 152, 181) 등을 참조하라.

12) (MT 154).

13) (MT 166).

14) (PR 33/98).

15) 화이트헤드의 전문적인 용어에서 "느낌"과 "파악" 사이의 유일한 차이는 긍정적 파악만이 느낌으로 지칭될 수 있다는 점이다. 왜냐하면 부정적 파악이란 관념은 이 논의에서는 등장하지 않기 때문에 느낌과 파악은 동의어로 다루어진다. (PR 23~4, 41/82, 113)를 참조하라.

16) (PR 81/179).

17) (PR 19/74~75).

18) (PR 61, 123, 125/148, 246, 250).
19) (PR 123ff/247).
20) (PR 27/87).
21) (PR 108/221).
22) (PR 107/220).
23) (PR 256ff/458).
24) (AI 336-338/400~402), 또한 다음을 참조하라. (PR 258, 261/461, 466); (AI 327/392).
25) (PR 23~4, 236~37, 247, 256, 261/82, 392, 430, 445, 458~459).
26) (PR 44/118~119).
27) (PR 23, 33/82, 98~99).
28) (PR 24, 85/84, 186).
29) (PR 19, 25~26, 84~85/74, 86, 184).
30) (PR 246/310).
31) (PR 116/235).
32) (PR 36/103~104).
33) 화이트헤드가 "사회들" (societies)로서 의미했던 바에 대한 논의를 위해서는 다음 소절을 참조하라.
34) (PR 200~201/371).
35) 물리학에 화이트헤드 철학을 적용하는 문제에 대한 논의를 위해서는 로버트 폴터(Robert Palter)의 『화이트헤드의 과학 철학』(Whitehead's Philosophy of Science)을 참조하라.
36) (PR xiii/42~43).
37) (PR 88/191).
38) (PR 25/85). 이 용어의 명확한 이해를 위해서는 본서의 71쪽을 참조하라.
39) (PR 81~82/180).
40) (PR 56, 60/140, 146).
41) (PR 27~28/88~89). 본서의 제3장 1절 또한 참조하라.
42) 화이트헤드는 이에 대해 다음과 같이 말한다. "우리가 외부의 여러 정신을 의식적으로 깨닫고 있을 경우에만 우리는 단일의 현실적 존재에 대한 의식적 파악에 접근하고 있는 셈이 된다." (PR 253/454)
43) (AI 258/318).
44) (AI 261/320). 화이트헤드는 우리에게 다음과 같이 말한다. 우리의 우주 시대가 하나의 광대한 전자기적인 사회이며(PR 147/205), 이런 사회적 특징들을 법칙으

로 체계화해야 하는 것이 수리 물리학의 이상이다. 그러나 "이 전자기적 사회가 경험의 여러 독특한 '강도'를 실현할 하나하나의 계기들의 산출을 위한 충분한 질서를 제공할 수 있기 위해서는 그 사회가 그러한 질서의 매개체인 보다 특수한 사회들로 가득 채워져 있어야 한다." (PR 150/206).

45) (PR 91/195).

46) (PR 34/101).

47) (PR 35/102).

48) (PR 105/218).

49) (PR 177/333).

50) (AI 264/324); (MT 38).

51) 화이트헤드는 내가 지배적 계기라고 부르는 것을 지칭하기 위해 다양한 용어들을 사용한다. (PR 102, 119/212, 240); (AI 264/323)에서는 "지배적" 이란 용어가 나오고, (PR 109/224)에서는 "통할하는" 이란 용어가 나오며, (PR 339/583)에서는 "최종적인 지각" 이란 용어가 나온다.

52) (PR 107/220). 또한 (PR 47/124)와 (MT 231)도 참조하라.

53) (AI 225~226/279~281).

54) (PR 38, 336ff/85, 400).

55) (PR 56, 289/140, 509); (AI 226~227/280-282).

56) (AI 229/284~285).

57) (PR 25/85); (AI 227/282).

58) "주관주의적 원리" (PR 157ff/301)에 대한 화이트헤드의 비판을 참조하라. 화이트헤드는 자신의 입장을 "주관주의적 학설의 개정판" (PR 189/354)으로 기술하였다.

# 2장

# 인간의 영혼

## 1. 영혼은 사회다

화이트헤드는 인간이 영혼을 가졌다거나 영혼이라고 주장함으로써 최근의 철학자들 중에서 독특한 위치를 차지하였다. 나아가 그는 이 학설이 서구의 문명에서 극도의 가치를 지녀왔으며, 최근의 약세가 인간의 가치에 대한 이해를 조직적으로 차단해 왔다는 확신에 차있었다. 인간 영혼에 대한 이해는 플라톤과 기독교가 인류에게 제공했던 진정으로 위대한 선물들 가운데 하나였다. 화이트헤드는 자신의 고유한 학설을 이 원천들(특별히 플라톤)과 결부시키는데 조금도 주저하지 않았다.[1)]

그럼에도 불구하고, 인간 영혼에 대한 화이트헤드의 이해는 플라톤주의나 역사적 기독교의 이해들과 다르며, 현대적 성찰을 지향한 그의 가장 창조적인 공헌들 가운데 하나가 바로 이 인간 영혼에 관한 학설이다. 만약 우리가 인간에 관한 화이트헤드의 학설을 조금이라도 이해하려고 든다면, 우리는 이 주제(즉 영혼)에 대한 그의 사상을 파악함으로써 시작해야 한다.

아마도 화이트헤드의 영혼에 관한 학설에서 가장 두드러지고 현저한 특징은 영혼이 개별적인 하나의 현실적 존재가 아니라 사회라는 점에 있을 것이다. 잠깐의 고찰만으로는 이런 입장이 앞장에서 설명한 개별자들과 사회들을 구별한데서 불가피하게 귀결되고 있음을 보여주는 듯하다. 개별자들은 단지 순간적으로만 존재한다. 만약 우리가 영혼을 그런 하나의 개별자로 본다면, 한 사람의 생애는 헤아릴 수 없이 많은 다수의 영혼들을 가질 것이다.

하지만 플라톤이나 기독교의 용어들로 영혼에 대해 언급할 때면 한 사람은 하나의 영혼을 가진 것으로 생각된다. 만약 우리가 이런 용어들을 확실하게 붙잡고서 화이트헤드도 기본적으로 그러한 관점을 보유했다고 할 수 있다면,[2] 우리는 영혼을 인간 생애의 역사를 이루는 모든 순간적인 계기들의 구성체인 사회로 생각해야만 할 것이다. 영혼은 우연적인 모험을 겪는 기저적인 하나의 실체가 아니다. 영혼은 단지 자신을 구성하는 연속적인 경험들일 뿐이다.

영혼에 관한 몇 가지 기독교적 입장들과는 대조적으로 화이트헤드의 영혼 이해는 인간처럼 고등 동물들에게도 적용될 수 있다는 점이 처음부터 특별한 주목을 받아야 한다. 전체 유기체의 기능 속에서 결정적인 역할을 하는 경험의 단일한 중심을 가정하는 것이 합리적이라면, 하나의 영혼을 가정하는 것도 합리적이다. 왜냐하면 영혼은 단지 시간을 통해 지속하는 경험의 중심일 뿐이기 때문이다. 화이트헤드에게서 영혼이란 용어의 어법은 선재preexistence나 죽음 이후의 삶life after death에 대한 의미를 내포하지 않는다. 화이트헤드에게서 영혼은 인간을 자연으로부터 분리시키고 신적인 활동과의 특별한 접촉점을 제공하는 초자연적 요소를 암시하지 않는다. 영혼은 모든 의미에서 자연의 일부이며 모든 다른 자연적 존재들과 동일한 제약을 받을 수밖에 없는 것이다.[3]

그럼에도 불구하고, 영혼은 매우 현저하고 독특한 유형의 사회이며, 영혼들 가운데에서도 인간 영혼이 보다 남다른 독특성을 갖고 있다. 이번 절에서 우리는 영혼 일반의 특이한 성격에 대해 알아볼 것이다. 그리고 다음 절에서는 인간 이하의 영혼들과 관련해 인간 영혼이 어째서 독특한지에 대해 주목해 볼 것이다.

우선적으로 영혼은 매우 특별한 유형의 계기들로 구성된 사회이기 때문에 현저한 특징을 갖는다. 이런 유형의 계기는 앞 장의 끝부분에서 극히 일부만 소개되었다. 화이트헤드는 그런 계기를 하나의 복잡한 동물 유기체의 통할적이거나 지배적인 계기라고 불렀다. 채소들이나 아마도 매우 단순한 동물들에게서는 지배적인 계기가 발생하지 않지만, 완전히 발전된 중추 신경계와 뇌가 발견되는 고등 동물들에게서는 해당 동물의 행위의 여러 부면들을 중앙 십권석으로 통제한다는 강력한 암시가 존재한다. 우리는 그런 중앙 집권적 통제가 우리 개인의 인간 경험에 주어져 있음을 발견하며, 이런 통제 속에서 작용하는 우리의 의식적 경험을 직접 내적으로 성찰하며 인식한다.[4] 고등 동물들이 인간과 유사하게 스스로를 경험의 중심으로 직접 향유하는 것이 존재한다고 전제할 갖가지 근거들이 존재한다.[5]

지배적인 경험 계기들은 거의 유일하게 확실하고 의식적인 경험 계기들이라는 점에서 매우 독특한 것이다. 화이트헤드는 의식을 어떤 파악이나 느낌의 주체적 형식 속의 한 요소로 보았다.[6] 하지만 의식은 단지 고차적 정신성이나 창조성의 차원이 주어져 있는 곳에서만 발생한다는 점을 절대 잊어선 안 된다. 더욱이 의식은 고도로 발전된 대비들과 관련된 개념적 느낌과 물리적 느낌의 복잡한 통합에 의존한 것이다.[7] 다른 유형의 경험 계기들 가운데에서는 그렇게 높은 차원의 정신성이나 개념적 느낌과 물리적 느낌의 복잡한 통합이 존재하지 않는다.

지배적 계기는 전체 신체가 그런 차원을 가능하게 하도록 매우 유기체화 되어 있을 때에만 그와 같은 경험적 높이에서 발생할 수 있다. 전체 신체가 구조화되어 있기 때문에 모든 신체의 각 부분들로부터 뇌로 새로움의 지속적인 흐름이 존재하게 된다. 뇌에서는 신체 각 부분들의 새로움을 순차적으로 지배적 계기에 이바지시키는 다수의 살아 있는 계기들이 존재한다. 지배적 계기는 그 다수의 살아 있는 계기들 사이에 위치한다.[8]

인간의 경우아마도 다른 고등 동물들의 경우도 마찬가지로는 이런 지배적 계기들이 존속하는 객체들을 구성할 정도로 질서화 되어 있다. 존속하는 객체는 한 번에 하나의 성원만이 발생하는 사회이다. 계기들의 이런 배열은 연속적 질서나 인격적 질서로 언급될 수 있다.[9] 하지만 지배적 계기들, 즉 영혼들을 구성하는 존속하는 객체는 다른 존속하는 객체들, 즉 지금까지 우리의 주된 예로 사용된 분자 같은 존속하는 객체와 매우 다르다. 분자는 그 자체로 끝없는 반복과 시시한 새로움과 정신성으로 시간 속을 지속하며 유지되고, 그래서 분자는 거의 전적으로 물리적 형태로만 존재하는 것이다. 이와 달리 영혼의 가장 현저한 특징은 살아 있음aliveness이나 정신성에 있다.

그러나 영혼을 앞서 세포의 공허한 공간 속에서 만났던 살아 있는 계기들과 대비시키는 것은 매우 중요하다. 이 살아 있는 계기들은 지속성을 철저히 결여하고 있으며 심지어 사회적 관계성도 결여하고 있다. 화이트헤드가 말한 바에 따르면, 이 살아 있는 계기들은 세포 내에서 사회가 아닌, 결합체를 구성시키고 있다.[10] 다른 한편 동물들의 지배적인 계기들은 존속하는 객체를 한정하는 종류의 연속적이거나 인격적인 질서를 갖고 있으면서 시간을 통한 고차원적 연속성도 유지하고 있다.

연속성과 생명의 이런 종합이 화이트헤드로 하여금 "살아 있는 인격"[11]$_{\text{living person}}$이라는 독특한 용어를 사용하도록 이끌었다. 바로 살아 있는 인격이 영혼이다.[12] 그것은 존속하는 객체의 한 유형이다. 하지만 나는 생명의 희생에 의해 연속성을 달성하는 훨씬 많은 사회들을 시칭하기 위해 존속하는 객체란 용어를 통속적으로 사용하였던 화이트헤드의 실제를 따르도록 하겠다. 이때 우리는 새로움, 생명, 그리고 정신성을 희생시키지 않고서 연속성도 가능하게 하는 것이 무엇인지를 물어야만 할 것이다.

이 문제는 4절에서 어느 정도 길게 다루어지지만 여기서도 간단하게 도입될 필요가 있다. 독창성$_{\text{originality}}$을 희생시키지 않고 연속성을 유지시키는 특유한 방식을 설명하기 위해 우리는 두 가지 유형의 "단순한"$_{\text{simple}}$ 물리적 느낌들의 구별을 도입해야 한다.[13] 단순한 물리적 느낌은 하나의 단일한 현실적 계기를 느끼는 느낌이다. 그런 하나의 현실적 계기는 자신 속에 구현된 어떤 선택된 영원한 객체에 관하여 새로운 후속 계기에 의해 파악되어야 한다. 이런 목적을 위해 이 선택된 영원한 객체가 느껴지거나 파악된 현실적 계기의 물리적 극에서 구현되었을 때, 다시 말해 그 영원한 객체가 해당 현실적 계기가 선행하는 계기들을 파악했던 방식을 표현할 때, 단순한 물리적 느낌은 "순수한"pure 느낌이 된다.[14] 그러나 그 영원한 객체가 정신적 극에서 구현될 때, 다시 말해 그것이 파악된 현실적 계기의 자기-결정권 속에서 어떤 새로움을 표현할 때, 그 파악은 "혼성적인"hybrid 파악이 된다.[15] 일상적으로 존속하는 객체에서 혼성적인 파악은 거의 아무런 역할도 하지 않는다. 그러나 살아 있는 인격에서 혼성적인 파악은 결정적으로 중요하다.[16]

혼성적인 파악은 미래를 위해 과거에 발생했던 새로움의 섬광을 보전한다. 새로운 계기는 자신의 새로움을 추가시키며, 그래서 계승하는 계기들은 물려받은 것들의 풍요로움을 복합적으로 만든다. 어떤 특수한 완성으로 살아 있는 인격의 각 구성원 계기들은 자신들의 새로움으로 이바지 하고 그 사회[17]의 과거를 종합하고서 소멸한다.

영혼의 동일성을 논의할 때 필요한 강조점은 동물 유기체 속에서 계승하는 지배적 계기들의 특별한 관계성에 맞춰 왔다. 이것은 매우 적절한 사실이며 우리는 나중에 시간을 통해 지속되는 영혼이나 인격의 자기-동일성이라는 난해한 문제로 다시 돌아가야만 한다. 그러나 이와 동등하게 중요한 것은 영혼과 신체의 심오한 관련성[18]과 한 영혼이 다른 영혼들과 갖는 관련성에 주목하는 것이다.

신체특별히 두뇌는 영혼의 직접적 환경이다.[19] 신체 바깥에서 지각된 감각 여건들의 표면적 우선성 때문에 신체적 환경의 이런 직접성은 때때로 등한시 되어 왔다. 사실상 영혼이 직접적으로 경험하고 파악하는 것은 뇌 속에서 직접적으로 인접한 존재들의 경험 계기들이다. 이 계기들은 순차적으로 다른 인접한 계기들을 파악하면서 신체 전체로 파악을 확대시킨다. 신체에 대한 이런 경험은 영혼을 위한 일차적 여건이다.

신체의 느낌들이 영혼에게 제공하는 이런 공헌은 화이트헤드가 인과적 효과성으로 부른 것에서 주요한 부분을 이룬다. 지배적인 계기에게 제공되는 이런 신체의 인과적 효과성은 언제나 지배적 계기의 배경 속에서 희미하기 마련이다. 그러나 신체 내에는 신체가 영혼의 환경이 되기 위해 영혼에게 필요한 정보를 주도록 의노된 신체 기관들이 존재한다. 이 기관들은 특수화된 감각 기관들이다. 이 기관들의 경험들도 영혼을 위해 인과적 효과성을 갖지만, 그 경험들은 독특할 정도로 영혼 내에서 특별한 종류의 활동으로 인도된다. 서문에서 우리는 외부의 환경에 대한 매우 감각적인 경험현시적 직접성의 양태 속의이 영혼이 뇌 속의 인접한 사건들을 물리적으로 파악인과적 효과성의 양태 속의함으로써 발생한다고 이해했었다. 그래서 신체는 영혼에게 외부 세계에 대한 인식을 중재하지만, 이 점에서조차 이 인식 정보도 근본적으로 신체와 그 신체의 지위와 관련된 것이며, 이차적으로만 신체를 자극하는 보다 먼 원천들신체 바깥의 환경: 역자 수에 관련된 것이다.

인과적 효과성과 현시적 직접성[20]이라는 두 가지 지각 양태들에 관한 학설은 화이트헤드의 철학에 지대한 중요성을 가진다. 이 학설을 통해 화이트헤드는 우리 시대에는 매우 드물게 주장되는 존재론적 실재론ontological realism을 정당화 하고자 하였다. 그는 우리의 생리학 지식과 직접적인 경험적 진술을 종합하였고, 우리의 판단에 오류가 개입되는 여러 방식들을 열어주었다. 또한 그는 전자와 분자에 관한 과학적 비전을 시각적 경험 속에서 우리에게 주어지는 세계와 명확히 연관시켰다. 그렇지만 이 모든 점들은 현재 나의 작업 범위를 벗어나 있다. 여기서의 핵심은 화이트헤드가 영혼을 구성하는 지배적인 계기들과 이 계기들이 통할하는 유기체의 관계를 얼마나 진지하게 다루었는지를 보여주는 것일 뿐이다. 이를 통해 화이트헤드는 영혼과 신체를 단순히 동일한 것으로 본다거나 그것들을 단순 합병하는 것을 거부하였던 것이다.

더욱이 화이트헤드는 계기들에 의해 공간적으로 중재되지 않는 영혼들 간의 관계가 가능하다는 증거에 개방적이었다. 예를 들어, 정신적 텔레파시에 대한 경험적 징후가 존재한다면, 영혼들 간의 관계를 자신의 체계로 통합하는데 철학적으로 어려움을 겪지 않을 것이라고 이해하고 있었다. 그의 일반적인 철학적 원리는 모든 새로운 계기가 자신의 모든 과거 계기들을 고려해야만 한다는 것이었다. 이런 원리가 연루되어 있는 한, 시간과 공간에서 멀든 가깝든 모든 과거의 계기들은 모든 생성하는 계기에 의해 직접적으로 파악될 수 있을 것이다. 그러나 사실상 우리의 우주 시대에서는 이런 것이 발생할 것 같아 보이지는 않는다. 오히려 물리적 영향력들이 직접적으로 인접한 계기들에 의해서만 새로운 계기와 직접적인 관련을 맺을 수 있을 것이다. 이런 점을 보다 전문적인 용어들로 표현하자면, 순수하게 다양하고 단순한 물리적 느낌들은 인접한 계기들로 제한된다. 이런 느낌들은 차례차례 다른 계기들의 물리적 영향력을 중재한다. 그렇지만 이것도 하나의 개연적인 것에 불과하며 어떠한 경우에서도 과학적 탐구의 기초 위에서 주장될 수 있는 우리 세계의 우연한 성격에 불과하다. 우리 세계의 이런 성격은 비인접적 계기들의 정신적 측면들이 직접 파악될 수 있다는 점을 긍정하거나 부정할 수 있는 근거를 제공해 주지는 않는다. 실제로 화이트헤드 자신의 판단은 비인접적 계기들의 정신적 극들은 상호 직접적으로 파악하는 것이 가능하다는 것이었다. 그는 이런 판단을 위해 "텔레파시의 특수 사례를 위한 증거에 의해서, 그리고 일상적인 사회적 교제에서 갖게 되는 느낌의 색조에 대한 본능적 이해"[21] 모두로부터 경험적 지지를 얻고 있다. 화이트헤드는 다른 사람들의 영혼에 대한 혼성적인 파악들과 한 사람의 영혼에서 중재되는 경험이 불가피하게 뒤섞여 있는 것이, 의식이 비중재적 파악들의 확실한 사례들에 초점을 두는 것을 그렇게 어렵게 만드는 이유를 설명한다고 생각하였다.

그렇다면 영혼은 뇌 속의 어떤 경험 계기들과 다른 사람들의 영혼 속의 경험의 정신적 극들과의 직접적인 접촉 가운데 있다. 아마도 다른 유형의 계기들의 정신적 측면들도 직접적으로 파악되겠지만 그런 파악은 지극히 미미한 수준에 그칠 것이다. 또한 영혼은 간접적이지만 친밀하게 신체를 구성하는 전체 사회를 파악하고, 더욱 간접적이지만 여전히 매우 중요하게 전체 세계라는 보다 광범위한 환경도 파악한다. 이와 동시에 영혼은 다른 사람들의 영혼과 두뇌 속의 인접한 계기들과, 그리고 전체 미래 세계가 자기를 느끼도록 하나의 대상으로 내어주는 공헌을 한다.

화이트헤드가 영혼의 관계적 성격에 대해 이해하였던 것은 위의 나의 설명들이 제시하는 것보다 여전히 더 근원적이다. 누군가는 지금까지의 나의 설명을 영혼이 먼저 규정된 어떤 것이고 그 다음 세계로부터 영향력을 받아들이는 것을 의미하는 것으로 모두 이해하려고 할지도 모른다. 그러나 영혼, 아니 보다 정확히 말해 영혼의 생애를 이루는 각각의 계기들은 모든 다른 현실적 경험 계기들처럼 자신의 근본적 성격에서 관계적이거나 사회적이다.

하나의 현실적 계기는 자신의 과거를 새롭게 종합한다. 존재하는 모든 것들은 자신의 고유한 현실성과 주체성을 제외한다면 자기 밖에서 여건들을 수용한다. 그것은 단지 이런 수용 행위에서만 *생성되는 것이다.*[22] 현실적 계기는 많이 수용할수록 그만큼 생성하게 된다. 그것은 세계에 폐쇄적이라면, 스스로를 황폐하게 만든다. 새로운 계기의 구성에 참여하는 다수의 다른 계기들이 다양하고 대단히 많기 때문에 하나의 현실적 계기를 이해할 때 중요한 문제는 그것이 하나의 개별자로서 사회적 관계에 참여하는 방식이 아니라 그것을 구성하는 모든 관계들이 주체적 직접성과 만족의 통일성을 달성시키는 방식인 것이다.

이 점은 현실적 계기들에 관한 보다 정교한 정당성을 제시하는 인간에 관한 학설을 이해하는데 충분히 중요하다. 만약 우리가 이미 완비된 존재들이라는 관념에서 출발한다면, 관계성들은 어쩔 수 없이 우연적이거나 외적인 것에 불과하게 된다. 우리는 통상적으로 존재가 우선적으로 특징 지워지고, 그 다음으로 우리가 그것이 다른 존재들과 어떤 관계를 가지느냐 하는 방식으로 고찰하게 된다. 이것은 우리가 테이블과 나무 같은 우리 주변의 입자적 사회들에 대해 생각할 때 발생하는 자연스런 절차일 것이다. 테이블은 시간을 통해 지속하고 방 안의 어떤 부분에서 움직여짐으로써 외적으로 영향을 받는 하나의 이미 완비된 존재인 것 같아 보인다. 이것은 하나의 과장에 불과한 것이지만 일상적인 목적을 위해 우리는 이런 견해와 매우 친숙하게 잘 지내고 있다. 그럼에도 불구하고 현대 과학은 테이블이 최종적으로 하나의 단일한 존재가 아니라, 우리가 경험하는 듯 보이는 부드럽거나 딱딱하거나 수동적이거나 관통할 수 없는 표면을 지닌 것과는 성격적으로 판이하게 다른 존재들의 사회로 이해되어야 한다는 점을 보여준다. 화이트헤드가 자신의 철학을 통해 우리에게 주목시킨 것이 바로 이런 현실적 존재들인 것이다. 그가 우리에게 말한 바에 따르면, 이 존재들은 비활성적 물질의 덩어리가 아닌 사건들, 발생들, 그리고 계기들로 생각되어야만 하는 것들이다. 더욱이 각각의 이런 사건들은 자신들에게 영향을 끼치는 우주의 전체적인 상태를 반영하고 계속되는 사건들에 영향을 끼치는 우주의 일부로 생성되는 것 같다. 각 계기는 우주적 관점으로부터 파악되는 우주적 종합이며, 자신의 일정한 종합과 만족으로 우주에도 공헌을 한다. 우리는 이런 계기들에 대해 먼저 발생하고 나서 다음으로 관계를 맺는 것으로 이해할 수 없다. 이것들은 자신들의 과거 계기들과의 관계성에 의해 구성되는 것이다.

문제는 우리가 영혼을 세계의 사물들을 다루는 우리의 일상적 취급 방식에 적합한 패턴으로 이해해야 하느냐, 아니면 세계의 궁극적인 실재적 존재들로서의 현실적 계기들에 대한 이해에 적합한 패턴으로 이해해야 하느냐 하는 점이다. 이에 대한 화이트헤드의 대답은 절대적으로 후자의 방향을 따르는 것이다. 영혼은 각각의 순간적 계기들 속에서 세계의 이런 궁극적인 실재적 존재들 가운데 하나이다. 영혼은 자신을 구성하는 제각기 새로운 계기들 속에서 우주의 전체적 영향력을 자신의 특수한 관점에 따라 자신 안으로 흡수한다. 영혼은 자신이 세계로부터 받아들일 수 있는 것과 자신의 고유한 새롭고 광대하며 복잡한 생성 속에서 종합한 것으로 다른 현실적 존재들과는 다르다.

그러므로 화이트헤드의 견해에서 영혼은 시간 속에서 우연적인 모험을 감내하는 하나의 실체 같은 것이 전혀 아니다. 영혼은 자신의 모험에 의해 새롭게 구성되는 것이다. 영혼은 단지 자기가 만나는 존재들의 다양성 · 특이성, 그리고 자신의 자발성과 주변 존재들에 대한 개방적 능력에 의해 풍부함과 깊이를 달성할 수 있는 것이다.

물론 이런 점은 다량의 순수한 자극만이 중요하다거나 영혼이 사적인 효용성을 가지지 않는다는 것을 의미하지 않는다. 하나하나의 새로운 계기를 구성하는 관계들의 일부그리고 매우 중요한 일부는 자기의 고유한 과거, 즉 동일한 영혼의 생애 속에 있는 과거의 계기들을 파악함으로써 생겨나는 것이다. 그러나 궁극적으로 그 계기들은 해당 영혼을 이루는 과거의 전체 계기들 밖으로부터 자신 생애의 풍요로움을 받게 된다. 따라서 개별적인 것은 근원적으로 다른 사람들 영혼의 사회에 의존해 있다. 하지만 일시적으로 복잡한 환경으로부터 자신의 고유한 내적인 생애로 물러날 수 있는 갖가지 근거들이 존재하며, 그 때문에 우리는 보다 드넓은 세계에 의해 더욱 풍성해 질 수 있는 것이다.[23)]

## 2. 인간 영혼의 독특성

지금까지 인간 영혼이 주요한 사례로 제공되어 왔다고 하더라도, 앞에서 언급된 모든 사항들은 고등 동물의 영혼들에게도 적용될 수 있다. 이런 점이 영혼에 관한 화이트헤드의 학설에 극히 중요하다는 것은 확실하다. 화이트헤드는 인간만이 영혼을 소유하여 다른 동물들과 구별된다는 생각을 지지하지 않는다. 화이트헤드는 동물 유기체 속에서도 어떤 중앙 집권화 된 지배에 대한 증거가 존재한다면, 어느 곳이든 지배적 계기가 주어져 있다고 전제하였다. 그리고 그 지배적 계기들이 중요한 연속적 질서를 갖는다면 그것이 어느 정도이든 그 계기들은 연합하여 영혼을 구성할 수 있다. 살아 있는 인격으로 조직화 되지 못한 살아 있는 계기들과 영혼어떠한 영혼이든 사이의 간격이 매우 벌어져 있지만, 그 간격을 세계의 나머지 사물들과 인간을 구별시키는 간격과 혼동하지는 말아야 한다.

그러므로 문제는 인간 영혼의 독특한 점이 무엇인가 하는 점이다. 이 문제에 답하기 위해 우리는 영혼들 사이에서 발견될 수 있는 등급들에 대해 감을 잡아야만 한다.

영혼들 사이를 구별하는 한 가지 방식은 상호 간 연속적으로 연관되는 개별적인 지배적 계기들의 의의意義에 의한 것이다. 존속하는 객체들 사이에서 통합적 성격이 다소 중요해지는 것처럼, 살아 있는 인격이나 영혼에서도 그와 같은 성격이 중요하다. 예를 들어, 어떤 매우 저급한 동물 유기체의 경우를 고찰해 보자. 많은 시간 동안 그런 유기체는 본질적으로 채소와 동일한 기능을 하고 있을 뿐이다. 그렇지만 현재나 과거나 그런 유기체의 행동에는 어떤 통합된 조정이 필요할 것이다. 그 유기체의 사회는 하나의 지배적 계기의 출현을 가능케 하는 느낌의 어떤 특수한 풍요로움을 자신의 뇌에 전달할 것이다. 이런 지배적 계기는 일정한 기능을 하고서 존재하기를 중단한다. 계속적으로 또 다른 필요성이 다른 계기를 생산하겠지만 극단적인 경우에 이 새로운 지배적 계기는 선행하는 계기들로부터 특수한 중요성을 띠는 것은 아무 것도 물려 받지 못한다. 만약 우리가 이런 극단적 경우에서 지배적 계기들 사이에서의 효과적인 연속성의 부재를 발견하는 곳에서 영혼에 대해 말하고자 한다면, 이 지배적 계기라는 용어가 갖는 절대적인 최소치의 중요성만을 인식하게 될 것이다. 즉 지배적 계기들은 존재하지만 그것들은 어떠한 관련된 정도의 인격적 질서를 보여주지는 못한다.

더욱 고도로 발전된 유기체들에서도 계승되는 지배적 계기들 간의 대부분의 연관성이 중앙 집권화 된 신경 체계에 의해 중재될 수 있을 것이다. 해당 유기체의 한 일부에 의한 하나의 경험이 자신의 자취를 뇌에 남길 것이며, 그래서 그 후에 하나의 지배적 계기에 영향을 끼칠 수 있게 된다. 아마도 어떤 곤충들은 이런 방식으로 이해될 수 있을 것이다. 그러나 많은 사람들은 우리 인간 자신의 과거에 대한 모든 경험이 이런 방식으로 중재되고 있다고 전제하는 것 같다. 즉 우리의 지배적 계기는 바로 직전의 지배적 계기는 경험하지 않고는 우리의 뇌만을 직접 경험하는 것으로 말이다. 그러나 화이트헤드는 이에 동의하지 않는다. 우리는 직접 선행하는 우리의 경험을 기억함으로써 현재를 활동적으로 구성하는 과거의 직접 경험을 직접적으로 직관한다.[24] 그럼에도 불구하고, 과거 경험에 대한 우리의 일부 관계는 의심의 여지없이 뇌를 통해 중재되며, 그렇게 중재되는 정도만큼 영혼인 계기들의 사회를 구성하는 질서화는 뇌에 의한 중재의 결과와는 적게 관계하게 된다.

또한 우리는 참신한 유기체적 자극과 과거 경험에 관련된 중요성에 따라 영혼들 간을 구별할 수 있을 것이다. 동물들은 일반적으로 성인 인간들 보다 현재 속에 더욱 철저히 매몰되는 것 같다.

이 점은 현재의 계기를 결정할 때 동물들의 영혼을 구성하는 과거 계기들의 역할이 신체적 환경 속에서 그 동물 영혼의 새로운 발생들의 역할에 뒤처진다는 점을 제시하는 것이다. 동물들의 영혼에 있어 발생의 정도가 어떠하든 결합적으로 그 영혼을 구성하는 지배적 계기들 간의 관계가 인간의 경우보다는 현격하지도 중요하지도 않다는 말이다.

이런 경향을 따라 우리가 화이트헤드의 무언의 지지를 통해 영혼이 동물 일반에서보다는 인간 일반에게서 보다 철저하게 발전되어 있다고 논증할 수 있다는 것이 나의 전제이다.[25] 그럼에도 불구하고, 추측컨대 우리가 성숙한 고등 동물과 인간 유아 또는 극단적인 인간 지체아와 대비시킨다면 예외들이 존재할 수 있다. 이런 예외들은 인간과 다른 동물 간의 차이들에 대해 말할 수 있는 것은 무엇이든 등급의 관점과 경험적 보증을 통해 주장되어야 한다는 점에 특별히 유념할 수 있다면, 그렇게 중요한 것은 아니다.

인간과 다른 동물을 비교할 수 있는 두 번째이자 더욱 중요한 근거는 그것들의 영혼들을 구성하는 계기들 간의 질적인 특성과 관계하는 것이다. 다시 말하지만, 우리는 동물 유기체의 지배적 계기들이 속할 수 있는 경험의 극단적 범위를 인식해야 한다. 인간의 경험들 내에서도 우리는 강렬한 민첩함의 순간들과 무의식으로 떨어질지 모르는 아둔한 준準 의식적 순간들 사이의 넓은 차이에 주목해야 한다. 이런 경향에 대해 동물의 의식이 최고 정점에 도달하는 정확한 지점과 인간만이 가질 수 있는 의식의 정확한 지점을 지적하는 것은 쉬운 일이 아니다. 그렇지만 분명한 것은 인간과 동물 간에는 매우 엄청난 차이들이 존재한다는 것이다. 화이트헤드는 이런 모든 차이들이 정도의 문제라는 사실을 인식했지만 실용적인 목적들을 위해 그 차이들이 확실한 중요성에 도달하는 지점, 즉 차이가 종류를 결정하는데 이르는 지점을 인식하고 있었다.[26) 정교하게 다듬은 돌과 컴퓨터는 모두 도구들이지만 그것들 간의 복잡성과 능력들에서의 차이는 매우 커다란 것이어서 대부분의 목적들을 위해 우리는 그것들을 매우 다른 유형의 대상들로 적절히 간주할 수 있을 것이다.

우리가 특별히 인간과 다른 동물을 구별케 하는 것이 무엇인가를 물을 때에 하나의 명확한 대답은 언어$_{\text{language}}$일 것이다.[27) 화이트헤드에 따르면, 언어와 언어적 독특성 속에서 인간 정신은 상호관련되어 있다. 우리는 인간의 정신이 언어를 창조했다고 말할 수도 있으며 언어가 인간의 정신을 창조했다고도 말할 수 있다.[28) 모든 종류의 복잡한 사상과 이 사상적 결실의 진보된 축적을 가능케 하는 것은 바로 언어일 것이다.[29) 언어에 덧붙여 화이트헤드는 도덕성$_{\text{morality}}$과 종교$_{\text{religion}}$가 인간에게만 존재하는 독특한 현상이라는데 주목하였다. 하지만 이 점에서도 화이트헤드는 제한을 가하는데 그 이유는 도덕성 같은 것은 고등 동물들 사이에서도 관측될 수 있기 때문이었다.[30)

인간의 영혼과 동물의 영혼을 구별하는 이와 같은 시도들은 상세한 점에서는 특별한 중요성을 갖지 않는다. 중요한 점은 영혼들

간의 차이가 어떠하든 영혼 일반에 관한 증거가 우리의 주장을 보증한다는 점을 긍정하는데 화이트헤드가 개방적이었다는 것이다. 화이트헤드는 인간의 독특성에 대한 모든 선험적인 주장을 허용하지 않는다. 동물들에게 주어져 있지 않은 것이 인간에게는 주어져 있다는 종류의 존재란 없다는 말이다. 다만 존재론적으로 유사한 존재들의 특유하게 강력하고 복잡하게 이루어진 발전만이 있을 뿐이다.

일치 내에서의 차이에 대한 이와 같은 견해는 화이트헤드 사상의 일관된 특징이다. 모든 존재들을 예외 없이 기술할 수 있는 범주들이 존재한다. 즉 형이상학적 범주들이 존재하며, 누군가 이 범주들 가운데 하나를 파악할 때 성공을 거둔다면 그는 진정으로 필요한 진리를 갖게 되는 것이다. 하지만 이런 형이상학적 범주들은 상상도 할 수 없는 다양한 양태들로 예증된다. 화이트헤드는 우리의 우주 시대와 우리 행성의 표면에서 중요한 몇 가지 특수한 형식들과 구조들을 특징 지웠다. 이런 형식들과 구조들 가운데 가장 중요한 것들 간에 존속하는 객체들이 있다. 그래서 우리가 영혼이 분자처럼 존속하는 객체라는 점에 주목할 때, 우리는 다양성의 기저에 놓인 동일성에 관해 중요한 어떤 사실에 대해 말하고 있는 것이다. 그럼에도 불구하고, 우리는 그 다양성을 최소화 하지는 않는다. 이처럼 우리가 인간에게서처럼 동물들에게서도 지배적 계기들이 영혼으로 군집을 이루고 있다는 점을 보여줄 때, 우리는 다른 동물과 인간의 친족성에 관해 위대한 중요성을 가진 것에 대해 말하고 있는 것이나, 그것들 사이의 차이들에 대한 그 이상의 성찰에도 개방적으로 남는다.

오늘날 인간의 독특성은 역사와 자연을 종종 안티테제antithesis로 보는 관점에서 정식화된다. 우리는 화이트헤드가 역사와 자연의 구별을 허용 했는지, 또 그 구별이 어떻게 적용되는지를 간략히 성찰할 수 있을 것이다. 우리는 역사와 자연이 궁극적으로 구별될 수 없다는 것을 미리 알 수 있다. 왜냐하면 역사와 자연은 더욱 포괄적인 통일성에 참여하는 것으로 이해되어야만 하기 때문이다.

"자연"은 화이트헤드가 일관되게 사용한 전문 용어는 아니다. 때때로 자연은 발생하는 모든 것을 위한 포괄적 용어로 사용된다.[31] 물론 이런 의미에서는 자연과 역사가 잠시라도 이원화되는 것조차 불가능한 일이다. 역사는 자연의 어떤 일부로서만 개념화될 수 있다. 예를 들어, 역사는 생명과 정신성이 중요한 역할을 하는 자연의 일부이며, 의식또는 어떤 특수한 의식의 형태이 결정적으로 중요한 사건들에 더욱 제한되는 자연의 일부라고 할 수 있다. 역사에 대한 이런 정의들이 불가능한 것은 아니다.

그러나 화이트헤드는 가끔 자연을 전형적으로 자연 과학자들의 탐구의 관점에서 정의하곤 했었다.[32] 이런 용어들로는 자연이 역사와 날카로운 대조를 이룰 것이다. 왜냐하면 화이트헤드는 인간적 사건들과 물리학자들의 분석이 사실상 상관적이지 못했다는 점을 보여주었기 때문이다.[33] 자연 과학자들은 사물들의 의미 · 목적, 그리고 주체성을 제거한다. 그래서 화이트헤드는 물리학자들이 자신이 다루는 물리적 대상들을 왜곡시키고 있다고 믿었다.[34] 자연을 과학자의 단순한 탐구 대상으로 다루려는 시도는 궁극적으로 과학자 자신의 분야에서마저 어김없이 파산되기에 이른다. 그런 시도가 파산될 때 심층적으로 놓여 있는 물리적 대상 실재와 역사적 사건 실재의 통일성은 파악될 수 있을 것이다. 다른 한편에서 존재하는 결정적인 차이를 굳이 최소화할 필요가 없이 말이다.

인간의 독특성에 대한 논의를 결론지으면서 우리는 인간 같은 하나의 사물이 실제로 존재하는지, 또 인간이 어떻게 역사와 관련되는지를 물을 수 있다. 만일 "인간"이란 용어가 의미 있게 사용된다면, 우리는 모든 인간 영혼에게 공통적이지만 다른 동물 영혼에게는 없는 특성을 지적할 수 있어야 한다. 즉 우리는 지금 인간 영혼이 동물의 영혼과 어떻게 다른지를 물어야 할뿐 아니라, 그것이 인간 영혼의 독특성 속에서 어떤 공동의 구조를 나타내고 있는지를 묻고 있는 것이다. 그러나 상당히 명확한 점은 우리가 모든 인간 영혼들에서 구현된 어떤 공동의 요소를 요구한다면 실망할 수밖에 없다는 점이다. 왜냐하면 그런 공동의 요소가 존재하지 않는 예외적인 경우가 언제나 발견될 수 있기 때문이다. 그럼에도 불구하고, 우리가 독특한 가능성들을 요구한다면 긍정적인 무언가에 대해 말할 수도 있을 것이다.

앞선 논의를 토대로 우리는 언어가 근원적으로 인간의 독특한 공동 징표라고 말할 수 있다.[35] 아마도 보다 커다란 뇌와 신체상의 차이들도 이런 인간됨의 새로운 차원의 기저에 놓여 있을 것이다. 그리고 언어는 동물의 삶과 거리가 먼 다른 많은 가능성들을 인간의 삶으로 끌고 들어온다. 하지만 언어는 영혼이 본성상 언어를 소유한다는 의미에서 인간 영혼이 지닌 한 특성은 될 수 없다. 오히려 인간 영혼이 신체로부터의 풍요로운 계승들에 힘입어 소유하게 되는 것은 언어를 학습하고 활용할 수 있는 가능성인 것이다. 언어가 인간을 위해 열어주는 이런 가능성과 그 가능성이 열어줄 더욱 많은 가능성들의 실현은 사회적 관계성에 의존한다. 그렇다면 우선적으로 인간은 언어를 향한 인간의 공동 가능성을 갖는 것이다. 심각한 신체상의 기형예를 들어 언어 장애와 관련된 각종 질병을 앓는 경우: 역자 주을 제외한다면 말이다.

나아가 어떤 인간적 가능성들을 실현하는 과정은 언제나 어떤 공동의 구조를 보여줄 수 있을 것이다. 확실히 특수한 관점에서 이런 인간의 가능성 실현은 거의 무한하게 다양할 것이다. 언어에 있어서의 잠재성은 다른 언어들을 배제하고 한 언어만을 향한 어떠한 경향성도 포함시키지 않을 것이다. 아마도 유아들이 내지르는 몇 가지 소리들 외에는 자연 언어 같은 하나의 사물도 존재하지 않는 것 같다. 하지만 충분한 추상의 차원에서 모든 언어들의 공통적인 구조들을 논의하는 것은 가능할 수도 있다. 예를 들어, 윤리학의 분야에서 인간의 독특한 윤리적 발전이 언어에 의해 가능해지는 것처럼 말이다. 그러나 하나의 문화권에서 옳은 것으로 간주되는 거의 모든 행위는 다른 문화권에서는 잘못된 행위로 간주될 수도 있다. 이런 종류의 문제들에 관한 논쟁을 해결하기 위해 인간의 본성에 호소하는 것은 태만한 짓일 뿐이다. 그러나 충분한 추상의 차원에서 어떤 공동의 구조들은 존재한다. 이런 공동의 구조들이 존재하는지, 그리고 그런 구조들이 무엇인지에 대한 문제는 언제나 하나의 인간의 경험과 관련된 문제이지만, 그 구조들이 어떠하든지 인간이 동물과 공유하는 것을 초월해서 그 구조들은 인간의 본성의 일부로서 간주될 수도 있을 것이다.[36]

그렇다면 인간의 본성이란 형식적 구조들이 필연적으로 독특한 가능성들의 실현 속에서 관련되는 모든 것들과의 연합을 통한 인간 영혼의 독특한 가능성들의 체계일 것이다. 우리가 가능성에서 현실성으로, 그리고 고도의 추상적 구조에서 현실적 사물들의 구체적인 개별성으로 전환할 때 우리는 또한 인간의 본성에서 인간의 역사로 전환되는 것이다. 인간 대부분의 독특성들은 인간적 표현들 속에서 매우 다양하다. 이런 다양성들은 가능성들이 발전하는 정도의 문제인 동시에 그 가능성들에 상응하는 발전을 이해하는 문제인 것이다. 특수한 한 사람을 이해하는 것은 그가 모든 다른 사람들심지어 모든 다른 동등하게 발전된 사람들과 공유하는 것을 이해하는 것이 아니다. 그것은 그 특수한 한 사람이 형성되어온 방식과 역사적 존재로서 자신을 형성시켜온 방식을 이해하는 것이다. 그래서 인간 본성의 결정적 특징은 역사를 통해 역사적으로 형성될 수 있는 인간적 가능성인 것이다.[37]

### 3. 죽음 이후의 삶

동물 영혼과 인간 영혼의 유사성이나 차이점과 관련된 문제들 가운데 하나는 죽음 이후의 존재들과 관련된 문제이다. 화이트헤드는 이 문제를 매우 간헐적으로만, 그것도 매우 간단하게만 다루고 말았다. 이 주제에 관한 가장 중요한 표현을 인용하자면 다음과 같다.

> "이 형이상학적 이론에서 매우 순수한 영적인 존재에 대한 신념은 관련된 물리적 경로가 매우 하찮다는(또는 전적으로 부재하다는) 관점에서 정신성의 경로가 있다는 것을 의미한다. 현재 정통적인 신념은 죽음 이후의 모든 사람들을 위해서는 그런 경로가 존재하지만 모든 동물들에게는 그런 경로가 존재하지 않는다는 것이다.
>
> 또한 현재 순수한 영적인 존재는 필연적으로 불멸적이라는 점이 일반적으로 신봉된다. 여기서 발전된 이 학설은 이런 신념을 전적으로는 보증해 주지 못한다. 나의 학설은 전적으로 이 문제에 관한 한 중립적이다… 그러나 그런 문제가 더욱 특수한 증거(종교적 증거든 다른 증거든)에 근거해 결정되지 말아야할 이유는 없다. 만약 그런 증거가 신뢰할 만한 것이라면 말이다. 이 강의에서 우리는 단지 인류의 역사를 통해 드러난 폭의 넓이로서의 증거를 고찰하고 있을 뿐이다. 그런 증거가 체계적 이론을 만들어내기 전까지 특수한 증거는 효력에서 무한히 약화된다." [38]

화이트헤드는 이 문제를 결코 적극적으로 다루지는 않았다. 그 이유는 화이트헤드 자신의 관심이 불멸성의 매우 다른 개념에 주된 초점을 두고 있었기 때문이었다.[39] 그래서 우리가 인간에 관한 화이트헤드 학설의 이런 측면을 다루고자 한다면, 우리는 이 유일한 매력적인 구절에 집중적으로 의지해야만 한다. 많은 요점들이 명확하다. 첫째, 이번 장의 바로 앞 절과 관련해 화이트헤드는 그런 예리한 구분이 인간과 동물 간에 그어져야 한다는 점에 의심을 품었던 것 같다. 예리한 구분이란 모든 인간은 죽음 이후에도 생존하고 모든 동물은 완전히 죽는다는 주장을 실재적으로 보증하는 구분을 말한다. 다시 한 번 우리는 이 점에서 선험적이고 절대적인 구분을 일관되게 거부한다. 둘째, 화이트헤드는 영혼의 존재가 신체적 죽음 이후의 생존을 위해 어떤 증거가 될 수 있음을 명시적으로는 강력히 부정한다. 하지만 화이트헤드는 자신의 철학을 불멸성의 가능성에 완전히 개방된 것으로 간주했으며, 관련된 증거가 원칙적으로 획득될 수도 있다고 보았다는 점은 확실하다. 셋째, 화이트헤드는 우리가 이런 종류의 증거에 반응하는 것이 죽음 이후의 생존을 긍정하든 부정하든 어느 한쪽으로 우리를 이끄는 보다 폭넓은 확신의 구조에 의존하고 있다는 점을 인식하였다.

위에서 인용한 표현은 『생성 과정 속의 종교』에서 발견할 수 있는 것으로 그의 후반기 저작들에 의존한, 본서에서 내가 사용하는 용어와는 매우 근소하게 다른 용어를 사용했었다. 앞에서 제공된 분석의 관점에서 우리는 매우 단순히 다음과 같은 물음들을 제기할 수 있다. 즉 영혼은 신체 없이 계속 존재할 수도 있는가? 영혼은 뇌 이외에 어떤 다른 장소나 유기체 전체를 통합하는 기능 말고 다른 기능을 가질 수도 있는가? 달리 말해 살아 있는 인격 속에는 영혼이나 살아 있는 인격을 존속시키는 신체와의 친밀한 연합 없이 어떤 다른 추가적인 계기를 가질 수도 있는가? 이런 물음들에 대해 화이트헤드의 철학 체계는 그럴 수도 있다고 답할 수 있다.[40] 그럼에도 불구하고, 이런 사실이 발생할 수 있을 철학적 *가능성*이 사실상 그것이 실제적으로 발생하고 있다는 증거는 될 수 없다. 더구나 그런 추가적인 계기는 몇 분 · 며칠 동안, 또는 몇 세기 동안만 발생한 후 소멸할 수도 있다. 그러나 아마도 화이트헤드의 개인적인 의견은 추가적인 계기가 전혀 발생할 수 없다는 쪽에 가까울 것이다.

그럼에도 불구하고, 죽음 이후에도 생존할 수 있을 *가능성*에 대한 우리 시대의 철학적 주장은 그것이 발생할 수 있다는 개방적 근거들을 적절히 성찰할 수 있나는 점을 통해 현지히 두드러진다. 그러나 화이트헤드 자신에게 충실하자면 그런 생존이 가능하다고 논증할 수는 없기 때문에 나는 다만 죽음 이후에는 생존이 불가능하다고 주장하는, 범상하고 철학적이며 상식적인 논증들이 어째서 화이트헤드 철학을 통해 제거될 수 있는지 만을 보여주고자 한다. 그런 논증들은 인류학과 보다 폭넓은 우주론적 성찰 모두에게서 유래한다. 이 논증들을 언급한 순서대로 다루어보자.

죽음 이후의 삶의 가능성에 반대하는 인류학적 논증의 기본적인 형태는 앞에서의 기술 속에서 이미 대답되어 왔다. 이 논증은 기본적으로 신체와 분리해 생명을 이야기하는 것은 아무런 의미가 없다는 뜻에서 인간은 그저 신체뿐이거나, 더 정확히 말해 사르트르의 용어로 '대자적 신체'뿐이거나, 또는 신체적 기능 자체라는 것이다. 대자적 신체는 신체 일반의 운명에 동참하는 것이며, 신체의 기능은 신체 없이는 지속될 수 없다는 것이 확실하다는 것이다. 인류학의 다른 형태들은 화이트헤드의 견해에서 보면 보다 정확히 말해 인간은 정신-물리학적psycho-physical 유기체라고 진술한다. 확실히 정신-물리학적 유기체는 물리적 유기체의 죽음 이후에는 생존할 수 없다. 이런 입장에서 본다면 생존할 수 있는 것은 어떠한 것이든 더는 인간일 수 없다.

화이트헤드는 인간이라는 용어가 일상적으로 전체 정신-물리학적 유기체를 인간으로 지칭할 수 있다고 인식하였다.[41] 이런 그의 인식에는 인간이라는 용어가 신체와 영혼의 극단적 친밀성을 전달하고 있다는 점이 들어 있다. 그럼에도 불구하고, 화이트헤드 자신은 인간과 영혼을 일반적으로 동일한 것으로 보기도 하였다.[42] 진실로 인격적이고 진실로 주체적인 것은 바로 영혼이라는 것이다. 신체는 인격의 직접적인 환경이다. 따라서 영혼이나 살아 있는 인격이 지속된 존재는 진실로 인간의 생명이 지속된 존재일 것이다. 존재론적으로 신체와 구별되는 하나의 영혼이나 살아 있는 인격이 존재한다는 것은 죽음 이후 삶의 가능성을 위한 첫 번째 조건이다. 신체와 구별되는 이런 존재는 이번 장의 앞 절들에서 화이트헤드의 용어들로 확인된 바 있다.

죽음 이후의 생존에 대한 두 번째 인류학적 반대는 아마도 화이트헤드 자신에 의해 더욱 중요한 것으로 발견된 것 같다. 이것은 신체들과의 가장 친밀한 상호 작용과 별개로 한다면 우리가 영혼들을 경험할 수는 없다는 것이다. 우주의 인과적 효과성이 영혼들에게 중재되는 것은 바로 신체를 통해서이며, 영혼들이 기본적인 기능들을 갖는 것도 신체들 속에서 영혼들의 통제력이 존재한다는 점에 의존한다. 화이트헤드가 어느 정도의 비중으로 그런 문제들에 관한 성찰에 도달할 수 있을지 모르지만, 그는 그런 신체적 기능들이 결정적인 것일 수는 없다는 점을 알고 있었다. 영혼은 가각의 순간적 계기들에서 자신의 환경이 되는 뇌를 파악하기도 하지만, 동시에 그 자신의 과거의 경험 계기들과 다른 사람 영혼들의 경험들도 파악한다.[43] 자신의 과거의 경험 계기들이나 다른 영혼들을 파악하는 것은 신체에 의해 중재되지 않는다. 그러므로 영혼들이 신체와 별개로는 발생할 수 없다는 섯은 명백한 것이 아니다. 우리가 생활 중에 다른 사람들의 영혼을 파악할 수 있다는 극단적인 모호함은 순수한 물리적 파악들이 중재하는 영향력이 제거된다면 명료함에 자리를 내줄 것이다.[44] 그러나 이런 사변은 화이트헤드가 직접 제공하지 않은 자료들을 활용할 수는 없으며, 영혼이 실제로 신체의 죽음을 넘어서 계속 살아갈 수 있다는 증거도 제공하지는 못한다. 그것은 단지 자신의 진술이 죽음 이후의 생존이라는 이 주제에 대해서는 중립적이라는 점을 지지할 뿐이다.

그러나 영혼이 신체와 분리되어서도 존재할 수도 있다는 점을 우리가 설령 받아들일 수 있다고 하더라도, 그런 존재가 발생할 수 있는 "장소"가 없다는 주장에는 확실히 반대할 수 있을 것 같다.

천국이 위에 있는 곳이며 지옥이 아래에 있는 곳으로 생각되던 시절들이 과거로부터 오랫동안 지속되어 왔다 실제로 그런 시절들이 있었다고 하더라도, 그 곳들은 궤변적인 사상가들을 위해 존재했었다. 뉴턴주의 우주론에서 신체에서 벗어난 영혼들은 시공 연속체 space-time continuum 에서는 철저히 배제되었던 것 같다. 하지만 영혼들, 정확히 정신적 실체 심지어 신체 내에 있는 경우에서조차 들은 잘해봤자 이런 연속체에서는 불안정할 수밖에 없기 때문에, 시공 연속체를 넘어 인간 영혼이 더욱 자연스레 속할 수 있는 또 다른 영역이 존재할 수 있다는 것이 너무 기이한 것으로 보이지는 않았었다. 영혼이 시공간에서 급히 움직이는 작은 물질 입자들의 관점에서 설명될 수 있다고 믿었던 사람들은 모든 다른 영역을 믿을 수 없었다. 그러나 정신이 결코 물질의 움직임의 관점에서 설명될 수는 없다고 확신했던 사람들에게는 물질과 정신의 이원성이 아주 자연스럽게 이 세계와 다른 세계의 이원성을 지적하였다. 이 다른 세계는 공간과 시간과 물질이 발생하지 않는 영적인 spiritual 세계를 의미한다. 그럼에도 불구하고, 점차로 물질과 정신을 구분하던 예리한 구분선은 무너지고 말았다. 진화론적 범주들은 정신을 자연 세계로 가져와 시공간과 관련시켰다. 비록 이런 점이 자연 세계의 순수한 물질성을 포기하도록 부채질 했다고 하더라도, 동시에 이 세계를 넘어선 어떤 영역을 개념화할 수 있는 정당성도 봉쇄해 버렸다. 만약 정신들이 시간과 공간 속에서 출현한다면, 그것들이 거할 수 있는 곳도 바로 시간과 공간 안에서인 것이다. 시공간적이지 않은 정신의 영역은 시공간적이지 않은 물질의 영역 보다 더 의미를 가질 수 없으며 개연성도 없는 것이다. 죽음 이후에 발생할 수 있는 생명이 거하는 어떠한 "장소"도 더는 존재하지 않는 것 같아 보였다.

신학은 몸신체의 부활이라는 고대의 학설을 재생시켜 이런 새로운 정황에 반응하였다. 만약 천국이 이 세계와 별도로 존재하는 다른 영역일 수 없다면, 그것은 틀림없이 시간의 종말에 도래할 시공간적 영역의 변형일 것이다. 바리새주의는 오르페우스주의 보다 더 우 진리에 가까웠던 것 같았다. 그러나 묵시적 종말에 대한 신념은 재생시키기 어려우며 그런 신념의 언어를 사용하는 신학자들 사이에서도 몸의 부활은 미래에 대한 신뢰할만한 예측이라기보다는 신체와 정신이라는 인간 인격 전체에 대한 상징으로만 간주하는 사람들이 많다. 몸의 부활이란 학설이 보수적 교회들 밖에서는 계속적으로 시대착오적인 것으로만 여겨진다. 아무튼 자연 신학은 몸의 부활 이론에 어떠한 의미도 부여코자 하는 시도를 하지 않고 있다.

하지만 정신이나 영혼이 시공 연속체로 자연스럽게 이입된 우리의 상황 속에서 자연 신학은 죽음 이후의 어떤 종류의 생명을 위해 어떠한 "장소"도 제시할 수 없는가? 나는 어떤 적극적인 의미에서는 그런 장소를 제시하는 것이 가능하다고 확신할 수는 없으며, 그런 적극적 답변을 주는데 필요한 어떤 형태의 상상적인 사변도 제시할 수는 없다고 생각한다. 그러나 영혼들의 새로운 존재들을 위한 "장소"를 허용하고 마는 우리 상식의 무능력[45]은 우리 상상력의 한계에 기인한 것으로써 우리가 시공간에 대해 소유한 어떤 지식에 기인한 것이 아님을 지적하기 위해 순수 암시적인 방식으로 무언가 언급할 수는 있을 것이다. 우리는 우리의 상상력을 재구성하기 위해 화이트헤드에게 호소할 수 있을 것이다.

우리가 파악하고 확고히 주장해야 할 첫 번째 요점은 우리가 4차원의 시공간을 모든 존재들이 위치하는 고정된 실재로 생각하지 말아야 한다는 점이다. 시공간은 현실적 존재들의 연장적 관계로부터 추상된 하나의 구조에 지나지 않는다. 현실적 존재가 되는 것과 관련된다면, 그 이상도 그 이하도 아닌 4차원만이 존재해야 할 근거는 없다. 우리가 아는 세계는 4차원이지만 이것이 과거와 미래의 모든 존재들이 반드시 이 차원 수만을 가졌거나 가져야 한다는 것을 의미하지 않는다. 그러나 실제로 우리와 동시적인 모든 존재들은 이 수의 차원들을 가져야 할 것이다. 비록 우리가 근본적으로 다른 종류의 어떤 존재를 인식할 수 있는 근거가 있는 것은 아니지만 말이다.

우리의 4차원적 시공간은 보편적인 연장적 연속체가 우리의 세계에서 취한 특수한 형태에 지나지 않는다. 모든 현실적 존재는 이 보편적인 연장적 연속체에 참여한다. 그러나 이런 참여는 연장적 연속체가 선험적으로 먼저 존재한 후 현실적 존재들의 발생을 결정하기 때문에 가능해지는 것이 아니다. 연장적 연속체는 다른 현실적 존재들과의 관계성을 떠난다면 어떠한 현실적 존재도 발생할 수 없다는 근거에서만 필연적이고 보편적인 것이 될 것이다. 이런 관계들은 우리의 4차원 시공간에서처럼 측정을 허용할 수 있는 것 같은 그런 것일 수는 없다. 확실한 것은 그런 관계들이 우리에게는 친숙한 차원이라는 성격을 갖지 않는다는 것이다. 그러나 화이트헤드는 연장성이 관계성 자체의 한 기능이라고 믿었다.

만약 우리가 연장성이 우리의 감각 경험에 주어진 하나의 신체나 외부 세계와의 친숙한 관계를 갖지 않는 것으로 상상하고자 한다면, 우리는 2차원의 세계에 남아 있게 될 것이다. 즉 과거와 미래라는 계승의 차원만이 있게 된다는 말이다. 우리는 과거를 기억하고 미래를 예측한다. 게다가 정신적 텔레파시 속에는 다른 살아 있는 인격들(다른 사람들의 영혼이나 정신: 역자 주)에 대한 직접 경험이 존재한다. 이런 인격들은 3차원의 공간 속에서 우리와 관련된 것으로 경험되지는 않지만, 우리 자신에게 외부적인 것으로 경험된다. 즉 독립적일 수 있으며 또한 동시적일 수도 있는 것으로 경험된다. 그렇다고 이것을 1차원의 공간 관계라고 불러야 할까?

그렇다면, 죽음 이후 영혼의 생명은 우리가 현재 알고 있는 4차원의 연속체가 아니라 2차원의 연속체에서 발생한다고 생각해 보자. 그런데 이런 2차원의 연속체가 "어디에" 존재하는지를 묻는 것이 과연 의미 있는 물음인가? 이 물음은 단지 '4차원의 연속체의 관점에 의거해 2차원의 연속체가 4차원의 연속체와 어떻게 관련될 수 있는가?' 라고 묻는 것일 뿐이다. 그리고 아마도 그런 관점에서는 대답이 가능하지 않을 것이다. 그럼에도 불구하고, 2차원의 연속체 속의 사건들과 4차원의 연속체 속의 사건들 간에 어떤 관계들이 존재할 수 있다면, 그런 관계들 또한 어김없이 어떤 연장적 성격에 참여해야 할 것이다. 그래서 아마도 어떤 신비한 의미에서 하나의 답이 존재할 수 있겠지만, 적어도 나 자신은 그런 관점에서는 생각을 할 수가 없다.

내가 대략 제시한 이런 사변은 화이트헤드에게서 직접적인 지지를 얻을 수는 없다. 화이트헤드는 하나의 계기가 다른 계기들의 정신적 극과 맺는 관계가 우리의 3차원의 공간에 관한 이해에 결정적인 것으로 취해진 제한들에 참여하지는 않는다는 점을 실제로 명확히 하였다.[46] 그는 이 점에서 우리가 알고 있는 질서와 전적으로 다른 질서에 관여하는 경험 계기들이 존재할 수 있다는 점을 실제로 긍정하였다.[47] 화이트헤드는 물리적인 것이 적게 작용하고 정신적인 것이 더 크게 작용하게 될 새로운 우주 시대의 점진적인 출현을 내다보았다.[48] 그는 우리에게 친숙한 특수한 종류의 시공간적 우연성을 반복해서 강조하였다.[49] 그래서 이런 사실들을 넘어선 사변은 내 자신의 고유한 사변에 지나지 않는다.

나의 사변이 연장적 연속체에 대한 화이트헤드의 이해부분에서 철저히 보증할 수 있는 것이라고 하더라도, 나의 이런 성찰들은 단지 죽음 이후 삶의 가능성만을 논증하는 것이지, 그 가능성의 철저한 현실적 실현을 논증하는 것은 전혀 아니다. 영혼이나 우주에는 살아 있는 인격의 지속적 존재를 요청하는 본성이 존재하지 않는다. 만약 인간이 죽음을 넘어서 계속적으로 존재한다면 그것은 새로운 생명의 선물일 것이고, 그런 선물이 주어지는지 주어지지 아닌지는 자연 신학이 탐구하는 범위를 벗어난 문제이다.

## 4. 인격적 동일성

죽음 이후의 삶을 의미 있게 주장할 가능성에 대해 또 다른 반대가 제기될 수 있다. 앞의 경우들에서는 인간과 공간을 이해하는 화이트헤드의 방식이 그 가능성을 철저하게 반대한 것을 완화시킨 것으로 이해되는 반면, 이번 절에서 등장하는 죽음 이후의 삶에 대한 반대는 특별히 화이트헤드 자신의 입장을 겨누고 있다. 죽음 이후에 살아가는 것은 죽었던 것과 동일한 것이 아니기 때문에 화이트헤드의 관점에서는 죽음 이후의 삶이 의미가 없다고 지적된다. 죽음 이후에는 죽기 이전에 발생했던 계기들과는 수적인numerically 의미에서 다른 아주 새로운 계기들의 조합이 존재할 것이다. 의미 있는 보존에 관한 화이트헤드 자신의 성찰들은 이런 종류의 사유에 의해 영향을 받을 수도 있을 것이다. 그는 죽음 이후의 추가적인 계기들의 발생에 대해 사변하는데 관심을 가졌던 것이 아니라, 각 계기들의 가치가 보전되는 방식을 고찰하는데 관심을 가졌던 것이다.[50)]

이번 절에서의 반대는 화이트헤드가 전체적 통일성이나 자기-동일성을 개별적 계기들에게만 있다고 생각했다는 점에 의존한다. 다른 모든 사물들은 이러한 통일성들과 관련하여 구축된다. 그런 사물들은 개별적인 현실적 계기들이 아니라 계기들의 사회이다. 이런 사회들 가운데 몇몇은 화이트헤드가 인격적이라 불렀던 특별한 질서를 갖는다. 그것들은 존속하는 객체들과 살아 있는 인격들이다. 하지만 이 점에서도 역시 존재론적으로 구별 가능한 하나

하나의 존재들이 매 순간 현재하게 된다. 시간을 지속하는 절대적 자기-동일성은 존재하지 않기 때문이다.

시간의 지속 속에는 절대적 자기-동일성이 없다는 것은 실제로 죽음 이후의 삶에 관한 모든 학설들에 문제를 제기할 것이다. 또한 그것은 다른 많은 문제들도 제기한다. 우리의 일상적이며 도덕적이고 법칙적인 실제는 인격적 동일성을 전제한다. 만약 그런 인격적 동일성이 존재하지 않는다면 보상과 처벌을 위한 모든 정당성은 사라질 것이며, 우리의 과거 행위들을 위한 책임감을 받아들여야 할 특수한 필연성도 존재하지 않게 될 것이다. 왜냐하면 우리의 과거 행위들은 수적인 의미에서 다른 존재에 의해 수행된 것이 될 것이기 때문이다. 그래서 은혜로운 행위 이후에 감사가 표현된다면 그것은 잘못된 방향을 취한 감사가 될 것이다. 과거의 약속들도 지켜지지 않을 것이다. 그에 따른 결과들의 목록은 끝이 없을 것이며 재앙에 가까운 결과들이 초래될 것이다.[51)]

화이트헤드 자신은 그의 학설과 인류의 보편적 직관이나 실제 간의 명백한 갈등으로 인해 불안해할 필요가 없었다. 그는 인류의 직관에 참여하였고, 거듭거듭 이 주제로 돌아와 빛을 던져주었다.[52)]

시간을 지속하는 하나의 인격의 동일성을 단언하는 가장 분명한 상식적 근거는 살아 있는 인격이나 영혼을 구성하는 지배적 계기들을 포함하는 신체의 연속성에 있다. 우리는 동일한 신체를 다룰 때에는 거의 언제나 우리가 동일한 인격을 다루고 있다고 전제한다. 확실히 이런 사실은 인격적 동일성의 일상적 의미를 표현하고 있을 것이다.[53] 그러나 이것이 유일한 의미라면, 죽음 이후의 삶에 대한 학설은 아무런 의미를 지니지 못할 것이다. 그렇지만 이런 결과와는 아주 별개로 인격적 동일성을 신체적 동일성의 관점에서 이해하는 것은 적어도 다음의 두 가지 제한 사항들을 수반한다.

우선적으로, 우리의 신체는 변화한다. 만약 시간의 두 지점이 충분히 떨어져 있다면, 나중의 시간에도 여전히 해당 신체에 존재할 수 있는 앞선 신체의 존속하는 객체는 불가능할 것이다. 물론 변화가 조금씩 점진적으로 일어난다면 우리가 출생부터 죽음까지 간직하는 신체에 동일성을 부여하는데 크게 어려움을 겪지 않을 수도 있다. 그렇지만 우리가 인격적 동일성과 신체의 현실적 동일성을 밀접히 상관시키는 것은 매우 의문시될 수 있다. 둘째로, 화이트헤드는 하나의 단일한 신체가 그 신체 내의 *여러 사회들의 경합을 통해 질서화 되는* 지배적 계기들을 간직하고 있다고 주장한다. 그는 이것이 인격성의 분열이 발생할 수도 있는 경우라고 믿었다.[54] 만약 그렇다면 신체의 동일성이 영혼의 동일성을 보증하지는 못한다는 점은 분명하다.

화이트헤드는 이따금씩 시간의 지속 속에서 인격의 동일성이 계승하는 계기들을 통해 *공통의 성격을 물려받는 것 때문*이라고 대답하였다.[55] 이것은 특수한 영혼의 경우에 사회적 질서를 한정하는 일반 원리를 적용한 것이다.[56] 사회적 질서는 공통의 특성에 관한 주장과 이런 특성이 사회의 한 성원에서 다른 성원으로 전달된다는 두 측면들을 포함하고 있다는 점에서 특별한 주목을 받을 만하다. 이 두 가지 개별적 관련성을 결정하기 위해 그 요소들을 따로따로 고찰하는 것도 의미가 있을 것이다.

특성의 공통성이 그 자체로서 인격적 동일성을 위한 근거를 제공하지는 않는다는 것은 너무도 확실하다. 태어난 지 6개월 된 쌍둥이 아이들은 매우 많이 닮았을 것이다. 그러나 우리가 이 아이들 가운데 한 아이를 그 아이가 스무 살이 되었을 때의 모습과 비교한다면 그 모습들 사이의 커다란 차이에 적지 않은 인상을 받을 것이다. 이때 우리는 쌍둥이들이 결코 동일한 인격을 갖고 있다고 생각할 수는 없지만, 6개월 된 아이와 스무 살 된 청년 사이에는 인격적 동일성이 실제로 존재한다고 전제할 수 있다. 그럼에도 불구하고, 특성의 공통성 자체가 우리에게 거의 도움이 되지 않는다는 점을 허용 하더라도, 우리는 인격적 동일성에 대해 판단하도록 물려받은 것 속에 공통성이 있는지 없는지에 대해 스스로 물어야만 한다. 이런 입장에 부합하듯이, 우리의 *일상적 언어 구사*에 임의의 증거가 존재한다. 만약 한 사람이 20년 동안 매우 크게 달라졌다면, 우리는 그가 다른 사람이 되었다고도 말할 수도 있을 것이다. 또는 그 변화가 도덕적으로 바람직하지 않다면, 그가 더 이상 옛날의 그 사람이 아니라고 말할 수도 있을 것이다. 화이트헤드의 설명은 이런 일상적 언어를 조명하고자 할 것이다.

그럼에도 불구하고, 화이트헤드가 이런 방식으로 인격적 동일성에 대한 공통의 직관을 설명하려고 한다면, 그는 오류에 빠져 있는 것이다. 그런 방식으로 인격적 동일성이 주장된다면, 방금 제시된 그런 말들을 구사하는 사람들은 문제의 그 사람이 과거와 동일한 사람이며 단지 변화했을 뿐이라고 주장할 것이다. 하나의 예외가 분열된 인격성이나 전적인 기억 상실의 경우에 일어날 수 있겠으나, 단순히 인격성이 변화했다고 해서 인격적 동일성이 사라졌다는 결론으로 나아갈 수는 없다. 나아가 변화가 고도로 상승된 민감성과 책임감을 떠안는 쪽으로 나아갔다면, 인격 자체는 변화하기 이전에 취했던 의무들을 위한 책임감을 낮추지 않고 높이게 될 것이다. 반대로 어떤 사람이 인격이 가장 큰 폭으로 변화한 이후에 이전의 모든 잘못들에 대해 책임지지 않겠다고 한다면, 사람들은 그런 변화를 좋아짐이 아닌 나빠짐의 특성과 관련된 징표로 받아들일 것이다.

화이트헤드가 인격적 동일성을 공통의 특성을 지적하는 관점에서 기술하는 함정에 빠진 것은 정말로 당혹스런 사실이다. 아마도 이것은 화이트헤드의 입장에 관해 약간 절망적인 사실일 수 있다. 그 자신이 생명의 결정적 특징은 새로움에 있지 과거적 패턴의 반복에 있지 않다는 것을 매우 잘 알고 있었기 때문이다. 그가 살아 있는 세포와 그 세포 속의 살아 있는 계기들의 지위를 고찰했을 때, 그는 그 계기들을 존속하는 객체들로 보는 것을 거부하였다. 그것을 거부한 근거는 다음과 같은 인용 속에서 드러났다. "'존속이란 하나의 계기를 물리적 계통의 단일 노선에 의해 특이하게 묶는 일종의 장치인 반면, '생명'이란 [개념적 역전의 범주에 따라 도입된] '새로움'을 의미한다는 것이다."[57] 세포는 살아 있는 것이므로 우리는 그것을 존속하는 객체로 간주하지 않는다. 그 이유는 존속하는 객체들의 특별한 특징이 계승되는 계기들을 통해 계속적으로 하나의 공통의 특성이 전달되는 것이기 때문이다. 그렇다면, 우리가 세포보다 훨씬 더 살아 있는 영혼에 도달할 때 시간을 통한 동일성을 설명하기 위해 우리는 어떻게 하나의 공통적 특성이 계승되고 있다는 점에 호소할 수 있겠는가?

만약 이것이 화이트헤드의 유일한 대답, 즉 그의 범주들이 허용하는 유일한 대답이라면, 그의 철학은 심각한 난점의 상황으로 빠져든다. 자기-동일성에 대한 우리의 정상적인 이해에 관한 고찰은, 동일성이 시간을 통한 우리의 동일성을 주장하는 특성에 있어서의 유사성에 힘입고 있는 것이 아니라는 점을 명확히 한다. 화이트헤드의 경우가 안고 있는 전체적인 부담은 계승의 양태가 짊어지고 가야 할 것이다. 왜냐하면 화이트헤드 자신이 세포에 대한 논의에서 인식했듯이 특성의 공통성은 생명의 독특한 징표가 아니기 때문이다. 이 경우에 생명의 독특성은 *계승의 독특한 양태의 관점*에서 이루어져야 한다. 그 이유는 다른 모든 점에서 인격적 동일성은 모든 계기를 그것의 과거의 모든 다른 계기들과 관련시키고 있기 때문이다.

화이트헤드는 몇몇 계기들에 대해서는 인격적 동일성이 계승된 공통의 패턴이 아니라 *특수한 계승의 양태*에 의존하고 있다는 점을 강조하였다. 이에 대해 그는 다음과 같이 말하였다. "우리$_{\text{인격적}}$

질서를 갖는 존속적 객체로서는 *독자적인 완결성*을 갖는 우리 자신의 과거의 계기들을 우리의 직접적인 현재에 있어서 객체화시킨다."[58] 그리고 다시 말해, "시간적 세계에 있어 존속하는 인격성은 후속자들이 어떤 특수한 완결성을 가지고 그 선행자들을 개괄하는 계기들의 경로이다."[59] 이런 인용들 속에서의 존속하는 객체나 존속하는 인격은 화이트헤드의 다른 저술의 구절들에 의존한다면, 우리가 살아 있는 인격들이나 영혼들로 부르고 있는 것이다.

불행하게도, 화이트헤드는 그가 "특수한 완결성"을 통해 의미했던 바를 충분히 발전시키지 못했으나, 그것을 따르는 인격적 동일성 이론이 그의 여러 명시적인 진술들보다 더욱 탁월한 것이었다. 그래서 나는 "특수한 완결성"이 그의 체계가 허용할 수 있는 인격적 동일성에 관한 것들 중 유일하게 만족할 만한 접근이며, 시간을 지속하면서도 나 자신의 동일성을 구성하는 것에 관한 나의 고유한 직관에 친밀하게 상응하는 것이라고 믿는다. 더구나 나는 "특수한 완결성"이 방금 인용한 화이트헤드의 진술들을 매우 진지하게 대할 수 있는 유일한 방식이라고 생각한다.

나의 과거가 함께 하는 인격적 동일성에 대한 나의 감응은 나의 기억에 의존하고 있는 듯이 보인다. 나는 다른 인격들이나 다른 존재들의 과거 경험들을 기억함으로써가 아니라 나 자신의 과거 경험들을 기억함으로써 나 자신에 대해 생각한다. 내가 다른 인격들이나 존재들에 *대해* 무언가를 기억할 수도 있지만, 나 자신의 경험 자체만이 직접적으로 기억되는 것이다. 내가 실제로 어떤 경험이라도 기억하고 있다면, 나는 그것이 나의 경험이라고 주장할 수 있다. 그리고 내가 나의 그런 경험을 갖지 않았다고 설득적으로 주장된다면, 나는 극도로 난처한 상황에 처하게 될 것이다. 이와 같이 나는 내가 어떠한 기억도 갖고 있지 않을 때에는 나 자신을 경험내가 하늘 아래서 가졌다고 남들이 말해주는 나의 경험들의 주체로 확인할 수는 없음을 발견한다. 나는 그런 경험들을 내가 아니라 나의 신체에 속한 것으로 보려는 경향이 있다. 또한 나는 과거의 나였을 유아 시절에 대해 매우 제한된 의미의 동일성의 감각을 지니고 있을 것이다. 가령 다른 사람에게서 듣는 방식으로 말이다. 나는 그런 나의 유아 시절을 내 안으로부터의 경험이 아니라 내 바깥으로부터 오는 방식으로 보게 될 것이다. 그것도 상상력까지 동원해서 말이다.

이제 나는 내가 잊어왔던 것과 도저히 회상할 수 없는 많은 것들이 최면술이나 심리 분석자의 소파에 앉아 기억으로 회복될 수 있다고 인식한다. 그래서 나는 나의 동일성에 대한 감각을 나의 현실적 회상 능력을 넘어서까지 확대한다. 그리고 나는 내 현재의 의식적 경험들에 영향을 미칠 수도 있는 나의 무의식 속에서 과거 경험들과의 관계성이 존재하고 있다고 전제하게 된다. 이 관계성은 나의 무의식적 경험들을 현재의 나에게 어떤 "특수한 완결성"으로 묶어줄 것이다.

나의 현재와 결합될 나의 미래적 자기-동일성에 대한 나의 이해는 위의 진술과 동일한 절차를 따라 이루어질 것이다. 만약 내가 이 생에서든 저 생에서든 나의 미래에 발생할 계기들이 현재의 나로부터 특수한 계승의 양태를 갖지 않을 나의 미래적 조건에 대해 상상할 수 있다면, 나는 그 미래의 계기들과 현재의 나를 상상력으로 동일시하지 못할 것이다. 미래에도 동일한 것으로 남게 될 어떤 기저에 놓인 실체가 틀림없이 존재할 것이라고 말하는 것은 나의 현재의 판단에 영향을 미치지 못할 것이다. 공통의 특성에 대한 화이트헤드의 학설도 영향을 미치지 못할 것이다. 오로지 기억만이 나의 자기-이해 속에서 시간을 통한 자기-동일성에 이바지하게 될 것이다.

나는 화이트헤드 철학이 결국 인격적 동일성에 대한 감각의 특수한 현상을 설명할 수 있는지 없는지에 대한 문제를 제기하기 위해 그의 용어들을 활용하지 않고 진술을 시도해 왔다. 만약 영혼 속의 이전 계기들에서의 계승이 오로지 *양적*$_{quantitative}$ *인 방식들*[60]에서만 다른 계승의 경로들과 다르다고 한다면, 나는 영혼 속에서의 계승이 그런 것이 아니라고 믿으며, 영혼 속의 계승의 결과들을 수용하든가 아니면 화이트헤드 철학을 수정하거나 포기해야만 할 것이다. 사실상 나는 우리가 계승에 대한 "특수한 완결성"의 의미에서 인격적 동일성을 이해할 수 있다고 믿을 수 있을 뿐, 오로지 양적인 관점에서만 계승된다고는 믿을 수 없다.

일상적인 물리적 다양성의 한 존속하는 객체에서 각각의 계기는 직접적으로는 직전에 선행하는 계기만을 파악한다. 왜냐하면 해당 계기는 물리적 극에 의해 그것의 앞에 있는 것만을 객체화 하고, 그런 파악은 오로지 인접된 계기들 사이에서만 가능하기 때문이다. 존속하는 객체의 앞선 성원들의 영향력은 틀림없이 가장 최근의 것들을 통해 중재될 것이다. 이와 달리, 살아 있는 인격에서 과거 계기들의 정신적 극들은 그 과거 계기들의 객체화를 위해 우선적인 중요성을 갖는다.[61] 계기들의 정신적 극들에 대한 파악은 우연성에 의존하지 않는다. 따라서 살아 있는 인격 속의 많은아마도 모든 과거의 계기들에 대한 직접적인 객체화가 존재한다. 이런 방식을 통해 종합되는 특수한 완결성이 설명될 수 있으며 공통의 특성이라는 문제는 전적으로 부차적인 것으로 이해된다. 또한 비화이트헤드적 관점으로 기술된 인격적 동일성에 대한 나 자신의 경험도 설명된다. 나는 실제로 앞선 정신적 경험을 직접적으로 파악한다. 때때로 상당히 생생하게 말이다. 이런 경험이 실제로 나에게 이전의 경험 계기와 결합된 나의 인격적 동일성을 확신시킨다. 물론 이 동일성은 수적인 의미에서의 동일성은 아니다.

이런 견해로서 우리는 인격적 동일성을 문제의 인격 속에 있는 모든 과거의 계기들에 대한 직접 파악에 의존시킬 필요는 없다. 그런 모든 과거의 경험 계기들이 잠재적인 회상자발적이든 최면술에 의해서든을 위해 사용될 수 있는 한, 동일성에 대한 감각의 특수성은 설명될 수 있다. 우리 경험의 무의식적 차원들에서 과거의 경험 계기들이 지속적으로 효력을 발휘하는지 아닌지에 대한 문제는 심층 심리학자들이 사실에 입각해 답해야할 문제일 것이다.[62]

인격적 동일성을 이렇게 이해한다면 우리의 과거 행위들을 책임지고자 하는 감각을 설명할 수 있다. 우리는 "안"으로부터 그런 경험들을 기억하거나 기억할 수 있다. 따라서 우리는 우리 스스로를 그런 경험들과 동일시한다. 사실 내가 전적으로 나에게 속한 어떤 과거의 행위들을 기억할 수 없고 행위 하는 계기와 나의 관계가 내가 기억할 수 있는 계기들의 행위가 아니라면, 나는 다른 사람들이 나에게 무엇이라고 말하든 그런 행위들에 대해 책임감을 느낄 수 없다. 책임성에 대한 감각은 기억할 가능성에 의해 이와 같은 의미로 결정되는 자기-동일성의 한 기능이다. 기억의 가능성을 화이트헤드의 용어로 표현한다면 '과거 계기의 정신적 극을 직접적으로 파악할 가능성'이 될 것이다.

또한 인격적 동일성을 이렇게 이해하는 것은 죽음 이후의 삶을 소망하는 것을 충분히 설명할 수 있다. 이런 소망은 각 계기들이 상호 간에, 그리고 내 현재의 계기들로 기억의 관계들 가져오는 계기들이 존재한다면 충족될 수 있을 것이다. 이 계기들의 특성은 현재의 것과는 매우 다를 것이다. 이 생에서의 인격적 동일성이 일반적 신체와의 관계에는 적게 의존하는 반면 영혼의 생명 속의 과거적 계기들에 대한 직접적이고 혼성적인 파악에는 많이 의존한다는 점은 지속성이 신체의 죽음 이후에도 일어날 수 있다고 주장할 개연성을 강화시켜 준다. 그러나 어떠한 의미에서도 그런 지속성에 대한 주장이 증명될 수 있다고는 볼 수 없다.

나는 이런 사실 등이 근본적으로 화이트헤드와 인간의 정상적 직관들에 모두 충실하게 인격적 동일성을 적절히 설명할 수 있는 것이라고 믿고 있다. 그럼에도 불구하고, 나는 나 자신의 입장을 통한 인격적 동일성에 관한 설명이 전적으로는 만족스럽지 못하다는 점에 주목하게 되니 유감스럽다.

내가 제안해온 분석은 하나의 요점[63]을 빠뜨린다면 완전히 꿰뚫어 관통하듯이 인격적 동일성을 보여주지는 못하는 것이 될 것이다. 화이트헤드의 철학과 어떤 경험적 증거는 다른 영혼들과 관련해 내가 기억이라고 기술해 왔던 경험들을 가질 수 있는 가능성을 지적한다. 정신적 텔레파시에서는 다른 사람의 경험 속 정신적 극을 비중재적으로 파악할 수 있을 것 같다. 아주 먼 과거의 경험 계기들이 이런 방식으로 "기억되어져" 왔다는 의미에서의 경험들이 보고되어 왔다. 만약 인격적 동일성이 내가 정의해 온 방식대로 *정의된다면*, 비중재적으로 파악되는데 종속된 모든 정신적 경험들은 임의의 살아 있는 인격에 틀림없이 포함된다. 우리는 살아 있는 인격이 연속적으로 질서화된 것이라는 점에 호소함으로써 정의만으로도$_{\text{definitionally}}$ 이런 정신적 경험들의 문제를 풀 수도 있지만, 여전히 하나의 심층적인 문제는 남아 있다. 그 문제는 하나의 거친 전제에 의해 지적될 수 있다.

만약 나의 신체 속의 지배적 계기가 다른 사람 과거의 지배적 계기들을 기억하기 시작하면서 그 사람 신체의 계기들은 기억하지 않는다면, 인격적 동일성에 관한 나의 정의는 나의 지배적 계기가 그 다른 사람 인격의 연속으로 간주될 수 있는 점을 필요로 한다. 이것은 상식에도 부합할 수 있는 것 같다. 비록 우리가 이런 환상의 영역 속 상식에 호소할 수 있다면 말이다. 그러나 계승된 계기들이 아주 정상적인 형식으로 다른 사람의 신체 속에서 까지도 계속 발생했다면 어떨까? 그렇다면 이 두 개의 계기들의 가닥들은 동일한 살아 있는 인격이라고 할 수 있는가?

이와 유사한 어려운 문제는 죽음 이후의 삶을 제안한 가능성의 관점에서 제기될 수 있다. 나의 죽음 이후 내 삶의 모든 계기들을 비중재적으로 기억하는 것을 향유하는 연속적으로 질서화 된 계기들의 또 다른 한 조합이 존재한다고 전제해 보자. 이렇게 질서화 된 계기들도 "나"일 수 있는지에 대해 놀라워하는 것도 여전히 가능한 것은 아닌가? 만약 가능하지 않다면, 내가 제시한 인격적 동일성에 대한 정의는 실제적으로 자기-동일성에 대한 일반적인 직관을 남김없이 해명하지는 못하는 것이다. 그렇다면 그런 일반적 직관은 정식화 되지 못하고 신비의 영역에 남게 될 것이다.[64] 나는 그런 직관이 환상에 불과하여 현존하는 모든 철학들의 조명을 받는 데는 실패했지만 집요하게 되살아나는 환상이라고 제안한다.

한편, 방금 언급했던 기이한 가능성들이 결코 현실화될 수는 없는 것들뿐이라고 하더라도, 내가 전반적으로 제안한 설명은 현실적인 목적들을 위해서는 만족스러운 것이 될 것이다. 즉 각각의 계기가 실제적으로 또는 잠재적으로 모든 선행하는 계기들의 정신적 극들을 비중제적으로 파악하는, 연속적으로 질서화 된 $_{주로}$ 정신적 계기들의 사회$_{영혼}$가 존재할 때마다 인격적 동일성은 획득될 수 있을 것이다.

## 5. 무의식

인격적 동일성에 대한 논의는 무의식적 경험에 관해서도 문제를 제기한다. 확실히 이 주제는 우리 시대에 인간을 이해하기 위해 위대한 중요성을 내포한다. 화이트헤드가 영혼에 대해 거론했을 때 그는 의식에 초점을 두고 있었으나, 그의 철학은 또한 무의식적 경험의 지대한 역할을 지적하고 있었다. 화이트헤드는 "의식은 경험을 전제로 하지만 경험은 의식을 전제로 하지 않는다."[65] 고 말하였다. 대부분의 현실적인 경험의 계기들은 의식을 전혀 향유하지 않는다. 의식이 발생하는 곳에서는 그 의식이 경험의 어떤 고차적인 위상들의 일부라는 주체적 형식으로 드러난다. 의식은 결코 의식에 들어오지 않는 보다 앞서 있고 보다 단순한 경험적 위상들이 비교 통합되는 복잡한 과정을 전제한 것이다. 의식은 특별히 부정, 즉 *존재하는 것이 존재할 수도 있었을지 모르는 것*과의 대비에 의존한 것이다.[66]

의식의 발생은 무한한 중요성을 갖는다. 의식을 떠난다면 고등한 형태의 동물적 삶은 불가능한 것 같다. 의식적 향유를 떠난다면 모든 가치는 지극히 시시해진다. 우리 인간의 모든 사상은 의식을 전제로 한다. 경험의 무의식적 차원을 고찰하려는 모든 시도가 의식의 산물이다. 그럼에도 불구하고, 화이트헤드의 철학은 무의식이 우선적이라는 점과 그것의 위대한 중요성을 강조했다는 점에서 심층 심리학자들$_{\text{depth psychologists}}$과 일치한다. 명증한 의식은 우리의 신체들을 직접 둘러싸고 있는 외부의 현상에 스스로 초점을 두게 한다. 그런 의식은 우리의 신체나 우리에게 커다란 실재적 효력을 끼치는 신체 바깥의 환경과 연관되는 또 다른 양태의 관계가 존재한다는 점을 매우 암시적으로 제시한다. 그러나 우리가 세계를 지각하는 것은 이런 인과적 효과성의 양태 속에서는 면밀한 주목을 받기도 전에 사라져 버린다. 사실상 우리는 각 계기 속에서 의식적 명증성에 초점을 두는 것과 대비적으로 우리의 경험에 대해 고찰함으로써, 인간의 의식이 단순하고 피상적이라는 사실에 비해 우리의 무의식적 경험들은 육중하고 복잡하다는 점을 파악할 수 있게 된다.[67)]

각 계기는 자신의 모든 과거 계기들을 파악한다는 화이트헤드의 기본적 학설에 대해 다시 고찰해보자. 이것은 거듭 진술되어 왔지만, 우리의 구상력에 완전히 다가와 있지는 않은 채 하나의 관념으로만 남아 있다. 이것은 사실상 무한한 수의 구별된 존재들이 나의 경험의 모든 순간들에서 비록 시시하다고 하더라도 자신들의 임의의 역할을 다하고 있다는 것을 의미한다. 물론 무한정한 수의 이런 영향력들은 인접한 계기들을 통해 중재될 것이다. 하지만 화이트헤드는 그 모든 것들의 효과성이 하나의 계기 속에서 어느 정도는 보존되고 있다고 주장한다.

비록 우리의 고찰이 영혼과 직접 인접한 계기들에 한정된다고 하더라도, 우리의 경험적 내용들은 매우 놀라운 정도인 것이다. 각 계기 속에서 우리는 두뇌 속의 많은 수의 경험 계기들을 직접 파악한다. 우리가 이런 파악들을 의식하는 것은 전적으로 불가능하다. 비록 우리가 환경이 되는 세계에 우리의 감각을 투영시켜 영원한 객체를 받아들이는 것이 바로 이런 파악을 통한 것이긴 하지만 말이다. 다른 계기들에 대한 우리의 가장 직접적인 모든 경험들은 무의식 상태로 남아 있으며 신체로부터 파생된 모호한 감응으로만 의식을 조건 짓고 있는 것이다.

이런 사실과 함께 영혼의 생애 속에 있는 과거 계기들을 파악하는 것에 대해 고찰해보자. 화이트헤드가 말한 대로 이런 파악들은 영혼 속 각각의 새로운 계기 속에서 어떤 특수한 완결성으로 종합된 것이라고 전제해 보자. 나아가 내가 앞에서 제시한 대로 이 파악들이 모두 근사적인 계기들에 의해 중재될 뿐만 아니라 언제나 직접적으로 느껴진다고 전제해 보자. 이 경우 우리는 이런 느낌들 가운데 어떤 단편적인 것들을 실제로 의식하게 된다. 대부분의 시간에 나는 나의 직접 선행하는 경험들을 의식하지는 못하지만 매우 주목함으로써 상당한 생생함으로 그 경험들을 의식하게 된다. 이와 마찬가지로 더욱 먼 과거의 많은 계기들도 다양한 정도의 의식적 생생함으로 회상될 수 있다. 하지만 의식이 경험을 전제하지 경험이 의식을 전제하는 것이 아니므로 우리는 모든 과거의 계기들이 항상 파악되고 있다는 가능성을 늘 고려하고 있어야만 한다. 따라서 무한한 수의 풍요로운 무의식적 경험이 존재한다.

이런 사실 외에도 다른 인격들을 파악하는 일이 존재한다. 이 점에서도 역시 파악들이 의식적 인식으로 격상될 수 있는 예외적 계기들은 존재하는 것 같다. 하지만 분명한 것은 광대한 수의 그런 계기들이 전적으로 무의식 상태로 남아 있다는 점이다. 게다가 이런 과거의 파악들은 가장 가깝게 파악된 경험들에 제한될 필요가 없다. 과거의 경험들도심지어 아주 먼 과거의 경험일지라도 전혀 배제되지 않는다. 정신성이 각각의 연속적 경험에서 중요한 기능을 하는 다른 인격의 생애 속 모든 과거의 경험들도 직접적으로 느껴진다.

방금 말한 이런 관념들은 화이트헤드의 학설에 필연적으로 수반되는 것은 아니지만 하나의 합리적인 해석이 될 수는 있을 것 같다. 화이트헤드는 단지 현재의 계기가 직접이든 간접이든 그것의 과거 전체를 파악한다고만 주장하였다. 과거의 계기들이 다른 계기들의 물리적 극들에 의해 객체화 되는 곳에서는 인접되지 않은 모든 계기들이 인접된 계기들을 통하여 중재된다. 또한 과거의 계기들이 다른 계기들의 정신적 극들에 의해 객체화되는 곳에서는 인접성이 필연적인 상황이 되지는 못한다. 주로 정신적 계기들이 다른 정신적 계기들에 의해 파악될 때에는 다른 계기들의 정신적 극들에 의해 가장 빈번히 객체화되기 때문에 그 모든 과거의 계기들에 대한 직접적 파악이 지적될 수 있는 것이다.

확실히 이런 관념은 환상적일 수도 있겠으나 현대 물리학에서는 흔해빠진 많은 사실들에 불과하다. 더욱이 심층 심리학은 이런 사실을 위해 어떤 증거를 제공하는 것 같다. 일반적으로 제시될 때 설명하기가 매우 어려운 집단 무의식racial unconscious 같은 신비스런 개념들도 화이트헤드의 철학적 문맥에서는 철저히 명료해진다. 인간 영혼의 모든 과거의 경험 계기들이 각각의 새로운 계기 속에서 직접 파악되고 있는지의 문제는 사실에 입각한 문제이지만, 우리의 정신적 삶에 끼치는 과거의 영향력에 대한 증거가 드러난다면, 그런 증거는 화이트헤드의 철학에서 비롯되는 자연스런 사변들을 확증하는데 이바지한다.

## 6. 영혼의 장소

영혼은 뇌 안에 위치한다. 아마도 이 정도로 영혼의 장소 문제는 남겨두는 것이 제일 좋을 수도 있다. 그렇지만 화이트헤드는 이 문제에 하나의 명시적인 답변을 제시한 것 같고, 나는 그 답변에 다른 대안을 제공하기를 원한다. 나는 나의 대안이 화이트헤드가 제시한 것보다 더욱 의미 있다고 믿지만, 그것은 우리가 계기들의 "입각점"standpoints을 구성하는 영역들regions의 관계에 대한 특수한 견해를 받아들일 때에만 가능할 것이다.[68] 화이트헤드가 계기들의 입각점으로써 의미했던 것은 계기들이 전체 시공간적 연속체 내에서 점유한 독특한 연장적 장소였다. 영혼의 장소에 대한 나의 견해에 호응하는 논증은 상당한 추가적인 설명을 필요로 한다.

영혼의 장소 문제에 화이트헤드가 제시한 답변은 영혼이 뇌 틈새들의 "공허한 공간"empty spaces에서 발견될 수 있다는 것이었다.[69] 영혼은 거기서 수용된 풍요로운 자극에 따라 이곳저곳을 돌아다닌다. 영혼은 가는 곳마다 세포의 공허한 공간들 속에서 발견되는 각양각색의 살아 있는 계기들로 틀림없이 둘러싸인다.[70]

화이트헤드의 입장과 상반되게, 나는 영혼이 뇌의 공허한 공간과 다수의 사회들에 의해 점유된 영역들 모두를 포함한 상당한 영역을 동시에 점유할 수 있다고 제안한다. 그리고 이런 나의 제안은 한 계기의 입각점을 구성하는 영역이 다른 계기들의 입각점들을 구성하는 영역들을 포섭하는 것이 가능할 것으로 전제한다. 나는 잠시 후에 이런 입장을 옹호하도록 하겠다. 지금은 우선적으로 나의 해석의 탁월성을 위해 화이트헤드 자신의 것과는 상반되는 나의 논증들을 제시하고자 한다.

우선, 통할하거나 지배하는 계기들의 경로를 따라 일어나는 계승은 이 계기들에 의해 점유된 *영역들의 연속성*이 존재한다면 더욱 합리적일 것이다. 만약 임의의 지배적 계기가 동일한 순간 이곳과 저곳에서 동시에 존재한다면, 실제로 경험되는 연속성과 동일성의 정도는 보다 놀라울 것이다. 만약 계승하는 계기들이 선행하는 계기들의 정신적 극들을 파악함으로써만 통합된다면, 계기들의 인접성은 필수적이지 않다는 점은 참이다. 하지만 그런 인접성의 발생은 고유한 자신의 과거 경험들을 파악하는 것과 다른 인격들을 파악한 것 사이에서 거의 언제나 느껴지는 명확한 차이를 설명하는데 크게 유용할 것이며, 그래서 인격적 동일성이라는 여전히 신비스런 문제를 풀 수 있는 경향이 생기게 될 것이다.[71] 하지만 나의 이 논증은 뇌의 한 특수한 틈새에 영혼의 장소를 영구적으로 고정시킴으로써 반박될 수도 있다. 하지만 화이트헤드는 이런 관점으로는 생각하지 않았는데, 그 까닭은 그가 뇌의 다양한 부분들이 각기 다른 시간대에 우리의 경험에 주요한 공헌들을 제공한다고 인식하였기 때문이었다. 뇌의 한 부분이 변화하지 않는 의식의 자리라는 지적은 없었던 것이다.

둘째, 화이트헤드의 견해는 명백히 결합되어 있는 계승의 직접성과 뇌의 많은 부분들을 화해시키는 것을 어렵게 만든다. 듣고, 보고, 기억하며, 계산하는 것은 하나의 지배적 계기 속에서 동시적으로 일어날 수도 있다. 만약 이런 기능들이 뇌의 다양한 부분들과 무척 친밀하게 관련되어야 한다면, 지배적 계기가 이 모든 다양한 장소들에 동시에 주어져 있다고 생각하는 것은 필연적이다.[72] 그런데 나의 대안은 계기들의 인접성 요구로부터 혼성적인 파악들의 독립성에 다시 호소하는 것이다.[73] 하지만 우리가 지배적 계기들을 구성하는 모든 파악들을 혼성적인 것으로만 간주해야 하는가 하는 문제는 의문의 여지가 있다. 만약 이런 논증이 강조된다면, 지배적 계기가 인간 신체$_{즉\ 뇌:\ 역자\ 주}$에 조금이라도 자리해야 할 필연성은 사라져 버린다! 화이트헤드는 지배적 계기가 그것이 물려받고 있는 뇌 속의 다른 계기들과 인접해서 자리하고 있다고 생각한 것은 확실하다.

셋째, 직선$_{straight\ lines}$에 대한 화이트헤드의 학설은 우리가 여기서 옹호하는 견해를 채택한다면 훨씬 개연성이 높아질 것이다. 화이트헤드는 기하학과 물리학이 직선이라는 것$_{straightness}$에 대한 우리의 이해가 측정에 의존하지 않는다고 논증하는 것이 중요하다고 믿었다. 그러므로 그는 직선에 대한 우리의 직관이 점들의 쌍pairs of points, 즉 신체라는 환경으로 투사된 연관성들을 지배적 계기의 영역 속에 자리한 것으로 가정한다면, 설명될 수 있다는 점을 보여주었다.[74] 만약 지배적 계기의 영역이 화이트헤드의 설명에 의해 제시되었듯이 미시적 규모를 갖는다면, 직선을 거시적 규모에 투사시키는 것이 더 훌륭한 주장이 될 수 있다. 그렇지만 가장 미시적인 영역이라도 무한한 점들을 포함할 수 있기 때문에, 이 논증은 결정적인 주장은 되지 않을 것이다. 보다 중요한 점은 우리가 방향의 투사가 발생하는 중심에서는 머리의 한 부분이 다른 부분으로 전이하는 것을 발견할 수 없다는 것이다. 만약 지배적 계기가 한 곳에서 다른 곳으로 이동한다면 사실상 그런 중심의 전이는 반드시 발생할 수밖에 없을 것이다.

이런 종류의 논증들에 비춰볼 때, 화이트헤드는 어째서 영혼의 입각점에 대한 그의 극소수의 언급들을 뇌의 틈새 속의 전이하는 장소에 대한 견해에 한정시켰는가? 이에 대해 가능한 하나의 대답은 화이트헤드가 모든 현실적 계기들의 규모를 미시적으로 개념화했기 때문일 것이라는 점이다. 더욱이 그는 모든 공간을 이미 점유된 것으로 개념화하였으며, 단순히 공허한 공간을 아직 지배적 계기들이 존속하는 객체들로 조직화되지 않은 공간으로 간주해야 한다고 고찰하였다. 아마도 이 계기들은 성격상 고도로 독창적일 것이다. 마치 정신적 계기들이나 살아 있는 계기들이 화이트헤드에 의해 세포 속의 공허한 공간에 위치하게 되었듯이, 지배적 계기들은 뇌 세포들을 둘러싼 공허한 공간들을 점유하고 있는 것으로 개념화 될 수 있었을 것이다. 이 공허한 공간들은 모든 계기들 가운데 가장 정신적인 계기, 즉 동물 유기체의 지배적 계기에게 하나의 특수하게 부합되는 환경을 제공하는 것으로 여겨졌을 것이다.

그러나 나의 견해는 다음과 같은 점을 제공 한다. 즉 화이트헤드가 세포가 분자들과 세포 속의 공허한 공간 모두와 갖는 관계 속에서 세포에 대해 생각하였듯이, 우리는 영혼이 두뇌 세포들과 뇌 틈새 속의 계기들 모두의 영역들과 갖는 관계 속에서 영혼의 영역을 생각해야 한다. 나의 믿음에 따르면, 나의 이런 입장은 다수의 실질적 이점들도 제시해 줄 수 있다. 그럼에도 불구하고 나의 입장은 하나의 현실적 계기의 입각점을 구성하는 영역이 다른 현실적 계기들의 입각점들을 구성하는 영역들을 포섭할 수 있다는 학설을 필요로 한다. 화이트헤드 자신이 이런 관계가 가능하다고 생각했는지에 대해서는 명시적인 언급이 제시되지 않았으며, 그런 관계가 발생시킬 수 있는 특별한 문제들도 그는 결코 다루지 않았다. 우리는 그가 그런 관계 가능성을 거부한 것인지, 아니면 그것을 진지하게 생각해 보지 않은 것인지에 대해서 추측만 할 수 있을 뿐이다. 그러나 나는 그의 형이상학이 나의 이런 이해를 허용하고 있으며, 그의 우주론이 현재 논의 중인 영혼의 장소라는 이 문제의 관점에서 뿐만 아니라 다른 문제들의 관점에서도 나의 이런 주장을 성립시켜 주어야만 매우 명확해질 것이라고 생각한다.[75] 나는 우주에 대해 내 자신이 갖고 있는 비전이 중요하다는 생각에서 이 점을 어느 정도 길게 논의할 것이다. 가장 유능한 화이트헤드 해석자들 가운데 한 사람인 윌리엄 크리스천William Christian이 화이트헤드 사상의 문맥에서는 이런 관계가 불가능하다고 논증하였기 때문에[756] 나의 어떤 논증은 암암리에 그의 주장을 겨눈다.

근본적으로, 하나의 현실적 계기의 통일성은 그 만족에서 절정에 도달하는 주체적 직접성의 통일성이다. 현실적 계기의 통일성은 그 입각점이나 영역의 특수성에서 파생하지 않는다. 영역은 임의의 현실적 존재를 위해 다른 현실적 존재들이 그것의 과거에 존재했었다는 것과, 따라서 인과적으로 효과를 끼쳤다는 것만을 결정한다.[77)] 나아가 영역은 어떤 현실적 계기들이 인접해 있으며, 그래서 그 영역에게 물리적으로 직접 효력을 끼쳤다는 점을 결정한다. 하지만 임의의 현실적 계기가 점유한 영역은 하나가 아니라 여러 개의 현실적 계기들에 의해 현실화 될 수도 있었을 것이고, 보다 커다란 영역의 일부일 수도 있었을 것이며, 하나의 현실적 계기의 현실적 입각점으로 통일되지 않고 여러 영역들의 부분들이 될 수도 있었을 것이다. 통일성의 원리를 제공하는 것은 바로 자기들의 구체적인 직접성 속에 있는 계기들이지, 입각점들이 아니다.

지금까지 논쟁거리는 없었다. 그럼에도 불구하고, 나의 주장은 계기의 통일성이 그 입각점에 놓여 있지 않다면 하나의 단일한 영역은 문제의 계기들의 추상적인 개별성에 영향을 끼치지 않고도 하나의 계기 이상의 입각점들 속에 포섭될 수 있다는 것이다.

이 말은 한 영역이 다른 영역에 포섭되는 것이 하나의 현실적 계기가 다른 현실적 계기에 포섭되는 것을 수반하지 *않아도* 된다는 것을 의미한다.

여러 존재들의 관계를 부분과 전체의 관계로 환원시키지 않아도 하나의 존재 이상에 의해 시공간의 한 특수한 영역이 점유될 수 있다는 이 관념은 우리의 상식에 너무도 낯설기에 상세한 설명이 요청된다. 우리가 일상생활 중에 만나는 존재들에 대해 생각한다면, 우리는 적합한 유비를 찾을 수가 없다. 예를 들어, 어느 책의 한 페이지는 그 책 전체에 의해 점유되어 있기도 한 하나의 공간을 점유하지만, 우리는 해당 페이지가 그 책의 일부이기 때문에 그와 같은 이중적인 점유를 직접 보게 된다. 그런데 거시적 세계에서는 다른 것이 점유한 영역의 일부를 점유하는 것은 부분과 전체의 관계만을 명확히 보여줄 따름이다. 만약 내가 종이 한 장을 책의 페이지들 사이에 끼운다면, 그 종이에 의해 점유된 공간은 그 책에 의해 더 이상 점유되지 않는다. 왜냐하면 그 종이는 그 책의 일부가 아니기 때문이다.

그러므로 우리는 현재 우리가 다루고 있는 존재들이 책들이나 페이지들 같은 거시적 존재들이 아님을 기억해야 한다. 그런 존재들은 전혀 객체들로 생각할 수가 없는 것들이다. 그것들은 주체들로 생각할 수 있는 것들이다. 객체들의 통일성(밖으로부터 파악된 입자적 사회라는 의미로)은 그것들의 공간적 통일성으로부터 구별될 수 없다. 책 같은 객체들은 반쪽으로 절단할 수 있고 절단된 반쪽은 이전의 전체로서의 책이 가졌던 통일성을 물리적으로 상당히 공유하고 있다. 하지만 주체들은 절단할 수가 없는 것들이다. 그 주체들이 점유하는 영역들은 분할할 수 있지만, 그 주체는 주체로서 통일성을 가지든지 주체가 전혀 될 수 없든지 해야 한다. 만약 우리가 주체들이 소유하는 이런 종류의 매우 다른 통일성을 이해할 수 있다면, 다른 주체의 영역 내에 위치하더라도 하나의 주체를 보다 커다란 주체의 부분이 되지는 않는 것으로 이해할 수 있다는 것이 바로 나의 주장이다. 하나의 주체를 다른 주체의 부분으로 언급하는 것은 사실 아무 의미가 없다. 주체들로서 각 주체는 엄격히 말해 개별적인 것으로서 구분이 불가능한 것이다.

이런 관계는 주체적 존재들이 상호간에 파악하는 방식을 논의함으로써 화이트헤드의 용어들로 더욱 심도 있게 설명될 수 있다. 화이트헤드의 주요한 우주론적 원리들 가운데 하나는 동시적인 것들은 상호 독립적으로 발생한다는 것이다.[78] 동시적인 것들은 상호간에 직접 파악하지 못한다. 그렇다면 현실적 존재 B의 입각점을 구성하는 영역 속에 전적으로 포섭되는 입각점을 가지는 현실적 존재 A에 대해 생각해 보자. A가 창시되는 순간에 B는 자기의 만족에 도달하지 않았다. 그러므로 A는 B를 파악하지 못한다. 동일하게 B가 창시되는 순간에 A는 자기의 만족에 도달하지 않았다. 따라서 B도 A를 파악하지 못한다. 이 두 계기들은 그것들의 입각점이 유사성 때문에 공통점을 가질 것이다. 그럼에도 불구하고, 그것들의 입각점은 동일하지 않다. B에 인접한 어떤 계기들은 A에는 인접하지 않을 것이다. 게다가 A와 B 모두에 인접한 계기들도 동일한 방식으로 객체화되지는 않을 것이다. A는 순수한 물리적 느낌들을 통해 과거를 전적으로 객체화한다. 반면 B는 주로 혼성적인 느낌들을 통해 과거를 객체화한다. B속에 A의 영역이 포섭되는 것은 B가 공동의 과거에 대한 자신의 객체화 속에서 A가 과거로부터 객체화시킨 영원한 객체들을 포섭한다는 점을 수반하지 않는다. B가 A의 주체적 형식, 주체적 지향, 주체적 직접성, 또는 만족을 포섭하지 않는다는 것은 확실하다. 수적으로나 질적으로 A와 B의 근원적인 불연속성은 그것들이 점유한 영역들의 특수한 관계에 의해 영향을 받지 않는다.

만약 A와 B가 존속하는 객체들의 역사적 경로 속에 있는 계기들이라면, 각각의 경로 속의 후속 계기들은 다른 경로 속의 선행 계기들을 파악할 것이다. 더욱이 우리는 특수한 영역적 관계가 어떤 방식으로든 이와 같은 파악의 주체적 형식과 관련될 수 있을 것으로 사변할 수도 있다. 하지만 근본적으로 '영역적으로 포섭된$_{\text{included}}$ 존속하는 객체' 속의 이런 과거의 계기들은 '영역적으로 포섭하는$_{\text{including}}$ 존속하는 객체'의 후속 계기들에 포섭될 것이다. 모든 과거의 계기들이 포섭되는 것처럼 말이다. 그러나 이것은 부분과 전체라는 특수한 의미로써 포섭되는 것은 아닐 것이다.

한 영역적 입각점이 다른 영역적 입각점에 포섭된다는 관념은 상식에 적응할 필요가 있는 또 다른 요점에 주목함으로써 환기된다. 하나의 영역은 세계에 관한 하나의 전망이다. 우리는 각 전망이 궁극적으로 한 점의 전망으로 환원될 수 있다고 생각할 수도 있을 것이다. 예를 들어, 인접한 하나의 과거 계기가 끼치는 인과적 효과성은 그것과 인접하여 생성되는 계기의 다른 부분들에 영향을 주기 *전에* 일부에만 영향을 끼치는 것 같다. 그 생성하는 계기가 연장된다고 하더라도 말이다. 하지만 이때 우리는 그 계기의 내부에 물리적 시간을 도입해야만 한다고 느낄지 모른다. 이 문제는 해당 계기가 충분히 미세한 것으로 생각될 수 있다면 그렇게 날카로운 문제가 되지는 않겠지만, 해당 계기가 다른 것들을 포섭할 정도로 충분한 규모의 것으로 생각될 때 우리의 상상력은 이 문제로 인해 괴로움을 당할 것이다.

그럼에도 불구하고, 이 문제에 대한 답변은 현실적 계기들의 영역의 연상성의 원리가 화이드헤드 사상에 절대적으로 결정적인 사실이며, 이 원리가 수용된다면 영역들의 규모는 별 관계가 없게 된다. 생성하는 계기의 물리적 파악들은 실제로 영역의 여러 부분들과 상관적이지만, 해당 계기의 주체적 통일성은 무차별적으로 영역 전체와 동등하게 상관적이다.[79] 이 주체성의 부분들은 우선적으로 영역의 한 부분에서 발생하여 다른 부분들로 전달되는 것이 아니다. 주체성의 부분들은 해당 영역이 크건 작건 간에 그 도처에 편재한다.

비록 화이트헤드가 영역 포섭의 문제를 다루지는 않았다고 하더라도, 글자 그대로 취해진 그의 몇 가지 우주론적 진술들은 그런 영역의 포섭을 의미하고 있는 것 같아 보인다. 지금까지 우리는 존속하는 객체들의 주요한 예증 사례들로서 전자들[80]과 영혼들에 대해 고찰해 왔다. 이것들은 화이트헤드가 사용한 사례들에 포함되어 있었던 것들이다. 하지만 화이트헤드는 다른 예증 사례들도 제시하였다. 특별히 그는 빛의 미립자들[81], 양자들[82], 그리고 하위-전자적 입자들[83]을 존속하는 객체들로 확인시켜 주었다. 우리는 단순성을 기하기 위해 전자들과 하위-전자적 계기들의 사례에만 주목할 것이다.[84]

이제 전자들은 존속하는 객체들로서 우리가 전자적 계기들로 지칭할 수 있는, 순차적으로 질서화 된 계기들로 틀림없이 구성되어 있어야만 한다. 물리학에 근거한다면 전자 *내부에* 하위-전자적 계기들이 존재하는 것은 확실하다. 이것은 화이트헤드의 관점으로 어떤 하위-전자기적 계기들에 의해 점유된 영역들이 어떤 전자적 계기들에 의해 점유된 영역들 속에 전적으로 포섭된다는 것을 의미하는 것 같다.

전자적인 현실적 계기들과 하위-전자기적 현실적 계기들의 관계에 대한 나의 대안적 설명은, 전자적인 현실적 계기가 실제로 전자를 구성하는 계기들의 사회 속에서 하나의 지배적 계기라는 것일 것이다. 이 지배적 계기는 그 사회 속의 많은 다른 계기들과 나란히 달리는 전자 내의 공허한 공간들에도 위치할 수 있을 것이다.

비록 이런 해석이 화이트헤드에게서 직접적인 지지를 받는 것은 아니지만, 하나의 가능한 해석은 될 수 있다. 지배적 계기에 대한 화이트헤드의 이해는 전적으로 살아 있는 사회, 특별히 동물들과 관련되고 있다. 그는 동물의 신체들을 입자적 사회들로 보았던 반면 전자는 아주 직접적으로 존속하는 객체로 보았다. 또한 전자는 구조화된 사회이기도 하지만, 살아 있는 사회는 아니다. 따라서 나의 이런 해석은 화이트헤드 철학에 대한 자연스런 독해가 불가능하다는 전제 하에 화이트헤드 언어에 추가될 수 있는 것으로 반드시 간주되어야만 한다. 나는 그의 저서를 자연스럽게 독해한 데서 나의 해석이 불가능하다는 점을 목도하지 못하였기 때문에 이런 해석을 화이트헤드 사상에 대한 내 자신의 고유한 사변적 발전을 지지하는 것으로 간주한다. 그럼에도 불구하고, 근본적인 문제는 영역적 포섭 *가능성*의 문제이지, 이런 포섭 관계가 전자적 계기들과 하위-전자적 계기들 사이에서 얻어질 수 있는가, 없는가 하는 문제는 아니다.

이런 원리에 의해 가능해진 우주론적 비전은 찰스 하츠혼Charles Hartshorne에 의해 보다 더 철저히 명확해졌다. 의심의 여지가 없는 이와 같은 사실은, 화이트헤드의 사상을 이런 견해에 철저히 개방적으로 해석하는 경향을 강력히 취하도록 화이트헤드 사상을 나에게 소개해준 장본인이 바로 하츠혼이었기 때문에 가능했다. 하츠혼은 우주가 복합적 개별자들compound individuals로 구성되어 있다고 이해하였다.[85] 각각의 개별성의 차원에서 전자 · 원자 · 분자 · 세포 · 인격 · 새로운 사회적 관계들이 얻어지고, 그를 통해 새로운 법칙들이 정식화되어야만 한다. 복합적 개별자의 개별성은 결코 그것을 구성하는 개별자들의 개별성에 상반되게 작용하지 않는다. 하츠혼 자신은 화이트헤드의 우주론이 신뢰를 받을 수 있게끔 그에게 많은 것들을 제공했던 것이다. 화이트헤드 철학에 대한 이런 이해에 따르면, 우리는 두뇌의 영역을 전체적으로 점유하고 있으며, 두뇌의 모든 부분들로부터 동시에 인과적 효과성을 받아들이며, 그리고 자신의 고유한 통합된 주체적 직접성으로 이 모든 인과적 영향력들을 통합하는 경험을 향유하는 영혼을 개념화할 수 있다.

## 장주 … 2

1) (AI 2장/55~78).
2) (MT 224). 그럼에도 불구하고, 화이트헤드에게는 시간을 거쳐 지속되는 동일성이 하나의 경험상의 문제이기 때문에, 그는 하나의 유기체 속에서 영혼이 복수(plurality)일 가능성을 허용한다.
3) 이것이 후기 저술들에서의 화이트헤드의 통상적인 용어법이라 하더라도,『자연의 개념』같은 보다 초기의 저작과 이따금씩 후기 저작들 가운데서도 그는 더욱 제한적인 의미에서 자연에 대해 말한다.
4) (PR 107/221). 또한 (PR 47/124~125)와 (MT 231)도 참조하라.
5) (PR 107/220).
6) (PR 246/310).
7) (PR 369~72/436~439).
8) (PR 108~109/223~224).
9) (PR 34/100~101).
10) (PR 99/208).
11) (PR 107/220).
12) (AI 271/333). "영혼"이란 용어는『관념의 모험』이전의 저서들에서는 거의 등장하지 않지만『관념의 모험』과『사고의 양태』에서는 자주 등장한다.
13) (PR 232, 245/422, 442~443).
14) (PR 245/442~444). 불행하게도, 화이트헤드는 순수한 느낌을 물리적 느낌과 개념적 느낌 모두와 관련된 것이 아닌 것으로 말하기도 한다. 이런 그의 이중적인 용어 사용은 학생들의 경험에 어려움을 추가시키고 있다.
15) (PR 246/443~444).
16) (PR 107/220).
17) (PR 161, 350/308, 602).
18) (PR 119ff/240); (AI 241~243/297-299); (MT 218~219).
19) 영혼의 장소에 대한 논의를 위해서는 이번 장의 6절을 참조하라.
20) (PR 168ff/319)를 참조하라.
21) (PR 308/537).
22) 화이트헤드는 하나의 현실적 계기가 하나의 주체처럼 "자기초월체"라는 점을 강조

함으로써(PR 29/91) 이런 점을 강력하게 만들었다.

23) 예를 들어, 종교를 "개인이 그 자신의 고독과 관계하는 것"(RM 16~20)으로 보았던 화이트헤드의 유명한 정의 속에 등장하는 퇴거(withdrawal)의 역할에 대한 그의 구절을 참조하라.

24) (AI 233/288).

25) 다음의 진술을 참조하라: "그것은 단지 영혼을 소유하느냐, 소유하지 않느냐의 문제가 아니다. 문제는 만일 영혼이 있다면 그것이 어느 만큼이냐 하는 것이다."(AI 267/327).

26) (MT 38).

27) 심지어 이 점에서 조차 우리는 동물들의 소통과 인간의 소통 사이에 절대적인 불연속성은 존재하지 않는다고 진제할 수도 있을 것이다.

28) (MT 57).

29) (MT 49).

30) (MT 39).

31) (AI 99, 237/149, 293~294); (MT 214).

32) (SMW 171/172~173); (MT 100,174). 또한 "자연"을 "존속물들의 복합체"와 동일시하는 것을 위해서는 (AI 265/324)을 참조하라

33) (SMW 265/268); (MT 185).

34) (FR 1장).

35) 화이트헤드는 "언어는 인간 자체이다"(MT 52)라는 주목할 만한 진술을 하였다.

36) 본서의 제3장 이하, 특별히 제3장 3절과 4절을 참조하라.

37) 나는 역사와 인간 존재의 역사적 성격에 관한 이런 나의 간결한 언급이 매우 불충분한 것이라는 점을 인정한다. 역사와 그리스도에 관한 나의 차후의 한 저서에서 이 점을 보다 더 철저하게 논의하는 것이 나의 의도이다. 역사에 관한 화이트헤드의 주요한 논의는 『관념의 모험』 제1부에서 발견된다. 화이트헤드가 역사에 대해 간결하게 언급한 것은 (MT 22~27)에서도 발견된다. 화이트헤드가 인간 존재의 역사적 성격에 대해 이해한 것은 이미 주목한 인간 본성과 언어의 동일화와 함께 문명과 언어에 대한 상관성(MT 49)에서 명확하게 지적된다. 문명과 관련해 인간과 동물의 관계와 언어와 문어(written language)의 관계에 대한 전체적인 논의를 위해서는 (MT 38~57)을 참조하라.

38) (RM 110~111).

39) (Dial 297).

40) 심지어 화이트헤드는 멀리 떨어진 텅 빈 우주의 지성들의 다른 유형들이 존재함에 대해서도 사변하였다(Dial 192).

41) (AI 263~264/322~324).

42) (PR 92/196).

43) 모든 파악들 가운데 가장 중요한 파악은 신을 파악하는 것이다. 신과 관련시키지 않고도 사람에 대해 말할 수 있다는 사실에 나 자신을 제한시키려는 노력으로 인해 위의 본문에서는 신에 대한 파악을 언급하지 않았다. 본서의 제4장과 제6장은 신과 신에 대한 인간의 경험에 대해 주목할 것이다. 화이트헤드 자신이 영혼과 신체의 구별가능성에 대해 사색했었던 한에서, 신에 대한 관계는 그의 마음속에서 최상으로 중요한 것이었다. (AI 267/326~327)의 다음의 구절에 주목하라. "이러한 영혼이 신체를 벗어나서 과연 어디까지 그것이 존재하기 위한 토대를 발견하느냐 하는 것은 별개의 문제이다. 어떤 의미로는 비시간적이며, 또 다른 의미로는 시간적인 신의 영속적인 본성은 영혼과 특이하게 강력한 상호 내재의 관계를 맺을 수 있다. 따라서 어떤 중요한 의미에서 영혼의 존재는 그 신체적 조직체에의 완전한 의존성으로부터 해방될 수도 있는 것이다." 화이트헤드가 실제로 이 구절(AI 267/326~327)에서 마음에 품고 있었던 것이 내가 지금 언급하고 있는 죽음 이후의 삶에 대한 것인지, 아니면 그가 일상적으로 관심하고 있었던 신의 결과적 본성 속에서의 불멸성에 대한 것인지 현재의 나로서는 그것을 알지 못한다.

44) 다음을 참조하라. "그러나 [다른 살아 있는 인격들에 대한] 이러한 직접적인 객체화가, 간접의 객체화의 경로에 따라 강화되기도 하고 약화되기도 한다는 것은 말할 것도 없다. 또한 순수한 파악과 혼성적인 파악은 통합되기도 하며, 그래서 어쩔 수 없이 혼합되기도 한다."(PR 308/537).

45) 역자 주: "상식의 무능력"은 상식이 상상적 사변을 구성하거나 정확한 기술을 제공하기에는 역부족이라는 의미에서 무능력하지만, 정서적 색조의 차원에서 죽음 이후의 삶의 장소를 확신케 하고 있다는 의미를 표현하는 것이다. 무능력이 되레 능력이 될 수 있다는 점을 지적하는 저자의 언어적 유희의 한 사례로 이해해도 되겠다. 나아가 화이트헤드 철학이 실재에 관한 우리의 일반 관념의 충분성을 측량하는 잣대로 상식을 활용할 수 있다는 그 철학적 체계의 경험적 성격을 드러내 주는 대목이라고 할 수도 있다.

46) (SMW 216/220~221); (PR 108, 308/222~223, 537); (AI 318/383~384).

47) (MT 78, 212).

48) (RM 160); (ESP 90).

49) (SMW 232/236~237); (PR 140,442/195,508).

50) 신의 결과적 본성에 대한 논의를 위해서는 제4장 4절을 참조하고, 화이트헤드의 종교관을 취급한 내용을 위해서는 제6장 1절을 참조하라.

51) 폴 바이스(Paul Weiss)는 화이트헤드가 책임성을 허용하고 있지 않다는 취지로

그를 비판한다. 셔번(Sherburne)은 "책임성, 처벌, 그리고 화이트헤드의 자아 이론"("Responsibility, Punishment, and Whitehead's Theory of the Self," in Kline)에서 바이스에 반응하면서 그에게 동의하는 것 같다. 그럼에도 불구하고 화이트헤드 자신은 이런 성향을 취하고 있었던 것이 아니었다. 참조. (Imm 690).

52) (AI 210, 240/264, 295); (MT 129~130, 221~222); (Imm 689~690).

53) (MT 222).

54) (PR 107/221).

55) 이 점은 주로『불멸성』속에 있다. 그 책 688~691쪽들을 참조하라.

56) (PR 34/100~102).

57) (PR 104/216).

58) (PR 161/308).

59) (PR 350/602).

60) 역자 주: 새로움의 출현과 관련시킬 수 없는 공통의 특성에 따르는 방식들을 다르게 표현한 것이다.

61) (PR 107/220); (AI 271~272/333~334).

62) 이번 장 5절을 참조하라.

63) 역자 주: 이하 세 단락의 진술들을 통해 저자는 자신의 인격적 동일성에 대한 정의로서 불교 등에서 말하는 윤회의 경험 등을 설명할 수 있는지를 타진하고 있다. 즉 임의의 한 사람의 정신적 경험이 그 사람의 현생의 삶에만 국한시키지 않고 먼 옛날 살았던 다른 사람의 정신적 경험을 기억할 수도 있다는 의미를 주면서 윤회를 화이트헤드의 철학적 관점에서 조명할 수 있음을 보여준다. 물론 본서의 저자는 다른 여러 저술 등에서 밝혔듯이 불교적 방식의 윤회를 부정한다. 다만 그런 윤회의 경험에 대한 보도를 인격적 동일성에 관한 화이트헤드의 입장을 수정한 자신의 입장으로 설명할 수도 있을지 모른다는 점을 보여주고 있는 것이다.

64) 화이트헤드 또한 "인격적 동일성의 신비"에 대해서 언급하였으며 "그러한 직관에 관한 한, 언어는 지극히 부적당한 것이 된다. 우리의 분석력, 표현력은 우리의 의식과 함께 흔들리게 된다. 인간의 의식에는 내부적으로는 명석한 식별이 있고 그 너머에는 단순한 어둠이 있을 뿐이라는, 그런 한정된 영역이 존재한다는 것은 사실이 아니다. 그리고 경험적 요소의 중요성이 의식 내의 그 명석성과 비례한다는 것도 사실과 다르다."(AI 210/264)라고 말하였다.

65) (PR 53/133~134).

66) (PR 243/439).

67) 의식에 대한 화이트헤드의 논의를 위해서는 (MT 166~171)을 참조하라.

68) (PR 284/501).

69) (PR 105~6, 339/218, 583), 더욱 공적인 진술을 위해서는 (AI 290/352)을 참조하라.

70) (PR 107/220).

71) 이번 장의 4절을 참조하라.

72) 이것은 하츠혼이 자신의 『화이트헤드의 신관』(Whitehead's Idea of God, Schilpp), 545쪽에서 화이트헤드에게 문제를 제기하면서 표명한 하츠혼의 견해이다.

73) 역자 주: 이 문장에서 인접성과 독립성이 각기 뜻하는 것은 두뇌 속의 지배적 계기가 두 가지 계승들에 의해 구성되는 것임을 드러내기 위함이다. 인접성은 지배적 계기가 물리적 신체(즉 두뇌)나 자신의 한 순간 전의 지배적 계기와의 관계를 상징하며, 독립성은 직전 과거 이외의 자신의 과거 지배적 계기들과 다른 사람들의 정신성이나 신의 인격과의 관계에 따른 혼성적인 물리적 파악의 관계를 상징하는 것이다. 하나가 다른 하나보다 더 특수하게 부각될 필요가 있을 때를 저자는 지적하고자 하는 것이다.

74) (PR 322/558~559). (AI 277/338~339)에는 다음과 같은 내용이 있다. 직선의 선분은 지각하는 계기 속에 있는 것이 아니라 뇌 속에 있는 것이다. 그러나 나는 직선의 이론이 지각하는 계기(따라서 영혼)가 주어져 있는 영역 속의 직선이 존재한다는 점에 의존하고 있다고 전제한다. 이것은 나의 이론이 가진 이점을 제시한다.

75) 이런 관점에서 신과 공간의 관계를 논의한 것을 위해서는 제5장 6절을 참조하라.

76) 윌리엄 크리스천은 현실적 존재들의 입각점들 사이에서는 어떠한 중복(overlapping)이나 포섭(inclusion)의 관계도 불가능하다고 논증하였다. 그의 책『화이트헤드 형이상학 해석』(An Interpretation of Whitehead's Metaphysics) 93~104쪽을 참조하라.

77) (PR 283~84/499~501).

78) (PR 61/148).

79) (PR 283~84/499~500).

80) (PR 91~92/178~180).

81) (PR 36/104).

82) (PR 91~92/195~196).

83) (PR 99/208). 이것은 그가 전자와 양자가 아마도 구조화된 사회들(structured societies)인 것 같다고 말했던 사실에서 추론한 것이다.

84) 물론 화이트헤드가 실제로 진지하게 취급된 자신의 모든 사례들을 갖고 있었다는 것을 의미하지 않았다는 점이 가능하다. 따라서 내가 증거 해야 할 부담이 그가 말했던 의미를 부정하는 사람들에게 부과되어야 한다고 믿는다 하더라도, 나는 분자와 전자에 대한 사례를 그가 영역 포섭을 허락할 의도를 갖고 있었던 증거로 간주

하지 않는다.

85) 다음을 참조하라. 하츠혼,『복합적 개별자』("The Compound Individual"), Philosophical Essays for Alfred North Whitehead. (Longmans, Green, and Company, 1936), 193~220.

3장

# 인간은 책임적 존재이다

## 1. 자유: 자기-결정

화이트헤드는 도덕적 책임성의 관념이 시간의 흐름에도 인격이 동일해야 한다는 점을 전제하고 있다는 점을 인식하였다.[1] 사회 공동체는 사람들이 과거의 행위들을 실행한 동일한 인격들이라는 전제 아래 그들이 과거의 행위들에 책임이 있다고 주장한다. 물론 사회 공동체는 인격적 동일성과 그에 따른 책임성에 몇 가지 한계들이 있다는 점도 인식하지만, 인격적 동일성은 기본적인 요소로 남아 있다. 또한 개별자들로서 우리들도 자신들의 과거에 대해 책임성을 받아들인다. 이 문제는 앞 장에서 다루어졌고, 제안된 해결책은 몇 가지 한계들을 인식함에도 불구하고 충분한 것으로 전제될 수 있을 것이다.

그럼에도 불구하고, 우리가 화이트헤드가 확고히 긍정하였던 도덕적 책임성의 개념을 의미 있게 이해하려고 든다면, 우리는 더 많은 점들을 확립해야만 한다. 우선, 우리는 인간들이 자유로운 존재이므로 그들 행위의 궁극적 원인이 그 자신들의 자기-결정에 놓여야 한다는 점을 제시할 수 있어야 한다. 인간은 단지 어떤 행위를 하도록 강요된 존재로 보는 것은 도덕적으로 무책임한 행위에 불과하다. 둘째, 우리는 자신의 자유를 실행하는 방식에 중요성을 부여하도록 '더 좋은'$_{\text{better}}$과 '더 나쁜'$_{\text{worse}}$에 대한 객관적 구별이 존재한다는 점을 제시할 수 있어야 한다. 만약 모든 행위의 결과가 본래적으로 동등한 가치를 지녔다거나 동등하게 가치를 결여하고 있다면, 즉 '더 좋은'과 '더 나쁜'의 문제가 일시적인 변덕의 문제라면, 도덕적 책임성은 전혀 의미를 가질 수가 없다. 셋째, 우리는 가치의 분포에 관한 문제를 제기해야 한다. 여기서 일상적으로 윤리적인 것으로 인식되는 다양한 문제들이 발생한다. 자기-관심과 이타주의의 관계는 어떻게 되는가? 직접적인 현재적 향유와 미래를 염두에 둔 분별 있는 관심의 관계는 어떻게 되는가? 그리고 넷째, 우리는 가치들과 그 분포에 대한 논의가 어떻게 책임의 문제와 관련되는지를 물어야만 한다. 우리는 어떤 근거 위에서 우리의 책임과 관련한 문제들을 궁극적으로 해결하려고 하는가? 이와 같은 네 가지 논제들이 이번 장의 처음 네 소절들을 구성한다.

자유의 문제는 특히 사상사에서 난해한 문제로 입증되어 왔다. 자유에 대한 직관 자체는 인류의 언어와 관습 속에 깊이 뿌리 내려져 있기 때문에 그것을 가차 없이 부정하는 것은 자기-모순에 빠지는 것이다. 만약 자유를 *부정하는 것*이 자체적으로 형이상학적 필연성을 표현한다면, 우리는 어째서 필연적으로 *긍정하는 것*을 넘어 더욱 진지하게 이 자유라는 문제를 다루어야만 하는가? 이런 종류의 역설들이 도처에 가득하다.

그러나 자유를 긍정하는 것은 유지되기 어려운 것으로 입증되어 왔다. 만약 우리가 인과 작용에 대한 학설을 전혀 활용하지 않는다면, 우리는 다양한 느낌과 행위의 패턴들만을 단순하게 기술할 수밖에 없을 것이며, 자유는 전혀 의미가 없는 것으로 표현될 것이다. 만약 우리가 원인에 대한 관념을 포함시킨다면, 우리는 자유로운 행위의 원인을 찾아야만 한다. 아마도 우리는 그런 원인을 그러한 행위를 하겠다는 결정 속에서 발견할 수 있을 것이다. 그렇다면, 그런 결정의 원인은 또한 무엇인가? 우리는 선the good이 매혹적이므로 그것을 달성하고자 하는가? 그리고 선의 매혹은 결정자의 심리학적 상태, 그의 유기체적 조건, 그의 환경 속에 주어져 있는 구조들과 관계들 등에 의해 일어나는 것은 아닐까? 그리고 만약 우리가 이런 점들을 부정하면서 결정은 결정하는 사람에 의해서만 일어난 것이라고 말한다면, 이것은 결정하기 전 그 결정자의 상태에 의한 것이라고 의미 있게 표현할 수는 없는가? 그리고 결국 그것은 결정자보다 먼저 있는 것들이나 그에 상당하는 어떤 것들에 의해 일어나는 것은 아닌가? 만약 우리가 다른 방침을 세우면서 원인에 의한 것은 전혀 존재하지 않으며 오로지 순수한 자발성만이 존재한다는 의미로써 자유로운 결정에 대해 말한다면, 우리는 인간의 책임적 자유가 아니라, 순수 우연적인 사건만을 말하게 될 것이다. 자유는 자기-결정을 의미해야 하며, 자기-결정은 한 순간에 일어나는 것으로 여겨야 한다. 그렇지 않다면, 결정하는 자아는 결정되는 자아가 될 수 없으며, 나쁜 회귀만이 다시 시작되기 때문이다. 하지만 하나의 자아가 어떻게 하나의 지속 없는 순간에 스스로를 결정할 수 있겠는가? 결정은 그렇게 한 순간에 발생하는가?

인간의 자유가 긍정될 수 있다고 하더라도 사람들은 대답을 요구하는 저런 광범위한 물음들과 거의 대면해 보지 못했기 때문에, 우리 시대의 철학자들과 그들에 대한 비판가들도 하나같이 자유의 관념을 철학적 관점으로 표현할 수가 없다고 선언해 버렸다.[2] 하지만 화이트헤드는 이에 동조하지 않는다. 그에게 자유는 형이상학의 근본적인 범주들 가운데 하나이며, 자유의 성격은 인간의 도덕적 책임성에 대한 감각을 보증하는 것이었다.[3] 따라서 화이트헤드의 논증에 주목하는 것은 필수적이다.

만약 우리가 인간의 자유를 화이트헤드의 용어들로 이해하고자 한다면, 우리는 인간의 경험이 다른 모든 경험 계기들과 공유하는 종류의 자유를 고찰하면서 시작해야 할 것이다. 화이트헤드는 자유가 어떠한 것이든 모든 현실적 존재들의 보편적이고 범주적인 특징이라고 믿었다.[4] 그래서 인간의 자유는 이런 드넓은 맥락 속에 있는 특별한 경우로 조명되어야 할 것이다.

다시 말해, 우리가 우리의 상상력으로 방금 말한 것을 파악해내고자 한다면, 우리는 우리가 종종 세계의 사물들을 조명하기 위해 사용하는 탁자니 돌이니 책이니 하는 것들이 아닌, 다른 것에 주목해야 한다. 핵심은 이런 종류의 대상들이 자유를 가졌다는 것이 전혀 아니라는 점이다. 그것들은 입자적 사회들이며 사실 어떤 의미에서 그런 입자적인 사회들에게 부여할 수 있는 속성으로서의 자유는 그것들을 구성하는 개별적 존재들의 특성에 지나지 않는다. 이런 개별적 존재들은 종적種的으로 전체 입자적인 사회들과 전혀 다르며, 인간의 경험을 구성하는 현실적 계기들과 더욱 친화적이라고 화이트헤드는 확신하였다.

자유가 이런 미시적 존재들에게서 긍정될 때, 이것들의 자유는 매우 협소한 한계 내에서의 자유로 이해되어야 한다. 자유 자체, 즉 무제약적 자유에 대한 개념은 의미가 없다. 자유는 언제나 어떤 정해진 조건들 하에서의 자유여야 한다. 정해진 이런 조건들은 새로운 계기의 생성 순간으로 이어지는 전체 세계이다. 새로운 계기는 그런 조건이 따르는 세계에서 발생해야 하며, 그런 세계에서 발생할 수 있는 모든 것들을 설명할 수 있어야 한다. 새로운 계기에게 끼쳐지는 인과적 효과성은 새로운 계기의 자유만큼이나 화이트헤드의 견해에서 참으로 중요하다. 새로운 계기는 과거의 모든 계기들을 고려해야만 한다.[5] 새로운 계기의 자유는 자신이 이 모든 과거의 계기들을 어떻게 고려해야 하는지에 대해 자신의 결정에 의존한다.

각 계기가 우주를 고려하는 방식을 자유롭게 결정한다고 단순 선언하는 것만으로는 충분하지 않다. 우리는 어떤 기준에 의해 이런 결정을 내려야 할지에 대해 적절히 알기를 원한다. 우주의 명백한 질서는 각 계기가 제멋대로 결정을 내리지는 않는다고 지적한다. 각각의 분자적 계기가 앞선 계기들을 고려하는 방식에 관해 불확정적이었다면 그것이 어떻게 수세기 동안 지속될 수 있었겠는가?

이 물음에 대한 화이트헤드의 응답은 각 계기가 자신의 주체적 지향을 따라 자신의 앞선 계기들을 고려하는 방식을 결정한다는 것이다.[6] 이 지향은 과거의 계기인 “최초의 여건”과 함께 해당 계기의 최초 위상 속에 주어진다.[7] 과거의 계기들이 객체화되고,

선택적 가능성들이 영입되며, 그리고 새로운 하나의 종합이 해당 계기의 주체적 지향에 따라 달성된다. 이 지향은 언제나 해당 상황에서 가능한 것과 해당 계기가 자신의 만족을 향유할 뿐 아니라 자신이 속한 협소하거나 광활한 사회들에 기여할 수 있는 것에 부합한다.[8)]

하지만 이제껏 우리는 우주의 질서를 설명하기 위해 자유를 상실해 온 것 같은 느낌이 든다. 만약 해당 계기가 새로운 종합을 위해 자신의 과거로부터 선택한다는 관점을 따라 주체적 지향이 그 계기의 근원에서 주어진다면, 결정은 사실상 계기 자신에 의해서라기보단 계기를 위해 주어져 버렸다는 느낌이 든다. 자유는 결국 하나의 허위적 관념인 것 같아 보인다는 말이다.

이에 대해 화이트헤드는 우리가 해당 계기의 '최초 위상에서의 주체적 지향'그냥 간단히 "최초의 지향"[9)]으로도 불린다과 '후기 위상들에서의 주체적 지향'사이를 구별해야만 한다고 대답한다. 이 최초의 지향이 해당 계기에게 주어진다. 그것은 해당 계기가 자신의 만족을 위해 이상적 가능성을 향하고 있음을 지적한다. 하지만 그런 이상은 가능한 현실화의 등급들의 관점에 따라 주어질 수밖에 없다. 해당 현실적 계기는 이런 가능성들 가운데 어떤 하나를 실현하도록 강요받지 않는다. 가능성들은 자신들의 친밀한 관계 속에서 해당 현실적 계기의 과거와의 관계 속에서 그 해당 계기를 위한 선택의 원리를 제공한다. 하지만 해당 계기의 자기-실현은 계승되는 위상들에서 그 계기 자신이 세계로부터 받은 여건들을 비교하고 종합함에 따라 자신의 주체적 지향을 수정하거나 적응시킨다.[10] 자신의 고유한 지향의 이와 같은 실현이, 정착된 과거와 최초의 지향 속에서 고유한 질서의 원리에 의해 결정되는 인과적 힘의 제약 속에 있는 자유의 최종적 자리인 것이다.

인간의 경험 계기 속의 자유는 모든 다른 계기들 속에서의 자유와 존재론적으로 다르지 않다. 하지만 모든 다른 관점들에서 인간적 계기와 다른 계기들 간의 위대한 차이들은 또한 자유의 영역에서도 그 차이들만큼의 중요성을 갖는다. 인간의 행위들이 진정으로 자신이 실행한 것이라면 그 행위는 자신이 가진 목적에 의해 결정된다. 그가 가진 목적들은 그의 상황이 정해주는 폭만큼 그에게 주어진다. 그럼에도 불구하고, 그 목적들은 단순히 주어진 것만은 아니다. 한 사람은 자신의 목표들을 자유롭게 수정할 수 있다. 그는 자신이 직면한 최상의 가능성들의 실현을 거부할 수 있다. 실제로 사람들은 자신들과 자신들의 삶을 위한 이상 간의 차이를 폭넓게 경험한다. 이 이상은 부분적으로는 참여했지만 부분적으로는 놓쳐버린 것일 수도 있다.[11] 우리가 이런 차이가 어떻게 발생하는지를 물으면서 우리의 물음을 더욱 철저히 밀어 붙인다면, 그 대답은 인간 경험의 각 계기 속에는 해당 계기의 주체적 지향을 정하는 하나의 결정이 있다는 것에서 비롯된다는 점을 알게 된다. 해당 계기의 주체적 지향은 해당 계기의 최초 위상에서 제공된 완전한 이상에서 파생될 수 있다.

대부분의 계기들에서 보편적으로 존재하는 자기-결정의 요소는 일상적으로 이해된 도덕성과는 별로 관계가 없다. 결정들은 의식이 주어져 있는 곳에서만 규범적으로 도덕적인 것으로든 비도덕적인 것으로든 간주될 수 있다. 심지어 의식이 일반적으로 객관적 세계에 주목하는 것에는 초점을 두지만 결정을 내리는 과정에 초점을 두지 않는 한, 의식이 가능한 계기들 속에서 내려지는 결정들조차 일반적으로 어떠한 도덕적 중요성도 갖지 않는다. 단지 의식이 자기-인식 속에서 일어나고 이 자기-인식이 대안들 가운데 하나를 선택하는 것을 포함하는 곳에서만, 우리는 명확한 도덕적 선택의 경우들에 도달하게 된다. 화이트헤드는 그런 경우들이 가끔은 고등한 동물들 사이에서도 발생한다고 생각했지만, 우리는 실용적인 목적들을 위해서 인간만이 독특한 도덕적 동물이라고 고찰할 수 있을 것이다.[12)]

누군가는 사람들이 단일한 경험 계기에서 일어나는 결정 과정을 의식하는데 도달할 수 없을 것이라고 주장할 수 있을 것이다. 화이트헤드가 제시했듯이, 만약 계기들이 초당 10번 정도 일어난다면,[13)] 우리가 그 계기들 하나하나를 붙잡고자 할 때 계기들은 거의 파악되지 않을 것이다. 확실히 이런 지적은 옳다고 하겠다. 우리의 의식은 경험 계기들을 구분하는 경계들을 파악할 수가 없다. 마치 벽 표면에서 페인트 분자들을 구분하는 경계들을 알 수 없는 것처럼 말이다. 하지만 우리는 몇 초 단위의 관점이나 심지어 더욱 짧은 시간에서 결정을 내리는 하나의 과정은 인식할 수 있다. 그 다음 이런 과정에 대한 우리의 인식은 그 과정에 영향을 미치고, 계승되는 계기들 속의 자유의 범위를 넓히며, 그리고 의식을 강화한다. 복잡성의 이런 모든 차원들, 즉 결정적인 중요성으로 도덕적 물음을 제기하는 차원들은 인간이 가진 독특한 잠재성들인 것이다.

## 2. 아름다움: 본래적 가치

지향할 선善이 존재하지 않는다면, 자유는 전적으로 의미 없는 관념에 지나지 않는다. 자유는 기껏해야 자의적 행위나 단순한 우연에 불과하게 된다. 더 좋은 것과 더 나쁜 것이 존재하지 않게 되므로 책임적 행위는 불가능해진다. 목적에 대한 모든 감각은 사라지게 될 것이다. 우리 시대의 현대인들은 자신들이 이런 상황 속에서 살아가고 있음을 발견할 수 있을 것이다. 그러나 화이트헤드는 그런 사람들 가운데 하나가 아니었다.

화이트헤드는 삶에는 일정한 책임이 따른다는 견해를 지니고 있었다. 우리는 이런 책임을 도덕적 책임의 관점에서 말할 수 있을 것이다.[14] 이런 책임의 이행은 본질적인 중요성을 갖는데, 우리는 이번 소절에서 이 논제에 착수할 것이다. 그럼에도 불구하고, 책임이 마땅히 지향해야할 선과 분리된다면 그것도 역시 전혀 의미가 없다. 만약 모든 사건의 상태가 본래적으로 동일한 차원에 묶여 있다면, 여러 행위들 가운데 한 행위를 달성하려는 목표를 타당하게 하는 근거는 존재하지 않게 된다. 도덕성은 가치가 객관적임을 전제한다. 추후에 결과들을 철저히 고려하는 것과는 별도로, 우리가 본래적으로 가치 있는 것을 알기 전까지는 도덕성의 근거를 가질 수 없으며 삶의 의미 역시 가질 수 없다.

이런 문제를 취급하려면 우리는 가치의 이중적 성격을 인식해야만 한다. 우리는 어떤 종류의 사물들이 자체적으로 가치를 지니고 있는지의 문제와, 이런 사물들의 어떤 특징이 사물들의 가치를 구성시켜 주는지의 문제를 구별해야만 한다. 이럴 때에 우리는 선택된 가치들을 비교하는 것을 가능하게 하는 근거를 분석할 수 있을 것이다.

가치 이론가들은 어떤 종류의 사물들이 자체적으로 가치를 소유할 수 있는지의 문제에 대해 다양한 답변들을 제공해 왔다. 어떤 사람들은 가치를 객체들objects이나 속성들qualities에 귀속시킨다. 그렇지만 객체들은 주체와 임의의 관계를 맺을 때에만 가치를 지닐 것이며, 속성들은 자신들을 간직한 사물들에서 추상된다면 단순히 비존재에 머물고 말 것이다. 그러므로 우리는 논쟁의 여지 없이 가치 있는 사물들이 사건들의 상태들states of affairs이라고 진술할 수 있다.

이 점에서 존재론이 개입된다. 사건들의 상태들은 무엇을 의미하는가? 화이트헤드의 용어로는 "사건들"events이거나 "현실적 계기들"을 의미한다. "사건"은 시공간을 통한 모든 정도의 복잡성과 연장성의 발생을 위해 사용할 수 있는 일반적인 용어이다. 내가 타자기 위에 놓인 열쇠를 우연히 치는 것은 하나의 사건이다. 통일한 방식으로 대통령 유세전도 사건이라고 할 수 있다. 그러나 그런 사건들과 관련된 가치들도 존재하겠으나 그 사건들이 자체적으로 어떤 결정적이고 본래적인 가치를 지녔다고 확실히 말할 수는 없다. 방금 제시한 사건들 가운데 내가 타자기 위에 놓인 열쇠를 치는 보다 단순한 사건에 대해 생각해 보자. 이렇게 명백히 통합된 발생은 실제로는 극도로 모호한 것이고, 정확히 표현한다면 아주 추상적인 것이거나 아주 복잡한 것이다.

문제의 그 사건은 적합한 한 순간에 어떤 관찰자가 나의 통제하에 있었던 것으로 이해한 것을 지적할 수 있을 것이다. 또한 그 사건은 그가 들었고 심지어 다른 감각 기관들과 관련된 것도 포함시킬 수 있을 것이다. 나아가 그 사건은 인과적 효과성의 양태 속에서의 자신의 경험을 포함시킬 수도 있을 것이다. 하지만 실제로 그는 그 사건이 관련된 순간에 자신의 경험 전체를 구성하고 있었다고 말할 수 있는 경우는 아닐 것이다. 필연적으로 그것은 그의 전체 경험으로부터 그의 의식 속에서 다소간 중요한 역할을 전달하는 어떤 단편적 경험들을 추상해 낸다. 더욱이 그에게 그 사건의 가치는 그때 그의 경험의 다른 측면들에 의존한 것이다. 내가 열쇠를 친 소리는 그가 매우 만족해하고 있었던 생각의 줄기를 방해할 수 있거나, 그의 위대한 관심 프로젝트에 착수하기 위해 마침내 나에게 성공적으로 일침을 가할 수 있는 좋은 기회를 그에게 지적해 줄 수도 있을 것이다.

그 사건은 관찰자들의 여러 경험들의 어떤 측면을 지적할 수 있을 것이다. 그것은 관찰자들이 없을 때조차 그런 경험의 가능성을 지적할 수도 있을 것이다. 다시 말해 그것은 멀리 떨어져 자리를 잡고 있는 임의의 관찰자에 의해 보여 진 것을 지적할 수도 있을 것이다. 그것은 열쇠를 치는 나 자신의 경험을 지적할 수도 있다. 그것은 그때 타자기에서 일어난 나의 신체와 내가 저술하고 있던 논문에 영향을 주는 물리적 발생들을 지적할 수도 있을 것이다. 그것은 내가 열쇠를 치는 것과 관련해 매우 복잡한 계기들의 결합체를 지적할 수 있다. 즉 무한대를 향해 희미하게 사라져 가는 불확정적 제약들을 갖춘 결합체 말이다.

이와 같은 분석을 통해 나는 가장 느슨한 방식으로 어떤 개념적인 종류의 발생이나 명확한 경계들을 갖추거나 갖추지 않은 발생을 지시하는 "사건"이란 말에 대해 지적해 보았다. 화이트헤드 자신은 몇몇 초기 저술들에서 이와 같은 느슨한 방식으로 그 용어를 사용했었다. 그렇지만 그는 『과정과 실재』에서 사건을 현실적 계기와 관련지어 명쾌한 정의를 시도하였다. 그의 정의는"사건은 어떤 연장량에 있어 어떤 결정적인 방식으로 서로 관계 맺고 있는 현실적 계기들의 결합체이다. 그것은 그 형상적 완결성을 누리고 있는 결합체이거나 객체화된 결합체이다. 하나의 현실적 계기는 극단적 유형의 한 사건이다."[15]라는 것이다.

결합체로서의 사건과 개별적 존재로서의 현실적 계기 간의 구별이 명확히 파악된다면, 가치의 장소는 최종적으로 후자에 놓여야 한다는 점은 분명하다. 형상적 완결성 속에 있는 하나의 결합체는 스스로를 위해 자신을 구성하고 있는 계기들의 가치 이외에 다른 가치를 포함하지 않는다. 하나의 객체화된 결합체는 언제나 어떤 현실적 계기에 의해 객체화되고 그 계기를 위해, 그리고 그 계기 속에서 자신의 가치를 보유한다. 본래적 가치란 개별적 경험 계기들의 가치인 것이다.

게다가 본래적 가치가 발견될 수 있는 곳도 바로 개별적 계기의 주체적 직접성에서인 것이다. 해당 계기는 소멸하자마자 미래를 위한 하나의 영향력이 되면서 미래를 위한 가치를 내포하지만 스스로를 위한 가치를 더는 보유하지 않는다. 그 계기의 가치는 후속하는 계기들의 가치들에 도구적인 것이지만, 본래적 가치들의 전달자가 되는 것은 바로 자신들의 주체적 직접성을 누리고 있는 계기들인 것이다.

우리는 이제 두 번째 문제를 다룰 준비를 마쳤다. 현실적 계기의 어떤 요소가 그 계기의 가치를 구성시켜 주는가? 이에 대한 하나의 흔해빠진 대답은 '즐거움과 고통의 연속체'pleasure-pain continuum가 비교되는 경험적 가치들의 근거라는 것일 것이다. 하지만 이러한 견해들에 내포해 있는 문제들은 악명이 높다. 만약 우리가 즐거움과 고통을 매우 특정한 경험적 측면들로 취급한다면, 우리는 우리가 경험적 가치들을 즐거움의 계산법calculus of pleasures[16]에 순응시키지 않는 방식들로 조명하고 있음을 종종 알게 된다. 하나의 오래된 사례는 우리들 가운데 많은 사람들이 배부른 돼지와 함께 하는 경험보다는 배고픈 소크라테스와 함께 하는 고통의 경험에 참여해야 한다는 것이다. 우리가 돼지의 경험을 더 좋아해야 한다는 말은 완전한 독단주의의 소리에 불과할 것이다. 왜냐하면 가치들은 어김없이 반성의 선취권reflective preferences[17]과 관련되어야 하기 때문이다. 그렇지 않다면 가치의 선취권들에 대한 단언은 전혀 의미가 없는 자의적인 것이 돼버린다. 만약 이런 문제의 빛에서 우리가 즐거움을 경험의 선취적 양태들에 상응하는 것으로 폭넓게 정의한다면, 우리는 같은 말만 반복하는 폐를 끼치면서[18] 문제를 해결하려는 것이다. 이런 정의는 아무 것도 알려주지 않으며 더욱 명료한 정의에 하나의 장애로 작용할 뿐이다.

화이트헤드는 현실적 경험 계기에 가치를 부여하는 것을 지적하기 위해 "아름다움"이라는 용어를 사용하였다.[19] 이 용어 또한 혼동을 일으킬 수 있지만 화이트헤드는 자신이 제시한 의미에 대해 아주 명확하다. 대부분 우리의 정신들에서 아름다움은 우선적으로 그림이나 일몰 등과 같은 객체들의 특성으로 제시된다. 화이트헤드도 이런 객체들이 "아름답다"고 말한다.[20] 이것은 그 객체들이 특수한 성격으로 자기들에게서 영향을 받는 현실적 경험 계기들에게 공헌할 수 있는 잠재성을 가졌음을 의미한다. 그런 특수한 성격이 경험의 한 특성이 되는 "아름다움"이지만, 그 자체로는 직접 경험된 사물들을 갖지는 않는다.[21] 화이트헤드가 일반화 한 것이 바로 이런 성격인 것이다.

우리가 객체들을 아름답다고 기술할 때는 일반적으로 그 객체들이 균형과 관계의 임의의 조화에 참여하고 있다는 것을 의미한다. 색깔들과 형태들, 또는 소리들은 그런 식으로 서로 관계를 가지므로 그 하나하나는 전체가 부분들을 강조해주는 방식으로 전체에 이바지 하게 된다. 그러나 물론 우리가 실제로 그림이나 일몰을 단순한 객체라고만 언급한다면 그런 객체에는 어떠한 조화도 귀속시킬 수 없다는 점을 알고 있다. 그림이나 습기의 분자들은 서로에 대해, 그리고 그 분자들이 구성하고 있는 전체 결합체에 대해 이런 아름다움의 파악을 적용할 수는 없다. 조화는 인간 관찰자에게 이바지 할 수 있는 것이어야 한다. 인간 관찰자가 그림이나 일몰을 조망할수록 그의 경험의 어떤 중요한 일부는 조화와 아름다움을 향유하게 된다.

동시에, 한 인간 관찰자의 전체적인 경험이 매우 조화롭지 못할 수도 있다. 그녀는 불안에 휩싸여 있을 수도 있으며 치통이 그녀가 아름다운 객체에 참여하는 것을 적극 방해할 수도 있다. 그러므로 그녀의 전체적인 경험적 가치는 하찮거나 심지어 부정적일 수도 있다. 그러나 우리가 경험 일반의 가치를 판단하고자 묻는다면, 우리는 경험의 포괄적인 조화와 아름다움으로서 대답해야 한다. 이런 조화와 아름다움은 아름다운 객체들에 의해 촉진될 수도 있지만, 그것들은 또한 그런 객체들과 아주 무관하게 얻어지기도 한다. 아름다움은 감각적 요소들에 의해 지배되는 경험들에서처럼 사상이나 사랑에 의해 지배되는 경험들에서도 마찬가지로 달성될 수 있기 때문이다.

모든 계기는 자신의 종합을 위해 자신에게 제공된 여건들로부터 어느 정도의 조화를 달성한다. 이런 의미에서 모든 계기는 어떤 적극적 가치를 갖고 있다. 그럼에도 불구하고, 어떤 다른 계기들에서는 부조화가 조화보다 더욱 지배적일 수도 있다. 그런 계기는 조화가 될 수 없는 요소들을 느끼고, 그 다음 그 요소들의 상호 파괴를 느끼기도 한다. 이런 부조화에 대한 느낌이 본래적으로 악이며, 그런 느낌이 지배하는 정도만큼 우리는 해당 계기가 부정적 가치를 가졌다고 말하게 된다. 물리적 고통과 정신적 고난은 하나같이 이런 종류의 적극적인 악들인 것이다.[22]

그럼에도 불구하고 우리가 계기들의 가치를 비교할 때, 우리는 단순히 이 가치들이 조화에서 부조화로 떨어지는 척도와만 관계하는 것이 아님을 알게 된다. 이런 견해에 대해 우리는 앞에서 주목했던 즐거움의 계산법과 관하여 동일한 반대 주장들을 제기해야 할 것 같다. 돼지는 고통스런 소크라테스 보다 조화를 더욱 많이 향유한다! 조화는 매우 낮은 차원의 조화로운 느낌이 달성되도록 양립할 수 없는 느낌들은 제거하면서 달성될 수도 있는 것이다. 그렇다면 완전한 조화를 달성할 수는 있지만 아름다움은 지극히 시시해져 버린다.[23]

예를 들어 즐거움을 유발하는 하나의 색깔로만 칠해진 벽의 아름다움과 위대한 예술 작품을 비교해 보라. 벽에는 부조화가 없다. 완벽한 조화만이 있다. 하지만 우리는 그것을 아름답다고 기술하는데 주저할 것이다. 왜냐하면 그것은 하나의 강력한 관념만을 시시하게 표현하기 때문이다. 반면 위대한 작품은 잠재적으로는 부조화이 경우에도 효과적으로 조화될 수 있음일 수 있는 다수의 요소들을 궁극적 조화가 도입되도록 작동시킨다. 그 작품은 벽보다 훨씬 아름답다. 그 이유는 그 작품이 더욱 많은 수의 별개의 요소들을 스스로 통합해 내기 때문이다. 그 작품은 그것을 보는 자들에게 하나의 강렬한 효과를 불러일으킬 수 있다.

그러므로 우리는 달성된 부조화와 조화의 정도에 따라서도 계기들의 가치를 비교해야 하지만, 아름다움의 힘force이나 강도strength에 따라서도 해당 계기들을 비교해야 한다. 이것은 비교되는 가치들을 판단하는 것을 복잡하게 만든다. 위대한 강도를 가진 경험은 확실히 시시한 힘을 가진 것보다 더 우선적으로 바랄만한 것이다. 설령 위대한 강도를 가진 것이 상당히 부조화스럽다고 하더라도 말이다. 그러나 강도에 있어서의 근소한 우위가 조화의 상실을 만회해 줄 수는 없다. 그리고 심각한 부조화가 수반된 위대한 강도가 단순하고 조용한 조화보다 열등할 수도 있다.

화이트헤드는 아름다움의 "강도"를 구성해 주는 두 가지 측면들이 존재한다고 우리에게 말한다.[24] 한 가지 측면은 통일성에 이르는 요소들의 폭이나 복잡성이다. 화이트헤드는 이것을 "중후함"massiveness이라고 불렀다. 또 다른 측면은 "질적 다양성과는 무관계한 상대적 크기"인 "적절한 강도"intensity 이다.[25] 그렇다면 우리는 강도는 떨어지지만 더욱 중후한 조화와 중후함은 떨어지지만 더욱 강력한 조화라는 두 가지를 모두 고려해야만 한다. 자체적으로 아름다움의 강도를 결정해 줄 수 있는 요소는 존재하지 않으며, 따라서 아름다움에 대한 평가를 가능하게 하는 단일한 척도는 존재하지 않는다.

그러나 평가 과정에서의 복잡성은 그런 평가가 불가능하다는 것을 의미하지는 않는다. 많은 비교적인 평가들이 스스로를 명백하고 보편적으로 상관적인 것으로 제시한다. 게다가 하나의 단일한 이상은 모든 것들을 망라하는데, 그 안에서 평가와 관련된 여러 요소들이 스스로를 조화롭게 만든다. 이것이 아름다움의 최대 강도를 가능하게 하는 이상이다. 이런 최대한은 최대한의 중후함과 최대한의 강도의 조화로운 균형에 의존한다. 그러나 평가의 복잡성은 합법적으로 신봉될 수 있는 관련된 이상들의 다원성을 실제로 지적할 수 있으며, 보다 단순한 조화들에 호소하는 자들과 보다 위대한 중후함을 위해 희생을 감수하는 자들 사이의 불가피한 갈등도 실제로 지적할 수 있다. 이런 갈등 속에는 보편적인 잘잘못들이 존재하지 않는다.[26] 그것들은 자신들의 이상들 속에서는 모두 옳은 것이다. 그리고 우리는 유한성을 빙자하여 그런 갈등에서 도피할 희망을 가져서는 안 된다.

심지어 더욱 중요한 것은 아름다움에는 다소 동등한 강도를 가진 많은 다양한 형태들이 존재한다는 점이다. 위대한 문명은 제각각 그 문명이 상당할 정도의 성공으로 접근한 어떤 조화로운 이상을 표현하고 있다.[27] 달성된 아름다움의 강도를 따라 몇몇 문명들을 비교하는 일이 가능할 수도 있지만, 전반적으로 우리는 달성에는 다수가 존재한다는 점을 인정해야만 한다. 조화로운 형태가 달성돼 왔으며 성공적으로 반복되자마자, 아름다움의 강도는 어떤 새로운 조화의 이상이 뒤이어 일어나지 않는다면 쇠퇴하기 시작한다.[28] 변화는 최대한의 아름다움을 유지하는데 요구되는 것이다. 비록 새로운 이상이 그 자체로서 옛 이상보다 꼭 더 좋은 것이라고 할 수만은 없지만 말이다. 그렇지만 또한 변화는 이행 가운데 부조화들을 수반하기 마련이다. 다시 말해 단순한 대답들은 존재하지 않을 것이다.

화이트헤드는 세 가지 전통적인 궁극적 가치들 중 아름다움을 본래적인 궁극적인 가치를 지닌 것에 관한 실마리로 채택하였다. 아름다움의 현존은 하나의 경험 계기가 그 자신을 넘어선 어떠한 미래와의 관련성을 떠난다 하더라도 그것을 가치 있는 것으로 구성시킨다. 다른 용어법에 따른다면, 아름다움이 유일한 본래적인 가치라고 할 수 있다. 그러나 또한 화이트헤드는 선과 진리에도 관심을 두고 있었다. 선은 도덕성에 대해 절정적으로 고찰하게 될 다음 소절에서 살피기로 하고, 여기서는 진리에 대해 고찰해 보도록 하자.

진리는 현상이 실재에 순응한 것이다.[29] 우리는 여기서 다시 화이트헤드가 두 가지 지각 양태들을 근본적으로 구별했다는 점에 주목한다. 현상은 현시적 직접성 속에서 우리에게 주어지는 세계이다. 그것은 우리가 우리의 환경에 투사시키는 감각들로 구성되어 있다. 마치 그 환경이 우리와 관련해 동시적 공간 속의 영역을 점유하고 있는 것처럼 말이다. 그것은 우리가 들을 수도 있고 볼 수도 있는 언어 역시 포함시킨다. 실재는 우리들과 우리들에게 인과적으로 효력을 끼치는 현실의 세계를 구성하는 계기들의 전체 결합체이다. 실재는 우리가 동시적 영역들을 인식하는 원천이며 모든 현시적 직접성 속에 전제된 것이다. 실재는 현시적 직접성이 전경으로 제공된 우리의 모든 의식적 경험의 배경을 형성한다.

진리 관계는 현상과 실재가 어떤 공통적 특징을 가질 때에 그것들 사이에 존재한다. 진리 관계는 현시적 직접성 속에서 우리에게 주어진 어떤 특성이 해당 현상이 참이 되도록 그것이 결합된 영역으로부터 실제로 파생되었다는 것을 의미한다. 예를 들어, 내가 발이 아프다고 느끼고 실제로 내 발의 어떤 세포들이 나의 느낌을 책임지는 고통의 상태에 있다면, 나의 느낌은 실재와 하나의 진리 관계를 유지하는 것이다. 그러나 고통의 원천이 발이 아닌 실제로는 나의 신체의 다른 곳이라면(다리가 절단된 경우에서처럼), 진리 관계는 획득될 수 없다. 또한 비록 내 발의 어떤 손상이 아픔에 책임이 있다고 하더라도, 나의 발에 있는 세포의 주체적 경험들이 사실 내가 아프다고 느끼는 경험과의 관련성을 전달해 주지 않는다면, 진리 관계는 존재하지 않는다. 화이트헤드는 다음과 같이 판단하고 있었던 것이다. 즉 *신체 내에는* 지각자나 지배적인 계기가 자신이 파악하는 (신체의) 다른 현실적 계기들의 느낌들에는 상당할 정도로 순응하지만, 우리가 색깔에 대한 시각적 경험에서처럼 *우리의 신체를 넘어서게 될 때*에는 그런 어떠한 순응의 요소도 매우 의심할 만한 것이 된다는 것이다.[30] 나의 녹색에 대한 경험은 눈의 경험에 순응하는 것이지만, 페인트 분자나 풀잎의 날에 있는 경험 계기들에는 그 이상의 순응이 있다고 보장할 수는 없다.[31)]

그럼에도 불구하고 보다 광범한 의미에서의 현상은 신체를 넘어선 세계와 진리 관계를 유지할 수 있으며 일반적으로 유지하고 있다. 현상은 우리의 신체와 어떤 기하학적 관계에 위치한 개별적 사물들을 우리에게 제공한다. 현상은 세계를 개별적 존재들로 채운다. 우리의 신체들이 건강하게 기능하고 있고 특수한 매체가령 물이나 거울 같은가 끼어들지 않는다면, 이런 관점에서 현상은 실재와 하나의 진리 관계를 맺는다. 이런 개별자들은 현실적 계기들의 사회들로 판명된다. 그 사회들은 보통 인간의 목적들과 관련해 특별한 중요성을 갖는 입자적 사회들이다.

진리는 또한 명제들과 관련해 특별한 중요성을 갖는다. 화이트헤드가 명제를 통해 의미한 것은 어떤 문법적 구조를 갖춘 문장이 아니었다.[32)] 그의 견해에서 보자면 문장들은 치유 불가능할 정도로 모호하며, 동일한 문장이라도 말하는 사람과 그가 말하는 전체적인 상황에 따라 다수의 다른 의미들로 표현될 수 있다.[33)] 이런 의미들 하나하나가 바로 하나의 명제가 된다. 명제는 어떤 현실적 계기나 현실적 계기들의 결합체가 자신들의 실현을 위해 이상적 가능성들과 결합된 것이다. 가장 단순한 경우 가능성에 대한 관념은 결합체 자체를 경험한 것에서 생겨난다. 그 경우 명제는 단순히 결합체와 그 결합체가 이미 실현한 가능성을 연결시킨다. 예를 들어 나의 발이 아프다면, 나는 나의 발에 대해 아픔이라는 관념을 영입할 수 있다. 화이트헤드의 관점으로 말한다면, 나는 그 아픈 발에 대해 하나의 문장으로 표현할 수 있든 없든 하나의 명제를 영입하고 있는 것이다.

이제 나는 이런 명제를 다양한 방식으로 틀림없이 영입할 수 있을 것이다. 예를 들어, 나는 놀람이나 분노를 느낄 수 있다. 그것은 하나의 판단을 가능케 하는 한 계기일 수 있다. 정상적으로 이 경우 나의 판단은 단순히 나의 발이 아픔을 느끼고 있다는 것일 수 있다. 그럼에도 불구하고, 나는 고통이 실재적이지 않다고 믿고서 고통의 느낌이란 언제나 순수하게 정신적이라고 믿는 사람일 수도 있다. 그렇다면 나는 나의 발이 아픈 것이 아니라고 판단할 수도 있다.

모든 명제는 참이거나 거짓이어야 한다. 만약 현실적 계기나 명제의 논리적 주어인 결합체가 해당 명제가 그것들에 귀속시킨 영원한 객체와의 관계를 유지한다면, 그 해당 명제는 참이 된다. 그러나 이런 관계가 얻어질 수 없을 때, 그 명제는 거짓이 된다. 그러나 화이트헤드는 이런 성격이 결코 명제에서 주요한 것일 수는 없음을 강조하였다.[34] 많은 명제들은 자신들의 참과 거짓과 관련되지 않아도 영입될 수 있다. 예를 들어, 하나의 소설 속 개별적 문장들 속에서 표현된 명제들은 자신들의 참과 거짓에 대해 판단해 달라고 부르짖지 않는다. 이와 같이 우리가 방을 다시 장식하는 일에 대해 생각할 때, 현재는 그렇게 칠해져 있다는 점에는 조금도 관심갖지 않은 채 녹색의 특수한 색깔로 칠해진 벽에 대한 관념을 영입할 수 있다. 화이트헤드가 우리에게 반복적으로 말해주는 것은 하나의 명제가 참이라는 것보다 그것이 흥미를 불러일으킨다는 것이 더 중요하다는 점이다. 영입할 가치가 없을 정도로 지극히 시시한 참인 명제들은 헤아릴 수 없이 많이 존재한다. 그리고 가끔은 더 좋은 쪽으로 역사의 진로를 전환시키는 다양한 거짓 명제들이 존재한다.

바로 이처럼 진리의 중요성을 조금만 강조하는 것은 감각 지각의 형태로 존재하는 현상에도 적용될 수 있다. 현상은 아름다울 수 있고 그래서 실재에 대한 모든 진리 관계를 아주 떠나더라도 경험 계기들의 아름다움에 기여할 수 있다. 가장 가치 있는 현상적 측면들은 종종 최소의 진리만을 가질 것이다. 따라서 우리는 명제들의 진리와 감각적 경험의 진리 모두가 가치와 관련해 중립적일 수 있음을 보게 된다.

그럼에도 불구하고, 화이트헤드는 이런 내용에서 논의를 종결하지 않았다. 비록 진리가 본래적 중요성을 선취하지 않으며 심지어 계기에게 손해를 입힐 수도 있지만, 진리는 보통 아름다움에 이바지 하고 진리와 떨어진다면 아름다움은 불충분하며 하찮게 될 위험에 처한다.[35] 조화를 필요로 하는 경험의 전체는 현상 뿐 아니라 실재도 포함시킨다. 만약 현상만이 조화를 이루고 실재는 중요한 공헌에서 제외된다면 달성될 수 있는 아름다움은 지극히 하찮아진다. 인과적 효과성의 양태에서의 경험, 즉 우리를 다른 존재들의 실재와 연관시키는 경험은 육중한 전체적 경험에 절대 공헌하게 된다. 하지만 이런 실재가 현상과 조화를 이룰 수 있다면, 실재와 현상 간에는 어떤 내적인 일치가 존재하게 될 것이다. 그런 일치가 바로 진리인 것이다.

진리는 보다 고등한 형태의 아름다움의 달성과 유지를 위해 중요하기 때문에 그 자체가 하나의 목적으로 적절히 추구될 수 있어야 할 것이다. 화이트헤드는 최종적으로는 진리를 아름다움과 구별 가능한 본래적인 가치로 거의 할당한 듯[36] 하지만, 화이트헤드는 진리 자체에는 고유한 조화의 임의적인 요소가 존재한다는 의미를 일관되게 제시한 것으로 이해할 수 있다. 모든 경험이 어느 정도 진리를 가질 때에 이러한 모든 경험은 아름다움도 가지게 되는 것처럼 말이다. 그럼에도 불구하고, 훨씬 중요한 것은 진리가 아름다움의 모든 강도를 달성하는데 간접적으로 이바지 한다는 것이다.

## 3. 선: 도덕적 가치

화이트헤드는 선에 관한 명제보다 아름다움에 관한 명제에 훨씬 많은 관심을 가졌었다.[37] 그럼에도 불구하고, 그는 선에 관한 명제들 역시 필요하다는 점을 인식하고 있었다. 본래적 가치에 기여하는 특성을 이해하는 것은 인간의 행동이 선한지에 대한 모든 판단에 절대 필수적이다. 왜냐하면 올바른 행동은 고등한 가치의 실현을 지향해야 하기 때문이다. 그러나 아름다움을 철저히 본래적 가치로 이해하는 것은 여전히 해결되지 않은 다수의 문제들을 남기는데, 화이트헤드는 아름다움을 고유하게 설명하면서 이 점을 강조하였다.

예를 들어, 우리는 가능한 최대의 아름다움만을 곧바로 직접 추구하는 것이 가치들의 강도를 상실한 끝없는 반복들로 인도될 뿐이라는 점에 주목했었다. 아름다움을 추구하면서 하나의 문화가 거두는 성공은 결국에는 그 문화의 쇠퇴로 이어지기 마련이다. 유일한 희망은 그 문화가 새로운 달성을 지향하는 새로운 "모험"을 불태울 수 있는 어떤 참신한 아름다움의 이상에 의해 파악될 것이라는 점이다.[38] 이런 상황에서 활용되었던 아름다움의 직접적 달성은 미래에 달성될 보다 위대한 아름다움을 위해 희생될 수 있어야만 한다.[39]

그러나 현재가 미래를 위해 얼마만큼 정당한 희생을 감수해야 하는가? 확실한 것은 보다 위대한 미래의 향유를 위해 현재의 향유를 희생시키는 것이 언제나 최선은 아닐 것이라는 점이다. 이런 희생이라면 전혀 의미가 없을 것이다. 그렇게 되면 현재는 미래를 위한 향유를 영원히 지연시켜야 하기 때문이다.[40] 우리는 현재의 향유와 미래에 기여할 관심 간에 어떤 균형을 찾아야만 한다. 그러나 더욱이 우리 현재의 일부 향유가 미래에도 공헌하게 될 것이라는 감각에서 비롯된다는 점을 발견하기도 한다.[41]

도덕적 난처함과 도덕적 반성이 일어나는 이런 상황은 형이상학의 근본적인 범주들에 뿌리를 두고 있다. 모든 계기는 자신의 고유한 주체적 직접성에서 뿐만 아니라 자신을 초월한 다른 관련 계기들에서도 강도 있는 느낌을 지향한다.[42] 이 말은 절대적인 자기-관심이 형이상학적으로는 배제될 수밖에 없다는 점을 의미한다! 모든 계기의 자기-실현은 미래에 끼치게 되는 자신의 영향력을 보도록 하나의 안목을 가지며, 이런 미래와의 관련성을 깨닫는 것은 그 자신의 만족에도 필수적인 것이다.

이러한 형이상학적 분석이 내포한 윤리적 중요성은 매우 정교하게 다듬을 만한 충분한 가치가 있다. 많은 사상가들은 우리의 모든 결정들이 우리 소망의 충족이나 우리 관심이 신뢰하는 것의 관점을 따라 내려졌다고 주장해 왔다. 만약 우리가 다른 사람들을 유익하게 하면서도 우리 자신은 희생을 감수해야 하는 결정을 내린다면, 우리는 이것이 다른 사람에게서 받게 될 칭찬을 향유하려 한다거나 스스로의 긍지를 높이려는 소망 때문일 것이라는 말을 들을 수도 있다. 이런 견해에 따르면, 우리의 주체적 지향은 언제나 우리 자신의 아름다움만을 지향하는 것이다.

그럼에도 불구하고, 이런 입장의 옹호자들은 현재의 자아와 미래의 자아의 관계성이라는 문제를 고찰하는데 일반적으로 실패해 왔다. 현재의 자아는 절대적인 자기-동일성으로 미래의 자아와 동일한가? 그래서 우리는 자기-관심의 이런 계산법의 관점에 따라 우리의 먼 미래 경험과 우리의 현재 경험에 동일한 비중을 둘 수 있는 것인가? 우리는 상당히 심각하게 인식될 수 있는 미래의 불이익을 감수하면서까지 때로는 현재의 직접적 향유 기회를 포기하지 않기 때문에, 현재와 미래에 동일한 비중을 두지 않는다는 점은 아주 분명한 것 같다. 그렇다고 해서 순간적인 자아는 미래의 결과들과의 관계를 고려하지 않은 채 현재의 자기만의 만족을 추구하는가? 분명히 말하자면 그것도 역시 옳지는 않은 것 같다. 왜냐하면 우리는 자주 미래에 누릴 희열을 위해 일하기 때문이다. 우리가 때때로 미래의 희생을 고려하지 않고 현재의 만족을 누릴 기회를 붙잡는 것이 사실이지만, 어떤 때에는 미래를 위해 현재를 크게 희생시키기도 한다.

자기-관심 이론가들self-interest theorist은 우리가 미래를 고려하는 정도에 관해서는 전적으로 일관적이지 않다는 점에는 동의할 수 있지만, 그들은 우리에게 유익한 미래 외의 다른 미래는 고려하지 않는다고 주장할 것이다. 이런 자기-관심의 학설에 엄격하게 반대하는 것은 불가능하다고 하더라도, 여기서 내가 말하고자 하는 핵심은 이 학설이 현재와 미래의 모든 관계 가능성을 제거해 버릴 수 있다는 점이다. 이런 학설에 근거한다면 나는 지금으로부터 10년이나 20년 후의 미래를 위해 현재를 진정으로 희생할 수 있겠는가? 그리고 내 아이의 한 순간의 미래의 행복을 위해 내가 내 현재의 관심을 진실로 희생하는 것이 불가능하단 말인가? 이것은 나의 아이를 조금도 고려하지 않은 채 나의 현재와 미래의 자아들 간의 전적인 동일성을 상상했다면 이해될 수 있지만, 이것은 내가 경험하는 것이 아니다. 그리고 오랜 기간을 지속하는 인격적 동일성이 중요함에도 불구하고, 화이트헤드는 나의 현재 경험 계기와 나의 미래 경험 계기의 관계가 나의 경험 계기들과 다른 인격들가령, 나의 아이의 관계와 전적으로 다르지 않다는 점을 보여주었다. 자기-관심의 윤리학 이론은 경험적 사실에도 적합하지 않고 화이트헤드의 형이상학적 견해에도 부적합하다.

화이트헤드는 모든 계기가 자신을 위해서 뿐 아니라 관련된 미래를 위해서도 느낌의 강도를 지향하고 있다는 점을 강조하였다. 온전한 물음은 관련된 것들이 무엇이냐에 달려 있다. 나의 논증은 나의 미래와 관련될 경험들만을 전제하고 다른 인격들의 미래와 관련될 경험들은 전제하지 않는 것은 지나치게 반反 경험주의적 독단주의의 오류를 범하는 것이라는 점에 있다. 우리와 미래의 관련성에 관한 사실적인 상황은 우리가 매우 폭넓게 달라질 것이라는 점이다. 어떤 순간에는 우리가 매우 제한된 미래와만 관련해 자신들을 현실화 할 수 있다. 즉 나 자신의 미래 경험 계기들에만 제한적으로 관련될 수 있다는 말이다. 그러나 다른 순간에 우리는 우리들 곁에 있는 다른 인격들과 관련해 매우 광범위하게 다양한 미래와 연관될 것이다.

화이트헤드의 제안에 따르면, 도덕성은 언제나 제한된 미래가 아닌 보다 광범위한 미래를 고려해야 한다는 점과 관련된다.[43] 도덕주의적 경향은 개인들이 보다 협소한 지평들로 되돌아가려는 곳에서 보다 광활한 지평들을 항상 주장하는 것이다. 여기에는 어떤 측면에서 단순한 조화를 직접 실현하는 것과 훗날의 보다 강력한 아름다움을 위해 현재의 부조화를 모험적으로 수용하는 것 사이의 긴장과 비교될 수 있는 실재적인 긴장이 존재한다. 그럼에도 불구하고, 우리는 현재 누가 보다 강력한 아름다움을 향유하게 될 것인가의 문제에 주목하고 있다. 우리는 우리 자신만을 위해 모험을 감행하는가, 우리와 가장 절친한 사람들만을 위해 모험을 감행하는가, 아니면 인류 전체가 우리의 비전으로 들어오도록 모험을 감행하는가? 화이트헤드가 적었던 전형적인 한 구절은 그가 이런 문제들을 어떻게 다루었는지를 보여준다.

> "전망의 도덕성은 전망의 보편성과 불가분리적으로 결합되어 있다. 보편적인 선(善)과 개별적인 이익과의 대립은 오직 개체의 이익이 보편적 선이 될 때 비로소 없어지게 된다. 이는 보다 작은 쪽의 강도가 상실된다는 것을 예시해 주는 것이지만, 그것은 또한 보다 폭넓은 이익을 더욱 세련된 구조의 것으로서 재발견하기 위한 것이다."[44)]

이 인용문은 화이트헤드가 다른 방식으로는 해결되지 않는 긴장들을 초월시킬 수 있는 이상을 우리에게 지적하고 있음을 보여주기 때문에 매우 전형적이다. 아름다움에 대한 논의에서 완전한 조화와 완전한 강도의 목표들 사이의 긴장이상 속에서의 완전한 종합적 달성을 예외로 한다면이 상호간 다투고 있다고 우리가 말한 것처럼, 느낌의 직접적 강도를 향한 지향과 자신을 무한히 넘어서는 강도를 향한 지향은 일반적인 선에 관심갖는 하나의 계기 속에서만 그 종합을 달성할 수 있을 것이다. 그런 관심은 일반적인 선에 공헌하는 향유 속에서 가장 위대한 아름다움을 발견한다. 이런 이상이 부족한 모든 순간에는 직접 향유즉 가장 가까운 미래와 우리의 생생한 상상력을 넘어선 광범위한 미래의 도달 사이에 언제나 불가피한 긴장이 존재할 수밖에 없다.

그럼에도 불구하고, 이런 긴장은 단순히 대립으로 끝나지는 않는다. 상당한 강도를 향유하는 계기만이 미래에 가치 있는 공헌을 할 수 있다.[45] 더욱이 자신을 넘어서 공헌을 한다는 느낌은 해당 계기의 만족에 속하며 그 계기의 아름다움의 강도에 추가된다.[46] 현재를 부정함으로써 미래에 공헌하려는 시도는 자기-패배적인 것이다. 마치 현재에서 보다 철저한 아름다움을 달성하기 위해 미래를 무시하려는 시도처럼 말이다.

보다 광범위한 전망이라는 일반성의 관점에서 행위를 독려하는 적절하고 필요한 관심은, 도덕적 규약들로 행위의 구체적 원리를 정식화 하는 곳으로 나아간다. 이런 규약들은 위대한 사회적 중요성을 가지지만, 불행하게도 그것들은 마치 실용성의 권위를 초월한 권위를 가지고 있는 것처럼 다루어진다.[47] 이 규약들은 모든 상황 속의 모든 사람들에 대한 윤리적 요구들을 그 세목화된 정식화들 속에 붙잡아 둘 수 있을 것처럼 주어진다. 이 때문에 진보와 계몽은 어쩔 수 없이 그런 규약들을 불신할 수밖에 없다.

문화들이 추구할 수 있는 아름다움에 관한 다수의 적절한 이상들이 존재한다. 그래서 아름다움의 달성을 촉진하도록 기획된 행위의 구체적인 규약들은 폭넓게 변화한다.[48] 각각의 규약은 자신의 시기에 맞는 가치를 지니지만, 특수한 차원의 특정한 도덕적 원리는 역사적 환경이라는 상대성을 초월해 존재할 수는 없다. 따라서 일반적으로 개념화된 도덕적 규약들은 너무도 철저히 상대적인

것일 수밖에 없다.[49)]

보다 추상적인 차원에서 보편적 원리들을 정식화 하는 것은 가능하다. 화이트헤드는 이러한 원리로 두 가지를 제안하였다. 즉 "이것들은 조화의 일반성, 그리고 개체의 중요성에 관한 원리"[50)]라는 것이다. 여기서도 우리는 하나의 긴장을 발견한다. 왜냐하면 화이트헤드는 첫 번째 원리가 질서에 대한 비인간적 추구로 나아가고, 둘째 원리는 개별적 인간들에 대한 사랑으로 나아간다고 보았기 때문이다. 하지만 그는 이상적인 것 속에서 하나의 해결책을 보았다. "이 대립은 여러 유형의 질서들이 개체적 현실태를 확대시키는 데 성공을 거두고 있는지의 여부, 즉 경험의 강도를 증대시키는 데 성공을 거두고 있느냐의 여부에 따라, 상대적 중요성에 있어서 그 질서들을 등급화 함으로써 해결된다."[51)]

이 점에서 우리는 도덕적 규약들을 평가하는 절정기에 도달한 화이트헤드의 지적을 알게 된다. 도덕적 규약은 개별자들이 향유하는 아름다움의 최대한의 강도를 달성하고 증진시키는 질서가 촉진될 때 최고의 선이 되는 것이다. 아마도 이런 개별자들에는 인간 이하의 개별자들도 동일하게 포함될 수 있지만 압도적으로 중요한 개별자들은 역시 인간일 수밖에 없다. 각각의 인간은 이런 질서의 달성을 목표로 삼을 때 자신을 위한 경험의 이상적 강도를 발견하게 된다. 그럼에도 불구하고 생명이 살아가는 유한하고 불완전한 차원에서는 여전히 긴장들은 남을 수밖에 없다.

## 4. 화이트헤드주의 윤리 이론

나는 도덕적 가치가 포함된 가치에 관한 화이트헤드의 논의가 매우 탁월하게 만족할만한 것이라는 점을 발견한다. 그럼에도 불구하고, 그가 우회적으로만 조명해준 일련의 윤리적 문제들이 있다. 그래서 이번 소절에서는 화이트헤드가 표명한 견해와 조화될 수 있는 관점에 의거해 정식화될 수 있는 하나의 윤리 이론을 대략적으로 제시해 보고자 한다. 이 이론은 화이트헤드의 입장과 흡사한 결론에 도달하지만, 그가 등한시 했던 문제들을 다룸으로써 그의 작업을 보완하게 될 것이다.

도덕성에 관한 화이트헤드의 진정한 관심은 그로 하여금 도덕적 가치들과 궁극적 이상들에 주목하도록 만들었다. 인간의 결정행위는 이런 문제들에도 관심을 가져야 하지만 특정한 순간에 당면한 대안들 사이에서 이루어지는 선택에 구체적으로 초점을 맞춰야 한다. 이런 점은 모든 결정과 실재가 개별적인 경험 계기에 초점을 둔다는 화이트헤드 철학에 의해 치밀하게 강조되었다.[52] 하지만 화이트헤드는 구체적인 선택에 직면해 "내가 무엇을 행위 해야 하는가?"라고 묻는 개인의 관점으로 윤리적 탐구에 접근하지는 않았다.

우리 시대에 이런 물음을 고찰하는 것은 그 물음의 답이 인지적$_{\text{cognitive}}$ 의미를 가질 수 없다는, 폭넓게 확산된 비난의 소리로 인해 더욱 절박해졌다. 이런 비인지적 견해에 따르면, 화이트헤드의 가치 이론을 선행적으로 수용한다고 하더라도 "당신은 아름다움의 최대 강도를 실현하도록 행위 해야 한다."는 대답은 인지적 의미를 갖지 못한다. 하지만 다음과 같이 묻는 것은 가능하다. "우리는 다른 방식의 행위를 더 좋아할 수도 있지만, 어째서 아름다움의 가치를 최대한 모색하는 방식으로 행위 해야 하는가?"실제로 어떤 이들은 "해야 한다"ought는 용어는 표현의 힘만을 갖는다고 주장한다. 그 용어를 규정적 방식으로 포함하는 문장들이 조금도 진술들이 될 수 없다는 식으로 말이다.

그러나 나는 비인지주의자들noncognitivists이 표현의 힘을 갖는다고 말한 것은 옳다고 믿는다. 특유한 윤리적 주장들은 사실에 입각한 정보들을 직접 전달하는 것이 아니며, 사실적 정보의 직접 전달이 진술들의 본래 특성으로 다루어질 때도 윤리적 주장들 그 자체는 진술들이 아니다. 그럼에도 불구하고, 이런 점이 윤리적 주장들의 중요성 혹은 정당하거나 부당한 것으로서의 그 주장들의 지위를 결코 축소시키지는 못한다. 그런 주장들의 진지함에 위협이 되는 것은 비인지주의자들이 그 이상의 비난, 즉 윤리적 주장들은 진술들에 의해 독특하게 보증될 수 있는 것이 아니라는 비난을 쏟아낼 때에만 발생한다. 이 말은 모든 발생의 전체적 상황 속에서 상호 모순적인 윤리적 주장들이 동등하게 보증될 수 있다는 것을 의미한다. 그렇다면, 윤리적 주장들은 매우 반성적이고 독특하게 규정적인 주장들이 아니라 궁극적으로는 합리적이지 못한 느낌들을 제멋대로 표현한 것에 불과하게 된다.

이제 우리의 첫 물음은 "윤리적 주장들을 독특하게 보증할 수 있는 어떤 특정한 사실적 진술들이 존재 하는가? 또는 존재할 수 있는가?" 하는 점이다. 만일 우리가 "해야 한다"라는 단어가 표현하는 바를 고찰하려 든다면, 우리는 이 물음을 조명해 보지 않을 수 없다. 이런 목적을 위해 우리는 화이트헤드에게 호소한다.

"해야 한다"라는 용어는 책임 관념sense of obligation을 표현하고 있는 것 같다. 화이트헤드의 관점에서 책임 관념은 하나의 주체적 형식이다. 주체적 형식은 언제나 어떤 존재의 파악을 표현하기 마련이다. 이 경우 해당 존재는 반드시 어떤 상상된 행위이거나 행동이어야 한다. 만일 내가 어떤 일을 해야 한다고 느끼면, 그것은 나의 책임 관념이 내 자신이 그런 행위를 해야 할 사람이라는 관념에 도달한 것이다. 이 "관념"은 화이트헤드의 용어로 명제[53)]proposition라고 할 수 있다. 이런 종류의 명제에 대한 파악은 하나의 "상상적 느낌"[54)]이다. 책임 관념은 미래의 자아를 논리적 주어logical subject로 하고 가능한 행동의 양태를 술어predicate로 하는 하나의 명제를 상상적으로 느끼는 주체적 형식이다.

이 상상적 느낌의 주체적 형식이 우리의 문화 속에서 대부분의 정상적인 성인들에게서 발생한다는 점은 거의 의문의 여지가 없다. 이런 주체적 형식에 관해서는 확실히 의미 있는 담론이 있을 수 있을 것이다. 나는 책임 관념이라는 주체적 형식을 갖는 하나의 특정한 상상적 명제를 영입한다고 주장할 수 있다. 이것은 그 자체로 하나의 진술, 즉 명제에 대한 주장이고 그것은 참이든 거짓이든 그 어떤 것도 될 수 있다. 만일 이 진술의 진리가 "나는 그 명제를 현실화해야 한다."라는 그 이상의 단언을 보증한다면, 우리는 이 문제에 대한 해결책을 찾을 수 있을 것이다. 그래서 윤리적 주장들은 상상적 명제의 파악의 주체적 형식에 관한 사실적 진술들로서 독특하게 보증될 수 있을 것 같다.

하지만 그렇지 않은 경우도 있다. 나의 책임 관념이 하나의 명제에 대한 느낌의 주체적 형식이라는 점이 내가 그 명제를 실현하는데 책임이 있다는 주장을 보증한다는 것은 그 자체만으로는 명확한 것이 아니다. 오히려 내가 그런 방식으로 행동을 해야 한다고 느낀 이유는 그런 느낌을 가졌었던 나의 어린 시절에 제약될 수 있거나, 사실 매우 다른 종류의 행동이 요구되었기 때문이라고 할 수도 있다. 예를 들어, 나는 나의 책임 관념이 인종차별을 유지시키는데 도달할 수 있음을 발견할 수 있다. 왜냐하면 내가 그런 방식으로 느끼도록 성장했을 수도 있기 때문이다. 그래서 이제는 그런 느낌에 저항해서 행동해야 한다고 믿을 수도 있다.

다수의 윤리적 느낌들과 관련해 우리는 그런 느낌들을 갖게 해준 방식을 지적知的으로 이해하여 그 느낌들이 우리에게 끼치는 영향력을 약화시킬 수 있음을 우리 자신의 경험 속에서 주기적으로 주목할 수 있을 것이다. 아마도 우리의 사회가 임의의 행동을 혐오스런 것으로 보도록 우리를 제약시켜 왔음을 알게 될 수도 있다. 이제는 그런 행동에 전혀 반대할 필요가 없다는 점을 알게 되면서 말이다. 하지만 그렇다고 그런 느낌들이 즉각 사라지는 것은 아니다. 우리는 우리의 책임 관념이 그런 왜곡된 행동을 피하는데 이르려는 경향을 지속적으로 발견하지만 그런 도달은 점차 약화되기도 한다. 그리고 우리는 가변적인 존재이기에 우리의 책임 관념을 객관적으로 정당하지 못한 것으로 간주할 수도 있다.

그렇긴 하지만, 우리들 다수의 도덕적 느낌들이 점차 자기를 올바로 이해하게 됨으로써 약화된다는 것은 모든 경우들에 적용될 수 있는 것으로 입증되지는 않는다. 어떤 도덕적 느낌들의 강도는 그런 느낌들의 원천을 비판적으로 분석하더라도 영향을 받지 않을 수 있다. 만약 그런 느낌들이 존재한다면, 우리는 그런 느낌들이 우리가 불가피하게 따라야할 것들이라고 말할 수도 있을 것이다. 만약 임의의 특정한 상황에서 내 상상적 느낌으로서의 책임 관념에 의해 불가피한 자격이 부여되었다고 내가 믿게 된 어떤 행동양태가 나의 상상적 느낌 속에 존재한다면, 내가 그 문제의 방식에 의거해 행위 해야 한다는 판단은 부정될 수 없을 것이다. 내가 그런 방식으로 행위 해야 한다는 나의 판단은, 책임 관념이 그 상상적 느낌의 주체적 형식에 의해 불가피하게 작용하고 있다는 나의 올바른 신념에 의해 보증된다. 그러나 만약 나의 책임 관념이 실제로는 단순히 잠정적으로만 그런 양태의 행동에 도달했다면 그것은 보증될 수 없을 것이다.

만약 그렇다면 개인의 윤리에 있어 결정적인 문제들은 다음과 같은 것들이 될 것이다. 첫째, 불가피한 책임 관념을 포함하는 상상적 느낌의 주체적 형식에는 어떤 가능한 행동의 양태들이 존재할 수 있는가? 둘째, 그런 행동 양태들이 존재한다면 그것들은 과연 무엇인가? 첫 번째 물음의 대답이 "존재할 수 없다."라면, 우리는 "나는 어떤 방식으로 행위 해야 한다." 같은 진술을 보증할 수 있는 형태의 판단은 존재하지 않는다고 말할 수 있다. 사람들이 이런 점이 옳다고 확신하게 되면, 우리는 책임 관념이 중요성을 축소시키는 역할을 하리라고 확실히 예측할 수 있다.

내가 개인적으로 가능한 행동 양태에 대한 책임 관념에 도달하는 것이 불가피하다는 점을 발견케 하는 임의의 핵심 사항을 결정하기 전에, 우리는 대부분의 윤리적 주장들이 이제껏 토론한 내용 이상으로 확신을 주는 것들이라는 점을 인식해야만 한다. 나는 모든 사람들이 어떤 방식으로 행동해야 한다거나 단순히 그런 행위 방식이 아무런 조건 없이 옳은 것이라고 종종 주장하였다. 실제로 내가 어떤 방식으로 행동해야 한다는 나의 확신은 종종 그런 행동이 임의의 조건이 없어도 옳을 것이라는 나의 견해에 의존해 있었던 것 같다. 그런데 다른 사람들이 나의 판단에 진지하게 동의하지 않을 것 같다는 점이 나에게 하나의 문제를 제기한다.

만약 어떤 하나의 행위가 옳다거나 모든 사람들이 그런 방식으로 행동해야 한다는 주장이 모든 형태의 행위와 관련해서도 보증될 수 있다면, "나는 그런 방식으로 행동해야 한다."는 주장은 역시 분명히 보증될 수 있는 것이다. 그러나 그 역은 성립될 수 없을 것이다. 따라서 우리는 보편적인 규범적 원리들의 후보자들을 고찰함으로써 시작할 것이다. 그런 원리들은 일반적으로 사람들에게 옳은 것으로 여겨지는 것들에 관한 주장들이다. 그런 원리들은 어떤 가능한 행동 양태들에 대한 상상적 느낌의 주체적 형식에 책임 관념을 불가피하게 포함시키는 것에 관한 진술들을 통해 보증된다.

이런 관점에서 문제를 제기한다면, 우리는 윤리의 주체에 관해 저술해온 많은 사람들 사이에서 사람은 어떤 의미로 합리적이고 이치를 따르는 존재라는 점에 동의하는 것 같다는 점을 발견한다. 이와 같은 동의는 철학자들의 단순한 편견으로 무시될 수는 없다. 왜냐하면 그런 동의는 일반적인 도덕성 속에서도 동일하고 확실하게 반영되어 있기 때문이다. 심지어 니체 같은 분명한 국외자에게서 조차도 실제로 그런 점이 발견된다. 왜냐하면 어떤 점에서는 비합리성으로 간주되는 비도덕성의 영광에도 불구하고 니체가 초인을 요구한 것은 철학 학파들과 교회의 잘못된 이성적 추론에 반대하여 참된 이성에 호소하는 것이었기 때문이다. 키에르케고어와 다른 종교 사상가들은 도덕적 책임을 넘어선 삶에 대해 지적했지만, 그들은 도덕적 책임이 실재한다는 점에 대해서는 논박을 하지 않았다. 더욱 명확한 점은 윤리적 주장들의 의미-충만성을 부정하는 비인지주의자들이 우리가 그들의 제안 점을 다룰 때에는 지극히 합리적일 수 있어야 한다고 전제한다는 점이다. 누군가 자신의 도덕적 판단이 철저히 합리적이라고 완전히 확신할 때마다 우리는 그가 더욱 심층적인 정당성의 필요를 느끼는 것 같지는 않다고 전제할 수 있다. 실제로 도덕성은 행동의 합리성과 사실상 동의어인 것이다.

문제는 "합리적" 또는 "이치를 따르는" 것이 일의적univocal인 의미로만 행위에 적용할 수 있는 것인가 하는 점이다. 합리성은 확실히 매우 상이한 사물들을 의미할 수 있다. 어떤 사람들에게 그것은 빈틈없는 신중함과 동일한 것으로 여겨져 왔다. 또 어떤 사람들에게는 타산적인 자비심으로 여겨져 왔으며, 또 다른 어떤 사람들에게는 본래적인 합리적 원리들을 무한히 수용하는 것으로 여겨지기도 했으며, 또 다른 사람들에게는 행동의 문제들을 해결하는 방법으로 여겨지기도 했었다. 이런 모든 입장들과 기타의 다른 입장들은 단순히 그것들 표면상의 불일치 때문에 최소화되거나 등한시되어서는 안 되는 심오한 호소력을 지닌 것들이다.

행위에 있어서 합리성의 가장 기본적인 차원은 신중함의 관념에 의해 제공될 수 있을 것 같다. 만일 내가 미래의 나에게 극도로 해로운 결과들을 가져올 수도 있는 현재의 어떤 즐거운 행위를 심사숙고 한다면, 나는 그런 행위를 하지 말아야 한다고 느낀다. 만약 내가 스스로에게 이런 느낌을 갖게 해준 근거에 대해 보다 철저히 반성해 본 후 나의 책임 관념이 문제의 행위를 하지 않기로 도달한 마음을 철회해야 하는지에 대해 자문한다면, 나는 철회하지 말아야 한다는 부정적 견해로 강력히 기울게 되며, 따라서 이 점에서 내가 다른 합리적 존재들과 다르지 않다는 점을 믿고 있음을 발견한다.

하지만 나의 책임 관념이 이런 합리성에 관한 문제와 아무런 관련이 없다고 반대하는 주장을 펼칠 수도 있다. 나는 이런 주장을 부정하지만, 심사숙고를 거듭한 뒤 나의 도덕적 양심과는 아주 별개로 내 미래의 자아에 해가 되는 일을 피하는 것을 *더욱 좋아할 수도 있다*. 하지만 책임 관념은 더욱 좋아하는 것과 *충돌*할 때에 *두드러진* 작용을 하며, 그것을 물리치고 결정되는 것이다. 즐거움에 호소하는 일은 실제로 강력하기 때문에 그 결과를 반성하지 않는다고, 즉 그 결과를 모른척하고 맹목적으로 즐거움을 향해 돌진한다고 생각해 보라. 만약 결과를 반성한다면 내가 약화시키기를 원치 않는 바람들$_{가령,\ 즐거움}$은 약화시킬 수도 있다. 유혹은 반성적 형태 속에서는 스스로를 자주 드러내지 않는 것이 확실하기 때문이다. 반성 행위가 최종 결정을 확정하든 확정하지 않든, 유혹을 받는 상황에서도 나의 책임 관념은 반성이 지시하는 궤도에 지속적으로 도달하려고 하지 않을까! 내가 반성하기를 완고하게 거부하거나 반성의 결실들이 영향을 끼치는 것을 거부할 때 내가 잘못된 행동을 하고 있다는 점을 확실히 알게 된다. 즉 나의 책임 관념은 나로 하여금 내가 추구하기를 원치 않는 행동의 진로에 불가피하게 도달하게 만드는 것이다.

두 번째 반대는 결과를 반성하려는 어떠한 책임성도 인식하지 못하는 사람들이 존재한다는 점일 것이다. 지적인 능력이 현저히 떨어지는 사람들은 미래에 관한 충분한 상상력을 결여하고 있을 뿐만 아니라 원인–결과에 대한 명확한 감각도 결여하고 있다. 반면에 고도의 궤변을 구사하는 사람들도 모든 평가를 거부하거나 현재의 순간만을 위해 살겠다는 결정을 할 수도 있다. 이런 모든 사람들에게는 미래의 결과가 현재의 결정과 관련이 없는 것으로 간주되며, 결과를 반성해야 한다는 말에 대해 완전한 윤리적 편견만을 드러낼 것이다.

비록 우리가 모든 사람이 결정에 도달할 때 결과들의 특정한 범위에 대해 숙고해야 한다고 주장하기를 원한다고 하더라도, 이 두 번째 반대는 힘을 가질 수도 있다. 왜냐하면 주어진 범위를 아주 상세하게 기술하는 것이 불가피하게 모호한 것으로 치부될 수 있기 때문이다. 하지만 이런 점을 주장하는 것이 내 현재의 의도는 아니다. 우리는 다만 모든 사람이 자기의 결정과 관련해 무엇이든 반성해 보기를 바랄 뿐이다. 아무 것도 관련된 것이 없는 극단의 상황에서는 어떠한 것도 반성할 필요가 없을 것이다. 그러므로 이 두 번째 반대는 우리가 이제 정식화 시킬 수 있는 원리를 더욱 명확히 밝혀주지, 그 원리와 갈등을 일으키지는 않는다.

하나의 결정에 도달할 때에 우리는 자신들과 관련된 것으로 간주될 수 있는 모든 지식과 경험을 철저히 반성해야 한다. 이런 보편적인 규범적 판단은 화이트헤드의 관점에서 다음과 같이 정식화된 진술로써 보증된다. 즉 누군가 하나의 결정에 도달할 때에는 당사자가 불가피하게 관련된 지식과 경험이 어떠한 것이라고 하더라도, 그것들을 철저하게 반성하는 상상적 느낌의 주체적 형식 속에는 책임 관념이 포함되어 있다. 소극적으로 말하자면, 이 반성의 원리는 당사자가 일관되게 연관된 것으로 간주되는 지식과 경험을 어느 것이든 배제해서는 안 된다는 것을 의미한다.

이런 반성의 원리를 적용하는 것은 극도로 유연하며 세계와 사람, 그리고 신에 관한 모든 종류의 견해들에 의존한다. 예를 들어, 누군가 우리를 항상 응시하는 신께서 자신이 일방적으로 선포한 법칙들을 위반한 것에 대해서는 철저히 징계한다고 믿고 있다면, 그 사람은 다른 사람들이 무해하다고 보거나 심지어 도덕적으로 추천할 수 있는 것으로 간주하는 다양한 행위들을 도덕적 근거 위에서 무효화할 수 있다. 더욱이 이때에는 반성적 원리의 적용이 개인의 기질에 의존하게 된다. 하지만 온화한 마음을 가진 부드러운 본성은 다른 존재들(인간이든 인간이 아니든 관계없이)에 끼칠 자신의 행위에 대해 극도로 옹색한 동정심을 가진 사람들보다 훨씬 철저하게 반성할 것이다. 그래서 지적이고 정서적인 발달은 모두 이런 반성적 원리의 적용에 영향을 줄 것이다. 그러므로 도덕적 성숙은 반성적 원리에 순응하는 것을 증진시키는 관점과 이 원리를 탁월하고 성숙하게 적용하는 관점으로, 이런 원리적 차원에서조차 이해할 수 있는 것이다.

그럼에도 불구하고, 또한 도덕적 성장이나 성숙은 하나의 새로운 원리를 도입하는 경향이 있는 것 같다. 나는 지금껏 진술한 반성적 원리가 보편적이고 자기들 결정의 도달과 관련된 지식과 경험을 고려치 않는 자들과는 상관성이 없음을 인식한다고 논증해왔다. 그럼에도 불구하고 반성적 원리는, 이런 점으로부터 계속해서 하나의 선택적인 과정이 작용하고 있는 것으로 인식되어야 한다. 아마도 이 더욱 발전된 원리들은 초기의 발전 단계에서부터 주어져 있었던 것이지만, 그런 원리들이 명확하게 작용하지는 않는 일상적인 사회적 생활들도 존재할 수 있을 것이다. 하지만 그런 원리들이 보다 낮은 차원의 발달에 머물러 있는 자들에게 제기될 때에도 그 원리들의 정당성을 인식할 수 있는 약간의 역량이 존재하는 듯 하고, 그렇게 그 원리들이 이해되고 자기화 된다면 그 선택적 과정은 약간의 재능만으로도 재고될 수 있을 것이다.

첫 번째 중요한 도약은 관련된 여건들이 *편견 없이 공평하게* 고찰되어야 하는 견해와 관계한다. 이 원리와 처음 원리[55] 사이의 차이는 처음에 보여 질 수 있는 것 보다 더욱 크다. 처음 원리는 결과들만이 반성되어야 한다고 주장한다. 추측하건데, 그 결과들은 지속적인 관심들의 빛에서 고찰된다. 만약 내가 어떤 사람을 미워하면서도 그에 관해 알게 된 더욱 상세한 지식이 그런 나의 태도를 바꾸지 못한다면, 처음 원리는 그의 명예가 손상되는 것을 막아줄 근거를 확보하지 못한다. 그가 나의 다른 관심들에 역으로 영향을 끼치지 않는 한 그럴 수 있다. 여기서 나는 모든 점들이 밝혀질 수 있는 지점에 나 자신을 세우고 있는 것이다. 내가 관심이 없는 자들에게 끼쳐지는 나쁜 결과들은 나와 관련이 없는 것으로 남는다.

그럼에도 불구하고, 현재 나는 두 번째 차원의 윤리적 원리로서 내 자신의 입장보다 더욱 고차적인 견해가 있다고 주장하고 있으며, 내가 어떤 차원의 발달에 도달하게 될 때 이 차원이 불가피하게 더욱 "합리적"이고, 그래서 또한 더욱 도덕적이라는 점을 발견하게 된다고 주장하고 있다. 이제 나는 그런 차원의 발달에 도달하면서 내 자신에게 끼쳐질 결과들을 반성하는 방식과 동일하게 다른 사람들에게 끼쳐질 결과들을 반성해야만 한다고 인식하게 된다.

도덕적 원리 체계에서의 세 번째 차원은 동시에 마지막 것이기도 하다. 어떤 의미로 이 세 번째 차원은 우리의 토론 범위를 완성하고 우리가 어떻게 행동해야 하는가에 대한 문제를 재차 열어준다. 앞의 두 원리들은 우리가 하나의 결정에 도달할 때 우리의 이성을 어떻게 활용할 것인지에 대해서만 서술하였다. 세 번째 원리는 우리에게 다음과 같은 점을 말해준다. 즉 우리는 이성을 포괄적이고 독특하게 활용하면서 우리 개인의 우선적 관심으로 되돌아가지 않고 우리의 의무를 따라 행동해야만 한다. 우리가 궁극적으로 철저히 공평한 성찰에 의거해 행동해야만 하는 것은 필연적으로 우리가 *사실적으로* 하게 될 행위는 아닐 것이다. 그럼에도 불구하고, 철저하고도 공평한 반성은 우리로 하여금 우리가 마땅히 해야 할 행동을 최종적으로 인식하도록 만들어 줄 것이다.

세 번째 원리는 다음과 같이 서술될 수 있다. 도덕적으로 발전된 모든 사람들은 자기들과 관련된 것으로 간주되는 활용 가능한 모든 경험과 지식을 철저하고 공평하게 성찰함으로써 행위 해야 하는 것으로, 자기들이 이해한 바를 따라 언제나 불가피하게 행위해야 한다는 것이다. 이런 규범적 판단은 다음과 같은 진술로써 보증된다. 즉 도덕적으로 발전된 사람들에게는 자기들과 관련된 것으로 간주되는 활용 가능한 모든 지식과 경험을 철저하고 공평하게 성찰함으로써 행위 해야 하며 자기들이 이해한 바를 따라 행위 해야만 한다는 상상적 느낌의 주체적 형식 속에 책임 관념이 불가피하게 포함되어 있다.

이런 정식화의 명백한 중복과 순환에도 불구하고, 극도로 중요한 한 가지 새로운 요소가 이 지점에서 도입되었다는 점은 아무리 강조해도 지나치지 않다. 앞서 우리는 하나의 결정과 관련된 것으로 인식된 문제를 반성하지 않겠다는 일관된 거부가 불가피하게 잘못된 것으로 느껴진다는 점에 우선적으로 주목하였고, 둘째로는 더욱 발전된 도덕적 발전의 차원, 즉 결정과 관련된 문제를 반성할 때 비롯된 모든 고차적인 입장을 인식하지 않겠다는 거부가 잘못된 것으로 느껴진다는 점에 주목하였다. 그러나 누군가 이 모든 문제들에 대해 반성했다면, 다음은 무엇을 해야 하는가? 이제 그는 그런 반성들이 그로 하여금 행위 하기를 바랄 때에 행위 하게 된다. 이것은 그가 앞의 두 원리들을 일관되게 무시했다면 다르게 행동할 수도 있었던 방식과는 완전히 다른 것이다. 그럼에도 불구하고, 도덕적 올바름의 문제를 제기하는 것은 여전히 가능한가?

다른 사람들에게 상처를 입히려는 나의 의도는 나의 관심과 함께 그 사람의 관심도 편견 없이 고찰한다면 극복될 수도 있을 것이다. 하지만 그렇지 않을 수도 있다. 나는 관련된 모든 것들을 아주 공평하게 생각한 후에도 그에게 상처를 주기로 결정할 수도 있다. 그러나 확실히 "내가 그 사람에게 상처를 주어야 하는가?"라고 우리가 물을 때 관련되는 또 다른 별도의 문제가 있다. 다음과 같이 묻는 것이 확실히 가능하기 때문이다. "우리가 공평하게 생각한다고 하지만 공평하게 생각한다는 것이 가능하냐는 이의가 제기될 때 우리의 책임 관념은 불가피하게 어떤 형식의 행동 원리들에 도달하게 되는가?"

만일 공평성의 원리가 수용된다면, 문제에 대한 이런 식의 확대는 많은 저항을 만날 것 같지는 않다. 비록 생각의 공평성이 도덕적으로 중요하다고 하더라도 그것이 행위의 공평성으로까지 나아가야 한다는 점은 확실하다. 따라서 우리는 다음과 같이 다시 물어야만 할 것이다. "우리의 책임 관념은 모든 관련된 요소들을 철저하고 공평하게 반성함에 근거해 어떤 행동 원리에 도달하는가?" 나는 이 물음에 대해 두 가지 대답들이 가능하다고 믿는다.

첫째로, 책임 관념은 본래적 가치를 증가시키는 행위를 지지하기 위해 모든 관련된 요소들을 철저하고 공평하게 반성함으로써 이루어진다. 이 점에서 우리는 본래적 가치를 앞서 발전시킨 아름다움의 강도로 이해해야 한다고 전제한다.[56] 우리는 이제 사실상 철저하고 공평한 성찰에 근거해 본래적 가치가 보다 우선적이라고 정의할 수 있으며, 그렇게 하여 앞에서 발전된 가치 이론을 평가하기 위해 보다 명확한 근거를 제공할 수 있게 된다.

그러나 둘째로, 책임 관념은 행동의 예상되는 결과들 외에 다른 요소들에 의해서도 영향을 받는다. 책임 관념은 미래의 결과들에서처럼 과거와의 관련성에서도 적합한가에 의해 영향을 받는다.

예를 들어, 약속 파기로 인한 결과들이 그것을 지킬 때 오는 결과들보다 조금 더 좋아 보이기 때문에 책임 관념이 중요한 약속을 파기하는데 의심 없이 도달하지는 않는다. 오히려 우리의 이전 행위들은 우리를 책임성의 입장, 즉 다른 사람들이 우리에게 부여한 올바른 요구의 입장 속에 두게 한다. 우리가 다른 사람들에게 어떠한 행위를 통하여 우리들에게 기대할 권리를 주었든지 간에, 우리는 그런 기대감을 채워줘야 할 의무를 지고 있는 것이다.

이런 두 가지 대답들 중 하나를 다른 하나에 복속시키는 것은 불가능해 보인다. 그래서 그 대답들 간의 긴장에 비추어 어떤 결단이 요청된다. 그런 결단을 추구할 때 우리는 도움을 구하기 위해 칸트의 윤리학에 호소할 수 있다. 칸트는 윤리학에 대한 우리의 분서을 위해 중요한 또 다른 지점에서 '공평성의 원리'를 도입하였다. 칸트는 우리가 이런 원리를 따라 행위 해야만 우리가 행위 하는 준칙$_{\text{maxim}}$이 하나의 보편적 규칙이 되도록 의지$_{\text{will}}$할 수 있다고 말한다. 다시 말해 우리는 우리가 다른 사람들도 따르길 원하는 법칙에서 하나의 예외라도 두어서는 안 된다는 것이다.

칸트는 하나의 준칙의 보편성을 의지하는데 있어서 우리의 무능은 형식적이라는 점, 즉 어떤 논리적인 자기-모순에 의존한 것이라는 논증을 시도하였다. 그럼에도 불구하고, 이런 점은 공평성의 원리 자체에 의해 필연적으로 의미되는 것은 아니다. 그러나 우리는 이런 준칙이 모든 사람들이 따라야할 것으로 의지할 수는 없을 것이다. 왜냐하면 그러한 추종 행위는 우리가 승인할 수 없는 결과들을 불러들일 수도 있기 때문이다. 그래서 우리는 약속 파기 같은 행위에서 비롯될 수 있을 특수한 결과들이 우리에게는 공평한 것으로 우선시할 수 있는 결과들일 수도 있다고 하더라도, 우리는 또한 그런 결과들이 모든 사람들이 약속을 파기할 때에도 일어날 수 있는 것인지를 고찰해야만 한다그들이 약속 파기를 자신들의 우선적 관심으로 판단할 때마다 말이다. 그렇다면 우리 모두의 삶은 중지될 것이다. 왜냐하면 그와 같은 행위들은 사회 구조를 붕괴시킬 것이기 때문이다.

자신의 공평성의 원리에 대한 칸트의 적용은 지나치게 극단적이었기 때문에 그는 이 점에서 추종자를 거의 얻지 못했었다. 그는 일상적인 도덕적 의식에서는 아주 정당해 보이는 다수의 행위들마저 금지시키는 일반적인 방식으로 행위의 준칙들을 해석하였다. 예를 들어, 칸트는 매우 극단적인 상황에서도 거짓말 하는 것을 금지시켰다. 왜냐하면 거짓말 하는 것이 한 개인에게 유리할 수도 있다고 해서 모든 사람들이 거짓말을 하도록 우리가 의지할 수는 없다고 보았기 때문이다. 그러나 우리가 거짓말을 함으로써 광포한 범죄자로부터 순진한 친구들을 보호할 수만 있다면 모든 사람들에게 거짓말을 할 수도 있다고 말할 수는 없는 것인가? 그러나 칸트의 정언명령categorical imperative 자체에는 이런 점을 막는 것은 없다는 점은 확실하다.

주로 칸트의 사례들 속의 정언명령은 원리에 복종하지 않는 개인이 자신의 이익을 지향하는 행위를 금지시킨다. 앞에서 이미 제시한 우리의 처음 규칙도 순수 이기적인 행위를 거부하였다. 행위는 가장 위대한 선을 향한 지향에 공헌하는 방향으로 정향되어야 한다. 우리는 결과들에 관한 우리의 윤리학이 우리의 불가피한 어떤 도덕적 판단들을 설명하지 못한 것 같았기 때문에 칸트에게 호소하였다. 그러므로 우리는 칸트의 공평성의 원리를 아주 다르게 해석할 수 있다. 요점은 우리가 약속을 파기함으로써 더 좋은 결과를 달성해야 하는지, 즉 어떤 방식으로 이해득실을 견줄 때 모든 사람들이 어떤 중대한 이점을 달성하기 위해 중요한 약속을 파기하는 것을 바람직한 것으로 여길 수 있는지를 물음으로써, 더욱 좋은 결과가 달성 되는지를 칸트의 원리를 따라 판단할 수 있다는 것이다. 이런 방식으로 상황을 조명한다면 분명히 약속의 파기가 '순수한 결과 윤리학'보다 훨씬 더 중요한 것이어야 한다. 왜냐하면 내가 기대하는 이상적 윤리학은 약속을 그저 *쉽게* 파기하는 것을 포함하지는 않기 때문이다. 그럼에도 불구하고, 그 이상적 윤리학은 약속 파기를 통한 결과적 이점이 아주 크다면 약속의 파기를 배제하지 않을 것이다. 예를 들어, 한 아이의 생명이 위험에 처해 있다면 나는 다른 약속들을 파기할 수 있다. 실제로 나는 이런 원리가 도덕적으로 섬세한 사람들이 내리는 독특한 판단을 설명하고 있다고 믿는다.

그렇다면, 최종적인 윤리적 원리는 다음처럼 정식화될 수 있을 것이다. 윤리적으로 발전된 사람들은 관련된 모든 요소들을 철저히 성찰함으로써 모든 사람들이 그런 성찰을 따라 행위 해야 한다고 의지하는 방식으로 행위 해야만 한다. 다시 말해 이런 원리는 윤리적으로 발전된 사람들에게는 관련된 모든 요소들을 성찰함으로써 행위 양태를 상상적으로 느끼는 주체적 형식에 책임 관념이 불가피하게 포함된다는 사실적 진술에 의해 보증된다고 우리는 이해할 수 있다.

우리는 우회적인 경로를 따라 도덕적 가치들에 대한 화이트헤드의 성찰이 우리를 데려다주는 지점에 거의 근접한 곳까지 되돌아왔다. 여기서 우리는 다음과 같은 결론을 내릴 수 있을 것이다. "도덕적 규칙은 개별자들에 의해 향유된 아름다움의 강도를 최대한 달성하도록 하는 질서를 증진시킴으로써 최고의 선이 된다."[57] 이러한 도덕적 규칙에 순응하는 것과 이번 소절의 분석이 도달한 윤리적 원리에 복종하는 것은 반드시 일치하는 것이어야 한다.

## 5. 의무, 사랑, 최초의 지향

앞 소절에서 제공한 분석을 화이트헤드가 수행하지 않았던 한 이유는 아마도 그가 올바름을 지나치게 엄격하게 추구하는 것에 일종의 염증을 느꼈기 때문일 것이다. 인간의 윤리적 경험에는 하나의 심오한 역설이 존재한다. 인간은 언제나 올바른 행위를 해야만 한다. 삶은 이런 이상을 달성하려는 영속적인 노력 속에서 살아가야 하지만, 그럼에도 불구하고 그런 노력은 일정한 성공을 거둘 수 있을지언정 결국 실패로 끝나게 된다. 개별적인 삶 속에서 가장 위대하게 일반화된 아름다움의 강도를 생산해 내는 질서의 관점을 따라 사는 것은 옳다고 하겠다. 그럼에도 불구하고, 그런 방식으로 열심히 사는 것은 스스로나 다른 사람들에게서 발생될 수 있는 아름다움의 달성에 역행하는 어떤 엄격함이나 무감각함 혹은 자만에 빠질 수도 있다. 우리는 성찰과 행위에서 공평성의 윤리적 원리를 결코 적당히 거부할 수는 없다. 왜냐하면 그런 원리야말로 올바른 행위의 본질에 속하기 때문이다. 하지만 우리는 그런 원리를 초월하는 방식을 찾아야만 하거나, 보다 고차적인 종합 속에 포괄할 수 있는 방식을 찾아야만 한다.

이런 연관성에서 화이트헤드는 우리에게 그의 표현대로 "도덕에 대해 별로 주의하지 않는 편인" 사랑에 대해 지적한다. 도덕과 달리 "[사랑은] 미래에 눈을 돌리지 않는다. 왜냐하면 [사랑은] 직접적 현재에서 그 보답을 발견하기 때문이다."[58] 하지만 화이트헤드는 이런 암시적인 힌트들을 넘어서 사랑과 윤리 사이의 매력적이지만 난해한 관계를 정교하게 다듬어 내지는 않았다. 우리는 단지 화이트헤드의 이런 진술들이 간접적으로만 이끌어줄 수 있는 논의를 조금 더 전진시킬 수 있을 뿐이다.

사랑과 윤리는 실제적으로 상호 긴장 관계에 있지만, 모순적인 것으로 간주될 수는 없다. 사랑은 윤리를 위해 극도의 중요성을 갖는다. 자신의 고유한 미래의 자아를 사랑하고, 다른 사람들도 사랑하며, 최종적으로는 인류 전체를 사랑할 때에만 윤리적 명령으로의 의미를 가질 수 있다. 그럼에도 불구하고, 윤리적 명령은 현실적으로 느껴진 사랑을 언제나 초월하면서, 사적이고 허구적인 관심의 현재 역량들을 훨씬 벗어나는 사랑의 적절성과 그 적절성에 맞는 사랑의 행위를 인식할 것을 요구한다. 사랑의 이름으로 윤리를 거부하는 것은 거의 모든 경우에 행위의 지평을 협소하게 만들며, 원수와 이방인과 심지어 오래 못 본 친구들마저 떠나가게 만든다. 그런 의미의 사랑은 현실적인 사랑일 뿐이며 은혜를 모르는 사랑이다.

더욱이 사랑은 부당unjust하다. 우리는 거의 언제나 모든 사람들보다는 몇 사람들만을 사랑한다. 우리는 지속적이고 적절하게 공평성의 관심 속에서 우리의 사랑을 점검해야만 한다. 규범적인 인간적 관심으로서의 사랑이 우리의 삶을 지배한다면, 그런 사랑의 대상이 너무도 자주 우리 자신들에게만 국한될 뿐이며, 윤리적 생각과 느낌이 자기 스스로에 대한 집착을 벗어나게 하는데 걸린 오랜 고통스런 과정은 취소될 것이다.

게다가 우리가 삶에서 내리는또는 내려야만 하는 다수의 결정들은 너무도 비인격적이어서 그것들이 사랑에 의해 촉발되었다거나 동기가 부여되었다고 할 수는 없다. 화이트헤드의 지적에 따르면, 신약 성서 윤리 이상주의가 표방한 아름다움은 그 이상주의를 본래적인 것으로 주장하는 자들이 자신들이 속한 사회의 안정과 보존에는 책임감을 느끼고 있지 않았다는 점에 일부 의존하였다. 그들은 순수한 사랑을 표현하는 요구 사항들을 제출하였고, 심지어 어느 정도 그런 사항들을 구현할 수 있었다. 그러나 그 사회의 책

임 있는 지도자들이 그들을 추종했다면 모든 질서는 붕괴되고 말았을 것이다.[59)]

도덕을 사랑에 종속시키는 것으로는 올바름과 사랑 간의 긴장 관계를 해결할 수 없다. 하지만 똑같이 사랑을 도덕에 종속시키는 것으로도 그것들 간의 문제를 해결할 수 없다. 우리가 사랑해야 할 때에만 사랑하거나 사랑해야 할 이유가 있을 때에만 사랑한다면 우리는 세계에서 아름다움을 발전시킬 수 없다. 아마도 우리가 사랑을 의무적으로 가르칠 때에도 사랑은 증진될 수 있겠지만, 사랑이 가장 훌륭하게 꽃필 때에는 자발성spontaneity에 의존할 때이다. 우리는 사람들이 단순한 의무감만으로 우리를 사랑하는 것을 원하지 않는다.

사랑의 자발성이 없다면 아름다움은 그 강도를 상실한다. 자발성이 없다면 우리는 분열될 수 있으며 다른 사람들의 자발성을 자기-의self-righteous로 매도하며 분개할 수도 있다. 우리는 다른 사람들의 아름다움에 진정으로 공헌할 능력을 상실하게 될 것이다. 비록 우리가 아무리 어렵게 의무적으로 사랑을 시도한다고 하더라도 말이다. 그래서 우리의 의무에 의해 시들어진 자발성의 장려를 모색해야 한다는 또 다른 의무에 의해 다시 우리는 압력을 느끼게 될 것이다.

그렇다면, 의무와 사랑은 상호 간 요구되는 것이지만 그 긴장 관계는 여전히 존재할 것이다. 이런 관점에서 그것들은 직접적 강도immediate intensity를 지향하는 것[60)]과 자신을 넘어선 강도들intensities을 지향하는 것[61]과 같거나, 또는 보다 단순한 조화를 달성하는 것[62]과 또 다른 이상을 향해 모험을 하는 것[63]과 같은 것이다. 우리는 양자 가운데 어느 것도 놓쳐서는 안 되지만, 그것들은 서로를 계속적으로 위협하고 있는 것 같다. 다른 경우들에서처럼, 나는 화이트헤드가 이런 상황을 양자의 긴장을 해소시키는 하나의 이상을 바라보면서 살아야하는 상황으로 받아들이도록 했을 것이라고 제안한다. 그런 이상은 인간으로서 인간을 위한, 또는 나아가 생명으로서 생명을 위한 가없는 사랑$_{\text{limitless love}}$일 것이며, 모든 사람들에게 공평한 것으로서 모든 개별자들을 위해 틀림없이 개별화될 수 있는 것이다. 이런 사랑이라면 의무는 완수될 수 있을 것이다.

화이트헤드주의 철학에는 우리가 의무와 사랑 간 긴장 관계의 해소를 모색할 수 있는 또 다른 지침이 있다. 우리는 임의의 개별적 계기 자신이 자신의 고유한 주체적 지향을 수정하는 곳에 자유가 존재한다는 점에 주목한 바 있다.[64] 인간의 행위에 방향을 지시하는 가치와 의무, 그리고 사랑에 대한 모든 논의는 최종적으로 우리가 지향이나 목적을 반성적으로 수정할 수 있고, 또 해야만 하는 방식에 초점이 맞추어져야 한다. 의식적 인격들로서 우리는 직접적 강도의 지향과 미래의 관련된 지향 간의 균형을 바꿀 수 있다. 우리는 우리의 미래를 확대시킬 수도 있고, 축소시킬 수도 있다.[65] 우리는 스스로에게 의무를 지우는 행위의 원리들과 규칙들을 도입시킬 수도 있을 것이다.

우리는 이러한 논의 속의 다양한 사항들을 화이트헤드로부터 얻을 수 있었으며, 이런 논의에는 그의 의향과 모순되는 것이 아무 것도 없다고 나는 믿는다. 그럼에도 불구하고 화이트헤드는 우리가 너무 까다로운 시도를 하고 있으며, 우리의 목적들을 의식으로 부상시켜 그것들을 검토하는데 너무 외골수적이고, 사랑과 의무 간의 긴장들과 같은 것들은 너무 많은 자율성을 추구하는 삶의 실패를 반영한 것이라고 우리에게 말할 것이다. 이런 지적은 하나의 사변적 추측에 불과하지만 화이트헤드의 형이상학에 의해 정당화되고 요청될 수 있는 사변이다.

주체적 지향은 각각의 새로운 계기의 초두에 창시된다. 주체적 지향은 실제로 임의의 계기가 과거를 파악하는 전망을 결정한다. 이런 원초적 단계에서 그것은 최초의 지향$_{\text{initial aim}}$이라고 불린다. 이런 형식으로 그 지향은 임의의 계기에게 주어지지만 그 계기에 의해 창조되거나 선택되지는 않는다. 살아 있는 인격에서 후속하는 계기들의 최초의 지향들은 선행하는 계기들이 그것들의 지향을 수정하는 방식에 의해 부분적으로 영향을 받는다. 하지만 또한 후속 계기들의 최초의 지향은 자율성의 요소를 포함하고 있기도 하다.

최초의 지향은 언제나 해당 계기에게 가능한 이상적 조화를 향한 지향이다.[66] 이 지향은 임의적 계기의 경험적 강도와, 자신을 넘어선 그것의 공헌 사이의 조화를 향하는 지향이다. 가령 우리가 체소 등과 같은 사회들 속의 계기들을 다룰 때에는, 그 최초의 지향이 개별적 계기 속 강도의 직접적인 실현 보다는 전체로서의 해당 사회의 건강함을 훨씬 더 지향하고 있다. "공허한 공간들" 속의 계기들은 자신의 고유하고 하찮은 향유를 넘어서는 지향을 거의 지니지 못한다. 이런 계기들이 모두 실재적인 것이라고 하더라도 이 문제의 계기들의 결정에 의해 최초의 지향을 수정할 능력은 거의 무시될 수 있을 것이다.

인간적 계기에서 자유의 범위는 보다 더 중요하다. 또한 직접적 강도와 그것이 미래에 미치는 결과 사이의 조화도 틀림없이 훨씬 더 적응력이 있어야 한다. 그럼에도 불구하고 형이상학적 원리에 따르면, 모든 인간적 계기는 임의의 계기를 위한 이상적 가능성인 그런 조화를 향한 하나의 지향에 의해 창시된다. 때때로 이 상황은 가장 최선의 가능성이 악이 되게 할 수도 있다.[67] 그러나 더 좋은 선택이 존재하지 않을 것이다.

그렇다면, 우리가 지금까지 고찰해왔던 합리적인 자기-결정을 향한 경향과는 매우 다른 태도가 인간에게 개방되어 있어야 한다. 또한 새로운 가능성들의 관점에서 출현하는 새로운 순간을 취급할 수 있으며, 가능성들의 새로운 실현을 위한 지침으로 신뢰할 수도 있는 어떤 것우리의 통제 하에 있지 않은이 주어질 수 있는 삶의 방식이 우리들에게 개방되어 있어야 한다. 현재의 직접적 향유는 미래를 위해 희생하며, 의무는 사랑을 위해 희생한다. 그런 대안적 가능성들은 대체로 계승되는 순간에 자기를 실현하는 특성을 지닌다. 하지만 이런 가능성들 사이의 긴장은 틀림없이 우리 결정의 능력을 벗어난 차원에서 해소될 것이다.

달리 말해, 요컨대 양심과 직관 또는 본능을 신뢰할 수 있는 어떤 근거가 존재할 수도 있다. 이 용어들 하나하나는 위험한 함축들을 갖고 있다.[68] 우리 내면의 부모의 명령이나 결과들에 대한 두려움은 양심으로 불릴 수 있을 것이다. 우리의 생각은 그것들이 제공하는 의향이나 어떤 강제적인 요구의 충족이라는 순수한 기초 위에서 참된 것으로 직관된다. 본능은 영혼이 아닌 신체의 지혜일 것이다. 그러나 이런 의미에서 양심과 직관과 본능은 종종 훌륭한 지침들로 입증되지만, 최초의 지향과 혼동되지는 말아야 한다. 최초의 지향은 사회나 다른 인격들, 즉 자신의 고유한 과거나 신체로부터 받아들이는 것이 아니다. 과거의 전체적인 힘과 함께 하면서 하나의 새로운 계기가 출현하는 과정을 창시하는 것은 바로 새로운 사물에 의한 것이다. 우리는 인간 경험의 새로운 한 계기에 대해 말하고 있기 때문에 최초의 지향만이 그 새로운 사물에 적합한 것이 된다. 최초의 지향은 인간 경험의 새로운 계기가 자신을 현실화할 수 있는 방향을 근본적으로 결정한다. 그리고 그런 방향으로 그 최초의 지향은 최상의 활용 가능한 이상을 향한 충동urge을 구성한다.[69]

혹자는 이런 학설로부터 사람이 자신의 의지력을 발휘하는 삶에서 최대한 수동적인 태도를 채택해야 한다는 결론을 이끌어 낼 수도 있다. 최초의 지향이 인간의 이해 능력을 넘어선 최상의 가능한 성취이며 인간의 자유의 실행이 오직 이런 이상적 가능성에서 일탈하는 곳으로 나가는 것 같기 때문에, 수동적 태도를 취하는 견해를 위해 어떤 자명한 지지가 존재하는 것 같다. 그럼에도 불구하고, 이런 수동적 자세는 삶에 대한 화이트헤드 자신의 태도를 표현하지 않으며, 형이상학적 상황을 보다 용의주도하게 반성한 것에서 비롯되지도 않는다.

최초의 지향은 언제나 어떤 느낌의 강도를 지향한다. 보다 고등한 느낌의 강도들은 의식을 필요로 한다. 그리고 의식을 넘어선 자기-인식이 존재하며, 이런 자기-인식과 함께 자유에 대한 인식이 출현한다. 이런 방향에서 한 인간의 활동이란 자신의 고유한 발전을 스스로 통제하기 한참 전 그 자신의 고유한 경험 계기 속의 최초 지향의 결과인 것이다. 이 최초의 지향은 그 자신의 신체를 구성하는 모든 계기들 속 최초의 지향들과 결합되어 있다. 매우 포괄적인 맥락에서 우리는 이런 종류의 의식이 존재하기까지 수 십억년의 세월이 흘렀다는 점을 알게 된다.

만약 그렇다면, 최초의 지향은 자신과 세계를 위한 책임성을 수용하는 방식으로 자기의 실현을 지향하는 것이 틀림없다. 최초의 지향이 지향하는 이런 차원의 자유의 실행은 그 최초의 지향에 모순된 것일 수 없다. 가장 위대한 경험의 강도는 자기의 수정을 지향하는 가장 위대한 수고에 종종 의존할 것이다.

그러나 우리 삶의 특정한 계기들에서 우리가 이런 영웅적인 자기-결정으로 부름 받을 수 있다는 것은 다른 순간에 그런 특정 계기들이 발전하는 환경가장 직접적으로 신체를 의미함: 역자 주을 수용하도록 부름 받지는 않았음을 의미하지 않으며, 아주 예측할 수 없이 일어나며 의무의 범위 밖에 있는 자발적 사랑으로 부름 받지 않았음을 의미하지도 않는다. 아마도 우리에게 삶의 방향을 제시하는 이런 변화하는 지시들을 들을 수 있고 유의할 수 있는 민감성을 달성하는 것은 가능할 것이다. 비록 그 민감성이 의식적인 차원에 있는 것은 아니라고 하더라도 말이다.

## 6. 평화

화이트헤드의 철학적 상황에서 우리가 행위의 궁극적 규범으로서의 올바름을 넘어갈 수 있으며, 또 넘어가야 하는 것처럼, 우리는 궁극적 가치로서의 아름다움과 아름다움의 강도를 넘어갈 수 있으며, 또 넘어가야 한다. 이 주제에 대해 화이트헤드 자신은 그렇게 넘어가는 길을 알려주었고 우리는 그것을 따를 수 있을 것이다. 화이트헤드는 아름다움을 배제하지 않으면서 그것을 초월하는 최상의 가치를 "평화"라고 불렀다.[70] 평화에 대한 논의에서 화이트헤드는 필연적으로 손쉽게 개념화되는 것을 넘어가도록 지시하며 조금 모호하지만 더욱 강력한 인간 영혼의 느낌들과 욕구들을 표현하도록 모색하였다. 이 때문에 나는 다른 곳에서보다 여기에서 독자들이 화이트헤드 자신의 정식화에 더욱 호소할 것을 강력히 권한다.[71]

화이트헤드는 평화에 대한 유일한 명쾌한 정의를 제공하지 않았다. 대신에 그는 다양한 방식으로 평화에 대해 기술함으로써 독자들에게 그가 지시하는 관념을 불러일으키려고 하였다. 평화는 "파괴적인 격동을 진정시키며 문명을 완성시키는 '조화의 조화'이다.", "평화는 영혼에 있어 '생명과 운동'의 왕관인 긍정적 느낌이다.", 평화는 "인격성을 능가하는 것을 수반하고 있다.", "그것은 원초적으로는 '아름다움'의 효과를 신뢰하는 일이다."[72] 등이 그것이다.

우리가 어째서 아름다움을 넘어갈 필요가 있는지에 대해 자문한다면 우리는 아마도 화이트헤드가 말했던 것을 가장 잘 파악할 수 있게 될 것이다. 이 물음에 대답하면서 나는 화이트헤드만을 너무 졸졸 따르지는 않겠지만, 적어도 그의 관심과 민감성의 어느 한 측면을 표현하고 있다고 믿는다.

아름다움에 문제가 있다면 그것은 아름다움이 사라진다는 것이다. 가장 강렬하고 조화로운 경험들에 대해 생각해 보라. 그것은 발생하자마자 사라진다. 그것은 어느 정도 기억될 수 있고 기억은 비정한 즐거움을 제공한다. 하지만 때가 되면 그것은 의식적 회상마저도 넘어간다. 그럼에도 불구하고, 그런 순간들은 인생의 최고 목표가 된다. 그 순간들을 넘어서는 더욱 가치 있는 것도 궁극적인 것은 아무 것도 없다.

이런 상황에서 아름다움과 그것의 보존에 대한 물음은 맹렬한 것임에 틀림없다. 아름다움은 거듭하여 다시 달성되어야 한다. 그렇지 않으면, 그것의 과거적 성취는 가치를 잃을 것이다. 차례대로 망각으로 사라지게 될 경험들과 그 너머의 다른 경험을 위해 무자비함이 요청되고 그것은 피할 수 없는 것 같다. 아마도 냉소주의만이 판을 칠 것이며 냉소주의의 달성은 결과적으로 노력의 가치를 무의미하게 만들 것이다. 아름다움과 부조화가 하나같이 사라질 것이기 때문에 발생하는 것은 아무런 중요성도 갖지 못할 것이다. 우리는 점점 더 많은 아름다움을 향한 쓸데없는 물음과 허무주의에 이르는 체념적 무관심 사이에서 방황하게 될 것이다.

만약 아름다움이 무자비함 없이 추구될 수 있으며 아름다움이 그 가치에 대한 신랄한 의심 없이 향유될 수 있다면, 아름다움의 가치는 틀림없이 그것의 순간적 향유를 뛰어넘는, 즉 아름다움의 달성은 그 가치를 파악하는 이성의 능력을 넘어서 스스로를 정당화할 수 있다는 직관이 존재할 것이다.[73] 이것은 우리의 개인적인 경험이 그 경험과 그 경험에 후속하여 우리의 기억을 넘어서는 가치를 가지며, 그 경험이 전체 사물에 무엇인가를 공헌하며, 어떤 포괄적인 전체성에 참여하면서 보다 확내된 어떤 조화에 침여힌디는 것을 의미할 것이다.

이 점에서 화이트헤드의 가장 심오한 섬세함은 순수한 개인적 향유, 즉 스스로에게 갇힌 자신이나 그 누군가의 고유한 향유가 인간 영혼의 궁극적 갈망을 충족시킬 수는 없다는 것이다. 우리가 추구하는 가치는 최종적으로 인간이 역사 속에서 달성했지만 사라져버린 총량 이상이어야만 한다. 그렇지 않다면, 영혼의 불안정은 해소되지 않는다. 평화는 우리 자신의 것을 넘어선 고유한 지향들이 실제로 존재하며 우리의 지향들이 그것들과 조화를 이룰 수 있고 그것들에 공헌을 할 수도 있다는 것을 의식하는 것이다. 평화는 우리의 달성이 보다 커다란 전체 속에서 고려될 수 있으며 모든 다른 가치들이 달성한 것들과도 조화됨으로써 보존될 수 있다는 것을 의식하는 것이다.

화이트헤드는 우리에게 다음처럼 말한다. "평화의 경험은 대개 목적의 제어를 넘어선다. 그것은 일종의 선물로서 도래한다. 평화에의 계획적인 지향은 그 가짜 대체물인 마비로 넘어가기 쉽다."[74] 평화에 대한 고의적인 지향은 마비anaesthesia로 귀결한다. 왜냐하면 마비는 혼란을 피하면서 경험을 축소시키게 되기 때문이다. 하지만 평화는 하나의 한계가 전혀 아닌 경험의 개방성인 것이다. 흥미는 "인격성 보다 넓은 조정으로 전이[된다]." 그럼으로써 "자아"는 상실된다.[75]

평화라는 선물 속에서 알려진 진리는 입증될 수 있는 것이 아니다. 철학은 일반적으로 인간의 일상 경험 속에 주어진 것을 설명하는 데에 자신을 제한해야만 한다. 우리로 하여금 이런 일상적 경험으로부터 우주의 궁극적 조화로 나아가도록 하는 논리적 과정은 존재하지 않는다. 하지만 우리의 일상적 경험으로부터 돌출적이고 예외적인 경험들은 존재한다.[76] 이러한 경험들로부터 우리에게 평화를 제시하는 직접적인 직관들이 발생하는 것이다.

바로 이 점에서 우리는 종교의 문지방 앞에 있거나 보다 정확히 말해 문지방을 잘 넘어가고 있는 것이다. 평화에 대한 논의는 최종적으로 신에 대한 논의와 분리될 수 없으며, 인간에 관해 논의한 장들본서의 제2장과 제3장에서는 체계적으로 생략할 수밖에 없는 논의와 분리될 수 없다. 그럼에도 불구하고, 우리는 여기서 일상적 경험 양태들을 넘어서는 모든 것들이 일반적으로 신의 실재는 아니며 평화를 발생시키는 신과의 특수한 관계적 경험 양태에 주목할 수 있겠다. 평화는 강력하게 신봉되는 특수한 인지적 신념들의 한 기능이 아니다. 평화는 우리가 우주 속의 신적인 요소와 관계하고 있음을 직접 파악하는 것이다. 바로 이러한 이유로써 화이트헤드는 이런 구절들에서 특수화되고 특권화 된 경험에 호소하였던 것이다. 그러나 본서는 전반적으로 아직까지는 신에 대한 학설을 도입하지 않았다.

이제 신에 관한 화이트헤드의 학설에 직접 호소할 때가 되었다. 신에 대한 그의 학설은 철학적 요청에 의해 생겨난 것이므로, 평화에 대한 논의가 그랬듯이 특수한 종교적 통찰이나 요청에 의해서는 근소하게만 영향을 받았을 뿐이다. 그러므로 이후의 장들에서 우리는 주로 철학적 관점, 즉 우리의 일상 경험에서 우리에게 주어진 것과 그것에 대한 합리적 해석의 관점에서 신에 대해 논의하게 될 것이다. 보다 더 뒷부분까지 가야만 우리는 신과 인간에 대한 이해가 종교적으로 중요한 어떤 빛을 제공하고 있는지를 이해하기 위해 종교적 경험을 논의하는 곳으로 돌아가게 될 것이다.[77] 이런 논의들을 통해 화이트헤드가 평화로서 의미했던 것과, 특별히 형이상학적 신념들이 평화를 지지한다는 것, 그리고 그런 평화를 통해 유지되는 것 등이 명확해 질 것이다.[78]

## 장주 … 3

1) (Imm. 690).
2) 나의 다음의 논고를 참조하라.『도덕적 책임성의 철학적 근거들』("The Philosophical Grounds of Moral Responsibility: A Comment on Matson and Niebuhr") The Journal of Philosophy, July 2, 1959, 619~621.
3) (PR 47, 222, 224, 255/124, 404, 408, 456).
4) (PR 27~28, 47, 85, 88/88-89, 125, 185~186, 190~191).
5) (PR 41, 239/113~114, 433).
6) (PR 27/88~89).
7) (PR 152/292). 이 지향의 원천에 대해서는 본서의 후반부에서 논의된다.
8) (PR 85/185).
9) (PR 244/439).
10) (PR 47, 224/124, 408~409).
11) (RM 60~61, 66).
12) 본서의 98~99쪽을 참조하라.
13) (AI 49, 233/97, 288).
14) 이것은 화이트헤드를 위한 특징적 용어가 아니다.
15) (PR 80/178~179).
16) 역자 주: 간단히 말해 즐거움의 증감(增感)이나 대소(大小)를 가치의 척도로 고려하거나 계산한다는 의미 이다.
17) 역자 주: 간단히 말해 가치나 가치 있는 일이라고 하는 것은 반성이나 성찰을 우선적으로 먼저 취하는 것과 관련될 것이라는 의미 이다.
18) 역자 주: 가치를 가치로서 존중하고 알아볼 일종의 기준(위 본문 중 반성[의 선취권]이나 성찰 같은) 같은 것이 필요한데, 그런 기준이 부재할 경우에는 같은 말만 되풀이하는 것을 벗어날 수 없다는 의미로 이해해야 된다.
19) (AI 17장/389~404)를 참조하라.
20) (AI 328~29/393~394).
21) (AI 324/389~390).
22) (RM 95~96); (AI 330/395).
23) (AI 331~332/396~397).

24) (AI 325/390).

25) (AI 325/390).

26) (AI 346/410).

27) (AI 357/422).

28) (AI 332/396).

29) (AI 309/374).

30) (PR 119~20/240~242); (AI 275,378/336,443).

31) 그럼에도 불구하고 평화에 대한 논의를 위해서는 제3장 6절과 제6장 1절을 참조하라.

32) (AI 312/377).

33) (PR 195/364); (Imm 699~700).

34) (PR 184/345); (AI 313/378).

35) (AI 342~345/407~410).

36) (AI 343/407~408).

37) 화이트헤드는 "도덕적인 것들은 종종 지나치게 강조되는 한 측면인 선의 한 가지 측면에 지나지 않을 뿐"(MT 104)임을 강조하였다.

38) (AI 354, 357~361/419-420, 422~426). 본서의 342~343쪽을 참조하라.

39) (AI 309/373~374). 화이트헤드는 "미래에 대한 현재의 효과는 도덕의 과제"(AI 346/410)라고 말한다.

40) (AI 346/410).

41) (AI 346/410). 화이트헤드는 "광범위한 목적은 경험의 육중함에 기여한다는 이유 때문에 그 자체의 본성상 미적"(AI 342/406)이라고 말한다.

42) (PR 27/88).

43) (AI 346, 371, 375-376/410, 436, 441~442).

44) (PR 15/69).

45) (AI 377/443).

46) (AI 346/410).

47) (AI 374/439~440).

48) (AI 374~377/439~442).

49) (MT 20).

50) (AI 376/442).

51) (AI 376/442).

52) (PR 167/318).

53) 본서의 167~172쪽을 참조하라.

54) (PR 261ff/467).
55) 역자 주: 앞에서 언급해온 행위의 결과들을 반성하는 원리를 지시한다.
56) 이번 장의 2절을 참조하라.
57) 본서의 174~175쪽을 참조하라.
58) (PR 343/590).
59) (AI 19~21/65~67).
60) (역자 주) 사랑을 의미한다.
61) (역자 주) 의무를 의미한다.
62) (역자 주) 사랑을 의미한다.
63) (역자 주) 의무를 의미한다.
64) 본서의 155~157쪽을 참조하라.
65) (역자 주) 미래를 확대한다는 것은 먼 미래까지 고려한다는 것으로서 의무에 초점을 둔다는 것이고, 미래를 축소시킨다는 것은 현재적 향유 쪽으로 더 가깝게 주목한다는 것으로서 사랑에 초점을 둔다는 것을 의미한다.
66) (PR 84, 249/183~184, 448).
67) (PR 244/441).
68) 역자 주: 이 '위험한 함축들'이란 이 단락의 문맥에서 보자면 그것들이(양심, 직관, 본능) 일정한 역할을 하는 것들이지만 본문에서 제시되듯이 (최초의) 지향을 대신하는 것이 될 때 발생할 수 있는 위험을 일컫는다고 할 수 있다. 즉 그것들은 최초 지향의 기능을 대신할 수 없으며 대신하는 것으로 이해되어서는 안 된다. 이런 (최초의) 지향은 신에 관한 화이트헤드의 논의를 반드시 전제한다. 따라서 이 부분의 충분한 이해를 위해서는 본서의 제4장과 제5장의 내용을 숙지해야만 한다.
69) 최초의 지향을 보다 온전히 논의한 것을 위해서는 제4장 후반부를 참조하라.
70) (AI 367/432).
71) (AI 20장/259~275).
72) (AI 367/432~433).
73) (AI 367~368/433~435).
74) (AI 368/433).
75) (AI 368/433).
76) (AI 379/444~445), 또한 (RM 29~32)과 (PR 521/590)도 참조하라.
77) 본서의 제6장 2절을 참조하라.
78) 본서의 351~353쪽을 참조하라.

# 4장

# 화이트헤드의 신에 관한 학설

## 1.『과학과 근대세계』

나다니엘 로렌스[1]와 윌리엄 해머스미트[2]는 화이트헤드의 철학적 발전을 다음과 같은 세 시기로 구별하는데 일치한다. 첫 시기는 1922년까지로서 화이트헤드가 수학, 논리학, 그리고 과학철학 연구에 전념하던 시기였다. 그가 이 시기에 폭넓은 인문주의적 관심을 지녔던 것에 대한 유일한 공식적 징후들은 교육에 관한 몇 편의 논고들이 전부였다. 심지어 이 논고들에서마저 수학과 과학을 강조하는 경향이 있었다. 이 시기가 마감되면서 발전한 자연철학에서 화이트헤드는 자연으로부터 인식아$_{\text{knower}}$를 배제하고, 자연은 지각자의 어떠한 공헌과도 상관없이 정합적으로 이해될 수 있다고 제안하는 조직적인 시도를 보여주었다. 인식아를 자연의 세계와 관련시키는 궁극적인 철학적 문제는 자연철학에 의해서는 결정되지 못한 채 남아 있었다고 화이트헤드는 말하였다.[3] 그럼에도 불구하고, 이 시기 그의 작품은 많은 독자들에게 자연과 그 구조가 존재론적으로 자율적이며, 또한 인식아는 자연의 일부로 이해될 수 있다는 인상을 남겼다.

1925년부터 1927년까지인 이행의 시기에 화이트헤드는 하나의 포괄적인 비전을 지향하는 작업을 진척시키고 있었다. 그는 인식아를 자연의 세계 안으로 도입하고 있었다.[4] 인식아, 즉 지각하는 사건은 자연 일반에 대한 실마리를 제공한다. 그 결과로 그 당시$_{\text{또는 그 어떠한 시대라도}}$ 유행했던 관념론$_{\text{idealism}}$이나 자연주의$_{\text{naturalism}}$와도 전혀 다른 하나의 입장이 탄생하였다. 이 새로운 비전은 '관념론적 자연주의'idealistic naturalism나 '자연주의적 관념론'naturalistic idealism으로 간주될 수 있는 것으로서 화이트헤드 철학의 최종적 시기에 완전한 설명이 제공되었다.

이 이행의 시기에 화이트헤드는 세 권의 주요한 저서들을 출판하였다. 그것들은 『과학과 근대세계』와 『생성 과정 속의 종교』, 『상징활동: 그 의미와 효과』 등이다. 그리고 최종적 시기의 가장 중요한 두 권의 저서는 『과정과 실재』, 『관념의 모험』 이다. 이 다섯 권의 저서 가운데 신에 대한 학설을 연구하기 위해 단연 부각되는 저서들은 『과학과 근대세계』, 『생성 과정 속의 종교』, 『과정과 실재』 이다. 이 저서들은 모두 1925년에서 1929년까지의 시기에 출판되었지만 그 표현된 사상에서 중대한 발전들이 나타났다. 그리고 이 저서들은 신에 대한 학설과 관련해 특수한 중요성을 표방한다. 이번 장에서 나는 이 세 권의 저서에서 발전된 화이트헤드의 신에 관한 사상에 대해 요약한 바를 이야기할 것이다.

『과학과 근대세계』는 주로 1925년 2월의 "로웰 연구소 강연"Lowell Institute Lectures에 기초한 것이다.[5] 이 강연에서 화이트헤드가 신에 관한 학설의 발전에 진지하게 헌신적으로 주목하려고 했다고 볼만한 점을 암시하는 것은 거의 없다. 신의 관념들에 대한 역사적 언급들만이 있었을 뿐이며, 자연의 질서 문제를 해결하도록 요구하는 정도의 사상가적 입장에서 신에게 호소하는 것을 다루는 한 구절만이 있었을 뿐이다. 이런 호소에서 그는 다음과 같이 매우 비판적이었다. "내가 말하고자 하는 요지는 이렇다. 즉 그와 같은 자연 질서의 존재를 확신한 나머지, 곤란을 제거하기 위해서 무턱대고 호소할 수밖에 없는 그런 궁극적 실재가 있다고 하는 손쉬운 가정을 안이하게 결론으로 삼는 것은 합리성의 견지에서 볼 때 전적으로 온당하지 못하다는 것이다."[6] 자체적으로 이 구절은 신을 하나의 설명의 원리로 철학에 도입하는 기획에 대해 매우 부정적인 태도를 암시하고 있다. 그럼에도 불구하고 그의 후반기 저작의 빛에서 보건대 그가 이런 점에 가했던 근소한 수정은 매우 중요하다. "어떤 의미에서 설명이란 결국 독단적일 수밖에 없다. 내가 요구하고 싶은 점은 우리가 학설을 세울 때 출발점으로 삼는 사실이 결국 독단적인 것이라 해도, 우리는 그러한 사실이 우리의 명확한 인식 능력의 한계 밖으로 뻗쳐 있는 것으로 우리가 희미하게 식별하는 실재의 일반 원리와 동일한 원리를 보여주는 것이 되도록 해야 하리라는 것이다."[7]

그 강연 속 다른 하나의 구절이 신에 대한 그의 후반기 학설을 향하고 있음을 보다 적극적으로 지적하고 있다. 비록 그 구절 속에 "신"이란 용어가 등장하지는 않지만 말이다. "사물이 실현한다는 사실을 떠나서 고찰되는 기저의 활동력은 세 유형의 직시를 가지고 있다. 첫째는 영원한 객체에 대한 직시이고, 둘째는 영원한 객체들의 종합과 관련해서 본 가치의 가능성들에 대한 직시이며, 셋째는 미래에 가서야 비로소 성취될 수 있는 상황 전체와 관계를 맺지 않으면 안 될 현실적 사실에 대한 직시이다. 그러나 현실을 사상할 경우 영원한 활동력은 가치로부터 유리된다."[8)]

이 구절은 직시라는 개념의 모호성으로 인해 이 문맥 내에서는 해석하기가 어렵다. 실체적 활동력substantial activity은 화이트헤드가 스피노자의 "유일 무한 실체"one infinite substance[9)]와 연관시킨 "기저에 있는 영원한 활동력"과 그가 다른 것들에게 끼치는 것과 상반된 것으로 본 현실태 고유의 발생과 동일시한 "가치"로 불린다.[10)] 이 구절은 모든 구체적인 현실태나 가치 발생의 기저에 놓여 있으며, 그런 발생 속에서 자신을 표현하는 궁극적인 형이상학적 실재가 현실적 존재들을 "직시하는" 것처럼 순수한 추상과 현실적 존재들과의 관련성 속에 있는 가능태들을 "직시한다"고 말하고 있는 것 같다. 아마도 여기서 "직시하는"의 의미는 단순히 고려한다는 것 이상은 아닐 것이다. 여기에서는 확실히 인본형태주의anthropomorphic적 함축이 의도되어 있지 않다. 왜냐하면 직시하는 자envisager의 가치나 직시하는 자의 현실태 같은 것들은 부정되었기 때문이다.

1925년 6월 이 저서의 서문을 쓰기 전에 이미 화이트헤드는 자신이 형이상학으로 이해한 것을 토대로 첫 번째 체계적인 외유外遊를 구성시킨 "추상화"나 "신"에 관한 장들을 집필했었다. 화이트헤드는 형이상학을 "사물의 부분적 특성들에 대한 전문적 연구에 선행되어야 할 하나의 관점, 즉 사물의 본질을 냉철하게 고찰하는 [것]"[11)]으로 정의하였다. "추상화"에 관한 장에서 화이트헤드는 영원한 객체들이 사건들 속에 관련되는 것과는 별개로 서로 서로 함께 하는 방식을 분석하였다. 그는 그것들이 개별적 본질과 관계적 본질을 모두 갖고 있다고 주장하였다.[12] 개별적 본질이란 단지 그런 가능태가 다른 모든 가능태들과의 관련을 떠나서 스스로의 실현을 위해 존재하는 것이다. 그리고 관계적 본질이란 모든 영원한 객체들이 서로에 대해 갖고 있는 필연적인 상호적 관계성이다. 모든 영원한 객체의 관계적 본질에 힘입어 임의의 한 영원한 객체를 구성 요소로 하는 어느 현실적 존재는 또한 모든 다른 영원한 객체들과 관련성을 가진다. 하지만 그것들의 개별적 본질의 관점에 의거해 영원한 객체들 중 선택된 하나만이 각 현실적 계기로 진입한다.

영원한 객체들의 전체 영역은 현재 우리의 세계 질서와 양립이 불가하지만 실현될 수는 있는 무한한 수의 가능태들을 표현한다. 이에 대해 화이트헤드는 다음과 같이 쓰고 있다.

> "사건들의 현실적 경로가 표현될 수 있는 시공 관계란 영원한 객체들 사이에 성립하는 여러 일반적인 체계적 관계 내에서 이루어진 선택적인 한정에 지나지 않는다. 시공 연속체에 적용되는 "한정" 이란 말은 여러 사건의 현실적 경로에 내재해 있는, 그러나 보다 추상적인 가능태에서 보자며 자의적으로 상정된 것일 뿐인, 예컨대 공간의 3차원이라든가 시공 연속체의 4차원과 같은 실제적인 규정들을 의미한다. 현실적 사물의 근저에 있으면서, 각 현실적 계기에 특유한 한정과는 구별되는 이들 일반적 한정에 관한 고찰은 "신"을 문제 삼을 다음 장에서 보다 상세히 이루어질 것이다."[13]

이것이 자신의 체계 속에는 "신"을 위한 자리가 존재한다고 화이트헤드가 그의 저술들을 통해 처음 명시적으로 지적한 구절이다.

신에 관한 장은 가장 위대한 형이상학자 아리스토텔레스가 종교적 영향력과는 아무런 관련 없이 신을 자신의 체계 속에 도입했다는 점에 주목하면서 시작한다.[14] 화이트헤드도 또한 이 장에서 형이상학적 고찰들에 의해서만 논의를 진행시킬 의도를 보인다. 이런 목적으로, 화이트헤드는 그 저서 전체에서 일관되게 추상에 대한 논의가 이끌어준 형이상학적 상황을 음미하고 있다. 이런 목적을 위해 그는 스피노자의 철학으로부터 차용해온 용어법을 채택하고 있다.

첫째로, 화이트헤드는 우리가 알 수 있으며 생각할 수 있는 모든 존재들 속에서 자신을 실현화 하는 어떤 유일한 궁극적 실재가 있다는 점에 대해 스피노자에게 동의한다. 이런 의미에서 실체는 존재한다. 하지만 화이트헤드의 관점에서 이런 실체는 변화를 겪는 하나의 정적인 존재가 아니다. 오히려 그것은 사물들의 자발적이고도 적극적인 진행인 것이다. 화이트헤드는 스피노자와 일치하는 것과 일치하지 않는 것 모두를 스피노자의 궁극적 일원론monism 속에서 제시하기 위해 궁극적 실체로서의 실체적 활동력이 사물들의 기저에 놓여 있다고 주장하였다.[15] 이것은 사건들의 발생어떤 것이 그저 발생하고 있다는 순수한 사실이 그 자체로 우연적이지도 않으며 그 사물을 넘어선 어떤 것에 의해 설명되는데 종속되지도 않았다는 것을 의미한다.

실체적 활동력 자체는 전적으로 무형상적인 것이며 형상과 관련해서는 중립적이다. 그럼에도 불구하고, 그 활동력은 어떤 일정한 방식 속에서가 아니면 발생할 수 없다. 『과학과 근대세계』의 전술한 장들에서 세계에 대해 행했던 분석은 모든 일정한 존재들이 현실적 존재들과 영원한 객체들로 분석될 수 있다는 점을 보여준다. 이것은 실체적 활동력이 반드시 스피노자의 용어 사용과 일치하여 그 활동력의 속성들로 선언될 수 있는 형상들을 채용하게 한다. 실체적 활동력은 *구체적으로* 그 활동력의 양태들로 불리는 현실적 존재들 속에서만 주어진다.[16]

이제 화이트헤드는 제 삼의 문제에 직면한다. 실체적 활동력과 순수한 가능태의 영역은 모두 어떤 종류의 현실적 존재들이 발생할 수 있는 관점에서는 전적으로 중립적이다. 예를 들면, 그 존재들이 가질 수 있는 시·공간의 차원들 수the number of dimensions와 관련해 중립적이라고 할 수 있다. 그럼에도 불구하고, 광대한 규칙성으로 헤아릴 수 없이 많은 현실적 존재들이 4차원의 시공 연속체의 관점에서 현실화된다. 지금껏 인식된 형이상학적 원리들의 관점에서 전적으로 불확정적인 것이 우리가 알고 있는 세계에서는 사실 매우 확정적이라는 점을 어떻게 설명할 수 있는가? 화이트헤드의 확신에 따르면, 우리는 정직하게 필수적인 확정을 제공하는 기능을 하는 어떤 추가적인 형이상학적 원리를 가정하도록 요구받고 있다고 한다. 그는 이런 원리를 규정의 원리[17]나 구체화의 원리the principle of concretion[18]나 한정의 원리the principle of limitation[19]라고 불렀다. 그리고 화이트헤드는 이런 원리를 영원한 객체들과 현실적 존재들과 나란히 놓이는 실체적 활동력의 제 삼의 속성으로 간주하였다.[20]

하지만 차원 수의 문제는 보다 커다란 문제를 예증하고 있을 뿐이다.[21] 한정의 원리가 현실적 존재들을 한정하고, 이런 한정이 효력을 발휘하는 방식에 대한 관점들을 설명하는 『과학과 근대세계』에서 화이트헤드의 설명은 극히 간결하다. 부분적으로 이런 간결함의 결과로 인해 나는 그의 설명이 어떻게 이해될 수 있을지에 대한 많은 논점들과 관련해 확신을 갖지 못하는 나 자신을 발견한다. 이 때문에 나는 어떤 분석을 시도하기 전에 결정적인 관련 구절 전체를 인용하겠다. 그 결과로 독자는 화이트헤드의 진술들에 대한 나의 제안점을 확인하게 될 것이다.

"각 양태는 그 본성상 한정되어 있으며, 그래서 다른 양태가 될 수 없다. 그러나 이처럼 하나하나의 양태가 특정한 것으로 한정되고 있을 뿐 아니라, 전체적인 양태적 개별화도 두 가지 방식으로 한정되고 있다. 우선 무엇보다도 그것은 사건들이 이루고 있는 하나의 현실적 과정으로서, 영원한 가능태에서 보자면 다른 성격의 것일 수도 있었겠지만 실제로는 지금의 그것이 되고 있을 뿐이다. 이때의 한정은 세 개의 형식을 취한다. 즉 (1) 모든 사건이 따라야만 하는 특수한 논리적 관계, (2) 사건이 실제로 따르는 여러 관계의 선택, (3) 논리 및 인과의 일반적 관계에 있어서조차 그 과정에 영향을 미치는 특수성이 그것이다. 따라서 이 첫째 방식의 한정은 선행하는 선택의 한정이다. 일반적인 형이상학적 상황에 관한 한, 논리적 한정이나 그 밖의 한정을 떠날 경우 다수의 무차별적 양태가 성립하게 되리라고 생각할지 모른다. 그러나 그때에도 이러한 양태들이 성립될 수는 없을 것이다. 왜냐하면 각 양태는 하나의 기준을 따르도록 한정된 여러 현실태의 종합태를 나타내고 있기 때문이다. 우리는 여기서 두 번 한정 방식에 이르게 된다. 제한은 가치의 대가이다. 선행하는 가치의 기준들이 있기 때문에, 직시하는 활동력의 양태 앞에 놓여 있는 것을 수용할 것인가 거부할 것인가 하는 것이 분명하게 결정되지 않는다면, 가치란 성립될 수 없는 것이다. 그래서 반대라든가 정도의 차이라든가 대립 따위를 통한 가치에 대한 선행적 한정이 존재하는 것이다." [22]

이 구절에 대한 나의 어려움은 가치의 출현을 위해 요구되는 한정들로부터 과정 자체를 위해 요구되는 한정들을 얼마나 예리하게 구별할 수 있는지가 명확하지 않다는 점이다. 다른 저술들의 빛에서 볼 때 이 한정들을 명확하게 구별하기가 어렵다. 더욱이 과정이 발생하기 위해 요구되는 한정의 세 가지 모든 형태들이 한정의 원리에 동등하게 의존하고 있는 것인지도 알기 어렵다. 다른 저술들의 빛에서 볼 때 과거 계기들의 영향력과 새로운 계기의 지기 결정은 위의 인용 글 (1)과 (2)에서 언급된 한정의 많은 부분에 공헌하는 것 같다.

그럼에도 불구하고, 후반기 저술들을 통해 다시 많은 점들이 명확해진다. 하나의 현실적 존재는 선행하는 한정을 떠난다면 생성할 수 없다. 그 현실적 존재는 자신이 순응하게 될 논리적 관계나 우주론적 관계를 혼자 힘으로 확정할 수 없다. 만약 이런 점이 현실적 존재를 위해 미리 결정되지 않는다면, 현실적 존재는 과거와의 관계성들로 진입할 근거를 가지지 못할 것이다. 게다가 이제 모든 질서 유형들을 우연적인 것으로 인식한다는 사실의 빛에서 보면, 우리는 한 가지 질서 유형의 발생을 형이상학적 상황 자체가 아니라 형이상학적 견지에서 보게 돼, 하나의 임의의 결정의 탓으로 돌리게 된다.[23] 여기서 다시 차원 수의 예가 그 의미를 명확하게 하는데 필요할 것이다. 이런 임의의 결정은 실체적 활동력 자체나 영원한 객체 혹은 현실적 존재들의 기능일 순 없다. 따라서 우리는 한정의 원리를 추가적인 형이상학적 요소로 가정해야만 한다.

또한 위의 인용 글에서, 화이트헤드가 개별적인 현실적 존재들의 생성 결과에 의해 형이상학적으로 불확정적인 것이 확정적인 것이 되는 것은 어떤 가치를 지향하는 것에 의존해야 한다고 보았다는 점은 분명하다. 현실적 존재는 가치와 관련해 주어진 것이 없다는 식으로 자기의 지향을 선택할 수 없다. 이 주어진 것은 임의의 선행적 가치 평가나 가치의 질서화를 가정한다. 이처럼 이런 질서화를 위해 한정의 원리가 요구되는 것이다.

만약 화이트헤드가 불확정적인 형이상학적 상황으로만 끝났다면, 많은 논쟁들이 발생했었을 것이라는 점은 의문의 여지가 없다. 어떤 사람들은 그의 논의가 형이상학적이기 때문에 그것은 의미가 없다는 전제에 근거해 전체 논의를 무시했을 것이다. 하지만 우리가 형이상학을 조금이라도 허용하려고 한다면, 기저에 있는 실체적 활동력의 또 다른 속성의 도입이 그 체계를 완성시키는 정상적인 방식인 것 같아 보인다.

그럼에도 불구하고, 화이트헤드는 이 점에서 문제를 남기지 않았다. 그는 한정의 원리나 구체화의 원리를 "신"으로 부르고, 그 신이 모든 종교들 속에서 인간의 예배 대상이 되어 왔다고 언명하였다.[24] 결과적으로 이것은 실체적 활동력의 또 다른 요소가 존재한다는 것을 위한 화이트헤드의 논증이, 실은 신 존재 증명을 위한 논증이며 종교의 신이 형이상학적 궁극자나 절대자가 아니라는 점 모두를 의미한다. 왜냐하면 신은 단순히 실체적 활동력의 세 가지 속성들 가운데 하나가 될 뿐이기 때문이다. 자신의 이런 학설상 결과의 처음 절반[25]으로 인해, 화이트헤드는 고도로 세련된 사상이란 신 없이 사상을 전개하도록 배워왔다고 믿는 자들에 의해 결코 용서받지 못할 사람이 되었다.[26] 그리고 두 번째 절반[27]으로 인해 그는 대다수의 신학자들에 의해 거부당해 왔다.[28]

전통적인 서구적 유신론의 관점에서 보면, 신을 비궁극적인 다른 어떠한 것과 동일시하는 것은 모순된 것으로 간주된다. 만약 한정의 원리가 실체적 활동력의 한 속성이라면, 신이라고 불리는 것은 그 속성들 가운데 하나가 아니라 실체적 활동력이어야만 한다. 화이트헤드는 실체적 활동력을 스피노자의 유일 무한 실체와 비교해 보도록 정중히 요청하였는데 스피노자에게는 유일 무한 실체가 신으로 불렸던 실체였다. 그래서 신은 결코 그 속성들 가운데 하나일 수 없는 것이었다.

이런 스피노자적 대안을 거부하는 화이트헤드의 근거는 신뢰할 만한 종교적 관심이 형이상학적 궁극성에 의해서가 아니라 선善에 의해서 더욱 결정적으로 특징 지워질 수 있다고 그가 확신했다는 데에 있다. 만약 신이 "궁극적 활동력을 겸비한 형이상학적 상황의 토대로 간주된다면… 모든 선의 근원뿐만 아니라 모든 악의 근원도 신에게 있는 것으로 보지 않을 수 없게 될 것이다… 그러나 신을 최고의 한정 근거로 파악할 경우, 선을 악에서 가르고 이성에 '최고의 지배권'을 부여하는 것은 어디까지나 신의 본성 자체에 속하는 문제가 되는 것이다."[29] 우리가 화이트헤드의 신에 관한 학설에 대해 더욱 심오한 발전을 연구하게 될 때, 화이트헤드가 신과 기저에 있는 활동력을 관련시켰던 방식을 이해하는 것은 우리의 특수한 관심사가 될 것이다.

## 2. 『생성 과정 속의 종교』

화이트헤드는 『과학과 근대세계』에서 형이상학만으로는 "종교적인 목적에 유용한 신을 창조하[지는 못한다]"는 점을 인식하였다.[30] 확실히 이 점은 그 저술에서 발전된 화이트헤드 자신의 학설에도 적용된다. 그러나 또한 화이트헤드는 형이상학적 학설이 "비교적 좁은 경험적 토대에서 얻어지는 자료를 개념 구성에 유용하게 활용하고자 할 때 반드시 필요한 최초의 일보"[31]라고 지적하기도 한다. 그 자신은 그 일보를 내딛었기 때문에 "신에 관한 보다 많은 인식은 개개의 경험 영역에서 추구되어야 하며, 따라서 그것은 경험적 기반에 매여 있는 것이다."[32]라고 주목하였던 것이다. 그의 입장에서 이런 확신은 그로 하여금 매우 자연스럽게 종교에 대한 탐구로 나아가도록 하였다. 보다 심층적인 형이상학적 반성과 결합된 종교로부터의 증거를 탐구하는 것은 화이트헤드의 두 번째 로웰 연구소 강연 시리즈를 위한 자료를 제공하였다. 이 두 번째 시리즈는 그 다음 해에 강연되어 『생성 과정 속의 종교』란 제목으로 출판되었다.

근소하지만 중요한 변화가 종교와 형이상학에 대한 화이트헤드의 그 두 저술들의 관계에서 발생하였다. 『과학과 근대세계』에서 형이상학은 이 저술의 작업을 완성시키는 것이었고, 따라서 신에 대한 인식에 있어서의 일보를 제공한 것이다. 이 인식에는 종교적 경험에서 끌어올 수 있는 추가 사항들이 덧붙여질 수 있다. 그래서 『생성 과정 속의 종교』에서 화이트헤드는 "형이상학이 자신의 기술적記術的 골격을 고려해야만 할 때 종교가 독자적인 증거로서 형이상학에 이바지 한다."[33]고 제안하였다. 이런 변화는 형이상학 자체가 사변 철학[34] 전체를 포함하도록 더욱 포괄적으로 개념화될 수 있는 것이므로 주로 말뿐인 변화에 불과하지만, 그 강조점은 종교의 독자적 증거가 이전의 철학적 학설에 의존한다는데 있다기보다는 종교와 형이상학의 상호 관계성에 있었다.

그럼에도 불구하고, 화이트헤드가 『생성 과정 속의 종교』에서 우리에게 말한 대부분의 내용들은 주로 그의 철학 사상이 한층 더 발전했다는데 근거한다. 그는 특수한 종교적 전통들에서 지배적인 것으로 출현한 어떠한 학설들도 자신의 철학으로는 끌어 오지 않았다. 예를 들어, 그는 종교적 경험이 신의 인격성을 주장할 근거를 준다는 견해를 거부하는데 상당히 주목하였다.[35] 그는 실제로 "부분적으로는 순응되고 부분적으로는 무시되는 사물들 속에 있는 정당성의 개념에 의거해"[36] 종교가 증거를 만들어 낸다고 주장하였다. 또한 종교는 "우리의 존재가 단순한 사실들의 계승 이상이라는 인식"에 이바지한다. "우리는 상호 적응, 명료한 관계들, 가치평가들, 합목적적 열정, 즐거움과 슬픔, 자아에 집중된 관심, 자아를 넘어선 관심, 단기적이고 장기적인 실패와 성공, 느낌의 다양한 층위들, 생의 지쳐버림과 생의 열정 등의 일반적인 세계에서 살고 있다."[37] 그렇다면 화이트헤드는 철학이 이런 차원의 인간 경험들을 고려할 수밖에 없지만, 이런 차원들이 신에 관한 학설의 보다 심층적인 발전에만 제한된다거나 거기서만 규정될 수 있는 것은 아니라는 제안을 하고 있는 것이다.

화이트헤드는 보다 순수하게 철학적인 내용들로 채워진 『생성과정 속의 종교』의 여러 절節에서 자신이 『과학과 근대세계』에서 진술한 입장을 반복, 보충, 수정한다. 반복과 보충은 다음과 같은 구절에서 볼 수 있다. "우주는 무한한 자유를 가진 창조성과 무한한 가능태들을 가진 형상들의 영역을 과시하고 있다. 하지만 … 이 창조성과 이 형상들은 신으로 불리는 완전한 이상적 조화를 떠난다면 현실태를 달성하는데 무력할 수밖에 없다."[38] 이 구절은 근본적으로 『과학과 근대세계』의 논증을 단순히 재차 진술한 것에 불과하다. 그럼에도 불구하고, 어떤 점에서 이 구절은 『과학과 근대세계』에선 특수화되지 않았던 한 요소를 제시하고 있다. 그것은 신이 "완전한 이상적 조화"라는 것이다. 다른 구절에서 이것은 다양한 방식으로 진술된다. 신은 "한결같은 인식의 개념적 실현과는 별개로 이상적인 형상들"을 파악하는 자로 언급된다. 그래서 "개념적인 것들로서의 그 형상은 전지성omniscience의 종합 속에서 모두 파악된다."[39] 신은 가치들을 개념적으로 접속시키는 자로서 "조화롭게 관계성에 종속된 것으로 파악되는 모든 가능태들에 대한 개념을 포용한다."[40] 따라서 우리는 신이 한정의 원리로 기능하는 방식이 가치의 원리에 따라 영원한 객체라는 무한한 가능태들을 질서화 하는 것이라는 점을 발견한다. 어느 정도의 조화와 질서가 우주에 존재하는 것은 바로 이런 "이상적인 개념적 조화"[41]가 하나의 새로운 존재가 발생하는 선행하는 환경에 추가됨으로써 가능한 것이다. 그렇지 않다면, 현실의 세계는 존재할 수 없다.[42] 이런 인용들로부터 우리는 영원한 객체들을 직시하는 것이 이제는 신에게 귀속되었다는 점을 알 수 있다. 이런 직시는 한정 원리로서의 신의 기능에 추가되는 것이 아니라, 그 원리가 어떻게 기능하고 있는지를 설명해 주는 것이다.

앞 절에서 나는 직시를 기저의 활동성에 귀속시키는 것에 대해 평가하면서 직시가 일반적인 인본형태주의적 함축을 가질 수는 없다는 점에 주목했었다.[43] 기저의 활동력은 현실적인 것일 수 없었기 때문에, 직시하는 기능에 의해 의미될 수 있는 것을 이해하는 것이 어려웠다. 비록 『과학과 근대세계』에서 직시하는 기능이 신에게 속했었다고 하더라도, 상황은 달라지지 않았을 것이다. 왜냐하면 화이트헤드는 『과학과 근대세계』에서 "신은 구체적인 존재가 아니[며]"[44] 확실히 현실적이지도 않다고 말했었기 때문이다. 그럼에도 불구하고, 『생성 과정 속의 종교』에서 하나의 현저한 변화가 아무런 설명 없이 발생하였다. 신이 일관되게 하나의 현실적 존재로 언급되고 있는 것이다.[45] 이것은 신이 구체화$_{\text{혹은 한정}}$의 원리임을 거부하는 견해를 피력한 것이 아니라, 구체화를 가능케 하는 한정들을 제공하는 기능을 수행하는 것이 바로 현실적 존재라는 주장을 피력한 것이다. 그래서 직시는 하나의 현실적 존재가 개념적으로 이상적인 가능태들과 관계하는 방식으로 이해될 수 있다.

신이 구체적이지 않은 원리가 아니라 하나의 구체적인 현실적 존재라는 것은 또한 『과학과 근대세계』에서는 부적절해 보이는 다수의 다른 특성들도 신에게 귀속시키는 것을 허용한다. 화이트헤드는 신이 목적[46], 인식[47], 비전[48], 지혜[49], 의식[50], 그리고 사랑[51]을 갖는다고 말하고 있다. 이것들은 두드러진 인격주의적 언어들이며, 이 모든 것들이 종교적 경험으로부터의 증거를 관찰하는 곳이 아닌 철학적인 부분들에서 발생하고 있다는 점에 주목하는 것은 매우 흥미롭다. 이미 주목하였듯이, 화이트헤드는 『생성 과정 속의 종교』에서 종교적 경험이 신이 인격적이라고 말하는 것을 정당화해 주지 않는다고 주장하였다.[52] 더구나 화이트헤드는 신을 세계의 인격적 창조자로 보는 셈족 계통의 개념에 대해 비판하였다. 심지어 그는 종교적 경험이 신의 현실성을 주장할 충분한 보증을 제공한다는 점마저 부정하였다. 그 까닭은 "세계가 순응하고 있는 비인격적 질서에 대한 동아시아 개념"이 다른 학설들과 동등한 지위로서 주어져 있기 때문이었다.[53] 명백히 색조와 언어에서 일어난 화이트헤드의 이런 변화의 기본적 근거는, 질서와 가치를 책임져야할 한정을 제공하는 기능이 하나의 현실적 존재를 통해서만 설정될 수 있다는 것이다. 그러나 신이 하나의 현실적 존재로 간주된다면 그 즉시 인격주의적 언어의 사용은 자연스럽게 따라 나온다. 왜냐하면 하나의 현실적 존재의 본성에 대한 우리의 기본적인 실마리는 우리 자신의 직접적인 인간적 경험 속에 주어져 있는 것이기 때문이다.[54]

그럼에도 불구하고, 신은 매우 특수한 유형의 현실적 존재이다. 신은 "비시간적"nontemporal[55]이라는 점에 힘입어 모든 다른 현실적 존재들과 대비된다. "세계에 질서화 된 균형을 부과하는 일정한 결정은 모든 위상에 사신의 번화하지 않는 고유힌 성걱의 일관성을 부과하는 하나의 현실적 존재를 필요로 한다."[56] "신은 자신 속에 전체 우주의 종합을 포함하고 있어야만 한다. 그러므로 신의 본성 속에는 세계에 의해 제한된 형상들의 영역적 측면과 형상들에 의해 제한된 세계의 측면이 존재한다. 신의 완성은 그의 본성이 모든 변화와 관련해 자기-일관성을 갖는다는 것을 의미한다. 그래서 신은 다른 것으로 이행하는 것에서 면제된다."[57]

우리가 신의 비시간성을 주장할 때에는 하나의 문제가 발생한다. 신은 방금 말한 방식으로 모든 새로운 시간적 존재들을 자신의 이상적 가치 지시에 직면시킬 수 있는가? 신은 4차원의 시공 연속체가 아닌, 3차원이나 5차원의 시공 연속체를 갖는 또 다른 우주 시대에서마저 동일한 방식으로 시간적 존재들을 직면하는가? 만약 직면시킬 수 있다면, 결국 신이 한정의 원리로 기능하는 방식을 이해하기는 매우 어렵다. 화이트헤드가 이런 점을 인식했었던 것 같다는 점은 다음의 구절에 의해 지적된다. 화이트헤드는 신에 대해 말하면서 다음과 같이 썼다.

> "신은 세계 속에서 묶어 주는 요소이다. 우리 속의 개별적 의식은 신에게서 보편적이다. 우리 속의 부분적인 사랑은 신 안에서 모든 것을 포용하는 사랑이 된다. 신을 떠난다면 세계는 존재할 수 없다. 왜냐하면 개별성의 조정이 존재하지 않을 것이기 때문이다. 세계 속에서의 신의 목적은 달성의 성격이다. 신의 목적은 언제나 세계의 현실적 상태와 관련된 특수한 이상들 속에서 구현된다. 따라서 모든 달성은 현재 세계 자체에 임재한 신(God)인 현실적 이상들을 형성한다는 점에서 불멸적이다. 모든 행위는 세계에 보다 뚜렷하거나 보다 희미한 신에 대한 인상을 남긴다. 그런 다음 신은 이상적 가치가 확대되었거나 또는 줄어든 증여적 상태로 세계와의 다음 관계에 들어간다." [58]

위의 인용 글은 또한 『생성 과정 속의 종교』에서의 신에 관한 학설 속에 있는 최종적인 새로운 요소를 지적한다. 신은 세계에 의해 영향을 받는 자로 이해된다. 보다 앞선 인용에서는 세계와 신의 이런 관계가 "형상들에 의해 제한된 세계의 측면"을 포함한 것으로 기술되었었다.[59] 영원한 객체들뿐만 아니라 현실적 존재들에 대한 직시도 이제 기저의 실체적 활동력이 아니라 신에게 귀속한다. 신과 세계 사이에는 상호 교류가 존재한다. 신은 세계 속에서 질서와 가치를 가능하게 하며, 그 다음 세계는 신에게 행동하게 되어, 세계에 끼치는 신의 새로운 관계가 영향을 받는다. 그래서 현실적 존재들 간의 상호작용에 관한 일반적 원리가 이제 최상의 현실적 존재로 여겨지는 신에게도 적용된다.

『과학과 근대세계』에서 우리는 기저의 실체적 활동력과 그것의 세 가지 속성들인 영원한 객체들, 현실적 존재들, 그리고 한정의 원리라는 도합 네 개의 형이상학적 원리들을 만났었다. 그런데 『생성 과정 속의 종교』에서는 미세하지만 중요한 변화들이 화이트헤드의 철학 체계 속의 이런 네 개의 요소들에 대한 이해 속에서 발생하였다. 첫째, 기저의 실체적 활동력은 이제 창조성creativity으로 불리며[60) 『과학과 근대세계』에서는 거의 설명되지 않은 분석 속에서 매우 사소한 역할만을 수행한다. 이것은 그 자체적으로는 단순히 말뿐인 변화이거나 강조점의 변화에 머물지만, 사실 그 변화는 그 이상의 것이다. 우리는 더 이상 화이트헤드의 사상을 스피노자의 사상과 비교하도록 초대받지 않는다. 우리는 더 이상 속성들과 양태들에 관해 읽지 않으며, 『과학과 근대세계』에서의 일원론을 향한 경향이 현실적 존재들의 명확한 다원론에게 양도된다. 실체적 활동력은 나머지 모든 세 가지가 그것의 속성들이 되는 그런 것인 반면, 창조성은 그런 지위에 부합하지 않는다. 네 개의 원리들의 완전한 상호 관계성이 어느 하나가 지배하는 것이 아닌 제 각각의 것으로 강조된다.[61)] 둘째, 신은 이제 하나의 현실적 존재로 개념화되기 때문에 우리는 이제 네 개의 형이상학적 원리들을 세 개, 즉 창조성, 영원한 객체들, 현실적 존재들로 축소된 것을 본다.

신이 특별한 현실적 존재가 되었기 때문이다. 그럼에도 불구하고 만약 그렇게 된다면, 우리는 신과 시간적인 현실적 존재들 간에는 주요한 철학적 차이가 있다는 점을 기억해야만 한다.

『생성 과정 속의 종교』 이후 신에 관한 학설에서 실제로 새롭게 추가된 것은 아무 것도 없다고 할 수 있다. 신은 영원한 가능태들의 영역을 직시하고 질서화 하는 하나의 현실적 존재이다. 신은 자신을 세계에 이상적 가능태들에 대한 비전으로 추가하며, 모든 새로운 계기는 그 가능태의 발생을 취해야 하고 그럼으로써 임의의 상황 속에서 신은 가치와 질서의 정도에 책임을 진다. 그렇지 않다면 단지 혼란만이 있을 뿐이며 실제로 현실태는 전혀 달성될 수 없다. 그런 다음 세계는 신이 자신에게 영향을 끼치는 방식에 영향을 미치기 위해 신에게 반응을 한다. 모든 요소들이 이런 사실과 관련된다. 그럼에도 불구하고, 많은 물음들이 대답되지 않은 채 남아 있다. 신과 창조성은 최종적으로 어떤 관계에 놓이는가? 신은 각 계기들에게 그것들의 적절한 이상과 관련해 어떻게 활용될 수 있는가? 영원한 객체들은 신의 직시와의 관계 속에서 어떤 지위를 갖는가? 세계는 신에게 어떻게 영향을 끼치는가? 이것은 신이 비시간적이라는 학설과 어떻게 조화될 수 있는가? 이런 저런 물음들이 우리로 하여금 화이트헤드의 가장 위대한 철학 저술인 『과정과 실재』에 주목하도록 만든다.

## 3. 『과정과 실재』: 신의 원초적 본성

화이트헤드는 1927년과 1928년에 기포드 강연Gifford Lectures을 하였다. 이 강연이야말로 단연코 철학적 물음들에 관한 화이트헤드 최고의 확증된 분석을 입증할 기회를 제공하였다. 자연신학에 관한 기포드 강연의 초점은 신의 관념에 관한 그의 이전 작업을 확장하여 그 풍요로움을 온전하고 적합하게 표현하였다. 비록 이런 초점이 그가 손수 설정한 전체 과제에 비해서는 매우 적은 분량이었지만 말이다. 확장된 형태로 진행된 이 강연은 1929년 『과정과 실재』로 출판되었다.

우리는 『과학과 근대세계』에서 화이트헤드가 처음에는 신을 철학적 체계에 도입한 것을 비판했던 방식에 다음에는 그 자신이 손수 신을 도입했던 방식에 주목했었다. 엄격히 말하면 모순은 존재하지 않았다. 화이트헤드가 이 저술과 그의 후반기 저술에서 반대했던 것은, 신을 설명의 요소 자체로 도입했던 것이 아니라 신이 필수적인 기능을 수행하는 방식을 설명해 내지 못했던 점에 있었다.[62] 그리하여 『과학과 근대세계』에서 화이트헤드의 고유한 논법은 그런 비판에 고도로 민감하였으며, 『생성 과정 속의 종교』는 전적으로 동일한 반대를 철화하지 않았다. 그러나 『과정과 실재』에서는 신이 한정의 원리로 기능하는 방식이 최초로 광범위하게 명확해졌다.

화이트헤드가 한정의 원리를 이해했던 상황을 고찰해보자. 현실적 경험 계기들은 한 순간 존재하고서 즉각 소멸한다. 그것들이 소멸할 때 그것들은 자신들의 계승자들에게 자기들을 고려하도록 의무를 부과한다. 이때 실현을 위한 무변화적 가능태들이 존재하는데, 이것이 화이트헤드가 영원한 객체들이라고 불렀던 순수한 가능태들이다. 마지막으로 우주의 기저에 놓여 있는 형이상학적 원리로 인식되는 궁극적 활동력이 있다. 이제 이 활동력은 화이트헤드에 의해 창조성으로 불리는 자연의 순수한 진행성이라고 말할 수 있다. 그런데 이 요소들 가운데 그 어느 하나 혹은 그것들의 결합으로도 실제로 생성되는 구체적인 특수자를 설명할 수 없다. 만약 우리가 이런 구체적인 특수자가 허상이었다고 주장하지 않으려면, 작용 중에 있는 또 다른 요소를 인식해야만 한다.[63]

『과정과 실재』의 보다 풍성한 분석으로부터 우리는 새로운 계기들이 그 자신들의 고유한 한정과 제한의 원리를 제공한다고 제안할 수도 있다.[64] 확정적인 사태인 만족을 향하는 주체적 지향을 갖는 것은 각 현실적 존재의 본성이다. 새로운 현실적 계기는 해당 지향의 관점에서 영원한 객체들과 자신의 과거의 시간적 존재들 모두를 파악하며, 고유하게 생성되어 계승되는 위상들에서 바로 새로운 창조적 종합(바로 그 자신인)을 형성한다.

이제 문제는 그보다 일보 나아간 상태에서 등장한다. 새로운 주체적 지향은 어떻게 발생하는가? 자신의 한정성을 무(無)로부터 만들어 내는데 책임적으로 참여할 수 있는 계기가 존재할 수 있는가? 비록 이것이 철저히 무의미하다고 주장될 수 있지만, 우리는 여전히 제멋대로도 일어날 수 있을지 모르는 선택도 고려해야 할 것이다. 모든 계기는 자신의 지향을 선택해야 할 것이며 연장적 연속체 내에서 자신의 장소나 입각점을 틀림없이 선택해야 할 것이다. 질서는 완전히 우연적인 방식으로 발생할 수도 있다. 하지만 사실 우리의 신체를 구성하는 현실적 계기들은 우리의 신체 전체의 건강한 기능을 향해 지속적으로 만족을 지향한다. 어떤 한정이 현실적 계기들이 자신의 지향을 선택하는데 부과된 것이다.

하나의 계기가 생성을 지향할 때 일어나는 자기-결정은 그 계기의 최초의 위상에서 설정된 한계들 내에서 작용한다. 화이트헤드는 임의의 계기의 주체적 지향의 최초 위상을 최초의 지향$_{\text{intial aim}}$이라 불렀다.[65] 이 지향은 모든 시간적 계기를 초월하고 화이트헤드가 신으로 불렀던 한징의 원리에 의해 자신의 한정을 결정하도록 그 계기에게 주어진다. 먼저 최초의 지향이 생성하는 계기에서 작용하는 방식의 관점에서, 다음엔 그것이 신으로부터 파생되는 방식의 관점에서 그 최초의 지향을 분석함으로써, 우리는 신이 세계에서 작용하는 방식을 보다 명확하게 이해할 수 있을 것이다.

일상적 언어로 우리가 한 여성이 삶이나 하나의 특수한 행위 속에서 무엇을 지향한다고 말할 때, 그것은 때때로 그녀가 실현하고자 힘쓰는 하나의 순수한 가능성을 의미하게 된다. 예를 들어, 예술가는 아름다움의 *임의의 형태*를 그녀의 지향으로 말할 수 있다. 어떤 때에는 그녀의 지향으로 가능태의 *실현*을 의미할 수 있다. 우리의 예에서 이것은 그림이나 조각 작품 속 아름다움의 실현을 의미할 것이다. 또 어떤 때에는 한 여성의 지향으로 문제의 목표를 달성하려는 예술가의 목적 지향적 희망인 *지향하는 행위 자체*를 의미할 수도 있다. 우리는 보통 이 세 가지 의미들을 모두 의도하며 그것들을 식별할 필요성을 느끼지 않는다. 왜냐하면 그것들은 사실 지향이 효력을 발휘하는 순간에서는 식별될 수 없기 때문이다. 이 세 가지 의미들 가운데 어떤 것이라도 말이다.

동일한 불명확성이 화이트헤드의 어법 속에서도 발견될 수 있다. 그는 최초의 지향에 대해 쓰면서 때로는 영원한 객체들 자체를 주로 조명하기도 하고, 때로는 지향된 만족에 초점을 두기도 하며, 또 때로는 그런 만족에서 이루어지는 가능성의 실현을 지향하는 행위에 대해 말하기도 하였다. 다시 말해 결과적으로 심각한 혼동은 존재하지 않는다. 왜냐하면 영원한 객체는 임의의 계기가 능동적으로 자신의 실현을 목표할 때에만 지향을 구성하기 때문이다. 지향된 만족은 언제나 어떤 확정된 가능태$_{\text{영원한 객체}}$를 실현하는 것이다. 그리고 지향의 행위는 항상 그런 실현을 지향하고 있다. 여기서 우리가 주목하는 초점은 지향하는 행위 자체에 관한 것이다.

이렇게 이해된 최초의 지향은 장소나 입각점이 각 계기에 의해 점유될 것임을 결정한다.[66] 그런 다음 이런 점은 계기들이 새로운 계기의 과거를 구성하게 될 것임을 결정한다.[67] 비록 최초의 지향 기능과 관련된 이런 특징들이 화이트헤드에 의해 강조되지는 않았다고 하더라도, 그 특징들은 신과 새로운 계기들의 발생 간의 관계를 이해하는데 상당히 체계적인 중요성을 갖는다. 따라서 이에 대해 간단한 부기의 가치를 가질 정도로 약간의 설명이 요구된다.

사실상 시공 연속체는 언제나 특수한 방식으로 실현된다. 다시 말해 모든 현실적 존재는 자기들의 입각점인 매우 일정한 영역을 점유한다. 하지만 우리가 확정된 과거에서 미래로 관심을 돌렸을 때, 우리는 연속체 자체가 자신이 원자화될 방식에 관해 아무런 말도 해 주지 않는다는 점을 발견한다.[68] 실현될 수 있는 현실적 입각점들은 클 수도 있고 작을 수도 있으며 다양한 형태들을 가질 수도 있다. 어떠한 영역에서도 일정한 수의 방식으로 가분$_{可分}$될 수 있을 것이다. 마치 종이 한 장이 그 위에 그려진 선들에 의해 가분될 수 있는 수의 방식으로 한정되지 않듯이 말이다.

만약 우리가 이런 무한히 가분 가능한 연속체가 무수히 많은 계기들이 존재하도록 가분되는 방식에 대해 묻는다면, 우리는 과거의 효과성의 관점에서 답을 할 수는 없다. 소멸된 계기들은 영역들이 후속하는 계기들의 입각점이 되는 것을 설정할 수 없다. 더욱이 이 점에서 우리는 계기의 자기-결정에 호소할 수도 없다. 스스로를 결정하는 계기는 이미 자신을 위해 설정된 하나의 전망 속에서 그런 결정을 하는 것이다. 그리고 이런 설정은 새로운 계기의 최초 위상 속에 주어진다.[69]

각 계기의 정확한 장소와 범위를 결정하는 것이 그 계기의 내적인 발전 및 다른 계기들과의 관계성에 모두 영향을 미친다는 점을 강조하는 것은 중요하다. 특별히, 그 계기는 정확히 다른 계기들 가운데 어떤 것이 자신과 인접하게 될 것인지를 결정하고, 그것들 가운데 어떤 것이 동시적일지, 어떤 것이 과거의 것이 될지를 결정한다. 그래서 신은 각 계기의 입각점을 결정함으로써 그 계기가 어떤 다른 계기들을 파악하게 될지도 결정한다.[70)]

최초의 지향을 이해하는 방식과 관련해서는 많은 난제들이 존재한다. 신의 지향에 관한 가장 포괄적인 묘사와 함께 시작하여, 그 지향이 개별적인 계기 속에서 어떻게 기능하는지를 이해하는 것이 최선일 것이다. 화이트헤드는 신이 가치의 증가를 지향한다고 믿었다. 이 말은 신이 최대한의 가치를 구현하게 될 하나의 특정한 결과를 직시한다는 것을 의미하지 않는다. 이런 의미라면, 우주는 하나의 목표를 갖지 않는다. 가치가 실현될 수 있는 많은 방식들이 존재하며, 다양성과 불확실성 자체들도 우주의 종합적인 가치에 공헌한다.

가치는 현실적 계기들을 통해서만 실현될 수 있다. 다음 소절에서 보겠지만, 그것들의 가치 실현은 신적인 생명을 풍요롭게 만든다. 그래서 신의 지향은 자신의 생명과 피조물의 생명 속에서 동시에 가치의 증가를 지향하는 것이다.

신의 지향은 화이트헤드가 영원한 객체라고 불렀던 잠재성이나 순수한 가능성의 질서화 속에서 표현된다. 이 질서화는 원초적이다. 즉 그 질서화는 모든 피조물 계기들을 위해 주어진다. 이 질서화는 형이상학적 범주들을 확정하고, 세계 속에서 발생하는 것과 함께 자연의 "법칙"을 산출한다. 형이상학적 범주들은 어떠한 세계에도 적용될 수 있지만, 자연의 법칙은 자연이 변함에 따라 변화한다. 원초적 질서는 자연이 가치의 실현을 가능케 하는 질서를 갖게 해주는 근거가 되는 질서이다.

원초적 질서화는 결정론적 질서를 부과하지 않는다. 결정론적 질서로 부과하는 것은 가치의 실현에 이바지 하는 것이 아니다. 원초적 질서화는 제한의 원리로 불리는데, 그러한 원리는 많은 추상적인 가능성들을 배제하는 것이기 때문이다. 그러나 그 원리는 가능적인 것들을 결정론적인 것들로 한정하는 것이 아니다. 이 때문에 대부분의 법칙들은 통계적인 것이다. 또한 이런 이유 때문에 진정으로 새로운 사물들이 등장하게 되는 것이다.

신의 지향은 외부적인 통제에 의해서가 아니라 모든 현실적 계기의 출현에 참여함으로써 세계에 작용한다. 각 현실적 계기는 자신의 생성과 사신과 관련된 미래에서 가능한 가치를 달성하는 지향을 신의 지향으로부터 획득한다. 광대한 수의 계기들을 위한 이런 획득은 단지 에너지를 흡수하고 전달하는 것에 불과하다. 그러나 결국 이런 과정은 보다 위대한 가치를 실현할 수 있는 보다 복잡한 존재들의 출현으로 나아간다.

본서의 제3장에서 우리는 가능성과 잠재성의 이런 질서화가 인간에게 어떻게 영향을 끼치는지에 대해 살폈다. 화이트헤드에게서는 우주의 질서를 전자들의 경험에서나 인간의 경험에서나 한결같이 적용할 수 있는 방식으로 이해하는 것이 중요하다. 인간들에게는 모든 사물들에 대한 "지향"적 성격이 의식적 경험으로 스며들어 있다. 우리는 우리 스스로가 살기를 원하고, 보다 더 잘 살기를 원하며, 순간순간 더 나은 삶으로 살기를 원한다는 점을 알고 있다. 또한 우리는 우리 미래 삶의 조건을 개선하기 위한 방식으로 현재를 살아가기를 원한다는 점도 알고 있다. 그리고 우리는 우리의 소망들이 우리의 사적인 미래를 개선하는 데만 제한되지 않는다는 점도 알고 있다. 우리의 소망들은 다른 사람들을 위한 것이기도 하기 때문이다. 모든 존재들과 마찬가지로, 우리는 해당 순간과 관련된 미래에 가치의 달성을 지향한다. 우리에게 이런 미래와의 "관련성"은 하나의 전자나 심지어 신체의 세포보다 훨씬 확정적이지 않은 것이다. 그러나 우리 인간이나 그것들$_{\text{전자나 신체 세포}}$은 모두 가치의 실현을 향하는 신의 지향을 구현하고 잠재성의 원초적 질서화에 의해 제한되기도 하며 동시에 힘을 얻기도 한다.

내재적인 지향은 임의의 상황에 주어진 가치의 최대한의 실현을 지향한다. 원초적 질서화와 함께 특정한 상황은 해당 순간에 현실화될 수 있는 가능태들의 등급화 된 관련$_{\text{graded relevance}}$을 결정한다. 항상 하나의 최상의 선택이 있는 것인지, 또는 때때로 다소 동등한 가치들을 달성하는 대안적 방식들이 있는 것인지는 분명하지 않다. 그러나 확실히 종합적으로 보면, 더 좋은 선택과 더 나쁜 선택은 존재한다. 심지어 보다 단순한 동물들과 요소론적 계기들에서도 가능태의 질서화는 오랜 시간에 걸쳐 계기들이 새로운 행동패턴을 갖도록 유혹한다. 확실한 것은 인간에게 더 좋은 것과 더 나쁜 것이 편만하게 퍼져 있다는 점이다.

하지만 여기에서 가능태의 신적인 질서화를 인간의 출현이나 우리의 복지 가운데 하나를 지향하는 것으로 생각하지 않는 것이 중요하다. 가치를 실현하라는 유혹은 우리를 병들게 하는 박테리아와 말라리아 모기를 향하기도 한다. 아마도 가치의 종합적인 달성은 많은 경쟁적인 가치들을 가짐으로써 증가될 수 있을 것이다. 그런 경쟁에 수반되는 모든 고통에도 불구하고 말이다. 어쨌든 그것이 가능태의 질서화가 작용해온 방식이다.

신의 원초적 본성의 기능은 순간마다 우리 경험의 형성에 참여한다는 점에서 심오하게 인격적이다. 신의 원초적 본성은 우리를 불러서 우리의 경험 순간들과 관련된 미래에 가치를 실현하라고 한다. 또한 그 본성은 우리를 불러서 우리가 관련될 미래를 더욱 확대하고, 그래서 우리가 더욱 도덕적이 되도록 한다. 그 본성은 의식보다 훨씬 심층적 차원에서 방향을 제공한다. 그러나 신이 모든 곳과 모든 사물 속에서 동일하게 작용하고 있기 때문에, 원초적 본성은 무엇을 총애하는 방식으로 작용하지 않는다. 가치의 실현을 지향하는 원초적 본성의 지향은 어떠한 더 상세한 의미에서든 사적인 것이 아니다.

보다 뒤에서 우리는 신과 인격적 특성의 관계성 문제로 돌아올 것이다. 『과정과 실재』 끝부분에서 화이트헤드는 개별적 계기들을 위한 개별적 섭리에 대해 말한다. 이것은 완전히 다른 사유 방식을 향한 문을 열어준다.

신의 원초적 본성의 존재론적 지위의 문제는 『과정과 실재』에서 보다 명확해진다. 우리는 다른 저서들을 통해 이 문제를 추적해 왔다. 우리는 한정의 원리에 대한 원래의 논의에서 네 개의 궁극자들현실적 존재, 영원한 객체, 실체적 활동력, 신에 대해 말할 때 『과학과 근대세계』를 따랐다. 『생성 과정 속의 종교』에서는 시간적 계기들과 신이 모두 공동의 존재론적 지위에 참여하는 현실적 존재가 되는 것으로 확인하였다. 신을 하나의 원리로 다루는 것에서 하나의 현실적 존재로 다루는 것으로의 이런 변화를 설명하면서, 나는 오직 현실적인 것만이 한정 원리의 역할을 수행한다는 점을 인식했어야만 한다는 점에 주목했었다. 그런 인식을 위해 기저에 있어야 하는 전제가 『과정과 실재』에서 분명해졌는데, 그 전제는 『과정과 실재』에서 존재론적 원리라고 불린다. 이 원리는 다음처럼 진술된다. "생성 과정이 임의의 특정한 순간에 순응하고 있는 모든 조건은 그 근거를 그 합생의 현실 세계 속에 있는 어떤 현실적 존재의 성격에 두고 있거나, 아니면 합생의 과정에 있는 그 주체의 성격 속에 두고 있다."[71] 이 말은 현실적 존재들을 떠난다면 효력을 발휘할 수 있는 것이 아무 것도 없고, 행동하거나 영향력을 미칠 수 있는 것 또한 아무 것도 없다는 것을 의미한다.[72] 신이 한정의 원리로 기능할 때 효력을 미쳐야만 하기 때문에, 신은 틀림없이 하나의 현실적 존재여야만 한다.

그럼에도 불구하고, 『과정과 실재』에서는 존재론적 원리가 또한 영원한 객체들의 지위에 영향을 미친다는 점이 분명해진다.[73] 영원한 객체들도 효력을 발휘하는 것임에 틀림없다. 실제로 한정의 원리는 새로운 계기들을 위한 영원한 객체들의 등급화 된 효력에 의해서만 작용한다. 만약 영원한 객체들이 어떤 것을 위한 근거가 될 수 없었다면, 그것들 그 체계로 도입돼야할 조금의 이유도 없었을 것이다. 하지만 확실히 영원한 객체들은 현실적 존재들은 아니다. 그것들은 실현으로의 무차별성, 즉 합생 과정에서 어떠한 방식에 의해서도 수정되지 않고 무한히 실현될 수 있는 그것들의 능력에 의해 현실적 존재들과 구별되었다. 그것들은 생성할 수도 소멸할 수도 없으며, 그것들은 영원히 그것들 자체일 뿐이다.

만약 영원한 객체들이 현실적 계기들의 생성 속에서 효력을 갖는다면, 그런 효력은 자신들을 넘어서 있는 어떤 작인에 힘입어야만 한다. 그리고 그런 작인은 신 이외에 다른 것일 수가 없다. 신이 영원한 객체들을 직시하는 것이 자연 속의 명확한 결과를 책임지는 것 뿐 아니라 영원한 객체들을 위한 모든 작인들을 책임지는데 필요하다는 점이 이제 분명해진다. 영원한 객체들은 신이 직시해 줌으로써만 사건들의 진로에 영향을 미칠 수 있다. 따라서 신은 한정의 원리일 뿐 아니라 잠재태의 원리이기도 한다. 영원한 객체들은 신의 직시를 떠난다면 "비존재와 구별될 수 없는"[74] 단순한 다수에 머물고 만다고 화이트헤드는 밝히고 있다.

신이 세계와 효과적으로 관련되는 근거로서의 영원한 객체들을 직시한다는 이런 학설은 유명론적인$_{\text{nominalistic}}$ 귀를 갖고 있는 사람들에게는 기이한 소리로 들린다. 이 학설이 답을 제공하고 있는 문제를 보다 상세히 논의하는 것이 이러한 사람들에게 도움을 줄 수 있을 것이다.

화이트헤드는 영원한 객체를 "그에 대한 개념적 인지에 있어 시간적 세계의 어떠한 특정의 현실적 존재와도 필연적 관련이 없는 그런 존재"[75]로 정의한다. 이런 정의에 의하자면, 영원한 객체들이 존재한다는 점은 거의 의심의 여지가 없다. 우리는 특수한 현실적 존재들의 속성으로서 뿐 아니라 그런 속성과 분리되더라도 실제로 색깔이나 형태, 그리고 심지어 느낌의 특성들에 대해 생각할 수 있다. 예를 들어, 우리는 특수하게 실현된 것과 분리해서도 두 색깔의 관계나 한 색깔과 느낌의 특성과의 관계에 대해 생각할 수 있다. 여전히 더욱 명확한 점은 우리가 기하학적 형태들이나 수학적 관계들에 대해 생각할 수 있다는 점이다. 물론 어떤 관련된 현실적 상황을 떠나서라도 말이다. 특히 한 사람의 수학자로서 화이트헤드는 이런 종류의 생각에 의해 이루어지는 매우 중요한 역할을 의식하고 있었지만, 일반적인 언어 사용에서마저도 관념들은 구체적인 관련항을 갖지 않아도 생각될 수 있다는 점에 충분한 증거를 전달하였다.

이제는 다음과 같은 문제가 발생 한다. 우리가 영원한 객체들에 대해 생각하고 있을 때 무엇이 발생하고 있는 것인가? 우리들 스스로에게 객관적인 어떤 것이 우리의 마음에 제시되는 것인가? 만약 그렇다면 그 제시되는 것은 무엇인가? 이에 대한 일반적인 대답은 영원한 객체들이 단순한 추상들이라는 점이다. 그러나 이것은 논점을 선취하는 것이다. 그렇다면 추상들은 무엇인가? 그것들은 어떠한 것으로 존재하는가? 만약 그것들이 단순히 무無라고 한다면,

그것들에 대해 생각하는 것은 아마도 불가능할 것이다. 따라서 그것들은 어떤 것들로 존재하고 있음에 틀림없다. 아마도 그것들은 주관적인 관념들이며 그것들을 영입하는 주체 속에서만 존재할지도 모른다. 하지만 이런 진술에서의 문제는 내가 삼각형에 대해 생각할 때 삼각형에 대한 나의 관념을 생각하는 것이 아니라 나의 인식을 훨씬 넘어서 있는 특성들의 구조에 대해 생각하는 것이라는 점이다. 화이트헤드는 삼각형 같은 형상들이 사상에 객관적인 것이며, 그것은 사유하는 과정에 의해 만들어진 것이 아니라 그 과정을 결정짓는 것이라는 점에서 플라톤에게 동의한다.

그러나 화이트헤드는 이런 추상들에 존재론적인 특권적 지위를 부여하는 플라톤적 경향에 동의하지 않는다.[76] 그것들이 우리에게 객관적인 것들로 존재하며 효력을 미치는 것이 사실이지만, 그것들은 단지 우리의 경험 속에서 실현될 수 있을 때에 비로소 완전한 현실성을 달성하게 된다. 현실성을 떠난다면 그것들은 단순히 잠재적인 것일 뿐이다.

이제, 화이트헤드는 그런 잠재성이 어디에 있을 수 있는가 하는 문제에 직면한다[77]. 그것이 존재한다는 것은 경험 속에서의 효력에 의해 경험적으로 입증된다. 하지만 단순히 잠재적인 것이 현실적인 것에 어떻게 효력을 미칠 수가 있는가? 만약 그것이 전적으로 현실성과 분리된다면, 그것은 효력을 미치는 어떠한 지위도 가질 수 없다. 단지 현실적인 것만이 행위 할 수 있는 것이다. 바로 이 점이 화이트헤드적 의미의 유명론$_{\text{nominalism}}$이 승리하는 지점이다. 추상들은 그 어떠한 행위도 할 수 없지만 영원한 객체들은 그 어떤 행위를 하고 있다. 따라서 그것들은 어떤 방식으로 현실성에 참여하고 있음에 틀림없다. 그러나 시간적 세계에 미치는 그것들의 효력은 그것들의 이전 실현들에 의존해 있는 것이 아니다. 만약 그런 것이라면, 결코 그 어떠한 종류의 새로움도 발생할 수 없다. 따라서 유일한 대답은 영원한 객체들이 신의 현실성에 참여하고 있다는 것이다. 화이트헤드는 그것들이 신에 의해 "직시되고" 있다고 말한다.[78]

『과정과 실재』에서 발전된 신에 관한 일반적 학설은 『생성 과정 속의 종교』에 암암리에 들어 있는 것이지만, 두 가지 점에서 그 저서들 사이에 실질적인 변화가 일어났다. 첫째, 화이트헤드는 특별히 『생성 과정 속의 종교』에서는 신과 영원한 객체들의 관계가 다른 현실적 존재들과 영원한 객체들의 관계와 다르지 않다고 진술한 반면,[79] 『과정과 실재』에서는 영원한 객체들이 자신들에 대한 신의 직시에 힘입을 때에만 하나의 영역을 구성한다고 제안하였다. 신과 영원한 객체들의 관계가 우선적인 사실이 되었으며, 다른 모든 존재들과의 관계에 전제되는 것이 되었다.

둘째, 새로운 계기와의 관련성에서 영원한 객체들에 대한 질서화는 영원한 객체들이 우주의 질서와 양립할 수 있는 하나의 가치를 지향한다는 점에서 뿐만 아니라, 모든 새로움의 실현을 위해서도 본질적인 것으로 이해된다.[80] 과거의 시간적인 하나의 현실적 계기의 느낌에 순응하는 임의의 개념적 느낌이 파악된 계기 속에 존재하지 않는 하나의 영원한 객체에 대한 새로운 개념적 느낌을 발생시키는 것은 영원한 객체들에 대한 신의 직시에 힘입은 것이다. 신을 떠난다면 세계 속에는 전혀 새로움이 발생할 수 없다. 이것은 신의 세속적 기능이지 종교적 경험과 관련된 것은 아니라고 화이트헤드는 말한다.[81] 아무튼 이것은 신의 존재가 필요하다는 상세한 논증을 구성한다.

## 4.『과정과 실재』: 신의 결과적 본성

지금까지의 논의는 화이트헤드가 신의 원초적 본성으로 불렀던 것에 초점을 맞추었다. 이 본성은 한정 원리로서의 신이며 영원한 객체들의 영역을 질서 있게 직시함으로써 이상과 같은 목적들을 달성하는 새로움의 기관으로서의 신이었다. 이 본성은『과학과 근대세계』에서 신이 개념화 되었던 유일한 방식이었다. 그것은『생성 과정 속의 종교』와『과정과 실재』의 244쪽[82] 앞부분까지의 지배적인 강조점이었다. 그럼에도 불구하고,『생성 과정 속의 종교』와『과정과 실재』 도처의 구절들 속에는 신에 관한 또 다른 주제가 존재한다. 신을 원초적인 현실적 존재로 기술하는 것과 함께 시간적 계기들이 신에게 끼치는 효력과 관련되는 구절들이 있다. 예를 들어,『생성 과정 속의 종교』에서 화이트헤드는 신을 "상실되어온 것을 그 자신의 본성 안에서 하나의 살아 있는 사실로 전환시키는 이상적인 동료"[83]로 기술하였다. 이제 화이트헤드는 『과정과 실제』의 마지막 구절들에서 그가 신의 결과적 본성이라고 불렀던 것에 주목하게 되었다.[84]

비록 화이트헤드가 신의 원초적 본성에 대한 논의에서도 종교의 중요성에 대해 이해하고 있었지만, 거기에는 철학적 고찰들만이 관련되고 있었다. 『생성 과정 속의 종교』에서의 종교적 경험에 대한 관찰도 주로 철학적 결론을 다시 강화하는 것이었다. 그러나 결과적 본성에 대한 논의에서는 철학적이고 종교적인 관심들이 화이트헤드의 진술 속에서 상호 연관되고 있다는 점은 분명하다. 하지만 이 점에서 우리는 철학적인 것에 초점을 맞출 것이다.

신의 결과적 본성은 신의 물리적 극으로서 신이 시간적 세계를 구성하는 현실적 계기들을 파악하는 본성이다. 이런 계기들은 계승적으로 생겨나기 때문에 시간성을 제시하는 신의 본성에도 하나의 계승성이 있는 것이다. 그럼에도 불구하고, 세계의 시간성을 구성하는 영속적인 소멸이 신에게는 존재하지 않는다. 따라서 신은 자신의 결과적 본성에서 영속적이라 불린다.[85]

신이 시간적 계기들을 파악하는 것은, 시간적 계기들 내에 있는 파악에서는 필연적으로 부재한 하나의 완결성[86] 속에서 그 계기들을 객체화한다. 더욱이 신에게는 소멸이 존재하지 않기 때문에 이 완결성은 영속적인 것으로 남는다. 이것은 시간적 세계 속에서의 모든 달성이 신의 결과적 본성 속에서 영속적으로 보존된다는 것을 의미한다. 신의 기억 속에서의 이런 가치의 보존에 대한 감각이 화이트헤드에게 종교의 위대한 중요성을 알게 하였다. 이러한 이유로 인해 부분적으로 이런 보존과 관련된 그의 몇몇 표현들은 철학의 입장으로는 일반적으로 명확히 의미할 수 없는 하나의 요소를 제시하고 있는 것 같다.

화이트헤드는 종교가 반응하는 가장 심오한 문제는 무의미성 meaninglessness 의 느낌이라고 생각하였다. 화이트헤드는 『과학과 근대세계』에서 이미 종교적 비전을 떠난다면 "인간의 삶은 고통과 불행의 더미 위를 비추는 일시적인 기쁨의 한줄기 섬광, 무상한 경험의 하찮은 유희에 지나지 않게 될 것이다."[87]라고 말했었다. 무상함은 그에게 가치의 달성을 위해 필연적인 전제 같은 것이었다. 그러나 무상함이 최후의 말이라면, 그것은 가치를 무력화시킨다. 우리는 달성된 가치가 지속되기를 열망한다. 심지어 항구적이기를 열망한다. 그러나 세계는 그런 지속이나 항구성이 머물 곳이 못된다. 가치는 달성되자마자 곧바로 사라지기 시작한다. 가치는 직접적인 달성 속에서만 존재한다. 그러나 주체적 직접성은 객체적 불멸을 향해 사라져간다. 다시 말해 주체로서의 계기는 소멸한다. 그것은 후속 계기들에 의해 하나의 대상으로 파악될 뿐이다. 사라진 계기는 후속 계기들의 주체적 직접성 속의 가치에 공헌할 수 있지만, 본인의 고유한 주체적 직접성은 상실된다.

화이트헤드 해석자들은 종종 이런 상실이 신 안에서 사는 세계의 계기들에게도 동일하게 적용해야 한다고 전제한다. 그들은 종종 신의 기억에 대해 말한다. 우리 피조물들은 우리과거의 매우 작은 부분만을 기억하는 반면 신의 기억은 완전하다. 따라서 세계에서 잊혀 진 것은 신에 의해 기억된다.

비록 화이트헤드가 신의 기억에 대해서는 말하지 않았다고 하더라도, 문제를 이런 방식으로 설정하는 것은 이해될 수 있을만한 것이다. 인간의 기억은 과거가 어느 정도 생생하게 유지되는 방식이 아닌 것은 확실하다. 그래서 완전한 기억이란 과거가 완전히 생생히 유지되는 것으로 이해될 수 있다. 이런 방식으로 해석하는 사람들은 보통 과거에 대한 신의 기억을 객체적인 것으로 묘사한다. 과거의 주체적 직접성은 상실된다. 이런 상황은 감각적 경험 화이트헤드가 현시적 직접성이라고 불렀던의 방식을 따라 과거 계기들을 객체화하여 생각함으로써 더욱 확대되었다. 그러나 신이 이런 방식으로 사람들을 기억한다는 생각이 종교적으로 만족할만하다고 여기는 사람들은 거의 없다.

화이트헤드도 결코 과거의 "주체적 직접성"이 보존된다고는 주장하지 않는다. 주체적 직접성은 새로운 계기가 구성되어 과거의 계기들이 다자가 될 때 상실 된다. 그럼에도 불구하고, 우리가 과거를 객체화할 때 과거의 느낌들 가운데 어떤 것에 의해 그렇게 한다는 점을 기억하는 것은 중요하다. 다시 말해, 객체화되는 것은 과거의 주체성이다. 이제 과거의 주체는 객체로 기능을 하지만, 그 객체는 이제 새로운 계기의 구성에 참여하는 과거의 주체적 느낌들 속에 있다. 따라서 어느 정도 객체적으로 불멸하는 계기의 "직접성"은 이 세계 내에서조차 계속 지속된다. 화이트헤드는 신 안에서 "상호적인 직접성의 유지"[88]가 존재한다고 말해준다.

화이트헤드가 주체성이 끝나도 지속되는 직접성을 통해 의미했던 바에 관한 직관적인 느낌을 얻기 위해 다음 구절을 고찰해 보자. "세계의 악은 전달에 관한 한 반투명한 요소들이 그 자체로는 보잘 것 없는 비중을 지닌다는 것, 그리고 각기 그 나름의 비중을 갖는 이 요소들이 그들의 부조화 때문에 생생한 직접성이 어둠 속으로 사라져야 한다는 제약을 그 직접성에 부과한다는 것이다."[89] 분명한 것은 화이트헤드가 생생한 직접성이 계기의 주체적 소멸로서 끝난다는 점을 믿지 않았다는 것이다. 직접성은 어느 정도 직접 계승자들 속에서 보존된다. 음악적으로 표현한다면 앞서 들은 화음은 마지막 화음을 듣는 순간에는 기억하지 못한다. 그럼에도 불구하고 들었던 것은 "생생한 직접성"으로 현존한다. 그러나 음악 가사를 들었던 경험은 "사라진다." 화이트헤드의 비전은 이런 생생한 직접성이 신의 경험 안에서는 사라지지 않는다는 것이다. 신에게 새로운 경험의 발생은 과거 경험의 직접성 유지에 역행하는 것으로 간주되지 않는다.

화이트헤드는 신이 세계를 파악하는 것이 세계를 완전히 포함하는 것이라고는 전혀 말하지 않았다. 일반적인 철학적 원리는 모든 생성 계기가 모든 과거의 계기를 어떤 방식으로 객체화 한다는 것이다. 따라서 신에게 그 원리를 적용해 보자면, 이것은 모든 계기의 임의의 측면이 신 안에서 영속적으로 유지된다는 것을 의미할 것이다. 물론 화이트헤드는 이런 사실 이상을 의미했었다. 심지어 시간적인 계기들조차 어떤 과거의 계기를 충만하게 재연한다. 신의 경우에서는 피조물의 시공간적 전망에 의해 부과된 제한들이 사라진다고 전제하는 것이 자연스러울 것이다. 그러나 신에게서조차 하나의 통합된 만족 속에서 모든 여건들이 조화롭게 통합돼야할 필연성이 남아 있다. 따라서 화이트헤드는 신의 결과적 본성에 대해 "[그] 본성은 구원될 수 있는 것은 그 어떤 것도 버리지 않는 사랑의 심판"[90]이라고 쓰고 있다. 그 본성은 악에 대한 경험들 속에서도 있을지 모르는 적극적 가치는 유지하면서도 세계 속에 있는 악과는 분리된다.

화이트헤드는 또한 영속적이고 신적인 생명 속으로 흡수되는 계기들의 창조적 활용을 직시하였다. 그 계기들은 하나가 다른 하나 위에 부자연스럽게 부가되어 있는 것이 아니다. 신은 "시간적 세계 내의 단순한 잔해를 활용한다." 시간적 세계는 "모든 질서의 기초가 되는 원초적 욕구의 성취로서의 그 욕구의 수용과 변혁을 통해 완성[된다.]"[91] 신의 세계의 구원은 단순한 보존만이 아닌, 변형인 것이다.

화이트헤드에게 가장 심오한 인간의 요구는 피조물에게서 달성된 가치가 항구적이라고 믿는 것이다. 미래의 주체들로서 우리가 이런 항구성을 관찰할 수 있을 것이라는 말은 아니다. 중요성의 의미를 삭감시키는 것은 바로 모든 가치가 시간의 추이 속에서 아주 빠르게 사라진다는 사실이지, 우리가 죽는다는 사실 그 자체가 아니다. 따라서 화이트헤드에게 세계 가치 달성의 직접성의 유지이자 창조적 변형이기도 한 신의 완성이라는 비전은 항상 우리 주변을 배회하는 무의미성의 위협에 대한 반응을 제공한다.

신의 결과적 본성의 또 다른 중요한 특징은 그것이 의식적 conscious 이라는 점이다.[92] 화이트헤드가 이 점에 대해서 설명을 하지는 않았지만, 의식에 대한 그의 일반적인 논의로부터 이 점에 대한 근거는 손쉽게 얻어질 수 있다. 원초적 본성 하나만의 신은 의식을 갖지 못한다. 왜냐하면 원초적 본성은 순수한 개념적 느낌에만 놓인 있는데 그런 느낌은 결코 의식적일 수 없기 때문이다.[93] 의식은 물리적 느낌들이 개념적 느낌들과 상호 얽혀 들어가는 것을 필요로 한다. 이런 상호 얽힘은 세계에 대한 신의 파악, 즉 신의 결과적 본성과 관련된다.

신의 결과적 본성의 마지막 특징은 『과정과 실재』의 마지막 두 구절에서 숨김없이 다루어진다. 『과정과 실재』에서의 신에 관한 나머지 대부분의 관념과 마찬가지로 이 마지막 특징은 『생성 과정 속의 종교』에서 벌써 예견되어 있었다. 그 특징은 결과적 본성 속에서 신이 우리를 파악하는 것처럼 우리 역시 신의 결과적 본성을 파악하는 것이 '보편적인 상대성의 원리' principle of universal relativity 에 의해 요구된다는 것이다. 이 특징은 화이트헤드가 신과 세계 간의 상호 교류를 마지막으로 요약했던 방식을 예비한다.

"따라서 우주가 자신의 현실태를 완성시키는 데는 네 가지 창조적 위상이 있다. 첫째로, 현실성에는 결함이 있으나 가치 평가의 조정에 있어서는 무한한, 개념적 창시의 위상이 있다. 둘째로, 현실태들의 다수성을 갖는 물리적 창시의 시간적 위상이 있다. 이 위상에서는 완전한 현실성이 확보되지만, 개체 상호 간의 연대성에 결함이 있다. 이 위상은 그 결정적 조건을 첫째의 위상에서 도출하고 있다. 셋째로, 완성된 현실태의 위상이 있다. 여기서 다자는 개체적 동일성에 있어서나 통일성의 완결성에 있어서나 어떤 상실이 있다고 하는 제약 없이, 영속적으로 하나이다. 영속성에 있어서 직접성은 객체적 불멸성과 화해한다. 이 국면은 그 존재 조건을 선행하는 두 위상에서 이끌어낸다. 넷째 위상에서는 창조적 행위가 완결된다. 왜냐하면 완성된 현실태는 시간적 세계 속으로 되돌아가고, 또 이 세계를 제약하여 각각의 시간적 현실태가 그 세계를 관련 있는 경험의 직접적 사실로서 포함하도록 하기 때문이다." [94)]

신에 관한 이런 완결된 학설에 이르기까지 화이트헤드는 실체적 활동력의 세 가지 속성들 가운데 하나로서의 한정의 원리를 처음으로 도입한 이후 오랜 여정을 걸어온 셈이다. 『과학과 근대세계』에서의 그의 교훈, 즉 형이상학은 종교를 위해 활용 가능한 신 관념을 제시하는 길을 갈 수는 없다는 그의 교훈은 그가 후반기에 정식화 시킨 철학적 학설과는 명확치 못한 관련성을 갖게 되었다. 그럼에도 불구하고, 화이트헤드는 자신의 학설과 전통 신학의 정식화들 간에 커다란 차이가 있는 것으로 자신은 이해한다는 점을 강조하였다. 그는 특히 신을 부동의 원동자$_{\text{the unmoved mover}}$나 탁월한 실재$_{\text{eminent reality}}$로 보는 학설들을 거부하였다.[95)] 그는 다른 모든 현실적 존재들을 이해시켜 주는 범주의 도식에서 신을 예외로 만드는 어떠한 특성들도 신에게 귀속시키는 것을 거부하였다.[96)] 그는 신과 세계가 각기 서로를 전제하고 필요로 하기 때문에 그것들 가운데 어느 쪽으로든, 시간적인 우선성이든 존재론적인 우선성이든 부여할 수 없다고 주장하였다.

특별히 전통적인 서구적 유신론에 대한 화이트헤드의 이런 공세는 다음과 같은 그의 유명한 대구$_{\text{antitheses}}$ 속에서 명확히 표현되었다.

> "신은 항구적이고 세계는 유동적이라고 말하는 것은, 세계가 항구적이고 신은 유동적이라고 말하는 것과 마찬가지로 참이다."
>
> "신은 일자이고 세계는 다자라고 말하는 것은, 세계는 일자이고 신은 다자라고 말하는 것과 마찬가지로 참이다."
>
> "세계와 비교할 때 신이 탁월하게 현실적이라고 말하는 것은, 신과 비교할 때 세계가 탁월하게 현실적이라고 말하는 것과 마찬가지로 참이다."
>
> "세계가 신에 내재한다고 말하는 것은 신이 세계에 내재한다고 말하는 것과 마찬가지로 참이다."
>
> "신이 세계를 초월한다고 말하는 것은 세계가 신을 초월한다고 말하는 것과 마찬가지로 참이다."
>
> "신이 세계를 창조한다고 말하는 것은 세계가 신을 창조한다고 말하는 것과 마찬가지로 참이다." [97]

어떠한 독자도 자신이 신과 세계 간의 관계를 진술하려는 시도 속에서 자신의 합리주의를 결국 버렸다고 전제하지 않도록 하기 위해, 화이트헤드는 이 구절들 앞에다 다음과 같은 내용을 직접 진술하였다. "각 대구에는 대립을 대비로 전환시키는 의미의 전환이 있다."[98] 더욱이, 그 구절 이후 곧바로 그는 그 대구가 신의 두 본성들 간 차이의 빛에서 이해될 수 있는 방식을 계속해서 설명한다. 그의 주된 요지는 자신의 철학적 함의들과 신의 항구성, 통일성, 탁월성, 현실성, 초월성, 그리고 창조적 힘에 근거해서만 주장되어온 전통적 학설들의 대비를 강조하는 것이다. 보통 신과 관련해서는 부정되는 것 같은 다른 요소들과의 양극적인 긴장 속에서[99] 실제로는 화이트헤드 역시 이 모든 전통적 학설들을 긍정하고 있었던 것이다.

화이트헤드도 가끔 그렇게 썼듯이, 나는 신을 현실적 존재로 보는 관념의 정합적 완결성을 제외하면[100] 신의 결과적 본성을 주장할 철학적 근거가 없었던 것처럼 서술해온 것 같다. 그러나 이것은 전혀 사실이 아니다. 화이트헤드는 『과정과 실재』에서 두 가지 요점을 통해 신의 결과적 본성을 위한 독립된 철학적 논증들을 시도했던 것 같다. 이 두 가지 논증은 성격상 밀접히 연관된 것으로서, 그것들은 모두 모든 시간적인 것들의 견해로부터 완전히 다수적인 것이 통일성을 갖는 하나의 전망이 있어야 할 필요를 주장한다. 첫 번째 경우, 화이트헤드는 그 자신의 사상적 주장이 진리에 접근하고 있다고 논의하고 있다. 이것이 무슨 말인가? 우리는 모두 우리의 정식화들이 얼마간은 충분히 진리에 접근해 가는 어떤 구조가 있다는 점을 직감한다. 그런데 만약 우리가 이것을 실재 전체와 관련지어 말하고자 한다면, 이 구조는 어디에 있는 것인가? 화이트헤드는 그것이 오직 신의 결과적 본성으로만 가능하다고 대답한다. 그렇지 않다면, 우리는 단지 표준을 제공할 수 없는 유한하고 왜곡된 관점들의 다수성만을 갖게 될 것이다.[101]

두 번째 논증은 더 애매하다. 그것은 다음과 같이 주장된다. 하나의 복잡한 느낌의 최초의 여건들은 하나의 패턴을 가지는 단일한 결합체를 구성한다. 하지만 이 패턴은 결합체의 구성원들에 의해서는 파악되지 않는다. 그렇다면 이 패턴은 임의의 파악 계기에 의해 결합체에 부과된 것인가? 화이트헤드는 그렇다고 생각하지 않았다. 우리가 하나의 패턴을 지각할 때 우리는 우리가 창조한 것이 아닌, 주어진 어떤 것을 지각하는 것이다. 하지만 만약 그 패턴이 우리에게 주어졌지만 파악된 여건들 속에 있는 것이 아니라면, 그것은 신의 결과적 본성 속에만 있을 수 있다.[102]

우리가 어떤 비중으로 신의 결과적 본성에 관한 이런 논증들에 중요성을 둘 수 있다고 하더라도, 화이트헤드의 고유한 생각은 신 존재 증명을 위한 논증의 짐은 한정의 원리가 필요하다는 점이 짊어지고 가야 한다는 것이다. 더욱이, 화이트헤드는 이런 원리를 신의 원초적 본성과 연결시킨다. 따라서 그의 진술들에서 신의 결과적 본성은 필수적인 부분일 수도 있지만 한정의 원리라는 학설을 사변적으로 더욱 확장한 것으로 보인다. 그럼에도 불구하고, 모든 다른 현실적 존재들이 개념적 극과 마찬가지로 물리적 극도 가지기 때문에 신에게서 물리적 극을 부정하는 것도 제멋대로인 임의적인 처사가 될 것이다.

화이트헤드가 신을 원초적 본성과 결과적 본성을 갖는 현실적 존재로 조명한 곳에서마저 『생성 과정 속의 종교』에서는 없는 하나의 주목 사항이 『과정과 실재』에서는 간혹 등장하곤 하였다. 『과학과 근대세계』에서처럼 신이 또다시 창조성에 무한정 종속되어 있다는 것을 표현하는 여러 구절들이 있다. 예를 들어, 신에 관한 논의의 많은 부분이 취급될 수 있는 『과정과 실재』의 마지막 구절에서도 화이트헤드는 다음과 같이 말한다. "신도 세계도 정태적인 완결에 이르지는 못한다. 이 양자는 궁극적인 형이상학적 근거, 즉 새로움을 향한 창조적 전진의 손아귀에 있다."[103] 화이트헤드는 『과정과 실재』 다른 곳에서도 모든 현실적 존재들과 마찬가지로 신도 "그것이 한정하는 창조성에 의해 초월된 피조물"[104]로, 그리고 심지어는 창조성의 "원초적인 비시간적 우유성"[105]이라고 까지 말한다. 화이트헤드가 이런 언어를 통해 의미하고 이해하고 있었던 것에 대해서는 나중에 고찰하도록 하겠다.[106] 이 점에서 나는 『과정과 실재』가 화이트헤드의 민감성이나 그의 의도에 관해 주었던 증거를 다소 포괄적으로 제공하기 위해 그 표현들을 알린다. 확실한 것은 그가 자신의 삶을 통해 줄곧 궁극적 사실이 신, 영원한 객체들, 그리고 시간적 계기들이 모두 예증하는 과정 자체라는 의미를 유지하고 있다는 점이다.

## 5. 후반부 저술들

화이트헤드는 『과정과 실재』 이후의 출판물들에서 신이라는 용어를 거의 쓰지 않았다. 따라서 그의 저술들의 연구자는 화이트헤드가 신에 관한 주제와 연관된 주장들을 폐기했거나 적어도 흥미를 잃었다고 전제할 수도 있다. 그럼에도 불구하고, 이 시기에 그를 알았던 사람들은 그렇지 않다고 말한다. 그의 후반부 저술들 속의 관련 언급들도 그가 신에 관한 주장들을 철회하지 않았다는 견해를 지지한다.

화이트헤드의 후반기 저술들 가운데 오직 『관념의 모험』만이 신에 관한 학설을 다루고 있다는 점에서 주목받을 가치가 있다. 이 저술에서조차 명시적인 논의는 비교적 적은 편이다. 색인을 얼핏 보면 "신"이라는 용어는 오직 한 번만 등장하며, 그것조차도 역사적인 언급에 그친다. 그래서 비록 실제로는 그 용어가 다른 용어들로 대체돼 많이 등장하고 있다고는 하지만, 『관념의 모험』에서의 드문 등장과 『과정과 실재』에서의 많은 등장이 두드러지게 대비된다. 그럼에도 불구하고 그 저서를 꼼꼼하게 읽어보면, 상황은 빠르게 달라진다. 화이트헤드는 그 저서에서 플라톤의 용어들로 그의 전체 철학적 논의를 하기로 선택했으며, 신의 원초적 본성을 위한 용어로 "에로스"를 채택하였다. 에로스는 이상의 실현을 지향하도록 충동하는 우주 속의 힘이며, 그 자체로 그것은 『관념의 모험』에서 주요한 역할을 하고 있다.

다른 곳에서처럼 여기서도 신의 결과적 본성은 덜 주목받고 있다. 그럼에도 불구하고, 빠져 있는 것은 아니다. "영혼과 특이하게 강력한 상호 내재의 관계를 맺을 수 있[는 신의 영속적인 본성]"[107] 이란 언급이 있다. 그리고 그 저서를 결론지으면서 때로는 명시적으로, 때로는 암묵적으로 신과 신에 대한 인간의 파악에 대해 말하는 "평화"에 관한 장이 있다. 여기서 결과적 본성은 "모험의 통일태"[108]로 보인다. 다양한 부분에서 『관념의 모험』은 화이트헤드의 저술들 가운데 가장 종교적인 저술이다.

화이트헤드의 마지막 저술인 『사고의 양태』와 그의 후반기 강연인 『불멸성』 등은 『과정과 실재』에서 신에 관한 주요한 학설들이 중대하게 수정된 것은 없다는 증거를 제공한다.

## 6. 화이트헤드 논증의 성격

이번 소절은 신에 관한 화이트헤드의 진술들을 검토한 바를 결론짓는다. 우리는 지금까지 진술되어온 것들에 대해 어떤 평가를 내릴 수 있는가? 화이트헤드는 신의 존재를 "입증"해 냈는가? 신의 본성에 관한 그의 기술記述들은 모든 상세한 사항에서 신 존재 증명을 위한 논증으로부터 비롯되었는가? 우리는 여기서 모든 정직한 정신이 이제 신을 믿기를 바랄 수 있는가? 그리고 이런 화이트헤드의 학설에 자신의 종교적 직관들이 순응하거나 반대하는지를 판가름할 수 있는 불가피한 진리를 갖게 되었는가? 이런 물음들에 대한 대답은 확실히 '아니다'No 이다. 이런 물음들의 의미에 관해서 입증된 것은 아무 것도 없다. 하지만 그럴 경우, 이런 논의는 어떤 가치를 지니는가? 우리는 근본적으로 한 사람의 단순하고 사적인 견해만을 고찰한 것인가?

화이트헤드는 모든 증거란 그 증거가 갖고 있는 전제들이 그 증거에 끼치는 힘에 의존해 있다는 점을 지적해낸다.[109] 누군가 신 존재 증명을 위한 논증을 구성할 때 그 근거에 순수하게 명백한 전제들은 존재하지 않는다. 만약 그런 전제들이 존재한다면, 논증 자체가 거의 필요 없을 것이다. 철학의 주요한 과제는 충분하고 직접적으로 설득할 수 있으며 우리가 알고 있는 세계를 예증할 수 있는 기술記述, description에 도달하는 것이다. 이런 기술이 수용된다면 어떤 결론들이 도출될 것이다. 그러나 실재적인 문제는 충분한 기술에 도달하는 것이다.

화이트헤드의 신 존재 증명을 위한 논증이 조금이라도 논증이 될 수 있다면 그것은 주로 우주의 질서에서 질서의 근거를 추론하는 전통적인 논증일 것이다. 이것은 사상사에서 다양한 형태들을 취할 수 있는 논증이었다. 때때로 하나의 특수한 정식화가 충분치 않다는 판정을 받으면 해당 논증 자체가 거부된 것으로 전제되는 식의 따가운 눈총을 그 정식화는 받아왔다. 우주론적 근거들에 의존해 유신론을 옹호하는 사람들이 역사 속에서 결과적으로 더 나중에 포기하게 되는 다른 논증들로 옮겨가면서 자신들의 이전 논증[110]을 포기하는 것은 교훈적이지 못한 것이다. 만약 신 존재 증명을 위한 하나의 증거가 실제로 존재한다면, 그 증거는 왜 반박의 여지가 없는 형태로 단번에 제공되면 안되는가? 하나의 충분한 논증을 찾으려는 끊임없는 시도란 그런 논증을 찾는 사람들이 합리적이지 않은 신념들을 합리화하고 정당화하려는 시도에 지나지 않는 것은 아닌가? 정직하고 예민한 많은 사람들은 신 존재 증명을 위한 우주론적 논증과 목적론적 논증에 보다 많이 주목하는 것을 거부하는 이런 물음들에 휘둘려 왔던 것이다.

나는 화이트헤드와 일치하여 내가 이런 상황에 대해 하나의 대안적 해석을 제공하고 있다고 믿고 있다. 세계의 질서가 그 질서를 설명하기 위해, 세계를 구성하는 존재들에게만 전적으로 귀속되지 않는 어떤 질서 원리를 요구한다는 하나의 심층적인 인간적 직관이 존재한다. 사실상 많은 사람들에게 이런 직관은 확실한 것으로 여겨질 정도이다. 예를 들어, 이런 사람들에게 인간의 신체 세포들이 영구적으로 수행하는 놀랍고 복잡하고 역동적인 적응들 인간의 생명을 가능하게 하느냐 마느냐 하는 점과는 별개로 이 자기-설명적이라는 점은 거의 믿을 수 없는 것이다. 이 세포들은 확실히 자신들에게 귀속되지 않는 임의의 지혜에 의존하는 것 같다.

하지만 보다 고차적인 지혜에 대한 확신이 그런 지혜에 호소할 필요를 느끼지 않는 사람들에게 철학적 힘을 갖거나 확신을 전달하는 논증 속에서는 어떻게 표현될 수 있을까? 이 물음에 대한 대답은 동시대의 과학 가장 넓은 의미의 과학 이 세포와 그 기능을 어떻게 이해하고 있는가에 전적으로 의존한다. 예를 들어, 자연이 법칙에 의존한 운동 속에서 물질 입자들로 구성된 여러 작은 기계들의 합체인 큰 기계로 최종적으로 이해된다면, 세포 역시 법칙에 의존한 기계 같은 것으로 이해될 것이다. 이 경우, 어떤 사람은 이런 작은 기계들이 인간의 생명을 생산한다는 놀라운 점은 그 작은 물질 입자들에게 그토록 훌륭한 법칙 체계를 부과한 자의 지혜를 지시하는 것으로 이해할 것이다. 이런 논증은 시계에서 명석한 제작자를 떠올린 옛 논증이 될 것이다.

이 논증은 하나의 증거가 되지 못한다. 우리가 증거를 어떤 결론에 이르는 논리적으로 필요한 단계들에 의한 불가피한 전제들의 활동을 의미하는 것으로 이해한다면 말이다. 이 논증은 두 가지 명백한 전제들에 전적으로 의존한 것이다. 첫째, 우주와 그 속의 모든 부분들은 실제로 성격상 기계 같은 것이라는 점이며, 둘째, 기계와 같은 사물들은 명석한 제작자를 표현하는 것으로써만 가능하다는 점이다. 어떤 전제든 부정될 수 있다. 그럼에도 불구하고, 만약 근본적인 기술fundamental description이 받아들여진다면, 그에 따른 결론은 정밀한 자명성self-evidence의 힘을 갖게 된다.

불행하게도, 18세기 유신론의 몇몇 옹호자들은 복잡한 기계와 그 기계 제작자에 대한 이런 견해에 자신들을 밀착시켰고, 그 견해를 인간 신체 같은 특수한 형태의 기계가 첫 창조 때부터 완전한 형태로 출현했다는 견해와 연결시켰다. 따라서 이 논증은 19세기에 지배권을 획득한 자연 속의 진화론적 과정에 대한 새로운 이해에 특이할 정도로 민감하게 대응하였다. 우연적 변이random variation와 적자생존survival of the fittest은 명석한 창조자와 법칙-수여자의 필요성을 제거시킨 원리들에 근거하여 인간을 포함한 새로운 생물 형태들의 출현에 대한 설명을 제공하는 것 같았기 때문이다. 과학 이론

자체는 낡은 논증의 힘을 보존하려는 종교 사상가들의 공격을 받았다. 그러나 이런 전략은 단순히 그런 낡은 논증을 더욱 철저히 불신시키게 되며, 심지어 그 논증이 지지할 의도를 지녔던 학설마저 불신시키는 결과만을 초래할 뿐이었다.

그러나 자연에 대한 새로운 이해 역시 예전 이해와 마찬가지로 자연의 질서를 충분히 설명해 내지는 못했다. 무기물에서의 유기물 출현은 우연적 변이에 의한 것으로 조명되었으나, 그 출현은 적자생존과 확실히 관련을 맺지 못하였다. 암석은 식물이나 동물보다 훨씬 더 잘 살아 남을 수 있으며, 일반적으로 저등한 형태의 생명은 고등한 형태의 생명보다 생존 자체에는 더욱 잘 적응한다. 우연적 변이나 적자생존 이외의 다른 어떤 힘이 임의의 복잡한 질서 형태를 향한 욕구를 자연 속에서 작동시키고 있는 것 같다. 이 복잡한 질서 형태는 단순한 질서보다 지속시키기는 훨씬 어렵지만 그 결과들로 발생한 가치에서는 훨씬 월등하다.

더구나, 모든 생명을 진화의 관점에서 이해하는 것은 무기물에 대한 이전의 이해가 잘못되었다는 것을 의미한다. 진화 이전의 이론인 *단순히* 물질이고 전적으로 비활성적이며 완전히 수동적인 덩어리에서 우연적 변이가 발생하여 생명과 정신을 생산할 수 있었다는 점은 거의 믿을 수 없는 일이다. 하지만 순수한 물질적 기계 이미지가 폐기된다면, 사물의 질서를 설명하는 문제는 다시 강하게 대두될 수밖에 없을 것이다.

화이트헤드는 지금껏 종종 외면되었던 하나의 요소를 우주의 질서에 도입하였다. 그 요소는 새로움의 지속적인 출현이다. 새로운 것의 출현은 질서와 종종 동일시되는 규칙성의 패턴이 설명될 필요가 있는 것만큼이나 설명할 필요가 있다. 새로운 계기들이 조금이라도 존재한다는 것, 즉 이런 계기들이 과거의 단순한 벡터적 결과들이 아니라는 것은 화이트헤드가 기술한대로 현실적 세계의 매우 두드러진 특징이다. 더욱이, 어떤 계기들은 이전에 결코 실현된 적이 없는 잠재적인 것들을 실현한다. 변화한 계기들은 질서의 새로유 형상들을 세계로 가져온다. 새로움은 발생 사건에 대한 화이트헤드의 기술에서 매우 중요한 역할을 한다. 설명될 수 있는 것은 세계의 질서화 된 새로움이며 질서의 새로운 형상들이다.

나의 핵심적 요점은 우리가 세계의 본성을 아무리 이해한다고 하더라도 질서의 문제를 다시 끄집어내야만 한다는 것이다. 질서란 무질서가 존재하고 있다고 하더라도 반박의 여지가 없을 만큼 엄연한 사실이다. 질서는 전적으로 부과된 것으로 이해될 수도 있고, 아니면 사물들 자체의 본성에서 발생한 것으로 이해될 수도 있다. 화이트헤드는 이 두 가지 요소가 충분한 분석에서는 모두 필요한 것들이라고 믿었다.[111] 그러나 아무리 질서를 조명한다고 하더라도 우리가 시간적인 존재들 자체만을 고찰하는 한, 설명할 수 없는 하나의 요소는 언제나 남게 될 것이다.

물론 우리는 궁극적인 결론으로 나아가게 하는 문제들을 제기하는 것을 거부할 수 있다. 우리는 특수 과학이 궁극적 물음들을 발생시키지 않도록 자신들의 작업을 한정하는 범위 내에만 우리의 물음들을 제한시킬 수도 있다. 우리는 실험과 관찰에 의한 경험 과학적 증거들로는 해결될 수 없는 다른 모든 문제들을 무의미한 것으로 선언할 수도 있다. 그러나 우리가 실제로 궁극적인 물음들을 제기한다면, 우리는 과학적 탐구 대상들을 초월하는 질서의 어떤 원천의 관점에서 그런 원천이 질서화 된 세계 내에 있는지, 세계를 넘어서 있는지에 대해 대답하게 될 것이다.

나는 현재 질서의 원천에 관한 문제를 독단적으로 단언하고 있다. 그러나 그 증거는 포괄적인 설명을 정식화 하려는 다양한 시도들일 수 있다. 이런 시도들은 자신들의 전제를 발견하는 세계의 구조에 대해 기술하는 바에 따라 다양할 것이다. 일반적인 의미에서 신 존재 증명을 위한 증거를 구성할 수 있는 모든 전제들의 체계로부터 정식화 될 수 있는 단 하나의 논증은 존재하지 않는다. 각 논증은 세계의 질서에 대한 다소 충분한 설명이 어떤 질서의 원리를 지적하는 방식만을 보여줄 수 있을 따름이다.

그러므로 화이트헤드의 신 존재 증명을 위한 논증의 강도와 중요성은 보다 새롭고 보다 날카로운 논증의 구조에 놓여 있지 않다. 그의 논증은 단순히 한정의 원리가 필요하다는 점을 지적할 뿐이다. 그의 논증의 중요성은 그 논증이 출발하는 세계를 기술해내는 비범한 철저성과 충분성에 놓여 있다. 만약 누군가 실제로 화이트헤드의 설명이 현존하는 설명들 가운데 가장 예리하며 과학과 역사의 복잡한 현상들을 하나같이 정당하게 평가하고 있다는 점에 설득된다면, 화이트헤드의 명백한 의도에도 불구하고 그의 설명이 신을 질서의 원천과 근거로 보는 학설로 귀결한다는 점은 신에 대한 어떤 신념의 불가피한 사변적 근거를 심층적이고 중요하게 확증하는 것이다.

또한 화이트헤드가 세계를 신과 분리시켜 이해할 수 없었다는 단순한 점 보다 더욱 중요한 것은 신에 대한 그의 학설이 취하고 있는 특수한 형태이다. 물론 이것은 세계에 대한 기술이 그 속에서 발전돼야 하는 범주들의 한 기능이다. 만약 세계를 복잡한 하나의 기계로 조명한다면, 신과 세계의 관계적 학설은 밖에서 세계를 창조하는 창조자에 대한 학설일 가능성이 다분하다. 하지만 세계가 유기체적 관점에서 조명된다면, 생명과 질서와 발전에 대한 원리는 유기체의 내재적인 것이 된다. 우리가 "신"으로 적절히 호칭할 수 있는 어떤 존재가 *있다*는 것은 모든 사물들에서 목격되는 질서에 의해 충분히 지적될 수 있다. 그리고 그 어떤 존재가 무엇이냐, 어디에 있느냐, 어떤 기능을 하느냐 등의 물음들은 세계를 이해할 수 있는 관점의 범주들의 빛에서만 반성적으로 고찰될 수 있을 것이다.

『과학과 근대세계』에서의 화이트헤드는 가치 실현을 위해 이루어지는 어떤 한정의 원리가 틀림없이 존재한다는 점 외에는 어떠한 것도 우리에게 제시하지 않았다. 하지만 『생성 과정 속의 종교』와 『과정과 실재』에서의 화이트헤드는 그 한정의 원리가 스스로 어떻게 존재하며 무슨 작용을 하는지에 대해 보다 철저히 물음으로써 작업을 진행시켰다. 그런 원리는 틀림없이 가능태들의 영역을 효과적이게 하면서 그 영역을 세계의 생성 계기와의 관련성으로까지 한정시키는 하나의 현실적 존재일 것이다. 이것은 단순히 그런 한정의 원리가 자연으로 확대되는 질서와 양립 가능하도록 자기-실현을 지향하는 하나의 지향을 새로운 모든 계기들에게 처음 제공하는 기능을 할 때에만 가능할 것이다. 바로 이 점에 화이트헤드의 신에 관한 철학적 학설의 본성이 놓여 있다.

하지만 엄격하게 성립된 이치적이고 개연적인 의미로 제시된 것 이상의 사실이 존재한다. 만약 신도 하나의 현실적 존재라면, 우리는 다른 현실적 존재들의 특징적 구조들을 신에게도 귀속시키는 것이 적절함을 알 수 있다. 이것을 거부하는 것은 신에게 범주들을 적용하는 것 이상의 훨씬 더 많은 정당성을 필요로 할 것이다. 화이트헤드는 다음과 같이 주장 한다. "신은 형이상학적 원리들의 붕괴를 막기 위해서 불러들여진 모든 형이상학적 원리들로부터의 예외자로 취급되어서는 안 된다. 신은 형이상학적 원리들의 주요한 예증 사례이다."[112] 따라서 우리는 신이 세계의 계기들에게 질서와 가치를 지향하도록 유혹하는 것에 힘입어 신에게 영원한 객체들에 대한 개념적 질서화만을 단순 부과할 것이 아니라, 모든 다른 현실적 존재들과 동일하게 신에게도 물리적 느낌을 귀속시켜야만 한다. 자신의 이런 작업과 이런 작업에 철학적 지위가 부여될 수 있다는 화이트헤드의 설명은 주의력과 정직함의 전범이 된다.

"우리는 여기서 전개되고 있는 형이상학적 원리들이 신의 본성에 관해 이런 점에서 무엇을 요구하는가를 냉철하게 연구해 보아야 한다. 여기에 증명의 성질을 띤 것은 아무 것도 없다. 단지 이론적 체계와 사실들에 대한 기술과의 대결이 있을 뿐이다. 그러나 사실에 관한 체계화되지 않은 보고는 그 자체로서 상당한 논란거리가 되며, 그 체계는 명백하게 불충분하다. 이 특수한 영역의 사상에 있어서 이러한 체계로부터 연역되는 것들은, 문제가 그 체계에 비추어 어떻게 변형되는가를 시사 하는 것 이상으로 간주될 수 없다." [113]

이 구절에 이어 몇 구절들을 제시한 후 그는 신의 결과적 본성에 대한 자신의 주요한 논의를 도입하고 있다.

화이트헤드의 견해에서는 신에 관한 학설의 철학적 발전과 연루된 또 다른 요소가 존재한다. "우리의 의식적 경험에[는]" 인류의 역사 곳곳에 광범위하게 흩어져 있는 "예외적인 요소들종교적 · 도덕적 직관으로서 대충 개괄될 수 있는 요소들이" [114] 존재해 왔다. 철학적 도식의 충분성은 자연 과학들의 발견과 동일하게 종교적이고 도덕적인 직관들에 직면해서도 검증되어야 한다. 그리고 과학 속에서 발생하는 사물들의 궁극적 본성에 대한 실마리들이 철학자에 의해 매우 진지하게 다루어져야 하는 것처럼, 도덕적이고 종교적인 직관 속에서 발생하는 실마리들도 동일한 진지함으로 다루어져야 한다. 따라서 사상의 일반적 도식을 신의 본성에 관한 이와 같은 특수한 물음에 적용함으로써 생기는 제안들은 인간들의 삶의 추이에 대한 위대한 직관들을 참조한 것에 따라 약화될 수도 있고, 설득력을 얻을 수도 있다. 물론 화이트헤드는 자신의 고유한 사변적 제안들이 자신의 도식이 요구하는 바에 순응적인 동시에 이런 직관들에도 적합하다고 믿었다. 과학과 종교를 공정하게 평가할 수 있는 화이트헤드 철학의 역량은 그로 하여금 상관성[115]에 대한 최상의 철학적 검토를 하도록 만들었다.[116] 본서의 제6장에서 우리는 화이트헤드가 직접 검토하지는 않았지만, 그의 철학적 학설이 종교의 경험적 측면들을 조명할 수 있을지에 대해 고찰할 것이다.[117]

## 장주 … 4

1) Lawrence, Whitehead's Philosophical Development, xix.
2) Hammerschmidt, Whitehead's philosophy of Time, 7.
3) (PNK vii).
4) 나는 이 점에 대해 화이트헤드의 용어상의 일관성의 부족을 환기시킨 바 있다. 본서의 94~96쪽을 참조하라. 그럼에도 불구하고 그것 때문에 발생한 실질적인 문제는 없다.
5) (SMW x/10).
6) (SMW 134~135/146).
7) (SMW 135/146).
8) (SMW 154~155/165).
9) (SMW 181,255/189,258).
10) (SMW 136/148).
11) (SMW 227/232).
12) (SMW 229~230/234-235).
13) (SMW 232/237).
14) (SMW 249/253~254).
15) (SMW 254~255/258~259).
16) (SMW 255/259).
17) (SMW 257/260).
18) (SMW 250/254).
19) (SMW 256/259~260).
20) (SMW 255~257/259~261).
21) (SMW 256~257/258~261).
22) (SMW 255~256/259).
23) (SMW 257/260).
24) (SMW 257/260-261). (PR 47/96)도 참조하라.
25) 역자 주: "실체적 활동력의 또 다른 요소가 존재한다는 점을 위한 화이트헤드의 논증이 실은 신 존재 논증이며"를 의미한다.
26) 로렌스는 러셀, 스테빙(Stebbing), 그리고 머피의 반응들을 보도하였다. Lawrence,

282-283.

27) 역자 주: "종교의 신이 형이상학적 궁극자나 절대자가 아니라는 점"을 의미한다.

28) William Temple, Nature, Man, and God (Macmillan and Co., Ltd., London, 1934), 260. 또한 다음도 참조하라. E. L. Mascall, He Who Is (Longmans, Green & Co., Inc., 1943), 150~160.

29) (SMW 258/261).

30) (SMW 249/254).

31) (SMW 250/254).

32) (SMW 257/260).

33) (RM 79).

34) 형이상학에 대한 정의를 보려면 (RM 84)의 각주 1)을 참조하라.

35) (RM 62~66).

36) (RM 66).

37) (RM 80).

38) (RM 119~120).

39) (RM 153).

40) (RM 157).

41) (RM 156).

42) (RM 104,157).

43) 본서의 220~221쪽을 참조하라.

44) (SMW 257/260).

45) (RM 90, 94, 98, 99, 152).

46) (RM 100, 104, 158, 159).

47) (RM 154).

48) (RM 153).

49) (RM 160).

50) (RM 158).

51) (RM 158).

52) (RM 70~71).

53) (RM 68~69).

54) 본서의 47~50쪽을 참조하라.

55) (RM 90).

56) (RM 94).

57) (RM 98~99).

58) (RM 158~159).
59) 본서의 232-234쪽을 참조하라.
60) (RM 90).
61) (RM 90~93, 156~157).
62) (PR 49, 144, 190/128, 281, 364); (FR 24); (AI 171/225~226).
63) (SMW 256~257/259~260).
64) (PR 47, 224, 255/125, 408, 456).
65) 본서의 155~156쪽을 참조하라.
66) (PR 128, 283/254, 500).
67) (PR 284/501).
68) (PR 67/156~157).
69) (PR 67, 128, 283/156, 254, 500).
70) (PR 284/501). 이 구절은 극히 혼란스럽다. 왜냐하면 그 구절은 이런 신의 결정을 계기의 자기-결정에 귀속시키는 것 같기 때문이다. 하지만 그 구절을 (PR 283/500)과의 연결 하에서 읽는다면, 그런 귀속을 주장하는 해석은 배제된다.
71) (PR 24/83).
72) (PR 167/224)
73) (PR 46/123).
74) (PR 257/459). 다음의 진술도 참조하라: "신을 도외시할 경우, 현실 세계에서 실현되지 않은 영원한 객체는 문제의 합생에 있어 상대적으로 비존재가 될 것이다." (PR 31/94).
75) (PR 44/119).
76) (Imm 687).
77) (PR 46/122~123).
78) (PR 34/99~100).
79) (RM 157).
80) (PR 246-47, 259, 349/444-445, 449, 599).
81) (PR 207/380~381).
82) 역자 주: 국역본으로는 440쪽.
83) (RM 154~155).
84) (PR 344~51/592~603).
85) (PR 345/593~594).
86) 역자 주: 이 완결성이란 용어는 유한한 시간적인 계기들과 달리 신은 파악 가능한 모든 시간적인 계기들을 파악하면서 임의의 한 계기도 파악하기 때문에 사용 가능

한 용어가 된다. 이는 모든 시간적인 계기들의 이상적인 관계 패턴을 향한 신 판단의 한 근거가 될 것이다.

87) (SMW 275/278).

88) (PR 346/594).

89) (PR 341/586).

90) (PR 346/595).

91) (PR 347/595,597).

92) (PR 345/593).

93) (PR 343/590~591).

94) (PR 351/602~603).

95) (PR 342/589).

96) (PR 343/590).

97) (PR 348/597~598).

98) (PR 348/597).

99) 신에 대한 양극성적 이해는 하츠혼의 다음과 같은 저술들에서 대담하고도 철저하게 해설되어 왔다. Man' s Vision of God and the Logic of Theism (Chicago: Willett, Clark, 1941); The Divine Relativity (New Haven: Yale University Press, 1948); and Philosophers Speak of God (Chicago: University of Chicago Press, 1953). 하츠혼이 신에게 귀속시킨 두 본성들은 화이트헤드가 정의하여 제시한 두 본성들과 동일한 것이 아니라는 점이 강조되어야만 한다.

100) 역자 주: 현실적 존재는 물리적 극과 개념적 극의 양극을 갖는다. 그러므로 신도 현실적 존재로 규정될 경우 그 정합적인 완결성의 측면에서 신에게도 물리적 극과 개념적 극에 해당하는 극들이 동일하게 존재해야 한다는 것을 결과적 본성(시간적 계기의 물리적 극에 상응하는 것)의 유일한 근거인 것처럼 여겨 왔다는 의미이다.

101) (PR 12~13/64~65).

102) (PR 231/419~420).

103) (PR 349/599).

104) (PR 88/190). 또한 (PR 31/94)도 참조하라.

105) (PR 7/56).

106) 제5장 2절을 참조하라.

107) (AI 267/327~328).

108) (AI 381/446).

109) (MT 66~67).

110) 역자 주: 즉 우주론적 논증을 말한다.

111) (AI 146-147/195~196).

112) (PR 343/590~591).

113) (PR 343/590).

114) (PR 343/590).

115) (역자 주) 본문의 내용과 일맥상통하지만, 이 '상관성'을 철학의 편에서 보면, 철학이 종교와 과학 모두와 맺어야할 관계성을 의미할 것이다. 화이트헤드의 핵심적인 표현은 다음과 같다. "철학은 종교와 과학--자연 과학이든 사회 과학이든--과 긴밀한 관계를 맺을 때, 무기력하다는 오명에서 벗어날 수 있다. 철학은 이 양자, 즉 종교와 과학을 하나의 합리적인 사고의 도식 속에 융합시킴으로써 그 최고의 중요성을 획득한다."(PR 23/69).

116) (PR 15/69).

117) 제6장 2절을 참조하라.

# 5장

# 화이트헤드의 신에 관한 학설의 상세한 반성적 고찰

## 1. 변화된 관점들

신에 관한 화이트헤드의 창조적인 사유는 1925년 이후 짧은 시간 내에 발생했으며 1929년 그의 기포드 강연에서 절정에 도달하였다. 우리들 중 어떤 사람들은 그가 이 기간 동안 했던 작업으로 인해 그에게 깊은 감사를 표한다. 화이트헤드는 뿌리부터 예수에게 충실한 신에 관한 이해가, 한편에서는 현대 과학에 뿌리를 두면서 다른 한편에서는 우리의 경험에 관한 상세한 현상학적 분석에 뿌리를 내린 세계관과 정합적일 수 있다는 점을 우리에게 보여주었다.

화이트헤드 자신에게도 신에 관한 이해는 중요한 성취였지만, 그것이 그의 인생에서 행해진 작업의 핵심은 아니었다. 대개 그의 후반기 전술들은 『과정과 실재』에서 도달한 포괄적인 우주론적 전망으로부터 다양한 주제들을 조명해 보는 것이었다. 그의 형이상학적 사상을 연구하기 위해서 그의 후기 저술들은 새로운 자료는 거의 제공하지 않는다. 어떤 주제들에 관해서는 더욱 많은 연구가 요청되기도 한다.

이와 대조적으로, 찰스 하츠혼에게는 신이라는 주제가 핵심적 지위에 있었다. 하츠혼은 화이트헤드 해석자들 가운데 주도적인 종교 철학자였고 시카고 대학 신학부 시절의 나의 은사셨다. 오늘날 나의 대답들은 그로부터 파생된 신과 세계에 관한 물음들에서 비롯된 것이다. 이런 점은 "신과 공간"의 관계를 이해해 보려는 나의 시도들 속에 반영되어 있다. 본서의『초판』이 저술된 1964년 당시 나는 하츠혼의 관점에서 화이트헤드를 이해하려고 시도하고 있었고, 대부분 성공했었다고 생각한다. 그럼에도 불구하고, 이번 장은 이하의 내용으로『초판』의 내용을 대체하고 있다. 당시 하츠혼의 영향력은 대단한 역할을 하고 있었다. 그런 영향력이『초판』의 장 제목을 "신에 관한 화이트헤드주의 학설"로 붙이게 했으며, 당시 취해진 대부분의 나의 입장들도 화이트헤드 본인에게로 귀속시키지 않았음을 지시해 준다.

하츠혼의 형이상학은 매우 합리주의적이었지만, 화이트헤드는 직관$_{\text{intuitions}}$에 더욱 의존하였다. 그래서 화이트헤드는 언어와 모든 사상의 사변적 특징의 불가피한 모호성에 대해 하츠혼보다 더욱 잘 인식하고 있었다. 나는 내가 화이트헤드의 저작들 속에서는 명확한 답변을 찾지 못했던 문제들을 해결하기 위해, 화이트헤드의 가장 심오한 몇 가지 직관들을 너무 단순한 합리적 정합성의 희생물로 삼았다는 점을 알게 되기에 이르렀다. 화이트헤드의 독특한 통찰에 보다 상세하게 주목하는 것이 "신과 시간"과 "신은 세계를 어떻게 구제하는가"와 관계되어 어떻게 더욱 심오한 차원의 정합성을 제공하는지를 보여주는 부분에서는 마조리 수하키$_{\text{Marjorie Suchocki}}$의 의견에 힘입었다.

본서의 영인본이 재출간되고 불어 번역서까지 출간된다는 생각이 일었을 때, 나는 대부분의 독자들이 1965년의 『초판』이 현재 나의 사유를 표현하고 있는 것으로 전제할 것이라는 점을 알게 되었다. 나는 웨스트민스터 존 녹스 출판사가 본서의 『수정판』을 내는데 동의해 준 것에 대해 매우 고맙게 생각한다. 이 제5장을 다시 쓰는 것은 나에게 "신과 시간", "신은 세계를 어떻게 구제하는가"에 대해 말해야만 하는 것에 변화를 줄 뿐만 아니라, 신에 관한 화이트헤드 사유의 중요한 공헌을 설명할 수 있는 기회를 제공할 것이다. 이전에는 이런 공헌을 평가하지 못했었다. 이런 평가는 특별히 신과 창조성의 관계성이라는 관점에서 참이라고 할 수 있다. 그리고 이 제5장의 변화된 내용으로 제목도 새롭게 바꿀 것을 요청하였다.

## 2. 창조성과 신

화이트헤드의 비전에서 신과 관련된 가장 난처한 물음들 중 하나는 신과 창조성의 관계이다. 아브라함 종교 전통에서 신에게 할당된 가장 철저한 역할은 창조자로서의 역할이다. 화이트헤드는 창조자란 용어의 사용에 대해 이중적이라고 할 수 있다. 화이트헤드의 초점은 신을 구제자로 강조하는 것이었다. 그러나 그는 신을 "세계의 시인"이라 불렀는데, 여기에는 시인$_{\text{poet}}$이 시$_{\text{poem}}$의 창조자라는 의미도 존재한다. 또한 그는 어떤 의미에서는 신이 창조자라는 점을 인식하기도 하였다. 우리가 신의 역할을 면밀히 살피게 되면 이 점이 화이트헤드가 인식한 것보다 훨씬 더 강조되어야만 한다는 점을 이해할 수 있게 될 것이다.

화이트헤드가 신이라는 용어의 사용을 주저한 이유는 그 용어가 일반적으로 신과 세계에 관해서 화이트헤드 본인에 대해 매우 이질적인 이미지를 추정시킨다는 점 때문이었다. 혹자는 신을 세계를 무로부터 창조하고 존재하도록 결정하는 자로 묘사한다. 이 "무로부터의 창조"creation out of nothing라는 관념은 서구의 사유에서 엄청난 역할을 해 왔다. 이 관념은 이 무로부터의 창조에 미치지 못하는 신의 창조적 사역에 관한 다른 설명에 대해서는 단호히 맞서는 논쟁적인 것이었다. 일반적으로 이 학설은 단순히 우리 우주의 시간적인 시원을 주장하는 것이 아니라 피조물의 실재 그 자체의 시원에 대해 주장하는 것이다. 화이트헤드의 비전에서 신은 세계에 대해 그와 같은 시원을 갖지 않는다.

창조에 관한 화이트헤드의 견해는 근원적으로 매우 다르다. 화이트헤드도 확실히 신에게는 절대적으로 필수적인 역할로서의 창조적 사역의 역할을 부과한다. 즉 여러 가지가 역할을 하는 가운데 하나의 역할을 하는 방식으로 말이다. 화이트헤드의 초점은 각각의 현실적 계기의 창조에 있었고, 따라서 그는 다음과 같이 말했다. "창조의 작업 하나하나는 우주 전체를 활용하는 사회적 노력이다."[1)] 화이트헤드가 이 인용 글을 쓸 때, 그 신에 대해서는 사유하고 있지 않았다. 그는 과거의 세계를 구성했던 다수의 현실적 계기들이 합생 중인 일자를 위해 모두 참여하는 방식에 대해 생각하고 있었던 것이다. 비록 그런 참여가 아무리 사소한 영향만을 미친다고 하더라도 말이다. 신에게 창조자란 이름을 붙임으로써 세계의 이런 중요한 특징은 쉽게 무시되어 버린다.

또한 신을 창조자로 이해하는 것은 신이 세계를 통제한다는 관념과 밀접하게 연관되어 왔다. 세계가 존재하는 방식과 세계 속에서 발생하는 것은 모두 직간접적으로 신의 의지나 목적을 표현한 것으로 간주되었다. 이것은 "신의 방식들을 사람에게 정당화"할 악명 높은 필요성으로 나가게 한다. 화이트헤드는 신이 발생하는 모든 것들을 책임져야 하는 존재로 묘사된다면, 가능한 정당성은 존재하지 않는다고 생각하였다.

이 주제에 관한 화이트헤드의 생각은 강력하다. "[자신의] 명령으로 세계가 존재하게 되고 그가 강요하는 의지에 그 세계가 복종하는 그런 초월적 창조자"라는 관념은 "기독교와 이슬람교의 역사에 비극을 야기한 오류이기도 하다."[2)]

비록 혹자가 현실적 계기의 창조 속에는 다중적인 요소들이 존재한다는 점을 인식한다고 하더라도, "창조하다"라는 말이 '일방적 결정'을 의미할 위험이 존재하는 것이다. 우리는 신의 행위가 그러한 종류의 어떤 요소도 포함하지만 화이트헤드의 강조점은 설득적 요소에 있다는 점을 이해하게 될 것이다. 신의 행위는 대안들을 도입시키는 것이다. 신이 창조하는 행위로 인해 현실적 계기는 자신을 창조하게 되는 것이다. 현실적 계기의 이런 창조가 바로 화이트헤드가 좋아했던 용어인 *자기-원인*causa sui 이다.[3)]

더구나, 신을 창조자로 보는 관념은 거의 언제나 일방적인 인과 작용의 관점에서 이해되어 왔다. 이 관념은 세계가 신에게 끼치는 결과에는 주목하지 못하게 하였다. 그러나 화이트헤드는 상호 영향을 끼친다는 것을 강력히 주장한다. "신이 세계를 창조한다고 말하는 것은 세계가 신을 창조한다고 말하는 것과 마찬가지로 참이다."[4)]

그럼에도 불구하고 바로 이 인용 문장이 명확히 보여주듯이, 신은 창조자이다. 신을 떠난다면 어떠한 계기도 존재할 수 없다. 계기는 신으로부터 주체적 지향의 최초 국면을 파생시키며 그렇지 않다면 현실적 계기는 존재할 수 없다. 나아가, 최초의 지향이 해당 계기에 끼치는 공헌은 해당 계기의 현실태와 본성에 끼쳐지는 여러 동등하게 중요한 공헌들 가운데 단지 하나의 공헌에 지나지 않는 것이 아니다. 최초의 지향은 실재적으로 해당 계기를 창시하는 원리나 다름없다. 화이트헤드는 최초의 지향이 최초의 여건과 함께 해당 계기의 최초의 국면을 구성한다고 말한다. 자신의 어떤 진술에서 화이트헤드는 최초의 지향과 최초의 국면에 있는 다른 요소들이 기능 면에서 일반적으로 동등하다는 의미를 주기도 했던 것 같다. 그러나 기실 그의 상세한 분석들을 살펴보면 그러한 동등성은 획득될 수 없다.[5)]

우선, 최초의 지향은 계기가 점유하게 될 입각점인 연장적 연속체 내에서의 장소와 범위를 결정한다. 다음으로 그것은 그 계기의 과거와 현재, 미래의 계기들을 결정한다. 이것은 최초의 지향이 어떤 계기들이 과거를 구성하게 되는지를 결정하고, 그래서 새

로운 계기의 최초의 여건들을 결정하게 된다는 것을 의미한다.[6)]

둘째, 최초의 여건들은 최초의 지향과 동일한 지위를 갖는다는 의미로서 생성하는 계기의 일부가 되는 것이 아니다. 최초의 여건들은 생성하는 계기의 과거에 있던 계기들이다. 즉 그것들은 자기들의 주체적 직접성을 스스로 갖고 있었던 것들이었다. 그 계기들은 자기들을 객체화 하는, 생성하는 계기에 의해 전유된다. 하지만 그 계기가 자신의 과거 계기들을 객체화 하는 방식은 그 계기의 최초의 지향에 의해 결정되는 것이다.[7)]

이러한 이유로 인해 우리는 최초의 지향을 각각의 새로운 계기를 창시하는 적절한 요소로 생각할 수 있다. 신이 최초 지향의 원천과 근거이기 때문에 화이트헤드는 각각의 새로운 계기의 창조에서 신에게 결정적인 역할을 체계적으로 귀속시킨 셈이다. 화이트헤드가 창조 같은 언어를 강조하는데 주저했던 것은 앞서 이미 설명하였다.

그래서 신은 모든 현실적 계기의 창조자이고 그래서 신 이외의 모든 현실적 존재들의 창조자이다. 이것은 하나의 강력한 진술이다. 앞에서의 모든 조건들이 주목되었을 때조차 말이다. 이런 진술은 기본적으로 성서에 부합하는 것이다. 우리가 *무로부터의 창조* 학설이 성서적이지 않다는 점과 성서가 신과 세계의 관계를 상호적으로 묘사했다는 점을 모두 인식할 수 있을 때에도 말이다.

그럼에도 불구하고, 하이트헤드의 수사$_{\text{rhetoric}}$는 여전히 유대교와 기독교 및 이슬람교 등이 그의 가르침을 수용하는데 불리하게 작용하고 있다. 왜냐하면 화이트헤드의 수사는 때때로 신을 창조성에 종속시키기 때문이다. 신은 "창조성의 산물"[8]이다. "신은 원초적인 피조물이다."[9] 심지어 화이트헤드는 신을 창조성의 "우유성"accident[10]이라고까지 말하기도 하였다. 보다 온건하게 진술하자면, 이런 언어는 다수의 아브라함 종교 전통에는 공격적이다. 대부분의 이런 전통에서 신은 궁극적 실재이고, 그래서 다른 것의 산물이나 피조물이나 우유성이 될 수 없는 자이다.

문제는 화이트헤드가 "궁극성"ultimacy을 신이 아닌 창조성에게 돌렸다는 점으로 인해 커져버린다. 이것은 두 가지 방식으로 발생하였다. 첫째, 궁극자의 범주는 일자 · 다자 · 창조성이다.[11] 이것들은 화이트헤드가 "궁극적 개념들"로 확인시켜준 것들이다. 신은 "몇 가지 파생적인 개념들"이라는 제목의 장에서 나온다.

이런 점 등은 순수하게 논리적으로 이해될 수 있는 것일 뿐이다. 현실적인 어떠한 것신을 포함해을 정의하고 기술하기 위해 우리는 다른 개념들을 사용해야만 한다. 화이트헤드는 우리가 이런 목적을 위해 요청하는 환원 불가한 개념들은 일자 · 다자 · 창조성이라고 믿었다. 이것은 일자 · 다자 · 창조성이 존재론적으로나 형이상학적으로나 종교적으로나 신보다 탁월하다는 것이 결코 아니다.

그럼에도 불구하고, 창조성은 또 다른 의미에서 보더라도 "궁극적"이다, "무릇 철학 이론에는 우유성에 힘입어 현실적인 것이 되는, 어떤 궁극자가 존재한다. … 유기체의 철학에서는 이런 궁극자를 가리켜 창조성이라고 부른다."[12] 이 진술은 실제로 창조성을 형이상학적 의미에서의 궁극자로 허용하고 있다. 반면에 화이트헤드는 신에게 결코 "궁극성"을 귀속시켜 주지는 않았다.

만약 이런 모든 점들이 신이 창조성에 종속되었다는 것을 의미한다면, 신에 관한 화이트헤드의 학설은 성서의 상속자로 활용될 수가 없다. 이런 상속자들 가운데 한 사람으로서 이 문제는 나에게 개인적으로 매우 중요한 문제가 아닐 수 없다. 따라서 나는 어느 정도 길게 이 문제를 성찰하고자 한다.

신과 창조성의 관계에 근거해 화이트헤드의 견해를 이해하기 위해, 우리는 화이트헤드가 "창조성"을 통해 의미했던 바를 해명하는데 호소한다. 우리는 창조성이 우유성에 힘입어서만 현실적인 것이 되는 하나의 궁극자로 이해한다. 화이트헤드와 비교되는 사례들은 "아리스토텔레스의 질료"와 "근대의 중성적 질료", 스피노자와 절대적 관념론의 관념들이다. 후자의 두 일원론적 도식들에서는 "궁극자 속에, 우유성에 돌려야할 것을 초월하는 최종적인 어떤 탁월한 실재성이 부당하게 허용되어 있다."[13] 화이트헤드는 이런 경우에는 궁극자가 신으로 불린다는 점에 주목했지만, 그런 궁극자와 신을 동일시하는 것에는 강력히 거부하였다. 화이트헤드는 자신의 이해가 전자의 두 개, 즉 '아리스토텔레스의 질료'와 '근대의 중성적 질료'에 더욱 근접하고 있는 것으로 이해한다. 질료나 중성적 질료에는 탁월함이나 신 같은 고차적인 명예들이 귀속될 수 없다. 이것들은 모두 질료인으로 인식되는 것들이다. 그것들은 자신들을 구현해 주는 사물보다 탁월한 것으로 조명되지 않는다.

그럼에도 불구하고, 창조성은 질료나 중성적 소재와도 다르다. 창조성은 이것들과 함께 자기들의 고유한 특성은 갖고 있지 않다는 점에서는 동일하다. 그러나 그것들과 다르게 "창조성에는 '형상'이라든지 외적 관계와 같은 것에 대한 수동적인 수용성의 관념이 들어 있지 않다."[14] 아마도 화이트헤드의 가장 명확하고 적극적인 진술은 "[창조성이] 현실세계의 객체적 불멸성에 의해 제약되는 순수 활동"[15]이라는 것일 것이다.

화이트헤드는 이 궁극자가 그리스 시대 이후로부터 수동적인 것으로 이해되었던 "질료"가 아니라 순수 활동이라는 점을 지시하기 위해 이것을 "창조성"이라고 불렀던 것이다. 내게 인상적인 부분은 이런 점이 물리학에서의 질료에서 에너지로의 전이와 상관관계에 있다는 점이다. 자연은 근원적으로 이러한 에너지로 구성되어 있다. 화이트헤드는 자신의 궁극자를 호칭하기 위해 에너지라는 말을 사용할 수도 있었을 것이다. 단, 에너지라는 용어가 물리학과 너무 밀접하게 연관되어 있지만 않았다면 말이다. 인간 경험의 한 순간은 화이트헤드가 위대하게 주목했던 창조성의 한 사례들이다. 그래서 또한 신에게도 주목하게 되지만 말이다. 아무튼, 질료로부터 에너지나 창조성으로의 전이는 형상과 질료의 역할이 뒤바뀌는 것으로 나아갔다. 형상과 질료는 아리스토텔레스의 의미로서 네 가지 원인들 중 두 가지의 의미로 사용된다. 아리스토텔레스에게 질료는 수동적이고 "활동"하는 것은 형상이다. 화이트헤드에게서는 질료를 대신하는 것인 창조성이 활동이고 형상들인 영원한 객체가 수동적이다.

이런 변화는 창조성이 신의 탁월성에 더욱 커다란 위협이 되게 한다. 어떠한 철학 속에서든 아리스토텔레스의 질료나 중성적 질료나 신에게 도전이 되는 것으로 기능할 수 있는 것이 아니었지만, 창조성은 위협이 될 수 있는 것 같아 보인다. 창조성은 '어떤 것이 왜 존재하는지'에 대한 더욱 궁극적인 근거인 것처럼 보인다. 그래서 창조자로서의 신의 역할이 창조성의 역할에 종속되는 것 같아 보인다. 더구나, 신은 전통적으로는 순수 형상으로 조명되고 그래서 질료와는 완전히 독립적으로 조명될 수 있는 것이지만, 화이트헤드에게 신은 다른 것들처럼 창조성이 발생하는 한 사례이다. 이 점이 화이트헤드가 신을 창조성의 우유성이나 창조성의 피조물로 부르는 이유이다.

나는 화이트헤드가 토마스 아퀴나스 전통에서 창조성에 관한 자신의 관념과 보다 밀접히 유비가 될 수 있는 것을 발견할 수도 있었을 것이라고 판단한다. 토마스주의 전통은 *존재 자체*esse ipsum, Being Itself라는 관념을 발전시켰다. 토마스 아퀴나스는 사물들이 존재함을 설명할 수 있는 것은 아리스토텔레스의 형상도, 질료도 아니라고 보았다. 그런 존재함을 위해 요청되는 것은 그것들과는 다른 어떤 것, 즉 존재의 행위act of being였다. 토마스 아퀴나스는 이것을 "존재 자체"라고 불렀다. 이 관념은 토마스주의 전통에서 생생하게 유지되어 왔다. 그리고 이 관념은 우리 시대의 마틴 하이데거Martin Heidegger와 폴 틸리히Paul Tillich에 의해 다시 생동감을 얻게 되었다.

화이트헤드주의의 관점에서 보더라도, 그 관념은 심오한 것이다. 존재의 행위를 떠난다면 그 어떠한 것도 존재할 수 없다. 또한 그것은 다른 여러 개와 나란히 놓일 수 있는 하나의 존재자도 아니다. 게다가 화이트헤드가 말한 여타의 궁극자들처럼, 이 존재 자체도 자신의 어떠한 성격도 가질 수 없는 것이다. 그것은 오로지 그것의 발생을 통해서만 성격을 갖는다. 토마스주의와 틸리히주의의 존재의 행위와 화이트헤드주의의 순수 활동의 유사성은 매우 근접하고 있다.

그럼에도 불구하고, 그것들 사이에는 차이도 존재한다. 물리학이 세계를 질료로 구성된 것으로 이해하는 한, 존재의 행위는 형상과 질료 곁에 놓이는 하나의 추가적 설명 요소로 이해되어야만 했다. 형이상학적 의미에서의 질료는 물리학에서는 필요치 않기 때문에, 질료는 존재의 행위로 대체될 수 있을 것이다. 그러나 이것은 존재의 행위가 모든 사물의 질료인이라는 것을 의미한다. 화이트헤드의 창조성이 이 점을 분명하게 밝히고 있다.

토마스주의 전통에서 존재의 행위나 존재 자체는 최고의 존재자인 신과 동일시되었다. 바로 이런 동일시가 신학을 엄청난 혼란에 빠뜨렸다. 그것은 존재의 행위가 결국 *하나의* 존재자였다는 것을 의미하거나(이는 형이상학적으로 받아들이기 어려운 것이다), 아니면 신이 하나의 존재자가 *아니라는* 것을 의미한다(이는 토마스주의 전통을 성서와 아주 이질적인 것으로 만드는 것이다). 20세기에 틸리히와 존 매쿼리는 신은 하나의 존재자가 아니며, 심지어 최고의 존재자도 아니라는 결론을 받아들였다. 그러나 하이데거는 존재 자체는 신이 아니라는 결론을 받아들였다.

화이트헤드는 하이데거의 의견에 동의한다. 창조성은 신이 아니다. 존재 자체를 신과 동일시하는 것심지어 틸리히와 매쿼리의 경우들에서조차은 존재 자체가 성격이 없는 것인데도 그것에 성격을 부여하는 곳으로 나아가게 한 것이었다. 신의 창조하는 역할들과 존재 자체를 통합하려는 오랜 역사는, 창조성 자체가 하는 역할에 대한 한계를 성찰하려는 노력을 방해해 왔다. 그런데 바로 화이트헤드가 그런 성찰을 제공했고, 그렇게 하여 그는 신을 다시 하나의 현실태로 도입시켰는데, 이렇게 도입된 것이 토마스 아퀴나스주의의 신보다 더욱 성서적인 것이었다.

나는 화이트헤드가 구사한 언어들 중 신을 창조성에 종속시키는 것을 의미하는 것처럼 보이는 방식들을 인용했었다. 화이트헤드에게 신은 철저히 현실적이고 창조성은 그렇지 않다는 점을 지적함으로써 이제 이런 불균형을 바로 잡는 것이 중요해졌다. 창조성은 모든 현실적 사물들이 자신을 구현해 줄 때에만 현실태 속에 참여하게 되는 것이다. 창조성 그 자체로는 아무 것도 할 수 없다. 심지어 현실적 사물들을 떠난다면 그것은 존재한다고도 할 수 없는 것이다. 그것은 현실적 존재들이 존재하는데 "근거"가 될 수 있는 것이 아니다. 화이트헤드의 용어에서는 오로지 현실적 존재들만이 발생하는 것을 위한 근거가 될 수 있는 것이다.[16)]

화이트헤드는 모든 철학이 그 우유성에 힘입어서만 현실적인 것이 되는 것을 궁극자로 지정했다고 생각했다. 이것은 과장이다.

오늘날 상당히 많은 철학자들아마도 영어권 세계의 대다수의 철학자들은 현실적 존재들과 그로부터 파생된 추상들을 제외한다면 관련하여 언급할만한 것이 아무 것도 없다고 주장한다. 이런 견해에서 창조성은 그것을 구현해주는 사건들로부터 추상된 것이다. 화이트헤드의 언어로 말하자면, 그런 추상은 영원한 객체에 불과하다.

화이트헤드는 창조성이 영원한 객체라는 점에 동의하지 않는다. 만약 그렇다면, 현실적 존재들은 단지 영원한 객체들의 묶음에 지나지 않을 것이다. 현실태와 단순 가능태 사이의 구별이 존재하지 않게 되는 것이다. 그런 구별은 토마스 아퀴나스가 존재 자체에 귀속시킨 것을 완수하는 어떤 현실태 자체에 대한 개념을 필요로 한다. 현실태라는 관념은 독특한 형이상학적 지위를 갖는다. 창조성은 여러 현실태 가운데 하나의 현실태가 아니다. 존재 자체는 신을 포함해 현실태가 존재한다는 것에 힘입고 있는 것이다.

창조성의 이런 본질적인 역할을 인식하는 것이 필요하다. 그리고 창조성의 한계를 인식하는 것 또한 동등하게 필요하다. 그것은 그 자체로는 어떠한 존재나 현실태도 설명하지 못한다. 현실적 존재가 존재하기 위해 신의 원초적 본성도 역시 존재해야만 한다. 형상이 없이 현실태도 존재할 수 없고 신을 떠난다면 창조성도 형상을 생산할 수가 없다. 신은 창조성의 원초적 발생인데, 이런 발생을 떠난다면 어떠한 것도 존재할 수 없다.

창조성과 신의 관계의 관점에서 결론은 그것들 중 어느 것이 더 탁월하냐는 물음이 아무런 의미가 없다는 것이다. 상대방을 떠난다면 어떠한 실재도 존재할 수가 없는 것이다. 그 둘과 그것들의 관계성은 발생하는 창조를 위해 필수적이다.

나아가, 하나의 현실적 존재가 존재하기 위해서는 제 삼의 요청, 즉 현실의 세계가 존재해야한다. 화이트헤드는 현실적 계기를 존재하게 하는 신의 역할을 설명한 후에 다음과 같이 말하였다.

> 신은 각각의 시간적인 현실적 존재의 창조자라 할 수 있다. 하지만 이러한 표현은 우주의 궁극적 창조성이 신의 의지에 돌려져야 한다는 것을 암시하고 있다는 점에서 오해를 불러일으킬 소지가 있다. 진정한 형이상학적 견해는 신이 이 창조성의 원생적 사례이며, 따라서 신은 이 창조성의 활동을 제약하는 원생적 조건이라는 것이다. 창조성을 특징짓는 것은 현실태의 기능이며, 신은 영원한 원초적 특성이다. 그러나 말할 것도 없이 '창조성'은 그 '피조물'을 떠나서 무의하며, 신은 '창조성'과 '시간적인 피조물'을 떠나서 무의미하고, '시간적인 피조물'은 '창조성'과 '신'을 떠나서 무의미하다.[17)]

화이트헤드는 창조성 · 신 · 세계를 창조적 과정에 동등하게 필수적인 것들로 이해한다. 화이트헤드가 신을 창조성에 종속시키지 않으려고 한 것은 세계를 신이나 창조성 어느 것에도 종속시키지 않으려고 한 것과 같다. 하나는 다른 두 개에 근원적으로 의존한다. 어떤 서구 사상가들은 자신들은 신을 궁극자로 정의하기 때문에 화이트헤드가 주장하는 것은 삼신론tritheism이라고 비난한다. 그러나 신에 관한 이해가 성서에 깊이 근거를 둔 것이라면, 창조성이든 세계든 이것들 가운데 어느 것이라도 신으로 생각하는 것은 아무런 의미가 없다.

그럼에도 불구하고, 화이트헤드의 견해는 서구 전통이 우리에게 관례화시킨 견해와는 매우 다른 신을 기술하였다. 서구 전통은 신과 그 밖의 다른 것들을 철저히 위계적인 방식으로 기술하였다. 신과 세계에 관한 이런 이해에 대한 강한 반감은 서구 세계에서 무신론을 확산시키는 결과를 초래하였고, 화이트헤드가 주목한대로 신자들 사이에서도 많은 불행을 초래시켰다. 이와 유사한 반감은 특히 동아시아와 남아시아에서 아브라함 종교 전통들에 관한 평가를 방해하였다. 화이트헤드는 성서 내에서 훨씬 덜 위계적인 신과 세계에 관한 또 다른 비전이 발견될 수 있다고 보았다. 화이트헤드의 사상은 그 주제를 포착하였고, 그 주제를 치열한 형이상학적 분석 위에 근거로 제시하였다.

신과 창조성에 관한 화이트헤드의 구별은 동아시아와 남아시아 문화에서 신을 받아들이지 못했던 이유 몇 가지를 제거한다. 유사한 구별들이 이들 전통들 가운데서도 발견된다. 그들은 그런 구별을 주장하는데 어떠한 어려움도 느끼지 않는다. 그런 구별이 이루어지지 않아서 서구 세계에는 그토록 많은 혼동이 붕괴로 이어졌던 것이다. 힌두교에서는 브라만Brahman과 이슈바라Ishvara 사이의 구별이 존재한다. 브라만은 모든 형상들을 뛰어넘는 궁극자, 모든 사물들의 근거, 또는 존재 자체이다. 이슈바라는 예배를 받는 인격적인 신이다.

불교는 브라만이 지닌 실체적 함의들 때문에 브라만이 실재함을 부정한다. 그러나 불교도 법신Dharmakaya과 보신Sambhogakaya사이를 구별한다. 법신은 화이트헤드의 창조성에 상당히 밀접하게 상응한다. 법신은 다른 것들로부터 사물을 존재하게 하는 연기dependent origination로 종종 이해된다. "다자가 일자가 되고 일자만큼 증가한다."는 화이트헤드의 창조성에 관한 정의도 이 연기에 상당히 근접한다. 양자에게서 사물은 자신들의 관계성을 떠난 고유한 존재성을 갖지 않는다. 그것들은 자성을 갖지 않는다. 창조성처럼 법신도 그 자체로는 어떠한 자기 성격도 갖지 않는다. 그럼에도 불구하고, 법신은 지혜와 자비에 의해 특징 지워지는 보신 속에서 자신을 표현한다. 법신은 보신이라는 형태로 세계 속에서 작용한다.

철학적인 경향이 있는 많은 사람들은 모든 형상들을 뛰어넘는 것과 형상들을 위계적으로 갖는 것 사이의 관계성 문제를 다룬다. 그들은 전적으로 무형상적인 것의 독특한 형이상학적 지위에 의해 인상을 받는다. 형상 속에서 무형상적인 것이 표현되는 것은 인간의 한계를 용인하는 것처럼 보인다. 그럼에도 불구하고, 이런 전통 속의 다른 사람들은 이런 방식으로 무형상적인 것에 특권을 줄 근거를 발견하지 못한다. 힌두교에서 라마누자 같은 철학자들은 이슈바라가 브라만에 종속되는 것을 거부하였다. 그와 흡사하게, 정토 불교의 주요한 지도자들도 그런 방식의 종속[18]을 거부한다. 정토교 사람들의 초점은 지혜롭고 자비로운 부처[19]에 있다.

화이트헤드는 창조성에서 형이상학적 중요성만을 보았던 반면에 신에게서는 종교적 중요성만을 보았다.[20] 동아시아와 남아시아 전통들은 우리에게 그러지 않을 수 있는 방식을 가르친다. 이 지역 많은 종교적 엘리트들의 목표는 일체가 궁극자[21)]의 발생이라는 것을 깨닫는 것이었다. 힌두교에서는 이것이 자아의 가장 심오한 실재인 아트만이 브라만과 일체라는 것을 깨닫는 것이었고, 불교에서는 이것이 일체가 연기, 즉 법신의 발생 사례라는 것이었다.

그럼에도 불구하고, 브라만도 법신도 예배의 대상이 아니었다. 예배는 브라만과 법신을 현실적으로 구현하여 유한한 성격을 소유한 것들을 지향한다. 대단히 많은 사람들에게 예배는 최우선적인 종교적 표현이다. 또한 창조성과 신에 대한 구별을 인식하는 것은 예배와 신비주의 사이의 구별처럼 서구 세계에서 다른 유형들의 신비적 경험들을 명확히 밝혀줄 수 있다.

## 3. 신과 시간

신과 시간의 관계성에 대한 화이트헤드의 논의는 신에 관해 자신이 말할 수 있었던 많은 사실들처럼 신의 원초적 본성에 주로 초점을 두고 있다. 이 때문에 강조점은 신의 비시간성$_{\text{nontemporality}}$ · 원초성$_{\text{primordiality}}$ · 영원성$_{\text{eternity}}$에 있다. 신이 순수한 가능태들을 직시하는 것은 사건들이 신에게 끼칠 수 있는 영향력을 벗어나 있다. 하지만 화이트헤드가 실제로 신의 결과적 본성을 논의하게 되었을 때, 그는 필연적으로 신에게 어떤 종류의 과정을 도입하게 되었던 것이다. 왜냐하면 신의 결과적 본성은 세계 속에서 발생하는 사건들에 의해 신 자신이 영향을 받는 것이기 때문이다. 화이트헤드는 결코 세계의 시간성이 실재함을 부정하는 것으로 이 문제를 풀려고 하지는 않았다. 오히려 그는 신 안에도 실재적인 생성이 있다는 학설을 수용하였다. 그렇지만, 그는 신이 시간적이라고 말하는 것은 거부하였다.[22] 이것이 어떻게 가능하단 말인가?

화이트헤드는 두 가지 유형의 과정들을 구별한다. 그에게서 "시간"은 물리적 시간을 위해 유지되는 것이며, 하나의 현실적 계기에서 다른 현실적 계기로의 이행을 위해 유지되는 것이다.[23] 시간은 그런 이행 과정에서 추상된 것이다. 이것은 시간이 뉴턴주의 도식이 말하는 대로 현실적 발생들에 앞서는 것이 아니라는 점을 의미한다. 그것은 또한 칸트적 도식이 말하는 대로 정신이 필연적으로 현상의 유입을 질서화 하는 방식도 아니다. 궁극적으로 주어져 있는 것은 과거의 계기들과 실재적이고 내적인 관계를 가지는 현실적 계기들만이 존재할 따름이다. 시간은 이런 관계성의 중요한 측면인 것이다.

물리적 시간에 대한 이런 견해로부터 현실적 계기는 시간적으로 원자적$_{\text{atomic}}$이다. 다시 말해, 현실적 계기들은 앞부분과 뒷부분으로 나뉠 수는 없지만 비연장적$_{\text{unextended}}$이라고 해서 점들$_{\text{points}}$처럼 분할이 불가능한 것은 아니다. 각각의 현실적 계기는 시간적 연장성을 갖지만, 시간적 연장성은 분할되지 않은 하나의 단위로 일거에 발생한다.[24] 그렇지만, 각 현실적 존재가 존재하게 되는 것, 즉 그 합생은 과정의 유형이기도 하다.

그럼에도 불구하고 우리는 현실적 계기의 생성 과정을 분석할 수 있으며, 실제로 화이트헤드는 극도의 정교한 분석을 발전시켰다.[25] 각 계기는 최초의 여건들과 최초의 지향에 의해 구성된 최초의 위상과 더불어 시작된다. 그것은 더욱 많은 계기들을 위해 하나의 여건이 되는 만족으로 종결된다. 그것이 시작하는 불확정성과 그것이 끝나는 확정성 사이에서 각 계기는 단순한 여건들에서 여건들의 복잡한 종합으로 달성되는 위상의 계승을 경험한다.

확실히 하나의 계기에서 다른 계기로 이행하는 과정에서 파생된 물리적 시간과 생성 계기의 내적인 과정 사이에는 어떤 밀접한 관련성이 존재한다. 물리적 시간의 관점에서 보면, 계기는 일거에 생성된다고 말해야 되겠지만, 여전히 생성의 어떤 위상들은 다른 위상들을 전제한다는 것이 현저하게 명확하다.[26] 그리고 화이트헤드는 이 점에서 앞과 뒤[27]라는 시간적인 용어들을 사용하기를 주저하지 않는다.[28]

계기들 사이의 계승적인 측면에서의 시간적 과정과 계기들에 대한 내적인 과정 사이의 복잡한 관계성 문제는 여기서 해결될 필요는 없다. 왜냐하면 신과 시간의 관계를 이해하기 위해 필요한 기본적인 원리들은 이미 주목되었기 때문이다. 그러나 화이트헤드가 주었던 의미를 설명하려는 상세한 노력은 부적절한 것이 아니다.

물리적 시간은 관찰되거나 측정된 시간이다. 관찰과 측정은 객관적으로 발생한 것들을 전제한다. 객관적인 발생의 절대적인 단위는 경험 계기의 생성이다. 이런 계기는 파악자로서 창시되고 파악되기 위한 여건으로서 완성될 때에만 다른 계기들과 관계하게 된다. 따라서 원칙적으로 계기 생성의 고유한 내적인 과정은 그것의 관찰된 관계들과 상관적이지 못한 것이다. 그 자신 이외의 모든 관점으로부터 해당 계기는 전혀 존재하지 않든가 완성 되었든가 할 것이다. 우리는 바깥으로부터 생성 과정 중에 있는 계기를 관찰할 수 없다는 말이다. 물론 생성하는 계기의 관점에서 보면 상황은 다르다. 임의의 생성하는 계기는 실제로 스스로를 생성시키는 과정으로 경험하며, 실제로 그 자신에게만 경험된다.

우리는 이제 화이트헤드가 신과 시간을 어떻게 관련시켰는지에 대해 물을 채비를 갖추었다. 앞서 그의 가장 빈번한 정식화들이 신에게 시간성을 적용하기를 일체 부정했다는 점에 주목했었다. 신은 비시간적인 현실적 존재다. 그럼에도 불구하고, 화이트헤드는 『과정과 실재』 마지막 구절에서 신을 원초적인 동시에 결과적인 존재로 간략히 다룰 때에 삼중적인 구별을 도입하고 있다.

신 이외의 현실적 존재들은 시간적이다. 이것은 그 존재들이 생성되자마자 소멸된다는 것을 의미한다. 화이트헤드에게서 "시간"이란 물리적 시간으로서 "영속적으로 소멸하는 것"이다. 신의 원초적 본성은 영원eternal 하다. 이것은 신의 그 본성이 어떠한 다른 의미로든 시간이나 과정에 의해 조금도 영향을 받지 않는다는 것을 의미한다. 신의 원초적 본성은 세계에 영향을 주지만, 세계에 의해 영향을 받지는 않는다. 그 본성에서 '이전'과 '이후'라는 말들은 엄밀히 말해 서로 관련성이 없는 범주들이다.

신의 결과적 본성은 "영속적"everlasting 이다.[29] 이것은 그 본성이 마치 시간처럼 창조적 전진과 관련이 있음을 의미하지만, 이전의 요소들은 새로운 요소들이 추가될 때 상실되지 않는다. 신의 결과적 본성에 들어오는 것은 무엇이든지 거기서 영구적으로 남지만, 새로운 요소들이 영속적으로 추가된다. 신이 두 본성들을 추상적 부분들로 갖는 하나의 현실적 존재라는 현재 화이트헤드의 결론과 인식에서 조명하자면, 우리는 신이 전체적으로 영속적이지만 모든 가능태들을 영원히 직시한다고 확실히 말할 수 있을 것이다.

그런데 신을 비시간적nontemporal으로 기술하는 것은 신 안에 과정이 없다는 것을 의미하지 않는다는 점은 아주 확실하다. 이전과 이후는 이런 과정을 기술하기 위해 관련되어 있는 용어들이다. 신은 자신이 인간의 특수한 경험 계기를 파악하기 이전의 신으로도 존재하며 그 계기를 파악한 이후의 신으로도 존재한다. 시간과 역사는 시간적 계기에서처럼 신에게 있어서도 동일하게 실재적이다. 신적인 존재가 시간적 사건들에 의해 영향을 받는 것은 추후의 시간적 세계에 영향을 끼치는 것으로 이어진다.[30]

이런 사실을 이해할 수 있는 가장 용이한 방식은 신을 인간의 인격과 동일하게 하나의 살아 있는 인격living person으로 간주하는 것일 것이다.[31] 살아 있는 인격은 특수한 연속성으로 경험 순간들이 연속되는 것을 의미한다.[32] 나는 어느 특정한 순간에 그 계기들 가운데 하나에 속하지만, 내가 나의 과거를 기억하고 나의 미래를 예기할 때는 나 자신을 그런 계기들의 전체 사회나 연속으로 보고 있는 것이다. 이때에는 신도 매 순간은 하나의 현실적 존재겠지만, 회고적으로나 전망적으로는 신적인 경험 계기들의 무한한 연속일 것이다. 그러나 화이트헤드 자신은 신을 살아 있는 인격이 아니라 *하나의* 현실적 존재로 생각하고 있었던 것이 확실하다.

화이트헤드의 추종자들은 신에 관한 이런 두 가지 견해들의 관련 장점들을 광범위하게 논의해 왔다. 하츠혼은 신을 살아 있는 인격, 즉 신적인 현실적 계기들의 계승으로 생각하는 것이 더욱 정합적이라고 분명히 밝혔다. 이 견해가 가진 한 가지 주요한 장점은 세계를 향한 신의 인과적 효과성이 화이트헤드 체계의 일반 원리를 따라 이해될 수 있다는 것이다. 다시 말해 하나의 계기는 완성될 때, 즉 만족에 이를 때에만 다른 계기들에게 영향력을 끼칠 수 있다. 그러나 우리가 신을 단일한 영속적 합생으로 생각한다면, 다른 현실적 계기들에게 영향력을 행사할 만족이 존재하지 않게 된다. 그리고 세계에서 작용하는 그런 영향력을 떠난다면, 신을 조금이라도 전제할 근거는 사라진다. 어떤 의미에서, 우리는 세계에서 신의 인과적 효력이 계기의 미완성된 국면에서 보다는 완성된 국면에서 나오는 것과 더욱 유사하다는 점에 동의해야만 한다. 완성된 국면은 후속의 만족을 거쳐야만 다른 계기들에게 영향을 끼칠 수 있다. 그러나 만일 신의 합생이 영속적이라면, 결코 만족이 존재할 수 없게 될 것이다. 이 문제는 신이 신적인 경험 계기들의 무한한 계승이라고 가정한다면 해결된다.

그럼에도 불구하고, 이런 견해는 고유한 문제들도 갖고 있다. 만약 모든 계기가 신적인 계기의 만족을 파악한다면, 신적인 계기들은 거의 무한소에 가깝게 짧아야 할 것이다. 초당 일조대의 수로 발생해야 하는 것이다. 이 점에 논리적으로 불가능한 것은 없지만, 상상력에 균열을 가하는 무언가가 존재한다. 화이트헤드의 직관들은 그로 하여금 다른 방향으로 가도록 하였고, 그가 하츠혼의 행보를 지지하는 문제들에 어떤 반응을 보였는지에 대해 우리에게 준 힌트를 숙고하는 것은 가치가 있다.

하츠혼의 행보는 신과 다른 현실적 존재들 사이의 형이상학적 유사성을 강조하고픈 희망을 표현하였다. 그의 행보는 신과 형이상학적 원리에 관한 화이트헤드의 유명한 다음의 진술에 의해 고무된다. "신은 형이상학적 원리들의 붕괴를 막기 위해서 불러들여진, 모든 형이상학적 원리들로부터의 예외자로 취급되어져서는 안 된다."[33] 이것은 범주의 도식이 신에게 적용 가능해야 하는 것을 의미하는 것으로 이해되어 왔고, 그래서 신이 다른 존재들과의 관계 속에서 작용한다면 다른 존재들이 상호간의 관계 속에서 작용하듯이, 가장 용이하게 과시되는 것이었다.

그럼에도 불구하고, 화이트헤드는 신과 세계가 정반대임을 강조하는 다른 직관들을 갖고 있다.

신과 세계는 대비된 대립자이며, 이 대립자에 의해서 창조성은 대립 속에 다양성을 갖는 이접적인 다수성을, 대비 속에 다양성을 갖는 합생적 통일로 변형시키는 그 최상의 임무를 수행 한다… 신과 세계는 욕구적 비전과 물리적 향유가 창조에 있어 우선성을 똑같이 요구하고 있다는 최종적인 형이상학적 진리를 표현하면서, 서로 대치하고 있다… 대비되는 요소들은 서로를 필요로 하면서 맞서있다. 그것들은 통일성 속에 있게 될 때, 서로 역제하거나 대비를 이룬다. 신과 세계는 이처럼 서로를 필요로 하면서 맞서있다. [34)]

분명히 말해, 화이트헤드에게 신과 세계의 대립은 형이상학적 정합성에 대한 자신의 헌신에 위배되는 것이 아니다. 이런 짐을 인식했다면, 보다 단순한 정합성을 달성하려는 우리의 시도는 저지되어야만 한다. 그가 그런 대립을 명확히 해준 점에서 우리는 영속적으로 합생 하는 신이 세계와 상호 작용할 수 있는 방식에 관한 문제에 독특하게 반응할 수 있게 해주는 실마리들을 발견할 수 있다.

신과 세계의 대립에서 핵심적인 것은 정신적 극과 물리적 극 각각의 속에 있는 관계성이다. 피조물에게는 물리적 극이 우선적이다. 즉 각 계기는 신을 포함해 다른 현실적 존재들을 파악하며 발생한다. 개념적 느낌을 구성하는 정신적 극뿐만 아니라 어떤 경우에는 명제적 느낌과 지성적 느낌도 이 물리적 느낌으로부터 발생한다. 그러나 이것은 각 계기가 신의 원초적 본성 속의 관련된 영원한 객체를 파악할 수 있을 때에만 가능한 것이다.

신은 정신적 극에서 창시된다. 신의 원초적 본성은 영원한 객체들이 신의 직시를 통해 질서화 되는 방식이다. 여기에는 물리성이 존재하지 않는다. 신의 물리적 극은 신이 세계를 파악함으로써 구성된다. 이 물리적 느낌은 원초적인 개념적 느낌 위로 "짜여진"[35] 다.

화이트헤드는 신이 합생의 과정 중에 있을 때에 피조물 계기들이 신의 원초적 본성을 어떻게 파악하는지에 대해서는 말해주지 않았다. 그럼에도 불구하고, 그가 실제로 말했던 것을 토대로, 하나의 답을 어렵게 않게 제시할 수 있다. 원초적 본성은 항상 완결적이다.[36] 하나의 존재가 또 다른 존재에 의해 파악되기 위해 요구되는 것이 바로 이와 같은 완결성이다. 완결성이 물리적 극과 정신적 극의 통일성과 관련된 시간적인 계기들일 경우에는 이런 완결성이 "만족"이라 칭해진다. 따라서 화이트헤드는 현실적 계기들이 신의 개념적 느낌들을 파악한다고 주장하는데 문제가 없다고 보았다.

이 점은 신과 세계에 관한 화이트헤드의 이해를 의미 있게 하는데 필수적이다. 만약 신이 세계 속에 있는 잠재성의 역할을 설명하지 않는다면 신을 자신의 체계에 도입할 근거가 전혀 없었을 것이다. 그럼에도 불구하고, 두 번째 문제가 존재한다. 화이트헤드는 신의 결과적 본성도 세계 속에서 느껴진다고 지적하였다. 이런 느껴짐은 원초적 본성에 대한 파악과 비교한다면 우주에서는 훨씬 작은 역할만을 하고, 그의 근본적인 체계는 그런 느껴짐을 필요로 하지 않는다. 그러나 그 느껴짐은 종교적인 흥미를 가지며 많은 종교적 경험을 설명할 수 있는 것 같다. 또한 그런 느껴짐은 그의 체계의 여분과도 정합적인 것 같다. 그럼에도 불구하고 그것은 심각한 문제, 즉 신을 인격적 질서를 갖는 사회나 살아 있는 인격으로 보는 견해를 더욱 선호하는 쪽으로 빠져버리게 하는 문제를 갖는다. 신의 결과적 본성은 합생 중에 있으며 언제나 그렇게 합생 중에 있을 것이다. 이 말은 그 본성이 완결적이지 않다는 것을 의미한다. 그렇다면, 그 결과적 본성은 어떻게 느껴질 수 있을 것인가?

이에 대한 한 가지 해석은, 완결성이 신 안에서 작용하는 방식이 현실적 계기들의 경우와는 다르다고 말하는 것이다. 신의 완결성은 원초적이다. 그러나 결과적 본성이 성장할수록 신의 완결성은 그 결과적 본성에 의해 풍성해진다. "신은 다수의 가능적 형상들의 관련성에 대한 원초적 통일이다. 과정에서 신은 결과적 통일성을 획득하고, 원초적 성격은 이러한 다양성을 그 자신의 통일성 속에 흡수한다."[37] 시간적 세계 속의 현실적 계기가 물리적 극을 토대로 정신적 극으로서만 만족을 성취하는 반면에, 영원히 완결적인 정신적 극에서 창시되는 영속적인 현실적 존재인 신은 정신적 극으로 짜여 들어간 물리적 느낌들을 포함시키는 영속적인 완결성을 갖는다.

화이트헤드가 이러한 방식으로 생각했다는 것은 다음의 진술에 의해 제시될 수 있다. "신의 결과적 본성이란 현실태의 다양한 자유를 신 자신의 현실화의 조화로 수용함으로써 신 자신의 경험을 성취하는 것을 말한다."[38] 현실적 계기들에는 만족 이외에는 현실화의 조화가 존재하지 않는다. 화이트헤드는 신 안에서는 그런 현실화가 진행 중에 있다고 믿었다.

## 4. 신은 세계를 어떻게 구제하는가

화이트헤드의 관심은 결과적 본성이 어떻게 세계에 영향을 끼치느냐에 있었다기 보다는 결과적 본성이 어떻게 세계를 완결시키고 성취시키느냐에 있었다. 그러나 이조차도 화이트헤드가 명료하기를 추구했던 풍성한 직관을 전적으로 파악하지는 못한다.

> 그러나 문명화된 직관은 막연하게나마 늘 이 문제를 단일적인 것으로서가 아니라 이중적인 것으로 파악해 왔다. 단순한 유동성 · 영속성의 문제란 없다. 영속성을 수반한 현실태가 유동성을 자신의 완결로서 요구하고, 유동성을 수반한 현실태가 영원성을 자신의 완결로서 요구하는 이중적인 문제가 있는 것이다. 이 문제의 전반은 신의 결과적 본성이 시간적 세계로부터 파생됨으로써 이루어지는 신의 원초적 본성의 완결과 관계된다. 그리고 이 문제의 후반은 '끊임없는 소멸'을 결한—영속적인—객체적 불멸성의 기능에 의한, 각각의 유동적인 현실적 계기의 완결과 관계된다.[39)]

두 가지 문제가 신의 결과적 본성에 의해 해결되었기 때문에, 결과적 본성이 어떻게 해결하는지에 대한 화이트헤드의 직관을 이해하는 것이 중요해진다. 신의 측면에서 그것은 아주 분명하다. "모든 질서의 기초가 되는 원초적 욕구"[40)]가 존재한다. 즉, 원초적 본성은 현실태를 산출하기 위해 잠재태를 질서화 하는데, 이것이 본래적인 가치이다. 신의 지향은 궁극적으로 신 자신의 생명 속에서 가치를 달성하는 것이다. 신의 지향은 세계에서의 가치 실현을 지향한다. 결과적 본성은 세계에서 달성된 가치를 신 자신의 생명 속으로 취하는 것이다.

어떤 사람들에게는 우리가 신의 성취에 공헌한다는 이런 확언이 종교적으로나 실존적으로 충분한 것이 된다. 이런 확언은 하츠혼에게는 참이었다. 하츠혼은 자신과 자신의 미래에 대해 걱정하지 않았을 것이다.

그럼에도 불구하고, 화이트헤드의 대부분의 제자들은 다른 문제에 초점을 두고 있었다. 우리가 영속적으로 소멸하는 현실적 계기들이기 때문에, 우리는 항구성을 어떻게 달성할 수 있을지에 대해 알기를 원한다. 이 문제는 신 안에서 우리의 객체적 불멸이 어떻게 이해되어야만 하는지에 대한 상당한 논의를 필요로 하는 문제이다.

어떤 사람들은 불멸의 문제에 대해, 우리가 세계에서 잊혀 질 때 신에 의해서는 영원히 기억된다는 것을 의미한다고 말한다. 기억은 확실히 객체적 불멸에 근거를 둔다. 만약 과거가 현재의 구성에 참여하지 않는다면, 과거의 사건들을 기억하는 일은 없을 것이다. 그리고 우리는 기억되고 있는 것 같다.

그러나 우리의 대단히 많은 기억들은 과거의 사건들을 객체적으로만 조명한다. 우리의 기억은 과거 사건들의 가치를 유지하거나 재연하지 못한다. 그러나 이것은 화이트헤드가 신 안에서 우리가 객체적으로 불멸한다고 가정했을 때 의미했던 것이 아니다. 그런 것이라면 신의 원초적 욕구도 성취시키지 못하며 항구성을 향한 피조물의 갈망도 성취시키지 못할 것이다.

화이트헤드의 초점은 직접성의 유지에 있었다. "세계는 창조적 전진을 상호적인 직접성의 유지와" 결합시키는 "직접성의 일치에서 느껴진다."[41] 이에 대한 반대가 화이트헤드 학자들에 의해 종종 제기되었다. 저 직접성이 주체적 직접성subjective immediacy을 의미할 수는 없다는 것이다. 신 안에서 객체적으로 불멸하는 계기들은 과거에 존재했던 것이며, 주체적 직접성은 필연적으로 현재에만 한정해야 한다는 것이다. 이 말은 옳다. 그러나 화이트헤드는 신 안에서 우리의 객체적 불멸성을 주체적 직접성이나 객체적 기억에 제한시키지 않는다. 직접성의 유지라는 것 역시 존재한다.

가장 온전한 의미에서 이런 유지는 신에게서만 가능하다. 따라서 우리는 그런 유지에 관한 완전한 이해를 기대하지는 말아야 한다. 그럼에도 불구하고, 그런 유지가 우리의 인간 경험에서 전적으로 부재한 것은 아니다. 화이트헤드는 주체적 직접성의 소멸에 대해서도 말하지만 객체적 불멸 속에서의 직접성의 "사라져감"[42]에 대해서도 말한다.[43] 이것은 우리 과거의 직접 경험과의 관련성에서, 아무리 제한이 따르고 짧다고 하더라도 직접성의 유지가 존재한다는 것을 의미한다. 이런 유지는 기억으로 불릴 수 있지만, 매우 특별한 종류의 기억이 될 것이다.

한 순간 내가 큰 즐거움을 느낀다고 가정해 보자. 다음 순간 나는 그 즐거움을 여전히 느낄 가능성이 크다. 이것은 나를 즐겁게 만든 소식이 당시의 나에게 참신하게 전유되었기 때문에 그랬을 것이다. 그러나 그 즐거움의 유지는 또한 한 순간 느꼈던 즐거움이 다음 순간에서도 느껴졌기 때문일 것이다. 우리는 그 직접적 과거를 주로 해당 주체적 형식, 즉 정서들에 의해 "객체화한다." 우리는 그 즐거움을 즐겁게 느낀다. 우리는 바로 직전에 자신이 즐거웠었다는 점을 회상하는 것이 아니다. 우리는 그 즐거움을 직접성 속에서 유지하면서 현재에게 새로운 주체성을 주고 있는 것이다.

우리에게서도 직접 계승된 계기에서조차 어떤 상실이 존재하며 해당 직접성이 사라지게 되는 경우가 생긴다. 우리는 그 사라진 것을 회상할 수 있고 발생했던 사건에서 어떤 즐거움을 취하기도 하지만, 그런 회상과 취함은 유지와는 매우 다른 문제이다. 시간적인 계기에서는 매우 드물게 이전의 직접성이 어느 정도 새로워질 수 있을 것이다. 예를 들어, 우리는 최면 상태에서 어린 시절의 경험들을 소생시킬 수 있다. 이런 소생은 어느 정도의 직접성으로써 당시의 정서들을 현재 다시 느끼는 것이다. 그러나 우리는 항상 새로운 계기가 그 선행자로부터 물려받은 것을 다른 여건들과 통합시킨다. 따라서 이런 직접성의 유지는 완전할 수 없다. 그런 유지는 이내 사라진다.

화이트헤드는 이런 문제들이 신의 입장에서는 완전히 다르다고 생각하였다. 사람들이 한 가지 원천 이상으로부터 계승받은 많은 것들을 통합하는 능력은 새로움을 향한 그들의 역량에 의존해 있다. 이 통합하는 능력은 새로운 잠재성들, 즉 그들의 개념적 느낌의 범위를 자기화하는 그들의 능력인 것이다. 화이트헤드는 신이 개념적 느낌의 전체 영역을 소유하고 있다고 추론한다. 그러므로 새로운 것을 자기화하는 과정에서 과거 대부분을 희생시키고 마는 새로움에 대한 매우 제한된 우리의 능력은 신에게는 적용되지 않는다. 신은 모든 사물들을 그들의 직접성으로 유지시킨다.

이것은 "신의 결과적 본성이 개별적인 자기-실현을 수반하고 있는 다수의 요소들로 이루어져 있다."[44]는 것을 의미한다. 신 안에서 유지되는 것은 그것이 스스로 존재했을 때의 것처럼 각각의 개별적 계기이다. 그래서 세계의 유동성은 항구성을 달성한다.

그러나 화이트헤드는 이런 점에 두 가지 조건을 부과하였다. 첫째, 모든 것이 유지되는 것은 아닐 것이다. "주체적 지향의 지혜는 모든 현실태를 완성된 체계 내에 *적절히 자리할 수 있는 것*--그 고뇌, 그 슬픔, 그 실패, 그 승리, 그 기쁨의 직접성--으로서 파악한다. 그리고 이렇게 파악된 것들은 느낌의 적절성에 의해 짜여져서 보편적 느낌이 된다."[45] 나는 해당 계기의 완결성이 그 보편적 느낌으로 통합되는 것이 가능하지 않을 것이라는 점을 지시하기 위해 "적절히 자리할 수 있는 것"을 이탤릭체로 강조하였다. 화이트헤드는 이 제한을 "구원될 수 있는 그 어떤 것도 버리지 않는 사랑"[46]에 대해 썼을 때에 보다 분명히 하였다. 강조점은 결과적 본성의 놀라운 포괄성에 있지만, 모든 것들에 대한 신의 통합은 모든 계기들의 모든 측면을 포함하는 것은 아니다.

둘째, 세계 속에 있는 계기들은 그것들이 발생했을 때와 동일하게 유지되는 것이 아니다. 어떤 이들은 세계에는 항구적이기 보다는 상실되는 것이 훨씬 더 좋은 많은 것들(많은 고통과 많은 죄 등)이 있다는 점에 관심을 가진다. 화이트헤드에게도 역시 신의 구제 사역은 세계에서 발생한 것을 순수하게 보존하는 것이 아니라는 점이 명백하다. 그러나 화이트헤드는 모든 것들 속에서 어떤 가치를 보았다. "순전히 자기 본위적인 파괴적 악의 반항들은 단지 사소한 개개의 사실들에 지나지 않는 것으로 밀려난다. 그렇지만 그것들이 하나하나의 기쁨에서, 하나하나의 슬픔에서, 필요한 대비의 도입에서 성취한 선善은 그것과 완결된 전체와의 관계에 의해 이미 구제되어 있다."[47]

신의 결과적 본성이 있는 그대로의 세계를 수용하는 것일 뿐만 아니라 그것을 조화로운 전체로 변형시키기도 한다는 점은 인격들에 대한 자신의 논의에서도 분명히 드러난 것이다. 화이트헤드는 신 안에서 유지되는 것은 바로 임의의 인격적 생애의 개별적인 순간들뿐만 아니라 그 인격 자체라고도 생각하였다. "시간적 세계에 있어 존속하는 인격성은 후속자들이 어떤 특수한 완결성을 가지고 그 선행자들을 개괄하는 계기의 경로이다. 신의 본성에 있어서 그것에 상응하는 사실은 일련의 요소들그것들에게는 계기(繼起, succession)가 직접적인 일치의 상실을 의미하지 않는다에 있어서 생명이 갖는 보다 완전한 통일성이다."[48]

말할 필요도 없이, 우리를 신 안에서 영속하는 존재로 생각하는 것은 우리의 상상력을 극한까지 펼치게끔 만든다. 또한 화이트헤드의 우주론에 의해 가장 깊은 인상을 받는 사람들조차 이 점에서 그가 아주 의식적으로 그 우주론의 사변적인 성격을 한계점까지 수행하고 있다고 인식한다. 화이트헤드는 유동성과 항구성에 관한 문명화된 직관에 대한 자신의 의미에 반응하고 있었던 것이다. 그는 이런 분야에 관한 어떠한 학설이라도 지지할 수 있는 증거는 거의 존재하지 않는다는 점을 분명히 하였다.

## 5. 하나의 개별적인 섭리

지금까지 자신이 대부분의 논의를 통해 화이트헤드는 다음과 같이 생각하였다. "우주는 다음과 같은 삼중의 창조적 행위를 포함하고 있다. 즉 (i) 하나의 무한한 개념적 실현, (ii) 시간적 세계에서의 자유로운 물리적 실현의 다양한 연대성, (iii) 다양한 현실적 사실과 원초적인 개념적 실현과의 궁극적 통일성이 그것이다."[49] 그럼에도 불구하고, 『과정과 실재』 마지막 부분에서 화이트헤드는 다음과 같이 말한다.

> 보편적 상대성의 원리는 신의 결과적 본성에 제한되어서는 안 된다. 이 본성 자체는 다양한 합생적 계기와의 연관등급에 따라 시간적 세계로 이행해간다… 넷째 위상에서는 창조적 행위가 완결된다. 왜냐하면 완성된 현실태는 시간적 세계 속으로 되돌아가고, 또 이 세계를 제약하여 각각의 시간적 현실태가 그 세계를 관련 있는 경험의 직접적 사실로서 포함하도록 하기 때문이다… 그것은 개별적인 계기들에 대한 개별적인 섭리이다.[50]

만약 우리가 위의 진술을 화이트헤드의 전문적인 어휘들로 진술한다면, 그 진술은 계기들이 신을 혼성적인 물리적 파악으로도 파악하고 순수한 물리적 느낌으로도 파악한다는 것을 의미한다. 이런 방식으로 진술된다면 위의 진술은 아주 자연스러워지는 것 같다. 그 밖의 모든 것은 물리적으로 느껴진다. 신은 왜 그렇게 안 느껴지겠는가?

나아가, 신의 결과적 본성에 대한 어떤 파악은 이미 내포되어 있다. 화이트헤드는 "자신을 초월하는 가치감sense of worth은 개체적인 자기-성취에 들어있는 압도적인 요소로서 직접적으로 향유된다."[51]고 말한다. 이 [가치]감은 신 안에서 자신이 유지되고 있다는 어떤 인식을 의미한다. 그 가치감은 신을 "위대한 동반자이해하는 일련탁생의 수난자"[52]로 경험하는 데서 절정에 도달한다.

나는 신이 합생 중임에도 불구하고 그 신을 파악하는 것이 어떻게 가능한지에 대해 이미 논의하였다. 화이트헤드는 신 안에 지속적인 완결성이 존재하여 신 전체는 언제나 파악 가능한 현실태라는 점을 지적하려고 애를 쓰고 있다. 만약 화이트헤드가 우리가 신 안에서 지속적으로 살 운명이라는 확신을 신의 물리적 극을 파악한 덕택으로 돌린다면, 이런 설명은 충족될 것이다. 그럼에도 불구하고, 위의 구절은 그 이상의 것을 주장한다. 위 구절은 결과적 본성이 세계에서 합생 중인 계기에 대해 갖는 관련성의 등급에 대해 말하고, 이 관련성이 세계의 계기들을 위한 개별적인 섭리를 구성한다고 진술한다.

신에 대한 두 가지 파악들을 구별하는 것, 즉 하나는 신의 결과적 본성을 파악하고 다른 하나는 신의 원초적 본성을 파악한다는 것을 구별하는 것은 의미를 갖지 못할 것이다. 아마도, 과거의 계기들을 파악하는 경우에서처럼 신에 대한 하나의 통합된 파악이 존재할 것이다. 위에서 인용한 하나의 단락을 떠난다면 독자들은 최초의 지향이 영원한 객체들에 대한 신의 원초적 질서화에서 전적으로 파생된다고 전제하겠지만, 현재의 제안은 신이 세계에서 발생한 것들을 통합하는 것도 최초의 지향에 영향을 끼친다는 점에 있다. 원초적 본성에 의해 주어지는 일반적 섭리에 덧붙여져서 "개별적인 계기들에 대한 개별적인 섭리"[53]가 존재한다.

이런 주장들은 많은 물음을 발생시킨다. 혹자는 각 계기가 세계에 대한 신의 인식을 고려하는 최초의 지향을 신이 개별적으로 조절하는 것으로 이해할 수 있다. 신은 어떤 계기들에게는 미래에 대한 신의 탁월한 인식에 근거하여 최초의 지향을 제공한다는 것처럼 말이다. 이것은 신의 특수한 인도하심에 관한 종교인들의 많은 주장들 때때로 인상적인 주장들 에 의해 지지될 수 있다. 아마도, 화이트헤드도 이런 점을 배제하는 의미를 주었던 것은 아닌 것 같고, 나 역시도 그런 점이 배제되는 것을 반드시 원하는 것은 아니다. 그러나 그런 주장들을 펴는 것은 많은 문제들을 일으킨다. 왜 탈선한 열차에서 이런 방식으로 한 사람만이 구제되고 다른 모든 사람들은 죽도록 허용되어야만 하겠는가? 이런 종류의 인도하심을 기대하는 것은 슬프게도 사악한 자기-기만으로 빠져들 수 있다. 나는 이런 가능성은 더 이상 추구하지 않는다.

화이트헤드는 이런 개인주의적인 것과는 아주 다른 것을 마음

속에 생각하고 있었다. 그는 신의 결과적 본성이 갖는 개별적 계기들에 대한 등급화 된 관련성에 대해 말한다. 이러한 측면에서 본다면 신이 존재하는 모든 것들을 통합하는 것은, 영원한 객체들의 등급화 된 관련성뿐만 아니라 합생하는 계기들에 대한 등급화 된 관련성을 갖는 것이다. 최초의 지향은 신 안에서 통일되어 있는 것처럼 현실 세계의 등급화 된 관련성에 의해서 조건 지워진 잠재성의 등급화 된 관련성으로부터도 파생된다.

이런 등급화 된 관련성에 따른 추이를 떠난다면 잠재태의 질서화는 수십억 년에 걸쳐, 그리고 다양한 우주 시대들 속에서 여전히 동일한 방식으로 만나야 하는 것처럼 보인다. 유일한 차이는 최초의 지향이 파생되는 상황인 것 같다. 등급화 된 관련성을 따른 추이에서는 과거의 우주도 역시 현재의 특정 상황에서 최선의 것을 결정하는데 관여하는 것으로 제시된다. 이것은 세계에 방향을 제시하는 지혜가 하나의 원초적 결정에 의해서 남김없이 설명되는 것이 아니라, 시간의 추이와 사건들의 현실적 진로와 함께 보다 특수한 형태를 획득하게 된다는 것을 의미한다.

그러나 이런 점은 개별적인 계기들을 위한 개별적인 섭리에 관한 화이트헤드의 직관을 남김없이 해명하지는 못할 것이다. 이런 언어는 개별적인 계기들의 더욱 개별적인 과거가 최선이 되는 것을 결정하는데 참여하기도 한다는 점을 제안한다. 아마도, 이것은 신의 결과적 본성 일반의 등급화 된 관련성이 함축하고 있는 의미들일 것이다. 그러나 그 최소치에서 이런 언어는 각각의 순간, 신에게서 파생되는 최초의 지향이 우리가 과거에 어떤 반응들을 해왔는지에 의해 영향을 받는다는 점을 제안한다. 그것은 성서 저자들이 당연시했었던 신과 피조물들 사이의 상호 작용을 강조한다.

이런 상호 작용적 비전이 『생성 과정 속의 종교』에서 이미 존재하고 있었다는 점을 상기하는 것은 흥미로운 일이다.[54] 신의 "목적은 언제나 세계의 현실적 상태와 관련한 개별적인 이상들 속에서 구현된다. 따라서 모든 달성은 현재 세계 자체 속에 있는 신으로서의 현실적 이상들을 형성한다는 점에서 불멸적이다. 모든 행위는 신의 보다 깊은 인상이나 희미한 인상을 세계에 남긴다. 그 다음 신은 이상적 가치가 확대되거나 축소된 증여의 상태로 세계와의 다음 관계에 들어간다."[55]

혹자는 화이트헤드가 『과정과 실재』에서 최초의 지향에 대해 광범위하게 논의하면서, 자신이 이전 저술[56]에서 표현했었던 직관이 주제적으로 발전되지 않았다는 점을 알게 되었다고 추정할 수도 있을 것이다. 그러나 화이트헤드는 『과정과 실재』 끝부분에서 최초의 지향이 더욱 철저히 발전된 체계에 어떻게 부합하는지를 지적함으로써 그 최초의 지향을 다시 주장하고 있었다.

나는 이런 통찰을 체계화 하려는 시도를 하면서 신이 각각의 생성 계기에 관한 명제적 느낌을 영입하고 있다는 의미로 화이트헤드를 이해해야 한다고 제안했었다. 물론 해당 명제의 논리적 주어는 해당 계기일 것이다. 그리고 술어적 패턴은 명제적 느낌의 이상적 실현일 것이다. 신은 해당 명제적 느낌을 실현하려는 욕구라는 주체적 형식으로써 해당 명제를 영입하는 것으로 이해될 수 있을 것이다. 합생 계기는 신이 자신을 명제적으로 느끼는 것을 파악하는 것으로 이해될 수 있을 것이다. 이러한 파악이 최초의 지향을 구성하는 것이다. 바로 이 이론이 앞 장과 다음 장 모두에 있는 정식화들에 영향을 끼쳤고 이번 장에서 내가 수정했던 부분에서도 커다란 역할을 하였다.

나는 내가 화이트헤드가 직접 이런 진술들을 하지 않았다고 썼던 때를 알고 있다. 실제로, 화이트헤드는 일반적으로 최초의 지향을 하나의 개념적 느낌이라고 말했었다. 그럼에도 불구하고 『과정과 실재』를 집필해 가면서, 그는 피조물이 영원한 객체를 파악하는 것은 그것들이 신 안에 존재하고 있을 때의 것들을 파악하는 것이라는 결론에 도달했었다. 따라서 그런 파아들은 혼성적인 느낌들인 것이다. 만약 우리가 이런 인식을 최초의 지향 속에서 파악되는 이상이 신의 개념적 느낌들과 마찬가지로 신의 물리적 느낌과도 관련된다는 결론적인 지적과 결합시킨다면, 신에게 명제적 느낌을 귀속시키는 것이 변화의 행보를 보인 것은 아니었다. 더구나, 신에 관한 화이트헤드의 정식화를 더욱 정합적이게 하려는 나의 소망과, 그리고 그것이 현실적 계기들에 관한 정식화들과 아주 유사하다는 것을 의미하는 나의 견해를 감안한다면, 그런 행보는 정당화 되는 것 같다.

그럼에도 불구하고, 이것은 『구판』에서의 화이트헤드의 입장에 대한 "개선점들"에 대해 내가 점차 자신감을 잃어버리게 된 한 지점의 사례가 된다. 화이트헤드의 비전에서 신의 원초적 비전이 세계에서 하는 역할은 대단히 독특한 것이다. 화이트헤드는 신에 의해서든 다른 계기에 의해서든 합생 중에 있는 계기를 물리적으로 느낄 수 있다는 제안은 결코 하지 않았다. 그런 물리적 느낌이 없다면, 해당 계기에 관해 영입될 수 있는 명제도 존재하지 않는다. 그래서 나는 최초의 지향이 부분적으로는 생성 중인 계기에 관해 선행하는 계기들이 영입한 명제로부터 파생될 수 있다는 성찰을 하게 되었다. 다시 말해, 내가 한 순간에 성취하려고 시도하는 것은 후속 순간이 생성되어야만 한다는 점을 수반한다. 그래서 나는 바로 이것이 후속하는 새로운 계기의 최초 지향에 영향력을 행사하는 것이라고 추정했었던 것이다. 하지만 이것도 역시 화이트헤드의 정식화들과 충돌한다. 나의 사변들이 나를 이끌었던 방향은 나로 하여금 새로운 문제들을 야기하도록 만든 것이다. 그 결과는 나의 고유한 직관에 덜 만족하게 되었다는 것이다. 나는 화이트헤드의 직관들을 더욱 선명하게 하기 위해 수고스런 작업을 하기로 결정하였다.

그렇다면, 최초의 지향은 신에 의해 등급화 된 관련 속에서 질서화 된 영원한 객체들을 혼성적으로 느끼는 것이다. 이런 질서화는 신의 결과적 본성의 등급화 된 관련에 의해 조건 지어질 수도 있지만, 영원한 객체들이 새로운 계기를 창시할 때 하는 역할을 변화시키지는 않는다. 영원한 객체들에 의해 생성된 욕구는 새로운 계기의 시공간적 장소를 결정하고, 그래서 정확히 어떤 계기들이 그 새로운 계기의 과거에 놓이게 될지를 결정하게 된다. 이렇게 과거 계기들미래를 향한 그것들의 희망과 두려움을 포함하여을 파악하는 것은 새로운 계기의 내용과 주체적 지향의 최초 위상에서 구현된 이상이 수정될 가능성실제로는 가망성에 이바지 하게 된다. 해당 계기는 이상적 가능성에 이르지 못할 공산이 크다. 그렇다면, 새로운 계기를 위해 선행하는 계기들이 영입했었던 희망들은 새로운 계기의 최종적인 주체적 지향에는 공헌 하겠지만, 내가 앞에서 논증했고 여전히 다른 장에서 성찰했듯이, 최초의 지향에는 공헌하지 못한다.

## 6. 세 가지 전문적인 문제들

이 『수정판』에 의해 대체된 초판의 장에서 논의된 두 가지 문제들은 위대한 종교적 중요성을 가진 것은 분명 아니었다. 그럼에도 불구하고, 나는 그 문제들을 빼버리고 싶지 않다. 첫째 문제와 관련해 나는 나의 견해들을 변경하였다. 나의 이전의 견해들이 내가 다른 장에서 말했던 것에 여전히 영향을 미치고 있겠지만 말이다. 둘째 문제와 관련해서는 화이트헤드의 텍스트로부터는 강력히 지지될 수 없는 입장이지만, 나는 여전히 논증하길 원하고 있다. 나는 거의 수정을 하지 않은 채 그 견해를 다시 제공한다. 마지막 부분에서는, 이 책의 초판에서는 응답하지 않았지만 이 『수정판』을 내는 계기로 간단히 코멘트하고 싶은 화이트헤드의 유신론과는 정반대 방향을 향한 하나의 논증이 있다.

첫 번째 문제는 영원한 객체들의 지위에 관한 것이다. 특히, 그것들과 신이 갖는 관계성에 대해 말이다. 화이트헤드를 더욱 정합적이게 하려는 나의 시도에서 나는 영원한 객체들이 신과 맺는 관계와 그것들이 피조물들과 맺는 관계가 대단히 유사하다는 점에 대해 논증했었다. 이것은 나로 하여금 화이트헤드의 보다 초기의 정식화들과 일맥상통하게 만들어 영원한 객체의 순수한 존재성이 신에게 의존하지 않는다고 가정하도록 만들었다. 이런 견해에서 영원한 객체들은 신의 개념적 느낌의 여건들이다. 나는 영원한 객체들이 여건으로 기능하기 위해서는 신에 의해 파악되는 것에서 분리된다 하더라도 존재해야만 한다고 생각했었다. 그러나 그런 여건으로는 그것들 사이에 질서가 존재하지 않는다. 신의 원초적 본성은 그것들에 질서를 부여하는 결정이고, 신에 의해 공헌되었으며 제한과 구체화의 원리로 기능하는 것도 바로 이런 질서이다. 영원한 객체들이 피조물 속으로 불러내지는 것도 이런 질서 때문에 가능한 것이다.

많은 구절들이 나의 이전의 견해에 호응하여 인용될 수도 있다. 그리고 단지 몇 구절만이 그에 반하여 인용될 수 있다. 그럼에도 불구하고, 일반적으로 그에 반하는 구절들이 화이트헤드 성찰의 최종적인 결론을 표현하고 있는 것 같다. 이 문제에 관해 화이트헤드가 씨름한 것을 제시하는 구절은 다음과 같다.

따라서 영원한 객체를 현실 세계로부터 완전히 추상하여 이해하려는 노력은 그것들을 분화(分化)되어 있지 않은 비존재로 환원시키는 결과를 낳게 된다. 이것은 존재임(being an entity)이라는 것의 보편적인 형이상학적 성격이 '여러 현실태의 생성에 있어서의 결정자임'이라고 하는 범주적 원리의 예증이다. 따라서 영원한 객체들이 창조 과정의 각 사례와 차별적인 관련을 맺기 위해서는 그것들이 신의 원초적 본성에 있어서 개념적으로 실현되어 있어야 할 필요가 있다. 신은 영원한 객체를 창조하지는 않는다. 왜냐하면 신의 본성은 영원한 객체가 신을 필요로 하는 것과 꼭 마찬가지로 영원한 객체를 필요로 하기 때문이다. 이는 존재의 범주적 유형들 간의 정합성을 예시해 주는 한 사례가 된다. 영원한 객체들 상호 간의 일반적 관계, 차이의 관계 및 패턴의 관계는 신의 개념적 실현에 있어서의 그 객체들의 관계이다. 이러한 실현을 떠나서는 비존재와 구별될 수 없는 단순한 고립이 있을 뿐이다.[57)]

나는 더 이상 나의 젊은 시절의 의미를 갖고 있지 않다. 그런 의미는 위 인용의 내용으로 수정될 수 있다. 화이트헤드에게는 창조성처럼 신과 세계도 모두 서로를 필요로 하고, 그래서 신과 영원한 객체도 또한 서로를 필요로 한다. 만약 우리가 영원한 객체가 신의 질서화를 떠난다는 것에 대해 묻는다면, 그 대답은 영원한 객체들이 "아무 것도" 아닌 것이 된다는 것이다. 만약 우리가 신이 영원한 객체들을 떠난다는 것에 대해 묻는다면, 그 역시 대답은 신도 "아무 것도" 아닌 것이 된다는 것이다.

둘째 문제는 신과 공간의 관계성에 관한 것이다. 미래의 어느 때에, 나는 현실적 존재들과 공간의 관계에 대해 화이트헤드의 직관을 따르도록 설득 당할 수도 있다. 예전에 나는 나의 판단들이 화이트헤드의 텍스트에 근거했는지에 관한 증거를 찾았었지만, 화이트헤드의 전제들이 나와는 다르다는 결론을 내리지 않을 수 없게 되었다. 이것은 나를 주저하도록 만들었다. 나는 "영혼의 장소"[58]에 관한 절에서 화이트헤드로부터 지지를 얻어내고자 했던 것 이상으로 더욱 치열하게 연구하였다. 비록 내가 현재 화이트헤드의 텍스트로부터 신뢰할만한 지지가 없다는 점을 인식한다고 하더라도, 나는 "영혼의 장소"에서의 나의 조직적인 논증을 주저스럽지만 아직 계속 지키고 있다. 만약 이 나의 입장이 확고하다면, 그 입장은 현재의 논의를 위해서도 마찬가지로 중요한 의미들을 가질 것이다. 그리고 나는 이 견해가 적어도 그 논의에서 유지할만한 가치가 있다고 믿고 있다.

화이트헤드는 모든 계기의 입각점이 모든 다른 계기들의 입각점들에 대해 외적이어야만 한다고 분명히 생각했었다. 이 점은 텅 빈 공간empty space에 있는 계기들과 점유된 공간의 궁극적 구성원들이 계기들의 유일한 유형이라면 합리적으로 잘 기능할 수 있을 것이다. 문제는 우리가 다른 차원들의 현실적 계기들도 존재한다고 전제할 때 발생하게 된다.

예를 들어, 화이트헤드가 다소 머뭇거리듯 허용했듯이, 세포적인 현실적 계기들이 존재한다면, 우리는 그것들의 공간에 대해 어떻게 생각할 수 있는가? 아마도 화이트헤드는 그것들이 세포의 텅 빈 공간 내에 매우 작은 장소 안에 위치할 것이라고 추정한 것 같다. 그의 명백한 긍정 속에서, 동물들 속에 최종적으로 주재하는 계기, 즉 통합된 주체적 경험과 함께 문제가 발생한다. 화이트헤드는 이 문제를 인간의 정신이나 영혼과 관련지어 주로 논의하였다. 이 점에 대한 그의 대답은 그 주재하는 계기가 뇌의 틈새를 이러저리 돌아다닌다는 것이었다. 나는 이 대답이 문제가 있고 매력적이지 못하다는 점을 발견하였다. 그 대답이 나에게는 모든 현실적 계기들의 시공간적 외부성이라는 최초의 전제로 나아가게 하는 것 같아 보인다. 이것은 뇌에서 일어나는 사건들과 인간의 주체적 경험의 관계성에 대해 우리가 실제로 알고 있는 것에 부합하기는 어려운 것 같다. 따라서 나는 나의 대안적 제안들을 준비하게 된다. 신과 공간의 관계성에 대한 나의 사변들은 이런 대안에 의존한다. 동시에 나는 나의 대안도 내가 풀고자 하지 않았던 고유한 문제들을 갖고 있다는 점도 깨닫는다.

심각한 왜곡 없이 시간을 공간으로부터 어느 정도 추상해서 고찰하는 일이 화이트헤드에게서 가능하다. 명료하게 이해하자면, 계승은 공간적 차원에 의존한 관계가 아니다. 나는 화이트헤드가 계승의 의미에서 시간은 형이상학적으로 필연적인 반면 공간은우리가 이 공간이란 말을 통해 의미하는 것이 어떠한 것이든지 간에 그렇지 않다고 말한 것으로 이해한다. 어떤 다른 우주 시대에는 하나의 공간 차원의 우주가 있든지, 백 가지 공간 차원의 우주가 있든지 할 것이다. 신은 어떠한 우주 시대에서도 변경되지 않은 채 남아 있기 때문에 신과 공간의 관계는 신과 시간의 관계보다 틀림없이 보다 우연적일 것이다. 그럼에도 불구하고, 공간 또한더 정확히 말해, 시공간 우리가 알고 있는 유일한 이 세계에서 매우 실재적이며 중요한 요소이다. 그리고 우리는 합법적으로 신이 시공간과 어떤 관계에 있는지에 대해 물을 수 있다. 이번 절에서는 계승에 초점을 두지 않을 것이기 때문에 단지 편의상 공간에 대해 말하도록 하겠다.

모든 경험의 계기는 하나의 시공간적 영역region을 현실화한다. 그래서 자신의 입각점을 형성한다. 이런 맥락에서, 우리는 근원적으로 주어져 있는 것은 공간이 아니라 현실적 존재들이라는 점에 주목해야 한다. 공간은 오로지 현실적 존재들이 서로를 파악하는 방식이 우리들 안에서 공간적 연장 경험을 산출하는 하나의 차원을 가질 때에만 주장될 수 있는 것이다. 이런 관념은 우리로 하여금 다음과 같은 더욱 상세한 언급을 하도록 허용할 수 있을 것이다. 비록 실재의 공간이 구체적으로 생성되는 계기들의 현실화를 통해서만 구성되는 것이라고 하더라도 공간은 다른 방식들, 실제로 무한히 다른 방식들로 분할될 수도 있었을 것이다. 그래서 우리는 계기들에 의해 점유된 공간을 그 계기들로부터 추상하여 다룰 수도 있을 것이며 공간의 속성들, 즉 우리의 우주 시대의 공간 속에서 실제로 어떠한 계기들이 발생한다고 하더라도 그 계기들도 특징지을 수 있는 속성들에 대해 숙고할 수도 있을 것이다.

시간과 공간은 공동으로 우리 우주 시대의 연장적 연속체extensive continuum를 구성시킨다. 모든 계기는 자신의 입각점을 따라 이런 연장적 연속체 내에서 임의의 영역을 점유한다. 공간성이 부재한 하나의 우주에서 이런 영역은 단지 시간적일 뿐이겠지만 우리의 우주는 시공간적이다. 이제 제기되는 문제는 우리 우주 시대의 계기들이 시공간적 영역을 점유한다는 사실이 신도 시공간적 영역을 점유하는 것을 의미할 수 있느냐 하는 것이다. 이에 대해 세 가지의 답변만이 논리적으로 가능하다. 즉 신이 어떤 특정한 영역만을 점유하든가, 아니면 신의 존재 양태가 영역들과 아예 상관이 없든가, 그것도 아니면 신은 전체 연속체를 점유하든가 할 것이다.

이런 대안들 가운데 첫째 것은 철학적인 근거에서 상당히 쉽게 거부될 수 있다. 철학적으로 확인된 신의 기능은 모든 계기들과 직접적으로 관련을 맺어야 하기 때문에 신이 어떤 특정한 영역만을 점유한다는 것은 불가능하다. 나머지 두 대안들 사이에서 하나를 선택하는 것은 제법 어렵다. 신 자신의 존재가 공간성에 의존해 있지 않기 때문에 신이 공간을 초월한다는 중요한 의미가 존재하는 것은 분명하다. 하지만 이런 점은 하나의 공간적 시대 속에서 신이 공간성에 의해 특징 지워 질 수 있는지에 관한 문제를 해결하지는 못한다.

화이트헤드가 침묵하고 있는 상황에서 이런 문제를 다루기 위해 우리는 그가 실제로 우리에게 제공한 관련 원리에서부터 시작해야 할 것이다. 신은 모든 시공간적인 현실적 계기들을 파악하며 신 역시 원초적 본성이나 결과적 본성에서 그 계기들에 의해 모두 파악된다. 더욱이, 이런 양방향에서의 파악은 직접적이다.

정상적으로 우리는 직접적인 파악들을 시공 연속체 내에서 직접 인접하고 있는 계기들을 파악하는 것으로만 생각한다. 이것은 신이 공간 전체에 편재한다는 학설을 제안한다. 실제로 인접성이 직접적 파악의 필수적 요소라면, 신이 공간 전체에 편재해 있다고 가정하는 것이 필요해진다. 그럼에도 불구하고, 신에 대한 고찰과 별개로 했을 때조차 우리는 화이트헤드가 이런 원리에 제한을 가했다는 점을 살폈었다. 화이트헤드는 우리의 우주 시대에는 다른 계기들의 물리적 극에 대한 파악이 계기들의 인접성에 의존해 있는 것 같지만, 다른 계기들의 정신적 극에 대한 파악은 인접성에 의존해 있지 않다고 주장한다.[59] 이런 원리에 의거해 우리는 공간적으로 어떠한 관련이 없더라도 신의 원초적 본성을 파악하는 것을 설명할 수 있으며, 역으로 신도 우리의 정신적 극을 파악하는 것을 설명할 수 있다. 더욱이, 물리적 경험 또한 인접성을 떠나서 파악될 수 있다는 주장과 관련해 형이상학적으로는 문제가 될 수 있는 것이 없기 때문에 신의 근원적인 비공간성의 학설은 화이트헤드가 신에게 귀속시킨 모든 기능들과 양립 할 수 있다. 실제로, 화이트헤드의 신에 관한 사유는 주로 신의 원초적 본성을 조명하면서 형성된 것이었기 때문에 아마도 그는 신이 비공간적이라고 전제했었던 것 같다.

그럼에도 불구하고, 어떠한 곳에도 존재하지 않는 하나의 현실적 존재라는 관념은 엄격히 말해 상상할 수조차 없는 것이다. 이 진술은 그런 존재를 승인하지 않겠다는 것은 아니다. 왜냐하면 우리는 우리의 상상력이 실재하는 것과 관련해 극히 제한적이라는 점을 알기 때문이다. 우리는 우리가 상상할 수 없는 많은 것들을 긍정하지 않을 수 없다. 그리고 이런 점은 특히 신에게 참이라고 할 수 있다.

그러나 화이트헤드 철학의 특별한 매력 가운데 하나는 신이 전적으로 상상할 수 없는 존재가 아니라는 점이다. 신은 기본적인 형이상학적 원리들을 예증하고, 바로 그것이 우리가 신에 관해서 명료하게 말할 수 있도록 해준다. 신에 대해 "우리가 [신]을 힘입어 살며 활동하며 존재한다."[60]고 생각하는 오랜 전통이 있어 왔다. 현실적 계기들과 신 사이의 물리적 느낌의 직접성은 신이 편재한다는 관점에서 더욱 잘 설명되는 것 같다.

이런 학설에 대해 제기되는 하나의 심각한 철학적 반대는, 현실적 입각점이 다른 현실적 입각점들을 구성하는 영역들을 포섭할 수 있을 가능성을 배제하는 것에서 비롯된다. 이 문제는 본서의 제2장에서 어느 정도 자세하게 고찰되었다.[61] 그리고 그런 입각점들의 영역 포섭$_{\text{regional inclusion}}$ 주장에 호응하는 논증들은 그 점과 관련해서만 요약될 것이다. 이 논증은 화이트헤드가 이런 영역 포섭의 관계를 주장하지도 않았고 그런 의미를 발전시키지도 않았지만, 그의 몇 가지 우주론적 주장들을 읽을 때 자연스럽게 도출될 수 있는 의미인 것 같다. 이 논증은 그의 형이상학적 원리와 시공간이 현실적 존재들과 맺는 관계성에 대해 그가 이해한 바와 양립한다. 나아가 이 논증은 동시태들이 상호간 파악할 수 없다는 원리와도 양립한다. 왜냐하면 이런 특수한 영역적 관계에 참여하는 존재들은 제각기 다른 존재가 객체적 불멸성에 들어갈 때에만 그 다른 것을 파악하게 될 것이기 때문이다. 마지막으로, 인간 경험의 현실적 계기들의 입각점을 구성하는 영역이 뇌 세포 속에 있는 인간의 정신 이외의 계기들의 영역을 포섭하고 있다는 학설은 여러 가지 특수한 이점을 갖고 있다.[62]

만약 우리가 인간 인격을 구성하는 시공간적 영역들에 뇌의 무수한 계기의 시공간적 영역이 포섭되는 것으로 생각할 수 있다면, 우리는 유비적으로 신의 영역에 세계 속의 모든 동시적 계기들의 입각점을 구성하는 영역이 포섭되어 있다고 생각할 수도 있다.

이번 절을 결론지으며 나는 물리학의 상대성 이론이 신에 관한 학설에 대해 갖는 함축적인 의미들과 관련된 하나의 문제에 대해 간략히 평가하고자 한다. 어떤 사람들은 특수상대성이론$_{\text{special relativity theory}}$에서 "동시적"$_{\text{simultaneous}}$이라는 말이 의미하는, 선취적인 시간이 존재하지 않는다는 논증을 펼쳐왔다. 하나의 시간 체계에서 동시적으로 발생하는 사건들도 또 다른 시간의 체계에서 보면 계승의 방식으로 발생하고 있다는 것이다. 모든 좌표계$_{\text{inertial system}}$는 자신만의 고유한 동시성의 의미를 갖고 있다. 그러나 세상에는 수많은 좌표계들이 존재한다. 그럼에도 불구하고, 화이트헤드의 신에 관한 학설은 신이 세계 속에서 발생하는 사건들을 파악하는 것이 동시성에 대한 하나의 신적인 의미를 전제하거나 확립하여 시간의 상대성에 맞서는 절대적인 틀을 제공한다는 것을 의미한다.

물론 신적인 시간 체계가 피조물의 시간 체계들 중 어떤 것들과 더욱 유사하고 다른 것들과는 덜 유사한가에 관해 불가능한 것은 아무 것도 없으며, 물리적 세계와는 상관관계를 갖지 않을 수 있는가에 관해서도 불가능한 것은 아무 것도 없다. 그럼에도 불구하고, 이런 생각은 조화롭지 못한 것 같으며 어떤 사람들에게는 신이 세계를 인식하는 것을 부정하게 만들어 버린다. 그런 생각이 어떠한 의미에서도 신적인 실재가 아니라면 말이다.

혹자가 화이트헤드의 입장을 정확히 반대하기 위해서는 나보다 상대성 이론특히, 일반상대성이론을 더욱 훌륭하게 이해하고 있어야만 할 것이다. 문제는 일반상대성이론이 우주 전체를 위해 특별한 권리를 가진 시간 체계를 지지하느냐 하는 점이다. 나는 그것이 지지된다고 생각하지만, 그런 점을 보여주는 것은 이 문제를 위해 필요한 물리학에 나보다 더 조예가 깊은 사람들에게도 벅찬 일이다.

특히, 그런 점을 보여주는 일은 화이트헤드가 아인슈타인의 정식화를 납득하기 어려운 것으로 발견하여 다른 것을 제안한 적이 있었기 때문에 더욱 벅찬 일이 된다. 화이트헤드가 가장 철저히 발전시킨 그의 이론적 판본은 현재 분명하고 결정적인 검증에 실패한 것으로 제시돼 왔다. 그럼에도 불구하고, 그는 아인슈타인의 예견들과 동일한 예견을 가진 또 다른 입장을 제안하기도 했었다. 그 제안은 공간의 휘어짐에 관한 어떠한 관련성도 피하면서 오로지 다수의 시간 체계multiple time system에만 근거해 있다. 화이트헤드에게 공간은 너무도 추상적인 것이어서 "휘어지는"curved 것이 될 수 없다. 그런 추상으로서의 공간은 유클리드 기하학이나 쌍곡선 기하학이나 타원 기하학의 관점에서 다루어질 수 있다. 그래서 공간이 휘어진다고 말하는 것은 의미가 없다. 물론 혹자는 빛이 휘어진 선을 따라 여행한다고 말할 수도 있지만, 이것은 또 다른 차원의 문제이다.

일반상대성이론이 선취적인 시간의 틀을 복원시킨다는 나의 감각은 우주의 기원들이 논의되는 방식에 의해 강화된다. 혹자는 하나의 별이 빅뱅의 장소로부터 얼마나 멀리 있는지에 대해 자세히 말할 수 있을 것이다. 즉 그 별의 위치가 우주의 팽창에 의해 영향을 받는 방식에 대해서 말이다. 우주는 좌표계에 의해서도 다르다고 묘사되지 않는 팽창이라는 하나의 중심을 갖는다. 우주는 자신의 고유한 시간 체계를 규정하는 것 같아 보인다. 신이 그런 규정에 참여하는 것도 자의적인 것 같아 보이지 않는다.

그러나 다수의 화이트헤드주의 물리학자들은 빅뱅에 대해 회의적이다. 이들은 한편에서 빅뱅 이론이 플라스마 plasma 에 관한 충분한 설명으로 취해질 수 없다고 지적해 낸다. 다른 편에서는 화이트헤드주의 우주론자들이 경험적 사실들을 빅뱅 이론에 부합시키기 위해 다른 증거(특히 암흑 물질과 암흑 에너지)가 없는 존재들을 가정할 수밖에 없게 되었다. 자기들의 지배적인 이론들을 지지하기 위해 활용되는 그런 임시적인 장치들은 때때로 이론이 수정될 필요가 있다는 신호가 된다. 그렇게 해서 수정된 이론이 우주적인 시간 체계를 지지할 것인지는 두고 볼 일이다.

이 주제에 관해서 나는 어떠한 중요한 공헌도 할 수 없다는 점이 분명하기 때문에 이 주제를 여기에 짧게나마 포함시킨 이유라도 설명해야 한다. 화이트헤드주의자에게는 신에 관해 사고한다는 것이 과학의 이론과 정합적이어야 할 필요가 있다. 이런 지적은 화이트헤드주의 신학을 다른 여타의 신학과 구별시킨다. 이것은 신학이 과학의 가설적인 성격에 참여한다는 것을 의미한다. 과학에서 지식이 증가할수록 신학에서는 수정이 요구될 수 있다. 과학에서 시간과 공간에 관한 최선의 이론 속에 불확실성이 존재하는 시대에, 화이트헤드주의 신학자는 신과 시공간의 관계에 대해 논의할 때 매우 시론적試論的인 태도를 지녀야만 한다. 화이트헤드주의 신학은 확실성을 찾는 자들을 위한 신학이 아니다.

## 장주 … 5

1) (PR 223/406).

2) (PR 342/589).

3) (PR 88, 131, 228, 338/191, 260~61, 415, 581~81).

4) (PR 348/598).

5) (PR 224~25/408~09).

6) (PR 67/156-157). 이에 대한 설명을 위해서는 본서의 제4장 3절을 참조하라.

7) (PR 224, 275/408, 488). 그리고 다음과 비교하라. Sherburne, 48.

8) (PR 88/190).

9) (PR 13/95).

10) (PR 7/56).

11) (PR 21/77).

12) (PR 7/56).

13) (PR 7, 31/56, 94).

14) (PR 31/95).

15) (PR 31/95~96).

16) (PR 24/83).

17) (PR 225/410).

18) 역자 주: 불교의 삼신론(三身論)으로 말한다면, 보신을 법신(더 정확히 말하면 법신 자체)에 종속시키는 것을 말한다.

19) 역자 주: 이 부처는 화신(化身)으로서의 석가모니 부처가 아니라 보신(報身)으로서의 아미타불을 의미할 것이다.

20) 역자 주: 이 단락의 핵심을 간단히 부연할 필요가 있다. 화이트헤드는 창조성에서는 형이상학적 중요성만을 보았고 신에게서는 종교적 중요성만을 보았는데, 본서의 저자 존 캅이 동양의 불교학자들과 깊은 대화를 나눈 결과, 불교의 연기와 공(그리고 힌두교의 닐구나 브라만 등도)에 상당히 근접한 화이트헤드의 창조성도 종교적 중요성을 갖고 있다는 점을 알게 되었음을 말하고 있는 것이다. 이런 저자의 자각은 종교에 대한 정의나 구원에 대한 정의를 글로벌한 차원의 다양성으로 확대시키는 계기가 된 것으로 보인다. 본서의 1965년 『초판』은 이런 동서양의 개념적 구조나 상응에 대해서는 전혀 언급이 없다. 아마도 이 부분이 저자가 『수정판』을

내기로 마음먹게 된 여러 중요한 결정적 이유들 가운데 하나일 것으로 강하게 추측된다.

21) 역자 주: 이 궁극자는 전통 서양에서의 궁극자인 신을 말하는 것이 아니라 화이트헤드에게서의 궁극자인 창조성을 포함하여 불교의 궁극자인 연기나 공, 또는 힌두교의 궁극자인 닐구나 브라만을 가리킨다.

22) (AI 267/326)에 있는 일부 예외에 대해 주목하라.

23) (PR 68, 289~90/160~161, 507~509)를 참조하라.

24) (PR 283/508).

25)『과정과 실재』제3부를 참조하라.

26) (PR 149, 154/287~288, 297).

27) 역자 주: 국역본의 표현으로는"초기"와 "후속하는"이다.

28) 예를 들어 (PR 86, 220/187~188, 401~402)를 참조하라.

29) (PR 345/594).

30) (PR 351/602).

31) 제2장의 앞부분을 참조하라. 하츠혼은 이 학설을 더 선호 한다 (참조 Kline, 23).

32) 제2장 4절의 인격적 동일성에 대한 논의를 참조하라.

33) (PR 343/590).

34) (PR 348/598, 599).

35) (PR 345/593).

36) (PR 13, 345, 347/65, 593, 597).

37) (PR 349/599).

38) (PR 349/600).

39) (PR 347/596~97).

40) (PR 347/597).

41) (PR 346/594).

42) 역자 주: 이 '사라져감'은 위 문맥에서 그 강조점이 소멸의 의미에 있는 것이 아니라 몇 개의 계기들에 걸쳐 주체적 직접성이 유지되고 있는 의미로 사용되고 있는 것이다. 그래서 역자는 그런 의미를 살리기 위해 영어 단어 'fading'을 '사라짐'이 아니라 '사라져감'으로 옮겼다.

43) (PR 341/586).

44) (PR 350/601).

45) (PR 346/594).

46) (PR 346/595).

47) (PR 346/594~95).

48) (PR 350/602).

49) (PR 346/595).

50) (PR 350~51/602~03).

51) (PR 350/601).

52) (PR 351/603).

53) (PR 351/603).

54) 본서의 235~236쪽을 참조하라.

55) (RM 158~59).

56) 역자 주: 이 이전 저술은 문맥상 1926년에 간행된『생성 과정 속의 종교』를 말한다.

57) (PR 257/459~60).

58) 제2장 6절을 참조하라.

59) (SMW 216/220), (PR 307~08/536~537), (AI 318/383).

60) 사도행전 17장 28절.

61) 본서의 128~140쪽을 참조하라.

62) 위의 책, 같은 면.

# 6장

# 화이트헤드의 신의 종교적 유효성

## 1. 화이트헤드의 종교적 민감성

몇 해 전 『화이트헤드 신의 종교적 활용 가능성』이란 문제를 다룬 한 권의 저명한 저술이 출판되었다.[1] 그 책에서 도달한 결론은 결정적으로 부정적이었다. 몇 사람의 다른 화이트헤드 해석자들도 "화이트헤드의 신"과 "종교의 신" 적어도 서구의 경건 전통에서의 신이 서로 상이하다는 점에 동의해 왔다. 이런 동의는 서구의 경건 전통에서의 신이 이런 저런 일상 이미지들의 관점으로 더욱 협소하게 정의된다면 참이라고 할 수 있다. 화이트헤드는 자기 의지 행위로 모든 사물들을 무無에서 존재로 불러내고 피조물 바깥에서 지속적으로 전능하게 통치하는 "초월적 창조자 신 관념"을 완강히 거부하였다.[2] 다양한 함축적 의미들에서 초자연주의적 경건은 배제된다. 그러나 신에 관한 사상을 자신의 철학적 관념 체계에 처음 도입했을 때 화이트헤드는 자신이 썼던 것이 각 시대의 예배에 영감을 주었던 것이라고 주장하였다.[3]

물론 화이트헤드의 입장에서 세계와 관련한 신의 모든 기능들이 종교적 반응을 불러일으키는 것은 아니다. 그는 신의 세속적 기능에 대해서도 글을 썼으며, 세계 속에서 일어나는 신적인 작용의 세속적 차원에 태만하려는 경향은 철학과 신학 양자를 위해서 좋지 않다고 주장하였다.[4] 그래서 또한 그의 견해에서 보자면, 이런 세속적 기능들을 수행하는 것도 바로 종교적 신앙의 신이었다.

화이트헤드는 그가 철학적 용어들로 논의했던 실재를 인간이 파악하는 것과 관련해 종교 현상학이 설명될 수 있다고 믿었다. 그가 종교적 현상들에 대해 설명한 것은 주로 『생성 과정 속의 종교』에서 발견될 수 있다. 비록 중요한 논의들이 『과학과 근대세계』나 『관념의 모험』에서도 존재하지만 말이다. 종교에 대한 자신의 작업을 위해 화이트헤드는 이차 자료들에 크게 의존하였지만, 이런 자료들에 대한 그의 친밀성은 한계가 있었다. 그러나 이런 한계에도 불구하고, 그의 작업은 몇 가지 명쾌한 통찰력들을 담고 있다. 그가 종교의 건전성[5]에 미치는 열정적 합리주의의 위대한 중요성에 대해 평가한 것은 특별한 가치들을 지닌다. 그럼에도 불구하고, 이런 논의들의 가장 위대한 가치는 그 논의들이 그의 철학과 그가 철학과 종교의 관련성에 대해 이해하고 있었던 일반적 방식에 던져주는 빛에 있다.

신에 대한 화이트헤드의 철학적 논법과 그 자신의 종교적 반응 간의 관계성은 보다 위대한 흥미를 지닌다. 이 점에서 우리는 그가 신으로 불렀던 것이 어떻게 종교적 관련성을 지니는가를 고찰하기 위한 가장 신뢰할만한 출발점을 갖는다. 왜냐하면 이 점으로써 그는 현대 세계에서 우리의 종교를 이해하는데 직접적으로 공헌하고 있기 때문이다. 그 자신의 종교적 반응의 주요한 요소들은 예배 · 모험 · 의미 · 친교 · 평화 등의 다섯 가지 제목으로 요약될 수 있다. 이것들 하나하나에 대해 언급될 수 있는 것은 다른 것들에 대해 언급될 수 있는 것과 긴밀한 상호 관련성을 갖지만, 우리의 고찰 목적을 위해 각각을 따로 다루는 것이 유익할 것이다.

종교는 자신을 넘어서 있는 임의의 목적에 도달하는 수단이 아니다. 종교가 타락했을 경우에만 비로소 그것은 사회의 선에 공헌할 수 있는 것이라는 근거로써 다시 지지될 수 있을 것이다. "행위란 종교의 부산물, 곧 불가피한 부산물일 뿐이지 그 핵심은 아닌 것이다."[6] 종교는 "그것의 소유가 궁극적인 선善이 되지만 결코 손이 미치지 않는 곳에 있는 그 무엇"에 대한 비전이다. 그리고 이런 비전에 반응하는 것이 예배이다.[7] 우리는 어떤 선을 달성하기 위해 예배하지 않는다. 우리는 우리가 희미하게 파악하는 것이 예배를 불러일으키기 때문에 예배하는 것이다. 그리고 예배는 그 비전을 강화하고 전달해준다. 하지만 "신에 대한 예배는 안락하게 되풀이되는 관례적인 의식일 수 없으며, 그것은 영혼의 모험이요 도달하기 어려운 것을 향해 솟는 비상이다. 종교의 죽음은 모험의 고귀한 소망을 억압하는 데서 온다."[8]

"예배"와 달리 "모험"은 화이트헤드가 가치에 대해 논의한데서 조금 전문적인 의미로 주어진 용어이다. 이러한 문맥에서 모험은 본서의 제3장에서 간략히 다루어졌다.[9] 그것은 완전한 아름다움의 현재적 달성과 미래를 위해 그런 현재의 달성을 부분적으로 희생시키는 것 사이의 관계로 제3장에서 다루어진 문제와 관련해 설명될 수 있을 것이다. 만약 하나의 문화가 고등한 차원의 아름다움을 달성했다면, 그 문화는 그런 고등한 차원의 아름다움을 계속 재생산할 수 있을 것이다. 그런 재생산들이 실재적인 아름다움을 갖는 것이 사실이지만, 그 재생산들은 점차 케케묵은 것이 되기 시작한다. 열정과 강도의 상실이 있게 된다. 그래서 그 문화는 쇠퇴하기 시작한다.

그런 쇠퇴에 대한 대안은 아직 달성되지 않았으며 직접적 달성에 종속되지 않은 새로운 어떤 완전성의 이상을 발생시키는 것이다. 만약 이런 이상이 상상력을 사로잡으면, 그 이상은 새롭게 시도할 수 있도록 해주는 열정을 불타오르게 한다. 이것은 조화의 상실을 수반하며 현재적 불일치의 큰 요소가 된다. 그럼에도 불구하고, 그런 과정을 통해서만 새로운 강도를 갖춘 새로운 아름다움이 달성될 수 있는 것이다. 아직 달성되지 않았으며 아마도 희미하게 상상되는 것일 뿐인 아름다움을 향한 이런 추구가 바로 화이트헤드가 관계하고 있었던 모험인 것이다.

모험과 신의 관계는 손쉽게 제시될 수 있다. 신은 자신의 이상을 실현하도록 모든 계기들을 유혹한다. 이 유혹은 직접적 만족 속에서 부분적으로 실현될 수 있으며 부분적으로는 미래에서만 실현될 수 있는 선을 지향시킨다. 직접적인 현재와 가까운 미래에 실현될 수 있는 가치가 어떠한 것이든지, 신은 현재 달성될 수 있는 것과 대비되는 무한히 다양한 가능태들을 상상한다. 그런 몇 가지 가능태에 대한 비전에 사로잡힌 자는 모험의 소명에 응답할 것이다. 오로지 그런 소명을 접한 사람만이 그런 모험을 할 것이다. 그래서 신은 모험을 하도록 부추기는 충동이며, 그 충동에 반응할 가능성의 근거인 것이다.

화이트헤드의 종교적 반응 중 세 번째 측면을 위해 나는 "의미"

란 용어를 사용해 왔다. 화이트헤드의 일반적인 분위기는 조용히 확신을 갖는 분위기였다. 그에게서 삶이란 살만한 가치가 있는 것이었다. 그러나 그의 이런 확신은 역사나 자연에 관한 어떠한 보증으로부터 파생된 것은 아니었다. 모든 사물에 대한 그 자신의 비전은 사물들의 영속적인 소멸과 관련된 것이었다. 여기에 세계의 궁극적 악이 자리하고 있다.[10] 세계에는 얻는 것이 있으면 잃는 것도 있기 마련이다. 새로운 문명이 달성한 것은 더 좋은 것으로만 이해되지 않고 열등한 것으로도 이해될 수 있지만, 단지 과거의 문명들과는 다르다는 것이다. 우리가 앞에서 이해한대로 이런 다름은 중요하고 심지어 필요하기까지 하지만, 새로운 가치가 옛 가치를 지속적으로 대체하는 것은 생의 의미를 파악할 수 있는 근거를 제공해 주지 않는다. 오로지 이런 차원에서 화이트헤드는 "인간의 삶은 고통과 불행의 더미 위를 비추는 일시적인 기쁨의 한줄기 섬광, 무상한 경험의 하찮은 유희에 지나지 않게 될 것"[11]이라고 말했다.

이러한 이해 속에서 화이트헤드의 확신은 신에 대한 그 자신의 비전에 근거한 것이었다. 하지만 이러한 신에 대한 비전은 세계에서 선이 성공할 것이라는 점을 보증하지는 않는다.[12] 화이트헤드는 경험 과학적 경험이 제시하는 것과는 다른 삶의 불확실성에서 비롯된 문제를 보증하기 위해 신을 도입하지는 않았다. 역사와 자연의 미래에 관한 우리의 예측은 틀림없이 실재에 대한 경험 과학적 차원들의 지식에 근거를 두어야지, 신에 관해 특권화 된 신념의 관점에 근거를 두어서는 안 된다. 그러나 설사 그렇다고 하더라도, 신에 관한 비전은 현재의 삶이 가치가 있음을 보증한다. 그 삶의 세속적 결과가 어떠한 것이든 상관없이 말이다.

사물들 자체의 가치에 대한 감각에 생기를 부여하는 "눈앞에서 변천해가고 있는 유동적 사물들의 피안이나 배후, 또는 그 내부에" 영속성이 있다는 점은 부분적으로는 완전한 사실인 듯 보인다.[13] "우주 속의 공동 창조자로서의 인간의 진정한 운명은 그의 존엄과 숭고함에 놓여 있다는 것에 대한 어떤 감각이 부분적으로 존재한다.[14] 그러나 이 주제에 대한 화이트헤드의 논법은 주로 신의 결과적 본성에 관한 그의 학설과 관련된다. 그래서 가치는 인간들의 무상한 삶에도 불구하고 결국 성취될 만한 가치를 지니고 있는 것이다.

전문 용어로 신의 결과적 본성은 신의 물리적 극이며 신이 다른 모든 현실적 존재들을 총체적으로 파악하는 것이다. 일상의 용어로 이것은 신이 세계를 인식하고 기억한다는 것을 의미한다. 그럼에도 불구하고, 이것은 화이트헤드 의도의 전적인 풍요로움을 모두 붙잡지는 못한다. 하나의 파악은 파악된 것을 재연$_{\text{reenactment}}$시킨 것이다. 경험된 것은 새로운 경험으로 병합된다. 그래서 과거의 어떤 단편들이 우리 인간의 새로운 경험들로 생생하게 통합되는 것처럼, 세계 속의 모든 사물은 신의 경험 속으로 통합된다. 실제로 우리가 신에게 어떤 중요성을 띠게 될지는 아무 상관이 없다. 그 경우 우리는 우리의 가장 미세한 행위들조차 하찮은 것으로 간주할 수 없다. 게다가 신에게 통합되는 것은 우리의 공공 행위만이 아니다. 신에게 통합되는 것은 경험의 직접성 속 온갖 친밀한 우리의 경험인 것이다. 우리의 가장 심층적인 생각과 가장 사적인 감정은 모두 매우 중요하고, 따라서 그것들이 신에게도 매우 중요하기 때문에 우리들에게도 중요할 수 있는 것이다.

신은 우리의 경험을 경험하고서 그것을 신 자신의 경험에 포함시킨다. 신에게는 무상함이나 상실도 존재하지 않을 뿐만 아니라, 달성된 가치는 영원히 달성된 것이다. *신에게서 추이와 변화는 오로지 성장만을 의미할 뿐이다.* 신을 떠난다면 시간은 영속적인 소멸에 지나지 않는다.[15] 신 때문에 세계가 달성한 가치들은 상실 없이 축적되는 것이다. 궁극적으로 우리로 하여금 인생은 살만한 가치가 있으며 결국 우리의 경험은 아주 중요하다는 점을 지속시키는 것은 바로 신에 대한 비전의 이와 같은 측면 때문인 것이다.

화이트헤드가 신에 대한 비전의 종교적 의미를 파악한 것의 네 번째 특징은 친교companion이다. 이것은 신 안에서 가치들이 보존된다고 말했던 것과 중복되지만, 몇 가지 감동적인 구절들 속에서 표현된 하나의 새로운 주목 사항을 도입시킨다. 예를 들면 다음과 같은 구절이 있다. "신의 존재의 깊이는 숭배와 힘의 비속한 행위들을 넘어서 있다. 신은 가치들을 향한 기민한 통찰에 몰입한다. 그래서 가치들은 그런 신의 통찰에서 나오게 된다. 신은 상실된 것을 신 자신의 본성 속에서 하나의 살아 있는 사실로 변형시키는 이상적인 동반자이다. 신은 피조물에게 그 피조물의 중요성을 드러내는 거울이다."[16] "신의 본성의 이와 같은 작용하는 성장을 가장 잘 이해할 수 있는 이미지그것은 한갓 이미지에 지나지 않지만는 그 어떤 것도 상실되지 않도록 하려는 애정 어린 배려의 이미지이다."[17]

우리는 이 인용 글들에서 신의 결과적 본성에 관한 화이트헤드의 학설이 그 자신의 삶의 궁극적 의미를 보증하는 것 이상의 의미를 보여주고 있다고 느낄 수 있다. 신의 결과적 본성은 하나의 이상적 동반자의 관심으로 세계를 돌봐준다. 물론 화이트헤드는 이런 표현은 인간의 언어들일 뿐이며, "동반자"와 "애정 어린 배려" 등의 용어들은 신과 우리의 관계에 무조건적으로 적용될 수는 없다는 점에 대해 알고 있었다. 그러나 이것은 신에 관한 이런 방식의 언어들이 토마스주의적 의미$_{\text{Thomistic sense}}$의 유비적이라는 것을 의미하지 않는다. 오히려 신과 인간의 관계는 일의적 언어$_{\text{univocal language}}$로 진술될 수 있다. 이것은 본서의 제4장과 제5장에서 주장되었다. 그러나 위의 인용 글에서 화이트헤드는 신과 인간의 관계와 그 관계가 신앙인$_{\text{그 관계를 경험하는 사람들}}$에게 주는 의미를 비전문적 용어로 진술하였다. 따라서 화이트헤드가 문자 그대로의 전적인 의미에서 주장하고 있었던 것은 물론 아니다. 그 언어들은 신과 인간의 관계를 표현하는 함축들 속에서 보다 풍요로워진다. 즉 어떤 것들은 강조될 필요가 전혀 없는 것이지만 다른 것들은 일의적 술어에 하나의 근거를 두고 표현될 수 있는 것이다.

인간과 신의 결과적 본성의 관계에는 신적인 동반자에 대한 이와 같은 의미를 보다 강력히 만드는 최종적인 요소가 있다. 우리는 모든 사물의 상대성에 근거해서도 신의 결과적 본성을 파악한다. 신과 인간의 상호 관계성의 네 번째 위상에서 창조적 행위가 완결된다. 왜냐하면 완성된 현실태는 시간적 세계 속으로 되돌아가고, 또 이 세계를 제약하여 각각의 시간적 현실태가 그 세계를 관련 있는 경험의 직접적 사실로서 포함하도록 하기 때문이다. 왜냐하면 천국은 오늘 우리와 함께 여기에 있기 때문이다. 이 넷째 국면의 행위는 세계에 대한 신의 사랑이다. 그것은 개별적인 계기들에 대한 개별적인 섭리이다. 세계에서 이루어지는 것은 천국에서 실재성으로 변형되고, 천국에서의 실재성은 세계로 되돌아 이행한다. 이러한 상호 관계 때문에, 이 세상의 사랑은 천국의 사랑이 되고, 다시 이 세계에 흘러넘친다. 이런 의미에서 신은 위대한 동반자이며 이해하는 일련탁생(一蓮托生)의 수난자이다. [18]

나는 내 글의 건조한 산문체가 독자들에게 화이트헤드의 진지한 종교적 의도들을 의심하도록 만들 수 있으므로 위의 구절을 길게 인용하였다. 위와 같은 구절에서 화이트헤드는 분명히 시번적 학설의 주도면밀한 철학적 정식화와 그 자신의 정서적 반응의 풍성한 온기를 결합시키려 하였다. 그는 종교적 경험의 생동감과 치열한 비판 이성의 결합을 믿어 의심치 않았다. 인간들이 신적인 현실적 존재의 물리적 극을 파악하는 것은 또한 "이해하는 일련탁생의 수난자"를 경험하는 것이기도 하다. 그리고 화이트헤드는 이런 보다 풍요로운 정식화를 통해 자신의 가장 전문적인 철학 논문을 끝맺은 바 있다.

『관념의 모험』 또한 심오한 종교적 비망록에 의지해 대미를 장식한다. 그 결론 장은 "평화"에 관한 것이다. 나는 제3장에서 이미 평화에 대해 다루었기 때문에 다시 길게 쓰지는 않겠다. 제3장에서 나는 신과의 관련성 없이 화이트헤드의 가치 이론을 설명하려고 했었다. 이제 우리는 평화가 어떻게 신에 대한 비전에 의존하는지포괄적인 의미로는 평화가 어떻게 신에 대한 비전인지에 대해 살펴볼 수 있을 것이다. 앞에서 나는 신의 결과적 본성에 대해 논의하면서 신이 세계의 가치들을 단순하게 취하는 것이 아니라 그것들을 보존시키는 것임을 보여주었다. 만약 그렇다면, 신의 결과적 본성은 세계의 선뿐만 아니라 세계의 악도 포함하게 될 것이다. 우리가 신의 선에 공헌하여 즐거움을 누리는 동안에도 우리는 궁극적이고 죽지 않는 악에도 공헌함으로써 부득불 공포를 발견할 수 있다. 이러한 비전이 실제로 삶에 의미를 제공할 것이고 모험을 지속하도록 도울 테지만, 인간의 분투奮鬪에 불안감을 제공할 수도 있다. 화이트헤드는 신 안에서 선과 악이 궁극적으로 동일한 운명에 처해 있는 것은 아니라고 믿었다. 신은 자신의 본성 속으로 선한 모든 것들을 엮어 나가지만 세계 속의 악은 전적인 선의 풍요로움으로 변형시킨다. 이런 의미로 신 안에서 선은 승리하게 된다.[19]

지금까지 평화와 관련해 충분히 지적되지 않은 또 다른 요소가 있다. 이것은 자신을 넘어가기까지 이상에 헌신하는 것이다. 자신의 고유한 운명심지어 아마도 신적인 생명에의 고유한 공헌에서마저도이 자기를 위한 결정적 중요성을 상실할 정도로 말이다. 자신의 행위를 안내하고 감정을 결정케 하는 인류 일반에 대한 사랑이 있을 수 있다. 속박에서 자기-흥미로의 자유는 화이트헤드가 부분적으로 평화를 통해 의미했던 것이었다.[20] 이것도 역시 신에 관한 비전에 반응하는 것이다.

그러나 신에 관한 비전의 최종적이고 포괄적인 반응인 평화는 다른 용어로는 합리적이거나 명료하게 설명될 수 없다. 그것은 하나의 선물로서 평온한 상태를 의미한다. "'아름다움'의 자기 정당화에 대한 신뢰는 믿음을 이끌어 들인다. 여기서 이성은 세부적인 것들을 드러내는 데 실패한다."[21] 그리고 이런 믿음은 최종적으로 "일종의 선물로서 도래한다."[22] 이 신앙의 선물이 신의 선물인지 삶의 선물인지, 또는 자연의 선물인지를 따지는 것은 화이트헤드에게 별로 중요하지 않았다. 왜냐하면 신은 삶과 자연 속에서 활동하기 때문이다. 그러나 우리는 믿음의 선물이 "대개 목적의 제어를 넘어[서서]"[23] 온다는 점을 인식해야 한다. 그 선물은 다음의 진술 속에 있는 "그 무엇"에 대한 비전을 통해서 온다. "눈앞에서 변천해 가고 있는 유동적 사물들의 피안이나 배후, 또는 그 내부에 있는 그 무엇, 실재하면서도 실현되기를 기다리고 있는 그 무엇, 머나먼 저편의 가능태이면서도 최대한 현재적 사실인 그 무엇, 변천하고 있는 모든 것에 의미를 부여하면서도 좀처럼 파악되지 않는 그 무엇, 그것의 소유가 궁극적인 선善이 되지만 결코 손이 미치지 않는 곳에 있는 그 무엇, 궁극적인 이상이 되면서도 그것에 대한 탐구가 가망 없는 일이 되고 마는 그 무엇에 대한 비전인 것이다."[24] 이런 비전과 그 비전에 반응하는 것이 종교인 것이다.

화이트헤드에게 이 모든 방식을 통한 신에 대한 비전은 모든 의미 있는 실재와 모든 정서의 깊이를 위한 근거가 되는 것이었다.

그럼에도 불구하고, 화이트헤드가 종교를 이미 염두하고 있었다고 결론짓는 것은 매우 잘못된 처사일 것이다. 그는 거듭 종교에 다시 호소하였지만, 그의 위대한 관심 체계는 일상의 물음들로 부르도록 배워온 것에 초점을 맞추고 있었다. 그 점에서 신에 관한 비전은 이 문제들의 중요성을 견고하게 하는 배경에 있는 것일 뿐이다. 신에 관한 비전은 좀처럼 자체적으로 무대의 중심에 서질 않는다.

화이트헤드 자신의 정신은 강렬하지 않고 점잖은 편이었다. 그가 깊이 헌신하는 사람이 아니라 대체로 냉정한 관찰자의 자세를 더 선호했다고 말하는 것은 잘못일 것이다. 그는 모든 당파적 정신, 특히 종교로부터 일정한 거리를 유지하였다. 그는 각 종교적 운동들에서 강점과 약점을 동시에 보았다. 우리는 어떠한 표현의 형태를 통해서든 화이트헤드가 스스로의 정체성을 최종적으로 확인하기 위해 어떤 것을 찾았다고는 결코 느끼지 못한다. 하나의 예외가 있다면 그것은 예수 자신의 목회 속의 어떤 요소였을 것이라고 말할 수 있다. 그러나 그 점에서마저 그는 역사가로서 사회적으로 무책임한 한 학설의 출현을 가능케 했던 특수한 조건들에 주목하였다.[25] 그럼에도 불구하고, 그는 그 학설의 매우 많은 부분에서 자신의 것으로 여겼던 하나의 비전을 보았다. 예를 들어, 그는 다음과 같이 말하였다. "그러나 갈릴리인예수 그리스도에 의한 기독교의 기원에는, 이 세 주요 사상 계통의 어느 것과도 잘 들어맞지 않는 또 다른 암시가 들어 있다. 그것은 통치하는 시저도, 무자비한 도덕가도, 부동의 동자도 역설하지 않는다. 그것은 정적 속에서

서서히 사랑에 의해 작용하는 세계 내의 부드러운 요소들을 강조한다. 그것은 또 이 세계가 아닌 왕국의 현재적 직접성 속에서 목적을 찾는다. 사랑은 통치하지 않으며, 또 부동의 것도 아니다. 또 사랑은 도덕에 대해 별로 주의하지 않는 편이다. 그것은 미래에 눈을 돌리지 않는다. 왜냐하면 그것은 직접적 현재에서 그 보답을 발견하기 때문이다."[26] 예수 메시지를 이렇게 묘사하는 것이 역사적으로 정확한 것인지에 대해서 우리가 무엇을 생각하든지, 우리는 여기서 화이트헤드가 깊은 감동을 받았던 한 인물이 있다는 점을 보게 된다.

화이트헤드의 비전은 세계와 함께 시작하고 점차적으로 세계의 경계와 그 경계 너머를 향해 나아간다. 오로지 세계는 그 세계를 넘어 있는 것에서 완성될 때에만 세계의 고유한 중요성과 실재가 옹호된다. 상기하지면 우리는 이해와 생명의 전체적 기획이 세계를 넘어있는 것을 희미하게나마 파악함으로써 충만하게 지속되는 것을 볼 수 있다. 이런 의미라면 화이트헤드의 비전은 철저히, 너무도 철저히 종교적이다.

그러나 화이트헤드가 도달한 비전에 반응하는 또 다른 매우 상이한 방식이 있다. 우리는 그 비전 안에서 세계에 직접 주어진 것을 위한 안정적인 의미를 찾을 것이 아니라, 이런 접근법을 거꾸로 뒤집을 수도 있다. 전체에 대한 비전에서 시작해 그 포괄적인 비전의 빛에서 부분들의 가치를 재평가할 수도 있는 것이다. 조나단 에드워드Jonathan Edwards는 철학적 비전에 종교적으로 반응하는 대안적 유형을 매우 적절히 대표할 수 있는 사람으로서, 종교적 반응을 누구나 "존재하는데 동의"[27] consent to being해야 하는 합리적 의무감의 본질로 선언하였다. 이런 선언을 통해 그는 사람들의 주목과 관심이 임의의 해당 존재자의 존재성과 탁월성의 수준에 비례해 모든 존재자들을 향해 방향 정위되어야 한다는 의미를 주었다. 그의 상세한 설명은 여기서 우리들의 관심을 끌지는 못하지만, 그 설명이 본서의 제3장에서 화이트헤드의 용어로 발전시킨 가치 이론이나 윤리학과 밀접하게 상응한다는 점을 발견할 수 있다. 근본정신에서 화이트헤드와 에드워드의 근원적인 차이에도 불구하고. 그들 사이의 사상적 유사성은 흥미를 자아내는 탁월한 연구를 가능케 할 것이다.

만약 "존재하는데 동의하는 것"이 삶을 살아가는 궁극적 원리라는 견해를 우리가 받아들이고 존재와 존재의 분포를 화이트헤드가 이해한 방식으로 이해한다면, 화이트헤드의 것과는 매우 다른 하나의 종교적 민감성이 초래될 수 있다. 세계의 모든 존재는 신 안에 포함되어 영속적으로 보존되며 신은 그 존재에 견줄 길 없는 자신의 비전의 풍요로움을 덧붙인다. 존재하기 위해 동의하는 것은 신을 전적이고 궁극적으로 사랑한다는 것을 의미해야만 하며, 신에 대한 사랑과 긴장 관계인 어떤 동기에서 비롯된 모든 행위는 자신을 초월할 수 있는 합리적 능력으로 우리에게 부과된 궁극적 의무를 위반하는 것이다. 화이트헤드의 비전속에서는 당연히 신에 대한 사랑과 시간적 피조물에 대한 사랑이 안티테제로서 존재할 수 없다. 신에 대한 사랑은 피조물에 대한 사랑 속에서 절로 표현되어야만 한다. 왜냐하면 우리는 피조물에게 공헌하는 것을 통하여 신에게 공헌할 수 있게 되기 때문이다.

이 간략한 분석에서 내가 펼치는 핵심적인 주장은 열정적인 신중심적theocentric 신앙이 화이트헤드의 차분한 인문주의적 신앙과 철저히 동일하게 화이트헤드의 비전으로부터 비롯될 수 있다는 점이다. 우주론 자체만으로는 이런 문제를 결정할 수 있는 것이 아무 것도 없다. 차이는 민감성의 차원, 특히 종교적 민감성의 차원에 놓여 있다. 신에게 직접 몰두하는 사람들이 있으며, 신의 실재가 동료 인간들을 향한 지극한 관심을 표현케 하는 상황을 제공함으로써 신을 사랑하게 되는 사람들도 있다. 대부분의 종교인들은 이런 두 극단 사이의 어딘가에 위치한 자신들을 발견할 수 있을 것이다.

## 2. 종교적 신념과 종교적 경험

앞 절에서 우리는 자신의 철학적 비전에 대한 화이트헤드의 고유한 종교적 반응에 대해 고찰해 왔다. 의심의 여지없이 화이트헤드의 종교적 경험에는 그의 철학적 학설에 영향을 주는 요소들이 존재한다. 그러나 나의 초점은 그의 확신들과 그런 확신들이 그의 삶에 의미와 평화를 부여한 방식에 놓여 있다. 이번 절에서 나는 화이트헤드의 철학적 비전이 종교적으로 중요한 반응을 불러일으킬 수 있는 다른 방식들에 대해 고찰할 것을 제안한다. 특히 내가 본서의 제5장에서 발전시킨 형태로써 말이다. 그럼에도 불구하고 나는 또한 신에 대한 의식적 경험의 의미에서 더욱 적절히 명명될 수 있는 것, 즉 종교적 경험을 고찰할 것을 제안한다.

앞장에서 나는 종교 공동체들이 스스로를 창조성이나 세계로 방향 정위시킬 수 있다는 점에 주목했었다. 그런 방향 정위는 또한 종교적 경험들과도 관련이 있다. 그럼에도 불구하고 화이트헤드는 이러한 경험들을 다루지는 않았고, 나도 이번 장에서는 다루지 않을 것이다. 이번 장에서의 종교적 경험은 신과의 관련성 속에서 이해될 수 있는 것이다.

확실히 화이트헤드는 종교적 경험을 허용하였고, 실제로 그 자신의 비전이 이런 의미에서의 경험적 요소들과 관련될 수 있으며 그런 요소들에 의해 영향을 받았다고 할 수 있다. 하지만 화이트헤드 개인의 신념이나 경험의 관점에서 이 문제를 자세히 고찰하려는 것은 아니다. 이번 절에서 나는 먼저 종교적 신념과 종교적 경험을 서로 별도로 다루도록 하겠으며, 그 각각이 화이트헤드의 관점에서 어떻게 이해될 수 있고 그것들이 상호 간에 어떤 관계로 개념화될 수 있을지를 다루도록 하겠다.

앞장에서는 신이 각각의 새로운 계기의 창조에 결정적인 요소라는 점을 어느 정도 길게 논증하였다.[28] 하나의 계기가 생성되는 *방식*은 최종적으로 그 자신의 고유한 결단에 의해 결정되지만, 하나의 새로운 계기가 조금이라도 발생하는 *것*은 그 자신에 의해서 결정될 수 없다. 신은 과거의 시간적 계기들과 이런 창조의 역할을 공유하지만, 결국 그 계기들은 자신들을 넘어서 있는 것으로부터 파생된다. 그리고 각각의 순간 결정적인 요소는 신이다. 화이트헤드 자신의 의도와 우선적 관심이 무엇이었든지 간에, 그의 사상은 우리가 신을 우리 존재의 근거로 인식할 것을 체계적으로 요구한다. 즉 신은 우리가 우리 자신의 존재를 위해 의존하고 있는 자이다.

하나의 계기를 생성시키는 신의 결정은 정확히 그 계기가 발생하게 될 *방식*을 결정하는 것은 아니다. 그러나 그 결정은 그 계기가 발생하게 될 방식과 전혀 무관한 것이 아니다. 신은 모든 계기에게 자기-실현이나 자기-만족을 위한 이상적 기회를 제공한다. 임의의 계기가 지향하는 이 만족은 신에게서 파생된 이상적 요소를 포함하는 최초의 지향을 수정하거나 상세화 한 것이다. 해당 계기의 만족의 주체적 형식은 그 만족과 신이 준 이상적 지향과의 관계에 의해 영향을 받는다. 도덕적 경험의 전체 범위는 인간과 신의 관계를 표현한 것이라고 할 수 있다.

우리의 환경이 경험의 강도와 지속성을 가능케 하는 하나의 질서를 제공하는 것도 또한 신의 작용인 것이다. 신은 사회적 질서와 인격적 질서의 관계성들을 달성시킬 정도로 각 계기의 이상적 지향을 조정시킨다. 점점 진화하는 우주의 질서는 신의 작용에 의한 것이다. 우주에서 모든 고차적인 경험의 위상들이 출현하는 것은 불가능한 것이 아니다.

그렇다면 우리는 신을 존재의 근거, 목적의 근거, 그리고 질서의 근거로 알게 되었다. 신과 우리의 전적인 관계인 이 각 차원은 어떤 의미로 경험적이지만, 내가 이번 장에서 종교적 경험으로 지칭하는 의미에서는 경험적이지 않다. 우리의 경험은 신과의 이런 관계들에 의해 깊게 영향을 받으며, 실제로 그 관계들에 의해 가능한 것이다. 그러나 우리는 신적인 작용의 결과들을 경험하듯이 신을 의식적으로 경험할 수는 없다. 우리는 우리 자신의 행위의 결과가 아닌 우리의 존재, 즉 주어졌다는 의미에서의 우리의 존재를 정말로 경험한다. 그러나 이런 경험에서도 우리는 주는 자를 직접 경험하지는 못한다. 우리의 자기-경험은 신의 선물이 아니라 "내던져짐"$_{\text{thrownness}}$의 관점에서 해석될 수도 있다.[29] 우리는 우리 스스로를 목적을 가진 자로 경험하며, 더 모호하게는 우리가 될 수 있었거나 되어야만 했던 모든 것이 되기에는 실패할 자로 경험한다. 그러나 우리는 목적을 주는 자나 판단 규범의 원천이 되는 자를 경험하지는 못한다. 우리의 경험은 하나의 근거와 관련되지 못한 채 실존적 구조의 관점에서만 해석되도록 허용될 뿐이다. 이와 유사하게, 우리는 세계의 질서를 경험함으로써 세계에는 질서가 있다는 점을 인식하지만, 그 질서를 신에게 귀속시키는 것이 아니라, 자연 자체 속에 근거를 두게 하거나 심지어 우리가 과정을 경험하는 것에 근거를 두게 할 수도 있다.

그래서 모든 해석을 도외시 한다면, 경험 자체는 종교적 경험이 아니다. 그럼에도 불구하고 경험은 그런 해석을 도외시 한다면 발생할 수가 없다. 그러므로 유신론적 비전이 경우 화이트헤드주의 유신론적 비전에 의해 살아가는 사람들에게는 그들의 존재의 경험, 도덕적 본성, 그리고 주변의 질서 있는 환경이 신을 '이차적 의미'로 경험케 하는 것일 수 있다. 신을 믿는 자는 자신의 존재를 신의 선물로, 신이 가진 목적과의 관계에서 생겨난 동기들과 행위들로 경험하고 전체 자연을 신이 질서를 부여한 피조물로 경험한다. 그래서 본서가 발전시키는 철학적 입장의 관점에서는 신을 믿는 자가 철학적으로 옳다고 말할 수 있다.

만약 신을 믿는 자의 해석이 실제로 올바른 해석이라면, 우리는 그와 같은 해석이 훨씬 "자연스런" 해석이라고 가정할 수 있다. 내가 자연스런 해석이라는 것을 통해 의미하고자 하는 것은 경험 자체로부터 가장 자발적으로 발생한 해서, 즉 미리 형성된 어떤 지적인 확신들에는 최소한으로만 의존하는 해석을 의미한다. 하나의 경우가 이런 사실을 위해 제시될 수 있다. 인간은 자연스런 종교적 존재인 것 같으며, 이것은 실제로 다른 어떤 점들보다도 인간이 보다 궁극적인 어떤 것과의 관계에서 삶을 경험한다는 것을 의미한다. 철저히 세속화된 해석은 종교적 신념에 합리적으로 반대하는 것이 지대한 역할을 하는 고등한 차원의 지적인 변론에 의존하는 것이 사실일 것이다.

그러나, 우리는 이런 점에 너무 많은 비중을 두지는 말아야 한다. 인간의 자연스런 종교성을 인간보다 더 궁극적인 어떤 것의 현실성과 관련시키지 않는 다른 방식들로 설명하는 것도 가능하다.

게다가, 방금 옹호된 일신론적$_{\text{monotheistic}}$ 해석은 자신의 출현을 위해 '예언자들을 통한 종교의 내적인 정화'나 아니면 '합리적인 철학적 발전과 종교 비판'에 의존해 왔다. 아마도 철저한 명확성을 지향한다면 이 두 가지가 모두 필요할 것이다. 나는 유신론적으로 해석된 경험들이 스스로 자신들의 정당성을 수행해 내려는 견해, 즉 신에게 근거를 두는 것이 경험에서 나타난 희미한 표현에 더 섬세하다는 견해를 좋아하지만, 또한 우리는 해석적인 요소도 유력한 힘을 가지고 있다는 점을 승인해야 한다.

의식은 인간 경험의 지나치게 특수하고 제한적인 특징이다. 우리는 의식이 경험을 전제하며 우리 대부분의 경험들이 결코 의식에 도달하지는 않는다는 점에 주목했었다. 그러므로 우리는 신을 의식적으로 경험하지 못한다는 점이 신을 전혀 경험하지 않는다는 것을 의미한다고 전제하지 말아야 한다. 우리의 두뇌 속에서 무수히 일어나는 사건들을 의식적으로 경험하는 것에도 우리는 동일하게 실패하고 있지 않은가. 그러나 우리는 그런 사건들을 실제로 분명히 경험하고 있다. 그럼에도 불구하고, 인간과 그 두뇌 속의 사건들의 관계와 다르게 어떤 사람들은 실제로 자신들이 신을 특수하고 생생하게 경험하고 있다고 믿고 있다. 그리고 나는 여기서 그런 경험들을 '일차적 의미'에서의 종교적 경험으로 다루고 있다. 여기서 우리의 물음은 신에 대한 우리 경험의 어떤 측면들이 가장 민감하게 신에 대한 경험으로 의식화 되느냐 하는 것이다. 이 물음에 대한 대답에 접근하기 위해, 우리는 인간이 신을 파악할 때 관련되는 관점들에 관해서 본서의 제4장과 제5장에서 시도된 분석 결과를 간략히 조망해야만 한다.

화이트헤드는 지배적 계기가 신체 속의 계기들을 파악하는 것을 논의하면서 많은 사건들예를 들어 중추 신경계 속의이 신경이 끝나는 곳에서 창시되는 느낌을 전달하는 방식에만 주목하였다.[30] 그 마지막에 도달한 신체적 계기가 지배적 계기에 의해 객체화된다. 나는 이에서 발생한 아픔을 치통으로 느낀다. 나는 내가 고통 중에 있고 나의 이에서 일어나는 사건을 고통 가운데 느끼는 등의 두 가지를 아주 철저히 의식할 수 있다. 만약 나의 이에서 나의 두뇌에 이르는 고통의 전달이 국부 마취제에 의해 중단된다면, 내 이의 세포들은 아픔의 느낌을 계속 전달하겠지만 내 신체에서 최종적으로 지각하는 계기인 나 자신은 더 이상 그 느낌을 재연하거나 객체화하지 않는다.

다른 사례로서 우리가 신을 파악하는 것에 더 유사한 것, 즉 우리 자신이 우리의 고유한 과거의 경험 계기들을 파악하는 것에 대해 한번 고찰해 보자. 특히 직접 선행하는 과거의 계기아마도 10분의 1초 전의에 대해 고찰해보자. 이런 관계에서 현재의 계기가 자신의 의식 속에 포함시키는 많은 것들은, 그 선행하는 계기 속에서 의식적으로 영입되었던 것에서 직접 파생한다. 그럼에도 불구하고, 정상적으로 우리는 그 선행 계기를 의식적으로 객체화하지는 않는다. 조금이라도 그런 의식을 갖는다면 우리는 보통 의식에 몰입된 감각적 경험과 반성의 세계들로부터 우리의 주목을 다른 방향으로 비범하게 정향시키고 있는 것이다. 그럼에도 불구하고 내가 어떤 목적을 의식하는 것은 그 목적에 대한 나의 현재의 영입이 해당 순간 창시하지 않았지만, 경험의 선행 순간에서 파생된 의식에 의해 희미하게 조건 지어질 것이다. 우리의 신체와 그 환경뿐만 아니라 우리의 고유한 과거로부터 느낌이 파생된다는 이런 식별은 의식에 중요한 효력을 끼치는 것이다. 그 파생에 대한 식별이 언제나 의식의 중심에 있는 것은 아님에도 불구하고 말이다.

만약 화이트헤드의 철학적 분석이 옳다면, 우리는 신으로부터도 파생되고 있는 것이다. 그러므로 우리는 우리의 최초 지향이 신에게서 파생되었다는 희미한 식별이 우리의 목적의식을 조건 짓고 있다고 예상해야만 한다. 종교인들은 우리의 목적의식이 이렇게 조건지어져 있다는 점에 대해 폭넓게 증거한다. 하지만 현재 우리는 때때로 우리 의식의 극단적인 가장자리에서 규범적으로 일어난 것이 어떻게 우리 의식의 중심을 점유할 수 있는지에 대해 묻고 있다.

내가 화이트헤드의 의도와 일치하고 있다고 믿고 있는 나의 제안은, 어떠한 부각된 의미에서든 신에 대한 의식이 보통 최초의 지향의 파생과는 상이한 신에 대한 파악들과 연관되어 있다는 것이다. 의식은 대비$_{\text{contrast}}$와 부정$_{\text{negation}}$에 의존한다.[31] 반면 우리의 최초 지향의 파생에서 신이 하는 역할은 불변적인 것이다. 비록 최초의 지향이 그 내용에 있어서는 매우 다양하더라도 말이다. 우리가 한시도 빠지지 않고 경험하는 분위기의 중요성은 우리의 의식으로 진입하지 않는다. 비록 우리가 분위기의 급작스런 변화를 의식할 수 있다고 하더라도 말이다. 최초 지향에서 신이 자신의 끊임없는 역할을 폐기한다면, 우리는 비존재가 될 수밖에 없을 것이다. 그렇게 되면 대비를 통한 의식은 불가능해진다.

이번 절의 나머지 부분에서 우리는 인간적 계기의 최초 여건들 가운데 하나로서 신이 파악되는 다른 방식을 주로 고찰할 것이다. 이 점에서도 우리는 신의 영속적인 현존이 신을 의식하는 것에 영향을 미치고 있다고 이해한다. 우리의 전체 현실 세계의 일부로서 신의 현존은 대부분의 시간 동안 대부분의 우리 의식 속에서 하나의 실재적인 과거로부터 파생된, 희미하고 빈약하게 식별된 우리 느낌의 또 다른 측면으로만 작용한다. 우리를 향한 신의 지향을 파악하는 경우에서처럼 모든 경험 전체는 신의 현존에 조금도 관련되지 않는 해석에 종속된다. 그러나 신의 영속적인 현존과 관련해 경험을 해석하는 사람들은 자신들의 해석된 경험들이 신의 현존으로부터 희미하게 조건지어져 있음을 발견한다. 그럼에도 불구하고, 이 경우에 추가적인 차이의 요소가 신의 현존을 주장하는 사람들과 그것을 거부하는 사람들 사이에서 얻어진다. 오로지 최초 지향의 파생만이 문제가 될 때는 각 계기를 위한 신의 효과적인 활동이 신에 대한 신념이나 불신에 의해 수정을 겪지 않는다. 신은 자기를 실현토록 하는 이상적 가능성을 통해 신앙인들과 비신앙인을 동등하게 만난다. 각 계기가 현재와 관련되는 이상, 과거의 성공과 실패와의 관련성을 통해 생산된 새로운 상황을 고려하는 하나의 이상(이 이상은 새로운 계기를 위해서는 해당 순간 최상의 가능성임)을 신으로부터 지속적으로 수용한다. 하지만 과거의 계기가 현재의 계기에 끼치는 인과적 효과성은 새로운 계기의 지향에 의해 영향을 받으며, 그 다음 그 지향이 수정되는데 어떤 역할을 한다. 인간의 계기에서는 계승된 신념의 구조가 새로운 계기의 지향에 영향을 끼친다.

이런 이유들 때문에 신의 현존을 부정하는 사람들은 자기들에게 미치는 신 현존의 효과성을 축소시키는 정도만큼 자기들의 주체적 지향을 형성하게 된다. 임의의 계기의 세계 내에서 파악되는 모든 존재들은 틀림없이 긍정적으로 파악되므로 신도 결코 전적으로 배제될 수는 없다. 그러나 최초 지향의 제공을 넘어선 신의 인과적 효과성은 하찮은 것으로 축소될 것이다. 이와 달리, 신의 현존을 주장하는 사람들은 자신들에게 미치는 신의 인과적 효과성을 최대화시킬 정도로 자신들의 주체적 지향을 형성하게 된다. 심지어 신 현존의 효과성을 촉진시키는 신념을 주장하는 것은, 상당히 명확한 방식으로 의식에 영향을 미칠 수 있을 것이다. 따라서 신앙은 스스로를 경험적으로 정당화하는 곳으로 나아갈 수 있다.

그러나 모든 종교적 경험이 신앙인의 일상적 삶에 희미하고 완고하게만 나타나는 것은 아니다. 종교적 경험은 또한 극적인 방식들로 일상적 삶과 거의 전적으로 불연속적인 순간들 속에서 출현하기도 한다. 예를 들면, 합일$_{\text{union}}$이나 영적 교섭$_{\text{communion}}$ 같은 누미노제적$_{\text{numinous}}$이고 황홀경적인 강렬한 종교적 경험들이 존재한다.

만약 우리가 그런 경험들의 발생을 이해하고자 한다면, 그 경험들이 발생되는 존재론적인 근거와 실재적인 근거 모두가 고찰되어야만 한다. 우리는 이 모든 점에서 그런 강렬한 경험이 신뢰받을 수 있다고 단순 전제하고 있다.

우선, 거룩한 자에 대한 경험이 고찰될 수 있을 것이다. 거룩한 자에 대한 경험은 종교적 경험과 상접한coterminous 것으로 폭넓게 간주된다. 자신의 전체 삶에서 신의 현존을 희미하게나마 경험한 사람은 또한 신을 희미하게나마 거룩한 자로 경험한다. 그런 경험의 주기적 강도는 또한 거룩한 자에 대한 느낌의 강도라고 할 수 있다. 실제로 거룩함은 인과적 효과성의 양태에 있어서의 신에 대한 파악의 주체적 형식과 동일시될 수 있다. 신에 대한 모든 특수한 파악은 다른 주체적 형식들과 혼재되어 있지만, 신에 대한 파악은 영속적이라는 특징을 보유한다. 따라서 신은 거룩한 자이다. 거룩한 자의 요소는 가장 친밀한 합일이나 영적 교섭의 경험에서도 사라지지 않는다.

화이트헤드의 관점에서는 신과의 존재론적 합일이 불가능하다. 인간의 살아 있는 인격 속의 모든 계기들은 그 계기 자체로만 남는 것이고 신은 신으로만 남게 된다. 만약 모든 점에서 살아 있는 인격을 구성하는 연속적으로 질서화 된 사회적 성원이 존재하지 않았다면, 인간 인격은 존재하지 않는 것이다. 그것은 신과의 합일로도 불릴 수 없는 것이다. 그럼에도 불구하고, 신과의 합일로 종종 해석되는 황홀경적 경험은 본서에서 발전된 사상의 범주들에 엄밀한 존재론적 설명을 제시할 수 있을 것이다.

임의의 살아 있는 인격 속 모든 계기들은 그 살아 있는 인격의 과거 경험 계기로부터 물려받는다. 그런 계기는 다른 인격들 속의 계기로부터도 물려받으며 신체를 구성하는 계기로부터도 물려받는다신체는 인격 속의 계기에 의해 주재되고 있다. 그리고 그런 계기는 신으로부터도 물려받는다. 계승의 지배적인 계통이 살아 있는 인격 속의 선행하는 계기들에서 비롯될 때 인격적 동일성이 최대화된다. 이런 동일성은 다른 살아 있는 인격들로부터 강력한 영향력이 발생할 때 약화될 수도 있고 약화되지 않을 수도 있지만, 어떠한 경우에도 그런 영향력은 친밀한 상호 인격적 관계를 창출시킨다. 임의의 인간적 계기의 지배적 결정 요소들이 신체로부터 비롯된다면, 그 계기는 특성상 인간 이하나 인격 이하로 생성되는 경향이 있다. 왜냐하면 이것은 그 계기가 정신 물리학적 유기체의 자극-반응 메커니즘 속에서의 역할 외에는 별다른 역할을 하지 않게 되는 것을 의미하기 때문이다.

네 번째 가능성은 생성 계기가 주로 신으로부터만 물려받는 것이다. 이것은 신에게서 해당 계기를 향해 오는 인과적 효과성이, 그 계기의 만족시의 중요성에서 다른 모든 계기들로부터 오는 효과성을 압도하는 것을 의미한다. 이런 상황이 발생하려면 문제의 계기는 살아 있는 인격을 갖춘 그 계기의 자기 동일성, 다른 사람들과의 사회적 관계성, 그리고 심지어 자기 신체와의 상호 작용으로부터도 크게 거리를 두어야만 할 것이다. 이 모든 영향력들이 없을 수는 없겠지만 이것들은 하찮은 것으로 축소될 수밖에 없을 것이다. 이 경우 해당 계기는 신과의 연속성에 의해서만 구성될 수 있을 것이다. 이런 경험은 글자 그대로 황홀경적 경험이 될 수 있을 것이다. 그런 황홀경적 경험은 경험적으로 말하면 신과의 합일적 경험으로 적절히 이해될 수 있지만, 철학적으로 볼 때는 현실적 동일성이 부정되어야만 한다.[32)]

영적 교섭의 경험은 인간 인격의 지속되는 자기-동일성에 의한 합일 경험과는 차이가 있다. 임의의 인간계기는 과거의 인격적 계기들로부터 계속적으로 물려받는다. 그러므로 신으로부터의 계승은 타자를 파악하는 것으로 경험되는 것이다. 이런 파악이 아무리 생성 계기의 만족에까지 효력을 발휘한다고 하더라도, 살아 있는 해당 인격과 파악된 것과의 구별 감각은 여전히 남게 된다. 그래서 살아 있는 인격과 신과의 관계는 두 인격 사이의 완전한 일치가 아닌 두 인격들의 친밀한 관계가 될 것이다.

그러나 이런 종류의 경험들이 존재론적으로 가능하다고 해서, 그 경험들이 실제적으로 발생한다고 결정할 수 있는 것은 아니라는 점이 재차 강조되어야 한다. 이것은 순수하게 존재와 관련된 문제이다. 순수하게 존재와 관련된 문제들에 근거한다면, 이런 관점을 허락할 수 있도록 해석된 경험들에 대한 보도가 실제로 존재하는 것 같다. 이런 보도들은 또한 정신 분석학적 해석 같은 다른 관점의 해석도 허락할 수 있다. 그래서 이런 보도들은 앞서 기술된 존재론적 관계성이 현실적으로 발생한다는 증거를 구성하지는 않는다. 그럼에도 불구하고, 정신 분석학적 해석 같은 설명들은 해당 보도를 경험 자체의 자발적 자기-이해에서 훨씬 더 동떨어진 해석을 강요한다. 따라서 현재의 해석에 호응하는 최초의 선입견은 정당하다. 나의 전제는 경험에 대한 "자연스런" 또는 더욱 자발적인 해석이, 경험에서 제시되지 않은 범주들을 경험 위에 부과시키는 해석보다 더욱 신뢰할만한 것이라는 점이다.

가치의 문제 역시 이런 종류의 종교적 경험의 발생을 허용하는데 개방적이다. 그런 종교적 경험을 적지 않게 체험해본 사람들은 위대한 본래적 가치를 보도한다. 어떤 경우에는 지속적인 유익한 결과들이 따라온다. 그러나 그런 경험을 의도적으로 성취하려는 폭넓은 시도들은 절박한 필요성에도 불구하고 무산되기 일쑤며 독특한 목표에 이르지 못한다. 대부분의 종교 공동체에서 신비적 경험은 하나의 목표로 신봉되지 않는다.

우리는 이제 고양된 신 의식으로 나아갈 수 있게 하는 조건들에 대해 고찰할 것이다. 우리의 고유한 과거 계기들에 대한 파악이 해당 만족에서 철저히 강조되지 않거나 경시되는 것과 상관없이, 우리는 적어도 다른 살아 있는 인격들과 우리 신체적 경험 계기들을 파악하는 것이 중요한 역할을 하지 못한다고 전제할 수 있다. 이것은 일차적으로 현시적 직접성의 양태에 있어서의 지각이 저평가되어야 한다는 것을 의미한다. 주체는 시각 · 소리 · 감촉을 떠나야 할 것이다. 우리는 신을 인과적 효과성의 양태로만 경험하기 때문에, 우리 경험의 이런 무의식적 측면이 지배적인 인식의 자리에 와야 할 것이다. 그래서 이런 무의식적 차원 내에서 신체로부터의 인과적 효과성도 그 이상으로 저평가해야 할 것이다. 마지막으로, 살아 있는 인격 속 과거 계기에 의한 인과적 효과성의 많은 요소들도 중요한 역할로부터 배제되어야 할 것이다. 신에 대한 생생한 의식만이 이런 것들에 대한 오랜 부정의 과정을 통하여 유지될 수 있다면, 우리는 인과적 효과성의 양태 속에서 신을 파악하는 것이 의식에서 지배권을 성취할 것이라고 예측할 수 있다.

이제껏 우리는 다양한 종교적 경험에서 변수는 인간 편에 있지, 신에게 있지 않다고 전제해 왔다. 다양한 종교적 사상은 실제로 여러 가지 방법을 통해 이런 점을 전제하지만, 이런 제한이 존재론적으로 필연적인 것은 아니다. 임의의 현실적 존재가 다른 현실적 존재에게 끼치는 인과적 효과성은 파악하는 계기의 주체적 지향과 파악된 계기의 주체적 지향 모두에 의해 결정된다.

임의의 계기는 미래를 향한 지향으로 자신을 다양하게 현실화해 낼 수 있다. 해당 계기의 지향은 자신의 고유한 만족에 도달할 뿐 아니라 계승자들에게 특수한 의무를 지우는 방식으로 자기만족을 성취하게 된다. 의식이 현재할 때 미래에 영향을 끼치는 이런 지향은 의식적일 수 있으며 또한 종종 의식적이다.

예를 들어, 내가 하나의 단어를 말하기 시작할 때 나는 그 단어를 끝내는 나의 인격적 삶을 구성하는 후속 계기들에게 상당한 의무감을 지운다. 내가 하나의 문장을 타이핑하기 시작할 때 나는 그 문장을 끝내는 나의 후속 계기들에게 근소하게 모호한 의무감을 지운다. 내가 책을 한권 쓰기 위해 계약서에 서명할 때 나는 훨씬 더 모호하지만 여전히 유력한 의무감을 나의 머나먼 미래 계기들에게 지운다. 그러나 미래에 영향을 끼치려는 나의 지향은 단순히 나의 고유한 미래에만 영향을 끼치는 것은 아니다. 내가 한 단어를 말할 때 나는 보통 그것이 다른 사람에게 들리도록 하여 그들의 사고와 느낌과 활동에 모종의 영향력을 행사하려고 의도하는 것이다. 내가 한 문장을 타이핑 할 때에도 나는 보통 그것이 읽혀지기를 바라는 것이다. 내가 계약서에 서명을 할 때에도 나와 다른 당사자를 한데 동여맬 의도를 갖고 있는 것이다.

이 모든 점은 아주 명백하기 때문에 그것을 애를 써가며 말하는 것은 별 의미가 없을지 모른다. 그러나 파악된 것이 파악자에 의존할 뿐 아니라 파악된 계기의 의도어떤 방식으로 파악됐는가에도 의존한다는 점을 강조하기 위해 이런 단순한 예들을 활용하는 것도 아주 중요하다. 신과 특수한 계기들의 관계성을 계기들 사이의 관계성들과 차별 짓기 위해 신에게서 이런 자유를 박탈하는 것은 임의적인 처사이다. 따라서 우리는 신이 자신을 특수한 세력이나 효능으로 인간 계기에 제시할 때 우선권을 갖는다고 전제할 수 있다. 해당 계기가 신의 지향을 받을 준비를 하거나 소망하는 것과 무관하게 말이다. 신이 그렇게 하는 것과 언제 또는 어디서 그렇게 하는지는 전적으로 임의의 존재자와 관련된 문제들이다. 그러나 어떤 종교 전통들은 신이 지극히 특수하고 결정적인 우선권을 실제로 갖고 있다고 지나치게 확신한 나머지, 인간 자신의 노력으로 신에 대한 경험에 도달하려는 모든 시도들을 경시하기에 이르기도 한다. 따라서 신이 우선권을 취한다는 주장에는 사실상 중요한 증거가 존재하고 있는 것 같다.

지금까지 우리는 종교적 경험을 신에 대한 경험으로 논의하면서 감각적 요소가 중요시되지 않는 경험에만 방향을 맞추어 주목해 왔다. 그와 같은 순수한 영적인 경험들은 실제로 발생하는 것 같으며 종교를 이해하는데 근본적인 역할을 하는 것 같다. 하지만 우리가 일상적으로 종교적 경험이라고 명명하는 훨씬 더 많은 것들은 신의 현존에 대한 의식이나 생명을 지향하면서 신의 의미에 대한 파악을 환기시키는 수단으로 시각적 대상 · 소리 · 번개 효과 · 향기 · 신체적 동작과 관련된다.

이런 점은 경험을 강조하는 것이 신에 대한 경험을 강조하는 것일 정도로, 경험에는 신에 대한 파악과 어느 정도 연관이 있는 감각적 요소들sensuous elements이 있음을 의미한다. 대부분의 이런 감각적 요소들은 특수한 역사를 통해 그 기능을 획득해온 것이다. 예를 들어, 그리스도인들에게 십자가와 성례전은 예수 이야기를 통해 그 대부분의 의미를 수령 하였다. 그럼에도 불구하고, 또한 감각적 대상들과 신적인 존재에 대한 경험 간에는 어떤 자연스러운 연상 관계가 있을 것이다. 예를 들어, 모든 충분한 신비주의적 감각적 경험은 일반적으론 의식적이지 않은 요소들을 갑자기 지각하는 것을 허용할 정도로 우리의 일상적인 경험 구조를 뛰어넘어가 버리는 경향을 갖는다. 이런 방식으로, 우리는 어떤 감각적 대상들이 신에 대한 파악을 의식하게끔 촉진시키는 방식을 이해할 수 있다. 그러나 이런 대상들은 심리학과 종교 현상학에서도 연구될 수 있는, 순수하게 존재와 관련된 문제들이라는 것을 거듭 강조하고 싶다. 그럼에도 불구하고, 존재자와 관련된 문제들은 사실상 탐구자가 활용할 수 있는 기술description이나 설명explanation 범주들에 따라서 아주 다양하게 접근할 수 있다. 바로 이런 관점에서 여기서 제기되는 순수한 전제상의 제안들은 사실을 결정하는 것과 상관적일 수도 있다.

거룩한 자에 대한 경험으로 그 주요한 특색이 부여되든 합일이나 영적 교섭으로 그 주요한 특색이 부여되든 상관없이, 즉 감각적 상징들과 관련되든 그것들을 거부하든 상관없이 신에 대한 모든 경험은 "전적인 타자"wholly other인 존재를 경험하는 것이다. 이런 주장은 여러 가지를 의미할 수 있는데, 그 가운데 어떤 것들은 본서에서 정식화된 신에 관한 학설에 의해 배제된다. 그러나 종교적 경험 대상에 관해 언표 할 의도를 내포하는 신에 관한 학설은 전적인 타자라는 경험적 사실과 반드시 타협해야만 한다.

우선, "전적인 타자"란 수적으로 다른 존재를 의미한다. 인간은 신이 아니다. "신과의 합일"이라는 가장 극단적인 경우에서도 인간과 신 사이의 근원적 차이는 남아 있다. 만일 "합일"이 현실적으로 달성된다면, 그것은 인간의 자아가 그 자아에 대해 전적으로 타자가 되는 존재에게 완전히 용해될 수밖에 없는 대가를 치러야 할 것이다. 엄격히 말해 이것은 임의의 순간, 인간의 살아 있는 인격인 연속적으로 질서화 된 사회 속 임의의 계기가 사라진다는 것을 의미한다. 이런 사라짐이 가능하다는 것은 극히 의심스러운 것이나, 그런 일이 발생한다고 하더라도 신과 인간의 수적인 타자성은 제거되지 못할 것이다.

더 중요한 것은 신이 질적으로qualitatively "타자"로 경험된다는 것이다. 이런 타자성은 나 자신에게 타자일 뿐 아니라 경험된 모든 다른 여건들에 대해서도 타자가 된다. 신은 단순히 다른 여러 가지 가운데 하나로 경험되지 않는다. 우리가 신에 대한 경험에서 진정으로 경험하게 되는 것이 대체 무엇인가 하는 점을 기술하고자 할 때, 그런 기술에서의 주요한 요소는 틀림없이 대비의 요소가 될 것이다. 대표적으로 이런 대비는 사물들의 시각성과 신의 비시각성적 형시들을 취한다. 우리는 우리가 일상적으로 시각적인 사물들만을 경험하는 것처럼 생각한다.

화이트헤드주의의 관점에서 다수의 이런 대비들은 일상적으로 전제되는 것 이상으로 명쾌하거나 크게 중요한 것은 못된다. 예를 들어, 신만이 비시각적인 것은 아니다. 단순하고 직접적인 의미에서 모든 현실적 계기들이 시각적인 것으로 여겨진다면 비시각적인 것은 극히 희소해진다. 인격적으로 질서화 된 경험 계기들의 사회인 존속하는 객체들은 때때로 도구들을 활용함으로써 "시각적"인 것이 되기도 한다. 그러나 이런 방식에서도 우리가 단일한 하나의 현실적 계기를 볼 수 있을지는 매우 의심스럽다. 게다가 우리가 실제로 본 존속하는 객체들도 그것들이 지배적인 물리적 성격을 갖고 있기 때문에 우리가 볼 수 있었던 것이다. 주로 정신적 계기들로 구성된, 존속하는 객체인 살아 있는 인격은 결코 시각적일 수 없을 것이다. 우리는 다른 인격들 역시 볼 수 없으며 신체들만을 볼 수 있을 뿐이다. 우리는 결코 우리 자신의 경험 속의 과거 계기들을 볼 수 없다. 비록 우리가 그 계기들의 시각 경험을 재연할 수 있다고 하더라도 말이다. 그렇기에 신의 비시각성$_{\text{invisibility}}$은 실제로는 신만의 독특한 특징은 되지 못한다.

다른 계기들의 경우에 우리는 그것들의 신체나 두뇌 및 입자적 사회에 끼치는 효과를 볼 수 있다고 논증할 수 있다. 즉 수학 공식과 과학의 도구를 활용함으로써 해당 계기들의 발생을 찾을 수 있는 반면에 신은 어떠한 방식으로든 보일 수 없다. 이 점에서 어떤 차이가 확실히 존재하지만 명확한 선을 그을 수는 없다. 신과 세계의 관계는 보이는 모든 것들 속에서 하나의 차이(실제로는 모든 차이들)를 생산해내는 관계이다. 세계와 신의 관계는 두뇌와 살아 있는 인격과의 관계와 희미하게나마 흡사하다고 할 수 있다. 시각성의 관점에서 신과 다른 계기들과의 명확한 차이는 다음과 같은 점에 놓여 있는 것 같다. 모든 다양한 사례에서 우리는 신의 부재 속에서 사물들의 상태와 신의 현존 속에서 사물들의 상태를 대비시킬 수는 있지만, 신 자체의 근원적 부재에 대해 생각하는 것은 어떠한 것도 생각하지 않는 것이다.

여기서 시각에 대한 언급은 다른 감각에도 동등하게 적용된다. 우리의 감각 기관은 우리를 실용적으로 복잡한 사회$_{\text{특별히 우리 신체 외부}}$

에 이는 입자적 사회들와 관계시킬 목적으로 진화해 왔으며, 우리와 개별적인 계기들과의 관련성을 위해서는 간접적인 상관성만 가질 뿐이다. 감각 지각이 중요한 역할을 하는 현시적 직접성의 양태에서의 경험은 개별적 계기들의 다수의 파악을 동시적 영역으로 투사할 수 있는 하나의 단순화된 여건으로 변환시키는 과정으로서, 하나의 현실적 계기의 합생의 후기 위상들에서 일어난다. 그러나 모든 경험의 토대는 개별적 존재들의 비감각적 파악에 놓인다. 신에 대한 경험은 더욱 확실하게 그러한 파악에 놓인다.

비록 개별적 계기들이 감각 지각에서 초점화 되지는 않는다고 하더라도, 이 계기들은 실제 의식으로 떠오르는 의미들을 우리에게 인상짓게 할 수 있다. 나의 고유한 과거 경험들은 그 경험에서 발생하는 요소들이 현재의 계기에서 재연될 수 있을 정도로 현재에 인과적 효과성을 미칠 수 있다. 그런 인상들에 대해 하나의 살아 있는 인격 속의 계기들이 다른 살아 있는 인격 속의 계기들과의 관련성에서 실제로 발생할 수 있다는 축척된 증거정신적 텔레파시에서처럼가 존재한다. 그래서 우리는 액면그대로 의미를 비감각적으로 지각하는 것에 대해 말할 수 있다. 만약 신이 어떤 사람에게 "말을 한다면", 그것은 인간의 계기에 끼치는 의미의 직접적 인상 지움이라는 동일한 원리를 따라 이해될 수 있다. 비록 신의 말씀이라고 더욱 일상적으로 지칭하는 것이 이런 인상지움에 비해 덜 직접적인 효과를 갖는다고 하더라도 말이다.

이런 종류의 경험이 비감각적이라고 해서 그 경험이 감각적 경험에 동반될 수 없을 것이라는 점을 의미하는 것은 아니다. 여기서 꿈의 유비가 고찰될 수 있을 것이다. 꿈속에서는 외부 세계가 눈과 귀에 새로운 자극을 주는 것이 꿈꾸는 경험을 만드는 것이 아니다. 꿈의 내용에 대한 설명은 주로 꿈꾸는 자의 과거 경험 계기들의 무의식적 측면들에서 찾아질 수 있는 것이다. 비록 과거 경험들의 의식적 측면들, 직접적인 신체적 영향력들, 꿈 경험 속의 새로운 계기의 자기-결정권, 그리고 다른 요소들도 배제될 수 없다고 하더라도 말이다. 꿈은 그 꿈이 주로 비감각적 지각에서 파생된다는 의미에서 비감각적 경험으로 이해될 수 있다. 그럼에도 불구하고, 우리는 감각적 용어들로 꿈의 내용을 기술할 수 있으며 실제로 기술하고 있다. 과거 계기들에 대한 비감각적 파악은 현시적 직접성의 양태에 있어서 지각이라는 특수한 종류로 변환된다. 이런 경험은 감각 기관들이 지배적이고 우선적인 역할을 하는 일상 속에서 깨어있는 경험과 다수의 유사점을 갖는 것처럼 다수의 차이점도 갖는다.

동일한 방식으로, 우리는 신이 인간 계기에 제공하는 의미의 직접적 인상이 환상이나 환청을 동반할 정도로 생리학적 활동을 자극할 수 있다는 점을 인식해야 한다. 신의 전달을 수용하는 것으로 해석돼온 인간의 어떤 경험이 실제로 그런 신의 전달과 관련이 있는지는 순수하게 존재와 관련된 문제라는 점이 재차 강조되어야만 한다. 적어도 이런 설명은 신적인 전달의 수용 속에서 전달내용이 불가피하게 수용자 자신의 과거와 환경 세계로부터 계승된 다른 내용들과 상호 뒤섞일 수밖에 없다는 점을 유념시켜 주어야 한다. 현재의 분석은 단지 그런 신적인 전달이 발생해야만 한다면 그런 발생과 관련될 수밖에 없는 과정을 보여주려는 것뿐이다.

위의 내용에 비추어 본다면, 신에 대한 경험은 감각적 경험과는 전적으로 다르다. 그러나 이 점은 그 경험의 타자성을 충분히 특징짓지는 못한다. 또한 신에 대한 경험은 다른 모든 유형의 비감각적 경험에 대해 외적인 것이다. 이런 타자성은 간혹 '무한과 유한' 또는 '영원과 시간'의 대비로써 표현된다. 이런 대비들이 근본적으로 가장 엄격한 철학적 의미로서 강조된다면 다소 잘못된 길을 간 것이며, 본래의 종교적 의도에 역으로 작용하는 의미들을 보여줄 뿐이다. 그러나 최종적인 견지에서 잘못된 결론까지 나가지 않는다면, 이 대비적 용어들은 신에 대한 경험의 어떤 독특한 점들을 붙잡아 준다.

유한은 제한을 받는 것으로서 여기에는 있지만 저기에는 없는 것이며 현재에는 있지만 그때에는 없었던 것이다. 그러나 신은 국지적인 제한을 떠난 존재이다. 신은 모든 곳에 있든가 어디에도 없어야만 한다. 그리고 어떤 의미에서는 두 용어모든 곳에 있는 것과 아무 곳에도 없는 것가 모두 적용되어야만 한다. 또한 모든 다른 계기들은 자기의 발생을 위해 자기에게서 비롯되지 않으며, 선행하는 피조물의 계기에 의해서도 주어지지 않은 고유한 어떤 힘에 의존한다. 존재하는 신의 힘은 파생된 것도 아니고 우발적인 것도 아니다. 어떤 것이 조금이라도 존재하려면 이러한 신의 힘은 필연적이다. 그러나 어떤 특정한 존재도 신의 존재를 위해 필연적이지는 않다. 이 모든 의미에서 신은 유한하지 않고 무한하다. 무한이란 용어는 유한한 존재에 대해 언급될 수 있는 것이 신에게도 그대로 적용할 수 있다는 점, 신의 경험도 역시 날로 풍요로워질 수 있다는 점, 또는 세계에게 불확정적인 미래가 신의 지식에서도 불확정적이라는 점 등을 부정하지 않는다면 꽤 괜찮고 유용한 용어이다.

시간적인 것은 존재하고 나서 소멸한다. 신은 시작도 없고 끝도 없다. 시간적인 것은 달성된 가치의 끝없는 상실에 의해 그 특색이 부여된다. 달성된 모든 것들은 신에게서 영구적으로 보존된다. 이런 중요한 의미에서 신은 비시간적이며, 따라서 영원하다. 그러나 "영원한"$_{\text{eternal}}$이란 용어는 가끔 다른 함축적 의미들을 가지고 있다. 그것은 시간이 관련되지 않는 어떤 영역, 즉 과정의 실재성이 부재한 어떤 영역을 지칭하기도 한다. 바로 이런 의미가 실제적으로 많은 전통 사상에서처럼 화이트헤드에게서도 "영원한"의 의미였다. 따라서 그는 그런 의미에서 영원한 객체와 영원한 객체들에 대한 신의 영원한 직시에 대해 말하였다. 그러나 신은 영속적인 소멸에 참여한다는 의미에서는 비시간적이지만 영원하지도 않다. 신은 영속적$_{\text{everlasting}}$이다.[33)]

아마도 신에 대한 경험은 본래적으로 희미하나마 신과 다른 존재들의 대비를 제시하는 것이겠지만, 대개의 경우 우리는 이런 대비적 구별들이 고도로 발전된 반성에 의존하고 있다는 점을 인식해야 한다. 이런 반성은 신을 타자로 경험한 이후 매우 오랜 시간이 지나서 등장한 것이었다. 따라서 우리는 종교적 경험 자체에서 이 같은 신의 타자성의 보다 원초적인 근거를 찾아야 한다.

이 점에서, 나는 역설적으로 신의 타자성이 신의 절대적 가까움God's absolute nearness으로 스스로를 표현하고 있다고 제안한다. 모든 다른 존재들은 서로 시간적으로는 과거이거나 공간적으로는 구별된 거리를 두지만, 신은 절대적 가까움으로 현존한다. 신은 수적으로numerically 타자적 존재이다. 그러나 이런 타자는 시공간적인 거리를 둔 타자가 전혀 아니다.

본서의 제5장에서, 나는 다른 계기들의 입각점을 구성하는 모든 영역을 포섭하는 신의 연장적 입각점extensive standpoint을 생각할 수 있는 관점으로 신과 시공간의 관계에 대한 하나의 해석을 제공했었다.[34] 그 해석은 정식화된 상태에서는 반성에 의존한 것이지만 종교적 경험에 대한 다수의 자발적 표현들과 긴밀히 결합되어 있다. 만일 이것이 옳다면, 선반성적인prereflective 종교적 경험들 속 신의 타자성의 특수한 성격은 이해될 수 있다. 우리는 정말로 신 안에 있으며 신은 정말로 우리 안에 있다. 절대적으로 독특한 어떤 방식에서 쌍방향적으로 말이다.

우리는 다른 많은 현실적 계기들이 우리를 파악한다는 의미에서는 그것들 안에 있지만, 우리의 입각점이 그 계기들의 입각점을 구성하는 영역 속에 포섭되느냐의 의미에서는 어떠한 존재 속에도 있지 않다. 다른 많은 현실적 계기들은 우리가 그것들을 파악한다는 의미에서 우리 안에 있다. 또한 우리의 입각점이 신의 입각점에 포섭되는 방식으로 자기들의 입각점이 우리의 입각점에 포섭되는 현실적 계기들이 있을 수 있을 것이다. 그러나 우리는 우리의 전체 입각점을 우리와 공유하는 신 이외의 또 다른 존재에 대해서는 어떠한 경우도 생각할 수 없다. 신은 정말로 우리 자신의 입각점이 되는 영역 속에 현존한다. 게다가, 우리는 이런 신의 현존을 신의 어떤 작은 부분만을 의미하는 것으로 생각할 수는 없다. 만일 우리가 그런 신의 현존을 신의 물리적 극으로 생각하고 있다면, 이러한 신의 현존에 대한 이해는 적절해질 수 있다. 그러나 화이트헤드는 임의의 계기의 정신적 극과 전체로서 그 계기의 만족이 일반적으로 부분들로 분할 될 수 없다는 점에 주목한다. 해당 계기 전체는 신의 모든 물리적 부분에 동등하게 주어져 있다. 그래서 일부가 아닌 신 자신이 정말로 나와 같이 하며 내 안에 현존한다.

그럼에도 불구하고, 상호 거주의 이런 관계는 나 자신과 신의 관계를 부분과 전체의 관계로 귀착시키지 않는다. 모든 계기들은 자신의 고유한 생성에서 자신의 사사성$_{\text{privacy}}$과 자기-결정권적 자유를 존속시킨다. 계기는 과거가 될 때에만 다른 계기에 의해 파악된다는 의미에서 다른 계기에 포섭된다. 영역 포섭$_{\text{regional inclusion}}$은 존재론적 구별에 의해 손상되지 않는다. 존재론적으로 분리된 존재들의 절대적인 공통의 현존$_{\text{copresence}}$의 이와 같은 독특한 관계는 부분적으로 신에 대한 경험을 철저히 신비스럽게 만드는 것으로 이해될 수 있다.

우리는 이제껏 인간이 신을 경험할 때 있을법한 형태들에 대해 약간 길게 고찰해왔다. 신에 관한 신념과 종교적 경험의 가능성과 가치에 관한 신념이 신에 대한 의식적 경험이 발생하는지, 발생한다면 어떤 형태와 효력으로 발생하는지를 결정할 때 심대한 역할을 한다는 점을 살펴보았다. 그러나 인간의 경험을 위해 심오한 중요성을 가질 수 있고 또 실제로 가지는 신에 관한 신념의 또 다른 차원이 아직 남아 있다. 이것은 신이 인간을 경험한다는 인간의 신념이다.

신에게 '무한한'과 '영원한'의 의미를 적용하는데 있어 이 의미를 강조하는 것에 대한 반대유일한 반대는 아닐지라도의 주요한 이유는, 이런 의미가 신이 세계를 인식하고 사랑한다는 신념을 무의미하게 만들 것 같다는 점 때문이다. 만약 그러하다면, 인식하는 자와 사랑하는 자에게 효력이 없는 인식과 사랑은 우리가 상상할 수 있는 인식과 사랑에 관한 어떠한 개념과도 관계를 맺을 수가 없기 때문에 이 용어들을 사용하는 것 자체가 적절치 못한 것 같다.[35] 화이트헤드는 신이 매우 문자적인 의미로서도 세계를 인식하며, 그래서 인간은 신에 의해 인식된 자로 자신을 인식할 수 있다고 강하게 확신하였다. 또한 화이트헤드는 신이 인간을 인식하고 사랑하며 인간의 본성과 인간이 생성한 것을 보존한다는 점을 인식하는 것이야말로 실존적으로나 종교적으로 숭고한 중요성을 함축하고 있다고 확신하였다. 이러한 인식을 떠난다면 삶에는 가치가 충만하다는 점이 반성에 의해 산산이 깨져버릴 것이다. 그러나 그런 인식과 함께 한다면 순간순간 가장 내적인 의미는 중요성을 얻게 된다.

'신에 대한 경험'과 '우리를 인식하고 사랑하며 우리가 달성한 것을 보존한다는 신념'의 관계는 이번 절 앞부분에서 논했던 신념들 사이의 관계와 매우 동일하다. 거기서 우리는 신이 우리 존재 · 목적 및 우리를 유지시키는 질서의 근거라는 신념이, 질서 있는 세계에서 우리가 우리 존재를 경험하는 방식을 직접 반성해 보도록 요구할 수 있다는 점에 주목했었다. 그럼에도 불구하고, 그런 반성에의 요구는 주로 해석으로 인식되어야 한다. 동일한 방식으로 우리의 자기-경험은 타자에게도 열려진 개방성을 의식함으로써 희미하게나마 변화되겠지만, 그런 의식은 해석의 한 기능인 것이다.

우리가 실제로 이런 방식[36]을 통해 우리의 경험을 이해할 때에는 가치 있는 만족의 실현이 중요성을 얻게 될 뿐만 아니라, 경험의 여러 측면들이 경험 그 자체를 위해서도 추가된 중요성까지 얻게 될 것이다. 만일 우리가 우리에 관한 신의 인식이 우리의 주체적 지향과 이 지향이 신이 우리에게 직면시키는 이상적 가능성과 갖는 관계를 포함하고 있다고 믿는다면, 우리의 동기는 우리 눈앞에서 생생한 긴급성을 얻게 될 것이다. 그러나 신이 우리를 인식하지 않는다고 믿는다면, 우리 동기의 긴급성은 해이해질 것이다. 성서적 관점으로 말하면, 인간이 자기 존재의 중심에서 자기 마음을 인식하게 되는 것은 바로 신이 우리의 마음을 보기 때문일 것이다. 자기가 이상적으로 직면해야 하는 것에서 소외되었다는 인간의 희미한 인식이 일어날 때에만 인간은 죄에 대한 감각이 용서를 요구하고 있다는 점을 알게 된다. 따라서 신이 우리를 인식한다는 이런 신념은 우리의 경험에 가장 심오한 영향력을 발휘할 것이다. 비록 그런 신념이 그 자체로서 경험에 대한 직접적 표현으로 조망되지는 않는다고 할지라도 말이다. 우리의 경험이 이런 방식으로 변형된다면, 앞에서 논의한 신에 대한 직접 경험은 죄의 용서라는 매우 독특한 형식을 취할 수 있다.

다양한 측면들로 가능한 인간과 신의 이런 관계에 대한 대략적인 요약은 또한 신념과 경험 사이에서 얻을 수 있고, 실제로 얻고 있는 복잡한 관계들을 시사하는 의도를 갖는다. 어떤 종교 사상가들은 경험만이 일차적으로 신뢰할만하고 믿을 수 있다는 근거 위에서 신념을 최소화하려고 한다. 다른 사상가들은 경험이야말로 환상에 불과할 정도로 너무 사적이고 예측 불가능하며 그럴듯하게 포장되어 있다는 근거 위에서 경험을 최소화하려고 한다. 양 측면들은 나름의 일리를 갖고 있다. 신념은 신에 대한 의식적 경험이 주어져 있지 않을 때조차 우리가 우리 자신을 이해하는데 심오한 효력을 발휘할 수 있다. 그리고 매우 많은 신앙인들에게서 그런 신념은 그들의 종교적 삶을 형성할 때 매우 지배적인 사실이 된다. 그러나 경험을 통해 어떤 면으로도 검증되지 않은 신념은 무미건조하며 신뢰할만한 것이 되지 못한다. 이와 유사하게 어떤 사람들에게는 신에 대한 경험이 매우 생동감 넘치는 것이기 때문에, 대조해 보려는 모든 해석과 반성은 무력한 것이 되지 않을 수 없다. 그러나 결국 종교적 경험이 발생한다는 사실과 방법 모두가 사상과 예측의 선행하는 범주들의 영향을 받지 않을 수 없는 것으로 인식되어야 할 것이다. '경험된 해석'과 '해석된 경험'은 서로를 완성시키고 개정시키는데 상대방을 필요로 한다.

## 3. 종교와 윤리

앞 절에서는 윤리적 관심의 문제가 간간이 부차적으로만 모습을 드러냈을 뿐이다. 또한 본서의 제3장에서는 윤리학을 확대하여 다루기도 하였다. 그럼에도 불구하고, 신에 대한 논의로 얻게 된 관점에서 윤리학을 추가적으로 고찰해야할 필요성이 생겨났다.

인류의 위대한 종교들의 많은 지도급 대표자들은 신에 대한 의식적 경험에 몰두하는 것에 반대한다. 적어도 그들은 이승에서의 인간의 운명과 소명이 자연과 인간에서 신에게로 돌아가는데 있는 것이 아니라, 자연과 인간을 봉사의 본래적인 영역들로 수용하는데 있다고 주장한다. 극단적으로는, 동료 인간들에게 봉사하라는 소명이 신에 대한 모든 신념과 전적으로 분리될 수도 있지만, 일반적으로는 신과의 적절한 관계가 달성되어야 하는 것은 바로 동료 인간들을 향한 관심을 통해서라고 주장될 수 있다.

동료 인간들에게 관심의 초점을 두는 것은 아브라함 종교 전통에서 압도적으로 지배적이었다. 하지만 이러한 초점은 다른 피조물들을 향한 관심을 배제하는 것은 아니다. 본서의 『초판』이 출간된 직후 몇 년이 지나지 않아 나는 서구 신학과 서구 철학의 인본

형태주의anthropocentrism가 끼쳐온 엄청난 해악에 대한 일깨움을 얻었다. '기독교 *자연*신학'은 우리 인간과 이 행성을 공유하는 다른 피조물들도 조명했어야만 했다. 화이트헤드의 철학에 대한 당시의 내 요약은 그런 조명에 개방적이었지만, 나는 『초판』에서 그런 개방성이 주는 이점에 대하여 거의 아무 것도 쓰지 못하였다. 우리들 가운데 많은 사람들에게 분명해진 것은 인간을 위해서라도 우리는 다른 피조물들의 복지에 더욱 많이 주목해야만 한다는 점이다. 또한 다른 피조물들을 향한 관심이 인간을 파멸로부터 구원하는 도구쯤으로 간주되지 말아야 한다는 점도 아주 분명해졌다. 더 나아가, 인간이 어느 정도 희생을 감수하더라도 다른 피조물들을 보살펴 줄 수 있어야만 한다. 이 모든 점들은 내가 『초판』에서 제시한 화이트헤드 사상의 체계적인 정식화 속에서 이미 충분히 함축하고 있었던 것이었으나, 나는 다른 신학 동료들처럼 그 점이 매우 중요하다는 점을 알아채지는 못하였다.

화이트헤드의 용어로 말한다면, 각 인간의 계기를 향한 신의 이상적인 지향은 모든 피조물의 아름다움의 강도에 공헌케 하는 만족을 지향한다. 신과의 올바른 관계는 신이 제공하는 지향을 실현하는 것을 의미한다. 따라서 신과의 올바른 관계는 인간 계기가 내리는 결정이 신의 전체 창조물들을 섬기는 방향을 지향할 때 확립된다.

우리가 세계의 필요와 요청에 응답하도록 소명을 받았다는 이런 학설을 보다 상세하게 발전시키고자 한다면, 우리는 '고도의 합리적인 윤리'를 지향할 수 있든지 아니면 사랑만을 전적으로 강조하는 방향으로 갈 수 있든지 할 것이다. 이 두 요소들 간의 불가피한 긴장은 본서의 제3장에서 이미 논의되었다.[37] 거기서 나는 그 두 요소들 가운데 하나를 다른 하나에 단순히 포함시키는 것은 불가능하다고 논증한 바 있다. 만약 최종적인 해결책이 존재한다면, 그것은 모든 피조물들을 공평하고도 인격적으로 사랑하는 것일 것이다. 그런 사랑은 초인적인 이상이다. 이제 우리는 근본적으로 동일한 결과가 신을 사랑함으로써도 성취될 수 있다는 점을 이해할 수 있게 된다. 만약 우리가 진실로 신을 사랑한다면, 우리는 신으로부터 나와서 신으로 돌아가는 모든 것들도 사랑하게 될 것이다. 신을 사랑하는 것은 모든 것들 하나하나에 대한 공평한 사랑과 관련이 있기 때문이다. 그러나 이 점에서도 '자발성'spontaneity과 '선善의 적절한 분포에 대한 반성적 관심' 간의 긴장[38]은 전적으로 해결되지는 않는다.

본서의 제3장에서 우리는 윤리적 문제를 이상적으로 해결하도록 지시하는 또 다른 요소가 화이트헤드의 사상 속에 있다는 점에 주목했었다. 모든 계기에는 하나의 이상적 지향이 주어진다. 이 이상적 지향은 해당 상황과 관련된 모든 요소들의 관점에서 형성되는데, 해당 계기 자체가 대부분의 요소들을 모두 인식하는 것은 역부족이다. 만약 각 계기의 결정 속에서 그런 이상적 지향이 순수하게 긍정된다면, 윤리적 긴장들은 극복될 수 있을 것이다. 본서의 제4장과 제5장에서 신을 논의한 빛에서 우리는 이제 그 이상적 지향이 바로 신이 제공하는 선물임을 덧붙여 말할 수 있다. 신의 지향에 순응함으로써 합리적 성찰과 관심의 자발성 같은 윤리적 문제들은 초극될 수 있을 것이다. 이상적인 종교는 독특한 종교적 성격의 상실 없이 윤리학을 완수할 수 있을 것이다.

임의의 계기가 신의 지향에 완전히 순응하는 것이 모든 긴장들과 시간 · 공간 · 환경의 모든 차이들을 초극시키는 하나의 규범이 된다고 전제해 보자. 이런 전제는 삶과 진정으로 연관된 모든 근거를 제공하는가? 아니면, 우리가 "신의 지향이 과연 어떤 것일까"라는 물음을 던질 때에는 윤리적이고 종교적인 모든 문제들을 부활시켜야 하는가? 나는 이런 문제들에 관한 대답 속에서 화이트헤드 사상과 성인聖人들의 경험에서 비롯되는 자연스런 추론이 서로를 향해 접근하고 있다고 믿고 있다.

주체적 지향이 형성되는 과정은 대체로 의식이 생성되기 전의 어딘가에서 시작된다. 그럼에도 불구하고 의식은 "부분적으로 순응하기도 하고 부분적으로는 무시되기도 하는 사물들 속의 어떤 정당성"[39]의 감각에 의해 희미하게 조건 지어진다. 부분적인 순응과 부분적인 무시란 신에 의해 주어진 이상적 지향이 의식에 끼치는 영향력과 최종적으로는 주체적 지향이 그런 이상적 가능성에 부합하는데 실패하는 것을 말하는 것이다. '존재하는 것과 존재할 수 있었던 것'사이의 차이에 대한 의식이 증가할 수 있으며, 그래서 '존재할 수 있었던 것에 대한 정당성에 관한 느낌'이 증가할 수도 있다. 정당성을 향한 순응이 증가되어야 한다는 의식적 바람이 출현할 수도 있다. 살아 있는 인격 속의 미래의 성원들을 위한 현재 계기들의 일부 지향은 그 현재의 계기들 속 이상적 지향이 더욱 철저히 실현될 수 있다는 것일 것이다. 이상적 지향을 최대로 실현하려는 지향을 선행 계기들로부터 계승받는 하나의 계기는, 그 이상적 지향이 더욱 충분히 긍정될 수 있는 하나의 결정에 도달할 더욱 위대한 가능성들을 갖는다.

나는 시간적인 계기들 역시 보다 제한된 지향들로써 계승자들에게 영향을 끼친다고 전제한다. 심지어 그 시간적인 계기들이 명확히 초점화 된 의식 속에서 사물들 속에 있는 정당성에 순응하려는 바람이 지배적일 때에도 그런 영향력이 존재할 수 있다. 게다가, 나는 인격적 동일성이 살아 있는 인격적 경험 속에서 많이 선행했던 계기들로부터 중재되지 않은 계승에 의해서도 유지된다고 논증했었다. 따라서 나는 직접적이고 전적인 효과가 발휘되도록 시간적인 계기들에서 계승된 지향들을 신에게서 계승된 지향에 종속시킬 수 있는 일순간의 의식적 결정이란 존재할 수 없다고 제안한다. 이와는 아주 반대로, 의식적 결정은 거의 극복할 수 없을 정도의 차이에 맞서서 기능해야만 한다. 그럼에도 불구하고, 의식적 결정은 해당 인격의 과거에 의해 제공된 새로운 주체적 지향의 결정으로부터 신에 의해 제공된 결정으로 균형감을 이루도록 점차적으로 기여할 수 있다. 아마도 극단적인 경우에는, 더욱 급작스런 수정이 가능할 수도 있을 것이다. 어쨌든, 신의 이상적 지향으로 개방되고 그 지향에 의해 결정되는 반복적으로나 영속적으로 새로워지는 결정들의 축적적인 결과가 해당 계기를 향한 신의 지향이 일종의 '자연스러운 비강제적 지배'를 실제로 달성시키는 상황으로 나아갈 수 있을 것이다. 우리는 성인들이 이런 상태에 도달한 것으로 기술할 수 있을 것이다.

그러나 나는 성인의 수준에서도 긴장은 여전히 남아 있으며 의식적 노력을 더 거듭해야만 한다고 전제한다. 그럼에도 불구하고, 도덕적 선에 관해 지속적으로 성찰해야 하는 하나의 초월적인 요청이 실제로 존재하는 것 같다. 예지하거나 설명해야 할 성인 자신의 능력을 뛰어넘는, 사물들 속의 정당성을 향한 하나의 자발적인 순응이 존재한다. 성인이 자신의 공로로 삼을 수 없지만 그가 심오하게 의존하는 내적이고 지도적인 작인이 존재한다. 달리 말해, 신의 섭리적인 안내가 존재한다는 말이다.

그러므로 나는 다른 사람에게는 전적으로 부적합한 일종의 묵종默從이 성인들에게는 있을 수 있고, 또 있다고 제안한다. 성인은 자신 안에서 작용하는 지향 속에 이원성을 갖지 않기 때문에 묵종적일 수 있는 것이다. 성인의 의지는 신의 의지를 진정으로 따를 수 있게 된다. 그러나 어떤 특정한 몇몇 순간에만 그런 의지가 작용하는 사람들에게는 전체적인 윤리적 상황을 성찰하는 것 외에 다른 선택이 존재할 수 없다. 물론 그런 사람은 성인들에게서 꽃피워지는 섬세함을 배우고자 하는 시도를 할 수 있지만, 성인의 의지 작용의 깊이를 열심히, 너무나도 열심히 따라해야만 한다. 그런 사람들은 내적으로 자극을 받기 전까지는 스스로 신의 지향을 따르지는 못할 것이다. 종교적인 것에는 윤리적인 것과의 긴장을 초월하는 것이 있지만, 그런 초월은 길의 시작이 아니라 마지막에 존재한다.

이상적 지향에 보다 위대하게 순응하는 것이 어떻게 달성될 수 있을지에 관한 문제는 영혼을 지도하는 전문가들에게 남겨져야 하는 문제일 것이다. 아마도 어떤 사람들에게 그것은 내적인 성찰과 명상의 훈련들과 관련될 것 같다. 또한 다른 사람들에게는 예배 행위가 핵심적 중요성을 지닐 것 같다. 아마 또 다른 사람들에게는 각각의 새로운 행동의 순간에 그들이 알고 있는 최선에 복종하는 것이 알맞은 방도가 될 것 같다.

종교적 문맥 속에서 윤리학을 논의하는 것은 우리를 섭리의 관념으로 이끌고 간다. 이 학설에 대한 어떤 감각들은 단순히 거부될 수 있는 것들이다. 화이트헤드의 관점에서는 출생 이전에 이미 결정되어 있으며 시간의 모든 흥망성쇠를 거치고도 변화하지 않는 인생의 한 가지 목표란 존재하지 않는다. 인생의 목표는 모든 시간과 환경 속에서 적응되는 것임에 틀림없다. 즉 해당인과 그에게 영향력을 행사하는 결정을 내리는 모든 다른 사람들에 의해 이미 이루어진 결정에 적응하는 것임에 틀림없다는 말이다. 그러나 안내받는 사람의 이해에 종속되지 않는 섭리의 원리가 있다. 그리고 그런 원리는 다른 사람들과 사물들 사이에서도 조화 속에서 작용한다. 사람들은 자신들이 파악하지 못하는 목적들의 도구인 것이다.

불행하게도, 섭리의 학설은 신이 실제적으로 발생하는 사건의 진로를 자기의 의지로서 결정한다는 점을 자주 허용해왔다. 화이트헤드의 개념들에 근거한 섭리의 학설은 그런 허용을 단호히 부정해야만 한다. 실제로 발생하는 많은 사건들은 신의 지향과는 현격히 다른 방향에서 일어난다. 일반적이지는 않다고 하더라도, 신의 안내는 자주 방해를 받곤 한다. 그래서 신의 목적은 효력을 발휘하지 못할 때가 많다. 그럼에도 불구하고, 바로 그런 이유로 신은 최종적으로 패배하지 않는다. 신은 자신의 지향을 과거의 일부 성공과 일부 실패에 영속적으로 다시 적응시키기 때문에 새로운 달성이 이루어질 가능성은 언제나 앞에 놓여 있기 마련이다. 신의 섭리가 갖는 관심의 효력은 인간의 수용성과 반응성에 달려 있지만 그 결과는 인간이 단순히 노력해서 얻을 수 있는 산물이 아니다.

이 마지막 절에서 우리는 신이 우리를 위해 자신의 섭리를 실행함으로써, 신에게서 비롯되는 이상적 지향의 방식이 원칙적으로 인간 실존의 윤리적 문제들을 해결하고 있다고 고찰해왔다. 실제로 사람들이 자신들의 삶을 향한 신의 지향을 성취하는 것은 신의 모든 피조물들을 향해 그들이 관심을 가짐으로써 이루어지는 것이지, 앞 절에서 다루어진 신에 대한 종교적 경험을 통해서 이루어지는 것이 아니라고 우리는 전제해 왔다. 그러나 윤리적 열정의 이름으로 종교적 경험을 추구하는 것을 거부하는 것은 너무도 소박한 생각이 아닐 수 없다. 아마도 신의 목적은 그런 소박한 생각 보다는 훨씬 다양할 것이다. 아마도, 어떤 사람들에게는 이상적 지향이 신과 합일하는 영적인 교섭을 지향해야 하는 시간과 장소에 있을 것이다. 이 점에서 주어진 과제는 자신의 고유한 과거로부터 물려받은 자극과 신적인 자극을 식별해 내는 방식을 배우는 것이다. 인간이 자신의 진정한 목적을 발견하는 것은 윤리적이든 초윤리적이든 어떤 원리들 속에서가 아니라, 바로 신적인 자극을 식별해냄으로써 궁극적으로 가능해질 것이다.

## 장주 … 6

1) Ely. The Religious Availability of Whitehead' s God.
2) (RM 67~70); (PR 342/588~589).
3) (SMW 257, 275~276/260, 277~278).
4) (PR 207/380~381).
5) (RM 64, 85~86).
6) (SMW 274/277).
7) (SMW 275/277).
8) (SMW 276/278).
9) 제3장 3절의 서두 부분을 참조하라.
10) (PR 340/586).
11) (SMW 275/278).
12) 이런 전체적인 일반화에 대해 가능한 하나의 예외가 있다. 바로 앞의 구절에서 인용된 표현들과 관련해 화이트헤드는 미래에 대한 확신을 다음과 같은 자신의 견해에 근거 짓고 있다. 즉 종교적 비전 자체는 비록 최근의 세기들에서 자주 쇠퇴하고 있음(SMW 269/272~273); (RM 44)에도 불구하고 언제나 "내용에 있어 더욱 풍부해지고 더욱 순수해 진다."(SMW 275/278). 이런 그의 확신의 근거는 그의 후반기 저작들에서는 되풀이되지 않는다.
13) (SMW 275/277).
14) (Dial 371).
15) (PR 128/255).
16) (RM 154~155).
17) (PR 346/595).
18) (PR 351/602~603).
19) (RM 155); (PR 346/594~595).
20) (AI 368/433).
21) (AI 367~368/433).
22) (AI 368/433).
23) (AI 368/433).
24) (SMW 275/277).

25) (AI 19~21/64~67).

26) (PR 343/589~590).

27) Jonathan Edwards, Notes on the Mind, Sec. 45. 다음에서 재인용함. Walter G. Muelder and Laurence Sears, eds., The Development of American Philosophy (Boston: Houghton Mifflin, 1940), 15.

28) 이를 위해서는 제5장 2절을 참조하라.

29) Martin Heidegger, Being and Time, tran. by John Macquarrie and Edward Robinson (Harper & Row, Publishers, Inc., 1962), 223, 264 외에 여러 곳.

30) (PR 120/242).

31) (PR 261/466).

32) 나의 독단적인 부정은 엄격한 철학적 근거들을 통하여 보증될 수 있는 것은 아니다. 화이트헤드는 두 개의 존속하는 객체들이 그 두 객체에 모두 속하는 하나의 단일한 계기에서 교차할 수 있을 가능성에 대해 주목한 바 있다(PR 198~99/368). 그럼에도 불구하고 나는 그런 교차가 살아 있는 인격을 의미 있게 확증할 수 있다고는 믿지 않는다.

33) 제5장 3절을 참조하라.

34) 제5장 6절을 참조하라.

35) 이 점은 하츠혼에 의해 자주 효과적으로 주장되어 왔다.

36) 역자 주: 신이 인간을 경험한다는 것을 인식하는 방식, 즉 신이 인간을 인식하며 사랑하는 것을 인식하는 방식.

37) 제3장 5절 참조하라.

38) 역자 주: 이 '자발성'과 '선의 분포에 관한 관심'은 제3장 5절에서 논의한 '사랑'과 '의무' 간의 긴장을 달리 표현한 것일 뿐이다. 즉 '사랑은 자발성'을 표현하며 '의무는 선의 분포에 관한 관심'을 표현한 것이다.

39) (RM 66).

# 7장

# 신학의 과제

## 1. 신학이란 무엇인가

『개신교 신학 속의 생생한 선택』에서 나는 기독교 자연신학이 필요하며 화이트헤드의 철학이 그런 신학을 위한 최선의 가능성을 제공했다고 논증하였다.[1] 비판가들은 내가 그 책에서 그런 신학을 발전시키지 못했으며, 그 책은 형태상 그 단서조차 충분히 제공하지 못했다는 꽤나 합리적인 불만을 토로할 수도 있다. 본서는 그런 비판을 받아들임으로써 내가 스스로에게 부과한 의무를 수행하려는 시도이다. 본서는 화이트헤드주의 기독교 자연신학을 표방하고 있다. 이 표현은 명확히 해둘 필요가 있다.

*가장 광의적인 의미에서 나는 신학을 그 지배적 관점이 신앙 공동체에 의해 수용되는 궁극적 관심[2]의 문제에 대해 어떤 정합적인 진술의 시도를 의미하는 것으로 이해한다.* 예를 들어, 어떤 기독교인들은 인간 실존을 위한 예수 그리스도와 그의 의미에 관하여 말할 수 있다. 그래서 그들은 그리스도 사건에서 궁극적 중요성을 지각함으로써 자기가 그리스도교에 빚지고 있다는 점을 인식할 수 있다. 이럴 경우 그의 말은 신학적인 것이다. 그러나 만약 그들이 인류를 위한 예수의 결정적인 중요성과 내적으로 관련되지 않고서 예수라는 역사적 인물에 관해서만 말한다면, 그들의 말은 신학적이지 않다. 또한 만약 그들이 예수의 궁극적 중요성에 관한 진술을 위해 신앙 공동체에 참여하지 않는 방식으로 자기-증거와 논증만을 주장한다면, 그들은 내가 시도한 정의의 의미에서 자신들의

진술이 신학적인 것이 되도록 할 의향을 갖고 있지 않은 것이다.

대부분의 신학적 정식화들은 자신들의 출발점으로 기독교 신학자의 관점을 부양시킨 신앙 공동체에 의해 승인된 진술들, 즉 신조 · 고백 · 성서 또는 과거의 신학자들이 충분히 명료하게 다듬어 놓은 체계들을 취한다. 그러나 신학에 대한 나의 정의는 과거의 축자적인 정식화에서 출발할 것을 요구하지 않는다. 어떤 사람들이 과거의 모든 진술들을 무시하고 생활과 확신을 공유하는 어떤 공동체 속에서 자신들에게 주어진 것으로 그들이 인식한 관점에서 사물들이 자신들에게 비춰진 방식에서 출발한다고 하더라도, 그들의 작업은 신학적인 것이 된다.

정의$_{\text{definitions}}$는 참이라고도, 거짓이라고도 할 수 없지만 어느 정도의 유용함을 주는 것이다. 따라서 나는 신학이란 이름으로 실제로 진행되고 있는 것을 이해할 때 유익한 도움을 주는 것으로서, 이런 유용성의 관점에서 신학을 정의하는 방식이 정당하다고 설명할 것이다. 첫째, 이 방식은 종교를 객관적으로 연구하려는 시도로부터 신학을 구별시켜 준다. 즉 이 방식은 임의의 철학적 견해, 심리학과 사회학 또는 역사적 현상 같은 학문의 다른 분야들과 신학을 구별시켜 준다. 그러나 이런 구별을 파기하고 신학을 종교에 관한 모든 연구와 동일시하거나 그런 연구에 포함시키려는 사람들이 있다.[3] 그러나 이런 확대는 신학이란 용어의 규범적인 용법을 벗어나는 것이다. 종교적 경험을 $_{\text{아마도 매우 비공감적으로}}$ 연구하는 심리학자는 자기를 신학자라고는 생각하지 않을 것이다. 자신들을 신학자로 생각하는 사람들도 스스로를 종교에 관한 객관적인 논의와 연관시키지 않는다. 대체적으로 이들은 신 · 인간 · 역사 · 자연 · 문화 · 원천 · 도덕성 · 운명 등에 관해 말한다. 이들을 지지하는 특수한 공동체의 신념은 종교적 신념으로 명명될 수도 있지만 대개의 경우 그런 신념은 종교에 *관한* 객관적인 신념이 아니다.

둘째, 나의 정의는 다루어지는 주제의 측면에서 신학이 다른 모든 사유 방식들과 구별될 수는 없다는 점을 제시한다. 신학은 인간의 유의미한 실존을 위한 중요성의 문제에 스스로를 한정한다는 점에서 다른 사유 방식들과 구별될 수 있지만, 신과 인간과 역사 등의 주제에 관해서는 독백을 할 수가 없다. 철학자도 심리학자와 예술가가 논의하는 주제들에 대해 동일하게 논의하고 있다. 이 점에서 구별의 경계가 지극히 애매한 것이 사실이다. 신학은 인간 실존을 위한 중요성의 측면에서는 근원적이고도 명확히 희박한 문제들로 자기를 확대시킬 수도 있기 때문이다. 이것은 신학자 편에서 약간은 한가한 호기심의 산물이거나, 신학자의 권위가 그런 문제들과 관련해서도 규범적일 수 있다고 확신한 결과이거나, 또는 모든 진리가 상호 연관되어 있어서 신학자란 모든 것들과 스스로를 관련시킬 수밖에 없다는 신념의 결과일 수 있다. 그럼에도 불구하고, 거의 모든 사람들은 식물의 분류가 인간의 마지막 종말에 대한 논의보다는 "신학적"이지 않다는 점에 동의한다. 설령 식물 분류가 인간 운명에 대한 논의보다 성서 본문에 더욱 직접 근거할 수도 있다고 하더라도 말이다.

게다가, 신학자들의 작업은 그들이 자기 관점을 위해 임의의 특수한 궁극적 관심 공동체에 의존하고 있다고 인식하는 정도와, 철학자가 그런 공동체의 관점에 저항하는 정도만큼만 철학자들의 작업과 구별될 수 있다. 그러나 사실상 신학자도 아주 독립적인 고유한 주장을 할 수 있으며 철학자도 자기의 어떤 관념들이 특수한 신앙 공동체로부터 심오한 영향을 받는 문화로부터 발생한 것으로 인식할 수 있으므로, 신학자와 철학자 사이에 경계를 날카롭게 구획 짓는 것은 불가능할 것이다. 우리는 단지 어떤 사람의 사상이 조금은 더 신학적 성격을 띤다거나 조금은 더 철학적 성격을 띤다고 보는 특수한 사례들을 통해서만 말 할 수 있을지 모른다. 그러나 이것은 분야를 한정하여 정의하는 일이 잘못이라는 것을 의미하지 않는다. 왜냐하면 한정하여 정의한다는 것은 공동의 실제(common practice)에 상응하고 그런 실제를 명확히 하는데 도움을 줄 수 있을 것 같기 때문이다. 철학적 범주들을 광범위하게 명시적으로 활용하는 신학인 철학적 신학은 통찰력의 원천을 위해 신앙 공동체에 의존하고 있음을 부정하는 하나의 철학으로 은연중에 점차 변해버린다.

셋째, 나의 정의는 신과 관련되지 않고 있다. 이것은 "신학"이 신에 관한 추론을 의미하므로 용어의 관점에서 보자면 매우 기이하다. 그러나 우리는 어원(roots)의 관점에서 용어(words)를 이해하는 것에 주의해야만 한다. 신에 관한 학설로서의 "신학"은 그런 본래적 의미로 여전히 철학의 한 분과로 존재한다. 누군가 아리스토텔레스의 "신학"이라고 매우 적절히 말할 수 있듯이 말이다. 이와 동일하게 신에 관한 학설로서의 "신학"은 내가 정의했던 방식으로도 신학의 한 분과로서 존재한다. 두 가지 의미가 명확히 구별되는 한, 신학이란 용어는 두 가지 의미로 모두 사용될 수 있거나 사용되어야만 한다. 그 의미들이 지시하는 사상과 탐구의 분과들은 중복된다. 내가 시도한 정의의 의미에서 비신학적인 신이 존재하는지, 존재하지 않는지에 관한 광범한 논의가 가능할 수 있으며 또한 가능하다. 그리고 신을 언급하지 않는 나의 정의의 의미에서 무척 다양한 신학적 작업들이 존재한다.

신에 관한 추론이 아닌 나의 제안을 따라 신학을 정의할 때 얻게 되는 중요한 한 가지 이득은, 나의 정의가 기독교 신앙을 명료히 하려는 노력과 불교 공동체 같은 운동의 유사한 노력 간의 긴밀한 비교를 인식하는 것을 가능케 한다는 점이다. 어떤 불교 형태에서는 비존재의 학설[4]에서만 신과 관련된다고 말할 수 있다. 불교 공동체에서 사상은 인간 혹은 구원과 깨달음을 위한 인간의 가능성에만 초점이 맞추어진다. 나의 정의에 따르면, 불교 공동체에서 발생한 사상으로서의 불교 신학을 말하는데 주저할 필요가 없게 된다.

나의 정의의 더욱 논쟁적인 특징은 그 정의가 거룩한 자나 신성한 자와 관련되지 않고 있다는 점이다. 우리가 범례적으로 신학이라 명명할 수 있는 것을 발생시킨 공동체들은 신성한 자의 능력이 살아 있는 공동체들이었다. 이 점은 기독교적 유신론에도 해당할 뿐만 아니라 불교적 무신론에도 정확히 해당한다. 이 요소에 대한 모든 관련 항을 철저히 생략하는 근거는 오늘날 많은 기독교의 지도급 사상가들이 기독교가 본질적으로 어떤 식으로든 신성한 자와 관련되어 있다는 점을 부정하고 있다는 점 때문이다. 그들은 기독교가 하나의 종교가 아니라고 말한다. 그리스도 안에서의 신의 행위와 기독교 신앙의 상관성은 절대적으로 독특하여 종교적 경험과 비교될 수 없다는 것이다. 이런 주장을 하는 몇몇 신학자들은<sub>다른 사람들도 마찬가지이지만</sub> 기독교 신학이 공산주의 · 파시즘 · 낭만적 자연주의 · 합리적 인문주의 같은 세속 사상으로 불리는 것들이 말하는 삶에 관한 학설들과 가장 깊은 관계가 있는 것으로 비교될 수 있다고 믿는다. 기독교는 이런 운동들이 다루는 문제에도 탁월한 빛을 던져주고 있으므로 추종할만한 가치가 있는 것으로 신봉된다. 물론 이런 운동들은 자신들을 종교적이거나 신성한 자와 관련된 운동으로 생각하지 않는다. 신학을 신성한 자와 관련시키거나 신성한 자를 파악하는 공동체에서 형성된 관점으로 표현하는 것은, 오늘날 자신을 신학자로 간주하고 또 일반적으로 그렇게 간주되는 사람들에 의해 이루어진 적지 않은 작업들을 배제시키고 말 것이다.

신학을 이렇게 정의함으로써 지불되는 가치는 "신학"이란 용어가 이 용어의 가장 일반적인 적용 한계들을 넘어서 확대되어야만 한다는 것이다. 이런 확대는 이미 위와 같은 이유들로 인해 폭넓게 발생하고 있다. 그러므로 이런 확대는 엉뚱한 발상이 아니다. 그럼에도 불구하고, 이런 확대는 신학이란 용어가 활용되는 최근의 역사만을 반영한다. 이런 정의에 따라 우리는 공산주의 신학, 파시즘의 신학, 자연주의 신학, 그리고 인문주의 신학 등에 대해서도 동일하게 말해야만 한다. 하지만 주요한 하나의 제한 사항이 이런 관점에서 보존된다. 만약 공산주의자가 자신의 학설이 순수하게 학문적이라고 주장한다면, 즉 자신의 역사관이 자기가 한 일원으로 참여한 공동체에 의해 조금도 영향을 받지 않는 순수하게 객관적이고 합리적인 학문적 탐구에 대한 하나의 기능이라고 주장한다면, 그의 작업은 신학이 아니며 부당한 학문이 된다. 문제의 공산주의 사상가가 실제로 자기 공동체의 영향력에서 자유롭다는 점에 설득되지 않은 사람들은 당연히 그의 사상이 신학적이라고 주장할 것이다. 나는 신앙 공동체에 빚지고 있다고 *인식하는* 관점에서 신학을 정의해 왔기 때문이다. 그리고 그 공산주의 사상가에게는 이런 요소가 부족한 것이다. 이보다는 더욱 정직한 다른 공산주의자는 자기의 작업을 나의 정의의 의미에서 신학적이라고 인식한다. 그러나 자연주의자들과 인문주의자들은 자기들의 관점을 중재하고 지지하는 공동체가 너무 넓게 흩어져 있다는 점을 발견할 것이다. 그들은 대부분의 공산주의자들보다 더욱 합리적이고 비교적 독립적으로 자신들의 확신에 도달했으며, 보다 폭넓은 공동체들에게 지지를 받고 있다고 주장할 것이다. 그런 주장은 어느 정도 참에 가깝다. 즉 그들의 사상은 나의 정의에 비춘다면 덜 신학적인 것이다. 거듭 말하지만 우리는 정도의 문제를 다루고 있는 것이지, 명확한 구분이 가능한 양자택일의 문제를 다루고 있는 것이 아니라는 점을 인식해야만 한다.

나의 정의의 마지막 특징은 그 정의가 신학으로부터 공동체 창시자의 작업을 배제한다는 점이다. 물론 초기 공동체의 한 성원으로서 그 창시자의 신학적 반성은 그 후의 새로운 통찰이나 종교적 경험으로 계승된다. 그러나 실재적인 불연속이 있고 공동체가 중재하지 않아도 거룩한 자를 직접 파악할 수 있으며, 또는 인간 상황에 대한 이해가 근본적으로 시대마다 독립적인 반성의 결과이므로 우리는 그런 창시자를 신학자가 아닌 예언자 · 예지자 · 철학자로 보아야만 할 것이다. 그렇지만 이런 구별도 정도의 문제일 뿐이다. 공동체의 창시자들은 자기들이 어떤 새로운 공동체를 창시했다기 보다는 권위 있는 전통을 회복시킨 것으로 이해하였다. 그런 정도만큼만 그들의 사상은 신학적이 된다. 그러나 *근원적으로* 독창적인 요소는 신학적이지 않았다. 가장 위대한 종교적 천재들은 신학자들이 아니다!

그렇지만, 거듭 말해 나는 나와는 다른 정의들도 완전히 합법적인 것이라고 강조하기를 원한다. 그런 정의들은 포함과 배제의 경계선을 다양하게 이끌어 들인다. 누구든 신학의 여러 의미들 가운데 하나를 취하면서 다른 것들에 찬성하거나 반대할 수 있다. 좋은 신학, 나쁜 신학이 있다는 생각으로 시작해서 이런 생각을 뒷받침하기 위한 정의를 세우지 않는 것이 더욱 좋다. 어떤 사람은 권위에 맹목적으로 호소하는 것과 사실에 정직해지려는 것을 거부한다는 의미의 교조주의$_{\text{dogmatism}}$와 신학을 동일시할 수도 있다. 그럴 경우, 그 사람은 신학 작업을 경멸할 것이고 또한 경멸해야 마땅할 것이다. 그러나 그는 또한 신학자들로 간주되는 대다수의 사람들이 그런 방식의 동일시 의미에서만 작업하지는 않는다는 점도 배워야만 할 것이다. 그는 다른 사람들이 신학자로 부르는 사람들을 지칭하기 위해 다른 어떤 용어를 발견하려고 시도해야만 할 것이다. 또 다른 사람은 신의 말씀에 대한 복종에서 비롯된 말씀 선포를 신학과 동일시할 수도 있다. 그러나 그 다음 그는 또한 특수한 "신의 말씀"이 존재한다고 믿는 사람들은 그것이 하나의 특수한 신학으로서 믿을 뿐이라는 점을 인식해야 할 것이다. 외부의 사람들, 즉 대부분의 사람들에게 그런 사람들이 신학이라고 부르는 것은 잘해봤자 여러 공동체들 사이에서 한 공동체가 표출하는 신앙 고백에 지나지 않는다. 그런 사람들은 "신의 말씀"에 복종하지 않는 다른 공동체 속에서 수행된 것을 기술하기 위해서는 어떤 다른 용어가 필요하다고 할 것이다.

이 점에서 내가 사용하는 신학에 대한 정의는 '좋으냐, 나쁘냐' 하는 문제에서는 비교적 중립적이다. 결실을 맺은 유일한 사유란 수용된 모든 견해들의 명부를 깔끔하게 정리하여 모든 교양인들이 찬성하고 수용할 수 있는 방법에 도달하려고 시도하는 것이라고 믿는 사람들은, 사상의 양태가 임의의 공동체 속의 특수한 것들에 의존할 수밖에 없다는 점을 인식케 하는 사상의 양태가 존속되는데 찬성하지 않을 것이다. 반대로 우리가 자연 과학과 연계시킨 탐구로도 해결되지 않는, 인간 실존을 위해 가장 중요한 위대성을 보유한 문제들이 있다고 믿는 사람들은 내가 정의한 의미의 신학에 더욱 공감적인 자세를 취할 것이다.

나 자신의 견해는, 내가 정의한 의미의 신학이 중요성과 정직성을 결합시키는 특수한 가능성들을 함유한다는 점이다. 자체적으로 자신들의 객관성과 중립성에 자부심을 느끼는 여러 분과의 창설자들은 인간이 궁극적으로 관심하는 문제들에 관해 제각기 의견을 표명하지만, 그렇게 하면서 그들은 변함없이 자신들의 순수 경험적이며 순수 합리적인 방법들에 의해서는 입증되지 않는 전제들을 다양하게 도입한다. 하지만 일반적으로 이런 전제들이나 이 전제들의 원천에 대한 반성적 인식이 결핍되어 있다. 반대로 신학자는 자신이 공유하는 관점의 특수한 성격을 고백하기 때문에, 자신의 전제들과 그 전제들을 위해 그가 주장하는 정당성에 관하여 근원적으로 반성적일 가능성이 높다. 만일 누군가 모든 입증 불가능한 전제들을 피하려는 노력으로 자신의 반성 영역을 점점 더 좁은 영역들로 제한한다면, 그는 인류를 위해 가장 위대한 중요성을 함유한 문제들을 관계적으로 다루는데 실패하게 되며 정서에 단순 호소함으로써 그런 문제들이 해결될 수 있다고 떠넘길 것이다. 신학자들은 비판적인 반성이 엄밀히 사실에 입각한 영역에서뿐만 아니라 입증이 불가능한 영역에서도 결실을 맺어야만 한다고 주장한다.

## 2. 자연신학이란 무엇인가

신학에 대한 나의 정의의 빛에서 우리는 이제 *자연*신학이 과연 무엇인가에 대해 고찰할 수 있게 되었다. 자연신학에 관한 어떤 정의들은 내가 정의해온 신학의 범위 바깥에서 신학을 구성시킨다. 이것은 매우 혼란스러운 것일 수 있다. 왜냐하면 나는 신학에 대한 나의 정의가 포괄적이도록 의도했었기 때문이다. 그럼에도 불구하고, 우리는 그런 정의도 간략하게 고찰해야만 한다. 자연신학은 임의의 특수한 공동체에 매우 특별한 모든 것들과 무관한 것으로 알려진 신학적 중요성만을 갖는 것과 종종 동일시되곤 한다. 달리 말해, 이런 관점에서의 자연신학은 이성에 의해서만 인간의 궁극적 관심의 문제들과 관련된 것으로 알려질 수 있는 것들이며, 이 경우 이성을 인간의 보편적 능력으로 개념화하게 된다. 물론 이런 정의도 가능하며 전통적인 용법과 실체적 연속성을 가질 수도 있을 것이다. 개신교 신학자들이 자연신학을 거부하는 것은 주로 이와 같은 의미에서의 자연신학이었다. 이런 거부를 위한 근거들을 고찰하는 것은 매우 교훈적이다.

원칙적으로 자연신학은 거만하고 자기-기만적이라는 근거에서 거부되어 왔다. 이성 혼자만으로는 궁극적 문제들에 관한 어떠한 진리에도 도달할 수 없다고 논증되었던 것이다. 진리에 도달할 수 있는 양 주장한다면, 자연신학은 결코 인간의 보편적인 합리적 도구의 일부가 될 수 없는 요소들을 남몰래 도입하고 있는 것이다.

궁극적 관심의 문제들에 관한 모든 확신은 역사적으로 형성된 공동체나 어떤 개인의 사적인 경험의 특유한 요소들에 의해 결정된다. 보편적이고 중립적이며 객관적이고 공정한 이성의 승인을 주장할 수 있는 신학적 중요성을 보유한 학설은 존재하지 않으므로, 자연신학이라 명명되는 것은 단지 이런 저런 신앙의 표현에 지나지 않을 것이다. 만약 기독교 사상가들이 이런 자연신학의 권위를 받아들인다면, 그들은 기독교 공동체 속에서 자기들에게 주어진 그들만의 고유한 진리에 이질적이고 필연적으로 상반되는 어떤 것을 받아들이고 있는 것이다.

바로 이런 점이 자연신학을 거부하는 실질적이고 필수적인 근거를 고찰하는 데로 나아가게끔 만든다. 철학적 근거라는 권위에 기초해 교회가 전통적으로 받아들여 온 철학적 학설들은 사실상 신구약성서와 교회의 기도서 등에서 비롯된 신에 관한 사유 방식들과 심각한 긴장 속에 존재해 왔다. 철학의 신은 감동하지 않으며 변화하지 않는 반면 성서의 신은 피조물의 고통에 깊이 관여할 정도로 자기 피조물과 뗄 수 없는 관계를 맺고 있다. 두 관점을 종합하려는 시도가 대담하게 이루어져 왔지만 긴장은 계속해서 남아 있다.

나의 견해에 따르면, 자연신학이 특수한 철학적 학설들과 실체적으로 동일시되어 왔다는 점은 매우 유감스러운 일이다. 신이 감동하지도 않고 변화하지도 않으며 그래서 인간의 역사 속 사건들에 의해 영향도 받지 않고 관련성도 맺지 않는다고 언제나 결론지을 수밖에 없는, 이러한 철학이 요구하는 원리는 이성 속에 본래 존재하지 않는다. 철학자들은 아주 다른 결론, 즉 철학과 기독교 신학 사이에는 특수한 긴장 관계가 도입되지 않을 수도 있다는 결론에 도달할 수도 있다.[5] 자연신학에 대한 현대의 신학적 논의는 형식적 문제에서 실질적 문제를 구별하는데 실패함으로써 심각하게 혼탁해지고 말았다.

그럼에도 불구하고 나는 형식적 문제에 관해서는 방금 위에서 정의된 자연 신학에 대한 거부에 동의한다. 한 개인의 자격으로 철학자는 자기 공동체와 자신 고유의 특수한 경험들의 영향력으로부터 확실히 벗어나는 시도를 할 수 있으며, 모든 사람들이 활용할 수도 있는 증거에 순응하여 전적으로 객관적인 사고를 시도할 수도 있다. 이것은 정당하고도 가치 있는 시도이다. 그러나 철학사를 배워본 학도라면 그런 노력을 성공적인 것으로 간주할 수는 없다. 모든 것들을 의심하고 난 후에도 여전히 데카르트의 정신 속에 남아서 근절되지 않았던 관념들은 그의 정신을 형성시켜 주었던 철학적이며 신학적인 작업의 산물더욱 폭넓게는 문화적 모체의 산물이었다는 사실은 악명이 높다. 이런 사실에 부끄러워해야할 것은 아무 것도 없다. 데카르트의 작업은 탁월한 결실을 맺었다. 그럼에도 불구하고, 오늘날 그의 작업을 완전히 중립적이고 보편적인 인간 합리성의 산물로 간주할 수 있는 사람은 아무도 없다. 만일 누군가 데카르트에 동의해야만 한다면, 그 사람은 자신의 근본적인 경험이 데카르트의 경험과 일치하기 때문에 결정적으로 그렇게 동의하게 된 것임을 인식해야만 할 것이다. 그는 자신과 동등하게 반성적인 모든 사람들이 데카르트의 결론에 이르게 될 것이라는 점을 합리적으로 소망할 수는 없는 것이다.

이 문제를 또 다른 방식에서 진술한다면, 오늘날 일반적으로 철학은 하나의 역사를 가진 것일 뿐이라고 인식되고 있다는 점이다. 수세기를 거치면서 철학자들은 제각기 자신들의 고유한 작업이 철학에서 정점을 이루었고 궁극적으로 명백한 진리에 도달했다고 전제할 수 있었다. 그러나 오늘날 이런 태도는 전통 철학의 위대한 문제들이 계속 논의되고 있는 것과 비교한다면 순박한 것으로 치부된다. 이제 철학자들이 궁극적인 진리에 도달하려고 시도하는 한, 그들은 결정적으로 철학의 전통적인 문제들은 용도폐기하면서 자신들을 훨씬 특수화된 문제들에만 한정시킨다. 현상학, 기호논리학, 그리고 언어 의미 분석에서의 시도들은 여전히 그 이상의 개정에 종속되지 않는 일정한 결론들에 도달하고 있다. 이런 시도들은 지극히 문제가 있는 것이지만, 어쨌든 궁극적 관심의 문제들은 이런 방식으로는 다루어질 수가 없다. 만일 자연신학이 비역사적 이성$_{\text{unhistorical reason}}$의 산물을 의미한다면, 우리는 그런 신학은 존재하지 않는다고 대답해야만 할 것이다.

그럼에도 불구하고, 인간에게 궁극적으로 중요한 문제들에 관한 책임적인 사유는 신앙 공동체 바깥으로 계속적으로 진행되어 나간다. 더욱이 의식적이든 무의식적이든 그와 같은 사유와 관련된 신앙 공동체의 여러 성원들은 그런 책임적 사유를 추구해 나가면서 해당 공동체가 촉진시킨 확신에는 등을 돌려버린다. 자연신학에 대한 일부 정당한 거부가 다수의 개신교 신학으로 하여금 이런 책임적 사유를 효과적으로 움켜잡는데 실패하게 만들었다는 점은 극도로 불행한 일이다. 어떤 신학자들은 신학이 인간의 상황에 관한 이런 사람들의 일반적인 반성에 의해 영향을 받지 않도록 신학적 작업의 순수성을 이상화 하였다. 그들은 그런 이상화 속에서 신학을 정의하려고 시도해 왔기 때문에 그런 신학의 참과 거짓, 즉 그런 신학의 충분성과 불충분성에 관하여 공동체 바깥에 알려질 수 있었던 것은 아무 것도 없었다. 나는 이런 접근이 실패했다고 확신한다.[6)]

거의 모든 경우에 신학자는 다른 견해를 탐구하는데 정당하게 종속된 전제들이나 확증들을 지속적으로 보유하고 있다. 예를 들어, 신학자는 역사와 자연이 명쾌히 구별될 수 있다고 전제한다. 더 정확히 말해, 인간이 자연으로부터 자유로운 존재로 의미 있게 언급될 수 있다고 전제한다. 신학자는 자신이 계시에 기반을 두고 역사나 자연에 대해 알고 있다고 주장할 수 있지만, 그런 다음 그는 또한 책임적으로 반성하는 사람들에 의해 반박될 수 있는 확증을 시도할 권리만을 계시에 근거해 요구하고 있다는 점을 인식해야만 한다. 만약 신학자가 과학이 이런 문제들에 대해 말할 수 있다는 점을 부정한다면, 그로 인해 그는 자신을 신학 외의 상황들 속의 논의에 종속된 과학에 대한 특수한 이해와 관련시킬 수밖에 없는 것이다. 그는 이런 모든 문제들에 관해 자기 전통 이상의 판결에 종속되지 않는 자기 전통이 자신들에게 준 해답들을 갖고 있다고 주장하면서 더욱더 독단적으로 굳어지든가, 그게 아니라면 자신의 신학적 작업이 일반적인 반성 상황 속에서 평가되는데 종속되어 있는 전제들에 의존해 있다는 점을 최종적으로 인식해야만 할 것이다. 후자의 경우라면, 신학자는 자기의 작업에서 자연신학 같은 어떤 것의 역할을 인식해야만 한다. 나는 정직성이 유지되고 비의주의$_{\text{esotericism}}$를 피해가려면 이런 점이 필수적이라고 믿는다.

문제는 신학자들이 자기 작업 속에서 전제된 일반적인 반성의 드넓은 문제들과 관련해 어떻게 자기 결론에 도달해야만 하는가 하는 점이다. 자연 신학에 적대적이라면 이런 폭넓은 문제를 철저하고도 진지하게 다루지 않겠다는 거부감으로 빠져들 수밖에 없을 것이다. 하지만 신학자들은 세속 세계에서 확립된 것으로 보이는 임의의 관념들이나 원리들을 상당히 무비판적으로 받아들일 공산이 크다. 예를 들어, 어떤 신학자는 현대적 인식이 우리로 하여금 자연 속에는 '전적인 결정주의'가 편만한 빛에서 우주를 원인과 결과의 결합으로 개념화하도록 만들었다고 전제할 수도 있다. 반대로 그는 불확정성이라는 과학적 원리를 인간의 자유에 대한 정당한 학설로 파악할 수도 있다. 또는 현대 철학의 지배적인 분위기를 통해 전통 철학을 완전히 무시하는 것은 정당화할 수 있다고 지적할 수도 있다. 나는 이런 모든 사실들이 매우 무책임한 짓이라고 주장한다. 그래서 신학자의 선택이 그 자신에게는 하나의 자연신학으로 기능하겠지만, 이러한 자연신학은 당연히 받아야 하는 밀접하고 면밀한 조사를 거의 받지 않고 있다. 이런 자연신학은 과거의 모든 자연신학의 재난을 동일하게 겪게 되며 그 자연신학이 갖고 있던 장점들은 결여 된다. 그런 자연신학은 특별한 견해의 산물이지만 철저하게 비판되지 않는다. 많은 경우에서 그런 자연신학은 역사적인 기독교 신앙에 상당히 깊이 이질적인 것이지만 여전히 예외 없이 그 권위가 받아들여지고 있다.

만약 책임적 반성에 대한 합의가 존재할 수 있다면, 그러한 합의를 기독교 신앙에 대해 표현할 수 있는 도구로 채택하는 것이 필요해질 것이다. 그러나 기독교 신학자가 인계받을 수 있고 채택할 수 있는 그런 합의는 존재하지 않는다. 따라서 만일 자연신학이 필요한 것이라면, 신학자는 두 가지 선택을 갖게 된다. 그는 자기만의 고유한 자연 신학을 창출하거나, 아니면 이미 존재하는 어떤 철학에 적응하고서 그것을 자연신학으로 채택할 수 있을 것이다.

만약 신학자가 자기의 근본적인 기독교적 관점을 표현하는 어떤 철학의 창출에 착수한다면, 우리는 엄밀한 의미에서 그의 작업을 기독교 철학으로 명명할 수 있을 것이다. 이런 작업에는 원칙적으로 반대가 존재할 수는 없지만 역사적으로 신학자들의 가장 위대한 철학적 작업은 결코 이런 방식으로 이루어지지 않았다. 다수의 철학들은 그 출발점이 실재의 기독교적 비전에 의해 깊이 영향을 받아왔다는 보다 드넓은 의미에서 기독교적이어 왔다. 그러나 다수의 철학이 하나의 독특한 기독교적 관점인 이런 방식에 의존했다는 점을 의식적인 차원에서 인식하는 것은 매우 드문 일이다.

실천적이고 역사적으로 말해서 신학자들이 철학에 제공한 가장 위대한 공헌은 그들이 채택한 철학적 자료를 수정함으로써 이루어져 왔다. 신플라톤주의 철학과 동고동락했던 아우구스티누스의 작업과 아리스토텔레스와 아우구스티누스주의의 신플라톤주의 모두를 채택하면서 그것들을 모두 발전시켰던 아퀴나스의 작업은 탁월한 고전적인 사례들에 속한다. 아우구스티누스와 아퀴나스는 모두 탁월한 철학자들이었지만 그 누구도 새로운 기독교 철학의 창출에 착수하지는 않았다. 그들은 철학들을 차용하여 철학자들에 필적하는 능력으로 그들에게서는 발생하지 않았던 문제들에 적응시켰다. 이런 문제들에 대답하는 과정 속에서 그들은 그 철학들의 중요한 측면들에 대해 다시 사유하게 되었던 것이다. 이러한 재 사유를 통하여 그들은 엄밀한 철학적 작업을 수행하였으며 그 정당성을 위해 오로지 철학의 규범들에만 호소하였다. 그러나 그들은 철학적으로 공헌했을 때조차도 자신들로 하여금 이런 문제들을 강조하게 하였던 관점이 자신들의 기독교적 확신에서 비롯되었음을 의식하고 있었다. 문제의 원천은 철학으로서 그들 작업의 가치를 축소시키지는 않았지만, 그들의 철학적 작업이 신학자로서 자신들 작업의 일부였다는 것을 의미하는 것이었다. 신학은 사상의 치열함에 대한 관심을 철저히 한다는 점에서도 철학과 구별되지 않는다.

만약 우리가 오늘날 그들의 자취를 따르고자 한다면, 우리의 과제는 그들이 했던 것처럼 하나의 철학에 적응하여 그것을 채용하는 것이다. 나는 신학자가 이런 프로그램을 이행할 때 이용 가능한 철학을 평가하는 두 가지 기준을 받아들여야 한다고 제안한다.

우선, 신학자는 자신이 제안하는 적응하고 채용하기로 한 사상 구조가 본래적으로 탁월한지를 고찰해야만 한다. 그런 탁월성에 대한 판단은 부분적으로는 주관적일 수밖에 없지만 전적으로 그렇다고만 볼 수는 없을 것이다. 현대 세계의 모든 비합리주의에도 불구하고 일관성과 정합성이 비일관성이나 부정합성 보다 더욱 우선시되어야 한다. 다수의 사항들에 대한 설명을 위해 제안되는 하나의 이론은 또한 그런 설명을 해내는데 있어서의 성공으로 판단 받아야만 한다. 만일 몇몇의 포괄적인 원리들이 광대한 자료 체계를 통합시킬 수 있다면, 다수의 임시적으로 사용되는 원리들을 활용하는 것은 거부될 수 있다. 이런 식의 기준들이라야 보편적인 실제적 동의를 얻을 수 있을 것이므로, 그런 기준들을 거부한다면 그에 합당한 특별한 근거를 제시하는 것이 항상 필요한 일이 될 것이다. 만일 철학적 권위를 주장하는 하나의 특수한 입장이 이런 기준들에 현저하게 못 미친다면, 그런 권위가 하나의 자연신학으로 작용하기 위해 채용되는 정당성은 존재할 수 없게 될 것이다.

둘째, 만일 기독교 신앙에 부합하는 다른 입장이 앞서 제시한 규범들을 따라 동등한 자격을 갖추었다면, 기독교 신앙에 적대적인 어떤 입장을 자연신학으로 받아들일 근거는 없다. 사상사에 대한 연구는 '철학적 학설에는 다원성이 존재하며 그 각각이 공통으로 동의하는 모든 규범들에 의해 높은 수준의 탁월성에 도달할 수 있다'는 점을 제시한다. 이것은 그 각각의 것 가운데 어느 것도 전적으로 비판을 벗어날 수 없다는 점을 의미하지는 않지만, 최종적으로 결정적인 비판들은 철학에서 다룰 수 있는 자료들을 지각함에서 유래한다는 것을 의미한다. 이런 지각은 비판받는 임의의 철학의 기저에 있는 지각과는 다르다. 실재의 다양한 면면들은 다양한 철학들로 나아가며, 그런 다음 그 면면들이 잉태한 철학들의 탁월성에 의해 강화된다.

예를 들어, 모든 사상들이 그런 관점에서 발전하듯이 감각 자료들이 최종적으로 주어진 것들이라는 사실을 전적으로 자명하게 여기는 사람들이 있으며, 사물들이 발생하는 방식에 대한 유일하게 수용 가능한 설명은 기계론적 모형들을 따르는 것이라고 확신하는 사람들이 있다. 이런 확신들은 하나의 특수한 철학적 입장으로 귀결하게 될 것이다. 이런 입장에 반대하여 이런 철학이 조명하지 못하는 자료들이 있다는 사실을 논증하거나, 기계론적 모형들이 사상의 과정들을 모두 설명할 수 있을 정도로 계획 되어진 것은 아니라고 논증하는 것은 무용지물이 돼버린다. 문제의 철학자는 감각 자료 이외의 다른 자료들이 있다는 점에 동의하지 않으며, 충분한 모형이 부재한 것은 인간의 무지가 지속적으로 기능하고 있기 때문이라고 전제하지 않는다.

내가 서술한 특수한 입장은 모든 주요한 철학 사상가들을 풍자하는 것 같지만, 우리의 문화 속에서 드물지 않은 정신성의 한 유형을 실제로 지시한다. 저런 전제들로부터 발생한 진지한 반성으로 생산된 특수한 결론들이 오로지 전제상의 권위만을 갖는다는 사실을 깨달았을 때, 나는 자신의 자료 속에 인간 인격들과 그 인격들의 상호작용을 포함시킬 수 있는 철학에 자유롭게 호소할 수 있다고 느꼈다. 왜냐하면 실재에 대한 나의 지각은 그런 자료가 적어도 나에게는 감각 자료와 기계론적 관계성만큼이나 실재적이고 궁극적인 것 같아 보이기 때문이다. 나는 감각주의자들이 그들의 비전을 참인 것으로 입증할 수 있는 것 이상으로 나의 비전이 참이라는 사실을 입증할 수는 없지만, 그렇다고 이런 사실이 나의 확신을 뒤흔들지는 못한다. 나는 실재를 보는 나의 방식이 신앙 공동체에 의해 지지되어 왔지만, 그 방식이 감각주의적이고 기계론적인 비전에서 파생된 결론까지 나의 자연신학으로 받아들일 근거를 제공하지 않는다는 점을 잘 인식하고 있다. 역으로 말해 나의 방식은 인격주의적인 철학의 결론들을 선택할 수 있는 타월한 근거들을 제공하며, 그 분과의 적절한 기준들에 의해 측정된 하나의 철학으로서 적어도 동등한 장점을 갖고 있다는 점을 항상 제공한다.

모든 자연 신학은 세계에 대한 어떤 근본적인 관점을 반영하고 있다. 중립적이고 객관적인 근거를 따른 순수한 결과와 관련되는 자연신학은 존재하지 않는다. 모든 논증은 전제들과 함께 시작되며 궁극적인 전제들은 스스로를 입증시킬 수 없다. 궁극적인 전제들은 직관적인 것일 수밖에 없을 것이다. 모든 사람들이 동일한 전제를 직관하는 것은 아니다. 전적인 합의를 바라는 추구는 하나의 환상이며 실제로 대중들이 어떤 사람의 전제에 공감하지 않는다면, 대중성의 규칙을 받아들일 근거는 없는 것이다. 따라서 기독교 신학자는 자신의 자연신학 발전을 위해 자신의 근본적인 전제들, 즉 실재에 대한 자신의 근본적인 비전에 공감하는 하나의 철학을 선택해야만 한다. 기독교 신학자는 그런 철학을 채택해야 할 것이고, 그것이 자신의 기독교 자연신학이 되도록 적응시켜야 할 것이다.

방금 설명한 의미에서 자연신학은 두 원들$_{\text{circles}}$, 즉 신학적 원과 철학적 원이 중첩된 것이다. 자연신학은 신학의 한 분과이다. 왜냐하면 신학자는 철학을 자기화하여 발전시킬 때, 자신의 선택과 채택이 자기가 속한 공동체에서 형성된 특수한 관점을 표현한다는 점을 인식해야만 하기 때문이다. 또한 자연신학은 철학이기도 하다. 왜냐하면 그것은 철학적 규범의 관점에서 수행된 사유를 구현하고, 그런 종류의 판단에 자기를 위탁하기 때문이다.

이 점에서도 모종의 긴장이 존재하고 있는 것 같다. 전통적인 의미에서의 철학은 스스로를 특수한 전통과 공동체의 제약에서 자유롭게 하는 비판적이고 상상적이며 포괄적인 사유이다. 반면 신학자가 하나의 철학을 선택하는 기준이란 해당 철학이 실재의 근본적인 비전에 참여하고 있느냐 하는 것이다. 하지만 긴장은 있어도 모순은 존재하지 않는다. 철학자는 세계가 신앙 공동체의 관점에서 어떻게 드러나는지를 보여주는 것으로 출발하지 않는다. 그는 어느 정도 그런 관점에서 자신을 자유롭게 할 수 있다. 예를 들어, 그가 비록 기독교인이라고 하더라도 그는 예수 그리스도 · 신 · 기적 · 구원, 그리고 영원한 생명 등에 관한 모든 특수한 신념들로부터 벗어날 수 있다. 그런 전통이 자기가 속한 공동체에게는 독특한 것이라고 하더라도 말이다. 철학자는 자기가 일반적으로 영향을 받을 수 있을 것으로 보이지 않는 자료들은 자신의 철학적 작업에 관련시켜 받아들이는 것을 거부할 수 있고, 또한 거부하는 것이 마땅하다. 철학자는 자기 공동체의 특수한 확신에서가 아니라, 일상 언어나 과학의 발견물 혹은 인류의 폭넓은 경험에서 시작할 것이다. 이런 출발점은 해당 철학자로 하여금 기독교 신학이 일반적으로는 다루지 않는 다수의 문제들을 고찰하도록 할 수 있으며, 기독교 신학이 통상적으로 다루는 다수의 문제들을 생략하게 할 수도 있다. 그런 출발점은 또한 철학과 신학에 중복되는 문제들을 고찰하도록 할 수도 있을 것이다.

그럼에도 불구하고, 확신의 이런 차원을 넘어서 한 공동체에서의 삶은 또한 하나의 주요한 관점, 사물의 본성을 이해하는 기본적인 방식, 그리고 실재에 대한 근본적인 비전 등을 만들어낸다. 철학자가 자신의 관점에서 도망갈 수 없는 것은 바로 이런 차원에서인 것이다.[7)]

물론 철학자는 자기가 한때 받아들인 적이 있던 어떤 관점을 거부할 수 있지만, 어떤 다른 관점에 호응하게 되었을 때에만 그렇게 할 수 있는 것이다. 이런 의미에서 관점을 변화시키는 것은 단순히 하나의 자의적인 문제는 아니라고 언급되어야 할 것이다. 의식적 결정들이 관점 변화의 과정에 영향을 줄 수는 있지만 그 과정 자체를 구성시키지는 못한다. 자신의 자연신학의 방향을 잡기 위한 기독교 신학자 편에서의 결정은, 철학 체계의 기저에 놓인 실재에 관한 비전이 기독교 신앙과 본래적으로 관련될 수 있는 것과 양립할 수 있는지를 판단하는 것과 연관되어야만 한다.

나는 본서에서 알프레드 노드 화이트헤드의 철학에 근거한 하나의 기독교 자연신학을 제안하였다. 나의 믿음에 따르면, 화이트헤드의 철학은 출발점부터 기독교의 실재 비전에 의해 심오한 영향을 받았다는 의미에서 매우 기독교적이다. 화이트헤드 자신은 어느 정도 이런 점을 인식하고 있었던 것 같아 보인다. 더구나 화이트헤드의 가장 중요한 철학 저작은 자연신학에 관한 강연이었던 〈기포드 강의〉로부터 탄생되었다. 따라서 화이트헤드 철학이 우리에게 적합한 기독교 자연신학을 제공했다는 판단은 그에게 전적으로 이질적인 상황을 부과하는 것은 아닐 것이다. 혹자는 단지 그의 사상 속에서 관련된 학설들을 모은 다음에 그 학설들로 적합한 자연신학으로 다룰 수도 있을 것이다.

그럼에도 불구하고, 나는 기독교 신학과 화이트헤드 철학의 관련성을 과거의 신학자들과 그들이 그리스로부터 채용했던 철학들의 관련성과 유비적인 것으로 이해한다. 화이트헤드의 작업은 그리스 철학들이 하려야 할 수 없었던 방식으로 이미 기독교화 되어 있다. 따라서 나의 확신으로는 화이트헤드 철학은 기독교적 활용에 더욱 순응적인 것으로 입증된다. 그럼에도 불구하고 기독교 신학자의 관심의 전면에 등장하는 문제들은 화이트헤드의 관심에서는 변방에 있었다. 폭넓은 인문주의적 관심과 함께 과학 철학 · 인식론 · 존재론 · 논리학, 그리고 수학 등이 그의 사상을 지배하고 있었다. 화이트헤드는 결코 자신의 작업을 피조물로서의 피조물의 본성이나 인간의 독특한 특징이나 신에 관한 학설을 중심으로 광범위하게 체계화하지는 않았다. 따라서 신학자는 화이트헤드의 텍스트에 주어져 있지 않은 대답들을 구하는 물음들을 제기하면서 그의 작업에 접근해 간다. 신학자는 여기저기로부터 단편들을 한데 모아야만 할 것이다. 게다가, 어떤 점에서는 화이트헤드 자신보다 신학자에게 더욱 결정적인 물음들이 단순히 대답되지 않은 채 남아 있거나, 그런 물음들이 주목을 받고 있을 때에도 철학적으로 만족스럽지 않아 보이는 방식들로 대답되어 있다.

이런 이유들로 인해 본서는 나 자신의 고유한 기독교 자연신학을 발진시키고 있는 것이지, 화이드헤드의 칠학과 관련된 측면들을 단순히 요약만 하고 있는 것이 아니다. 그럼에도 불구하고, 본서는 화이트헤드에게 *심오하게* 의존하고 있다. 본서의 많은 부분은 화이트헤드에게서 단순히 빌려오고 있을 뿐이다. 그러나 나는 또한 기독교인으로서 내가 그의 텍스트에서 가져온 물음들의 관점에서 그의 자료를 새로 형성시키기도 하였다. 이런 과정에서 내가 화이트헤드의 사상을 왜곡하거나 잘못 표현하고 있는지는 다른 화이트헤드 학자들이 말해야할 문제이다. 많은 화이트헤드 학자들이 화이트헤드 철학의 유신론적 측면에 의해서는 매력을 느끼지 못하기 때문에, 그들의 화이트헤드에 관한 견해 표명은 확실하고 정당하게 나의 것과는 다른 것이다.

나는 기독교 자연신학적 작업이 기독교 신앙에는 맞지 않는 자료들 위에 그저 결론만을 비철학적으로 올려놓는 것은 아니라는 점을 다시금 강조하고자 한다. 나는 이전의 논의 가운데 그 어떠한 것에 대해서도 독단적 주장으로 철학적 논증을 대신하거나, 화이트헤드를 기독교적 용법에 순응케 하여 그를 왜곡할 의도를 보여주지 않았다. 내 기독교적 관점의 역할은 어떤 문제들에 더욱 특별히 주목하는 것이었다. 만약 실제로 이런 사실들을 벗어나 본서가 활용 가능한 대안들보다 철학적으로 열등한 해결책들을 서술했다면, 나의 견해는 마땅히 수정되어야 할 것이다. 기독교 자연신학은 철학적 확신과 기독교적 확신의 잡탕이어서는 안 된다. 기독교 자연신학은 철학적으로 철저하게 책임적인 것이어야만 한다. 나의 철학적 작업이 빈곤한 곳에서는, 그 작업이 당연히 빈약한 철학으로 판단 받을 수밖에 없을 것이며 나의 기독교적 확신에 의해 정당화될 수는 없을 것이다.

내가 화이트헤드를 기독교 자연신학을 근거 짓는 철학자로 선택한 것은 간단한 평가를 필요로 한다. 분명한 것은 그가 나를 설득시켰기 때문에 내가 그를 선택하게 되었다는 점이다. 하지만 나는 더욱 객관적으로 말할 수 있다. 만약 20세기에 인간 지식의 포괄적인 종합 전통에 우뚝 선 어떤 위대한 철학자가 존재한다면, 그는 바로 화이트헤드일 것이다. 그와 나란히 다른 모든 후보자들에 대해 상세히 설명할 수도 있지만, 나의 견해로 보면 그들은 화이트헤드에 비해 심오함이 떨어진다. 많은 사람들이 그를 이해하는데 쏟아야할 노력을 포기하고 또 다른 사람들은 그의 전체적인 기획을 거부한다고 하더라도, 그의 철학을 통해 주의 깊게 작업을 해온 사람들은 하나의 철학을 평가할 때 활용되는 규범적인 모든 기준을 통해 화이트헤드의 철학적 탁월성을 인식하게 된다.[8] 내가 여기서 그러한 탁월성을 입증할 수는 없지만 그의 사상에 대한 나의 단편적인 제시가 화이트헤드 철학의 정합성과 충분성 및 역능성에 대한 감응을 불러일으키기를 간곡히 바란다.

내가 기독교적 용법을 위해 화이트헤드주의 사상을 전유하는 것에 관해 올바르게 판단했는지에 대해서는 다른 기독교인들이 결정할 문제이다. 분명한 것은 기독교인들 사이에서도 신앙이 무엇인지에 대해 압도적인 합의가 존재하지 않는다는 것이다. 이 때문에 자연신학의 적합성에 관한 만장일치의 동의는 생각할 수 없는 것이다. 그럼에도 불구하고, 우리가 기독교인들이 활용하고자 애써왔던 다른 철학의 특색이 되어온 기독교 신앙과의 긴장으로부터 자유로운, 매우 비범하고 탁월한 철학을 화이트헤드에게서 갖게 되었다고 나는 믿는다.

## 3. 상대주의

본서의 서문과 다른 곳곳에서, 나는 자연 과학들이 고무시킨 하나의 우주론이 기독교의 신과 인간에 관한 이해를 손상시키는데 지배적인 역할을 해왔다는 나의 확신을 지적했었다. 나의 믿음에 의거해 자연 과학을 좀 더 바르게 평가하고 있으며 기독교의 신과 인간과 종교를 새롭게 이해할 가능성을 창출한 화이트헤드주의 우주론의 여러 측면들을 나는 길게 발전시켰다. 그러나 현시대에 신앙이 쇠퇴하는데 일조해온 다른 요소도 있다. 이것은 아직 진지하게 고찰되지 못하였는데, 바로 문화와 사상을 역사적으로 연구하는 것이었다. 이 연구는 모든 종류의 인간 활동과 사상이 오로지 하나의 특수한 상황을 표현한 것으로만 이해될 수 있고 모든 가치와 "진리"가 문화적으로나 역사적으로 조건지어져 있으며, 이런 점들은 진리를 찾고자 하는 우리의 시도가 우리의 제약된 상황을 단순히 표현한 것일 뿐이라는 견해로 나아간다.

기독교 자연신학에 대해 전술한 논의에서 나는 상당할 정도로 이런 상대주의적 이해를 묵인하는 것 같은 표현을 개진시킨 바 있다. 그것은 내가 철학적으로 동등하게 장점을 갖고 있다고 여겨질 수 있는 전제하에 다양한 철학들 가운데 기독교인들이 사물의 근본 본성에 대한 자신들의 고유한 비전에 동감하는 하나의 철학을 선택할 수밖에 없을 정도로, 철학적으로 절대적인 철학은 존재하지 않는다고 생각했었기 때문이었다. 그러나 사정이 이러하다면, 우리는 우리 신앙의 확증에 근거를 놓지 못한 채 매력적이고 난해한 게임에 관련될 수 없다는 말인가? 만약 우리가 실제로 우리의 선호도만을 따라 다양한 철학들 가운데 하나를 선택하는 것일 뿐이라면, 우리는 어떤 근거로 우리가 선택한 것이 실재 자체와 관련되고 있다고 전제할 수 있는가? 아마도 그렇게 선택된 것은 우리들 가운데 몇몇 사람들만이 공유하는 하나의 꿈을 조직화하는 것에 불과할 수도 있다. 상대주의 문제는 우리의 영적인 상황과 및 우리가 신학과 철학 모두를 이해하는데 근본적인 것이다. 본서를 완결하기 전에 나는 이 문제에 직접 직면하기를 원한다. 비록 내가 이 문제를 해결할 수 없다고 하더라도, 화이트헤드가 이 문제를 이해할 수 있게끔 우리를 도울 수 있을 만큼만의 빛을 던져주기를 원한다.

철학이란 본래 상대적일 수밖에 없다는 점을 화이트헤드만큼 잘 인식하고 있었던 철학자도 거의 없었다.[9] 그럼에도 불구하고 사상의 상대성에 관한 일부 견해들이 제시하듯이, 우리는 화이트헤드의 비전 안에서 철학의 상대성이 쇠퇴시키는 효과만을 가졌다고 주장할 필요는 없다. 화이트헤드는 철학의 상대성이 과학 이론의 상대성과 매우 닮았다고 이해하였다.[10]

과학 분야에서 현재 적용되는 근본 원리들은 뉴턴주의 도식의 근본 원리들로부터 멀어졌다. 하지만 뉴턴주의 도식은 대단할 정도의 적용 가능성을 지닌 것으로 인식된다. 우리가 어떤 크기의 몸체들과 적당한 속도의 운동에 주목한다면, 뉴턴주의가 발전시킨 과학 법칙들은 여전히 참이다. 따라서 그 법칙들은 실재적 타당성을 보유하며 그런 법칙들을 받아들인 사람들은 기만당한 것이 아니다. 이런 법칙들은 과학이 우주에서 그 법칙들이 적용되지 않는 요소들에 대한 탐구를 향해 갈 때에도 여전히 참인 것으로 남아있었다. 그러나 이제까지 인식되지 않았던 그 진리의 한계가 드러나는 일이 발생하였다. 자연에 대한 뉴턴주의적 파악은 확실히 역사와 문화에 의한 제약을 받았던 것이지만, 또한 수세기 동안의 끈질긴 사상과 실험에 의해 부분적인 진리로 실제로 증명되었다. 그런 사상과 실험은 신뢰받지 못하는 것이 아니다.

화이트헤드는 철학에서의 상황도 이와 유사하다고 믿었다. 단순히 틀렸다고만 말할 수 있는 철학적 입장은 존재하지 않는다. 모든 진지한 철학은 인간 경험의 어떤 중요한 범위에 빛을 비춰 준다. 그러나 모든 철학은 동시에 한계를 안고 있다. 모든 철학은 다른 경험을 충분히 설명하지는 못한다는 대가를 치르면서도 일부의 어떤 경험에는 빛을 던져준다.[11] 또한 과학과 역사는 철학이 고려해야 하는 새로운 자료들을 제공해준다. 철학사와 관련된 철학자의 과제는 선배들의 업적을 부정하는 것이 아니라 그것으로부터 배우는 것이다. 선배들이 제시해온 것은 배움을 통해 이해될 수 있는 것이다. 그런데 새로운 철학자는 그것을 뛰어넘어야 한다. 철학자들 사이에 명백한 모순이 있는 곳에서 각 견해의 본래적 진리가 제한된 타당성만으로 다루어짐으로써 폭넓은 비전을 달성할 목표가 떠오르게 되는 것이다.[12]

물론 철학자들의 작업에도 순수한 실수들이 있다. 이 실수들은 찾을 수 있고 마땅히 찾아야 하지만 이것은 상대주의 문제와는 관련이 없다. 오히려 실제로 실수를 제시할 가능성은 비상대주의적 원리nonrelativistic principle가 작용하고 있음을 전제한다. 그리고 순수한 실수 위에 세워진 철학적 입장이란 존재하지 않는다. 더욱 심각한 문제는 철학자들이 자신들의 조직적인 입장이 본질적으로 완성되었다는 전제에 근거하여 추론을 끌어들이는 지점에서 발생한다. 이런 추론들은 잘못된 것으로 입증되기 마련이다. 왜냐하면 그런 전제의 본성에는 사상의 최종 체계란 존재할 수 없기 때문이다. 모든 것은 미래와의 관계 속에서 확대되기를 기다리는 것뿐이다.

만일 화이트헤드가 옳았고 그가 이 점에서 전적으로 확실히 틀리지 않았다면, 우리는 적절한 주의력으로 한 철학자의 작업을 활용해야만 한다. 우리는 그 철학자의 작업을 더 이상의 사상 진보가 일어나지 않는다는 식으로 인간 정신의 최종적 표현, 즉 규정적 표현으로 간주해서는 결코 안 될 것이다. 그러나 우리는 한 철학자의 작업의 전적인 타당성이, 모호하게 선택된 어떤 출발점의 우연한 정밀성에 의존하고 있다고 진제할 필요는 없다. 해당 철학자가 이해했던 것은 이해될 수 있는 것이다. 그렇지 않다면 그는 그것을 이해할 수 없었을 것이다. 그의 기술記述은 오류가 될 수도 있으며, 그래서 그가 이해한 것이 그로 하여금 실재의 다른 차원들을 보지 못하게 할 수도 있다. 그가 실재의 다른 차원을 이해할 수 있게 되었다면, 그는 자신이 이해했던 것에서 이끌어낼 수 없었던 추론을 이끌어낼 수 있게 될 것이다. 아마도 그런 다른 차원들은 또 다른 철학 학파의 작업을 지배하고 있을 것이다. 그러나 모든 것들이 언급되고 수행된다면, 우리는 우리에게 중요한 문제들에 대해 적극적인 빛을 던지는 철학을 신뢰할 수 있을 것이다.

화이트헤드의 탁월함은 자신의 원리에 의해 판단될 때에도 매우 인상적이었다. 그의 사상의 전체적 집성체에서 우리는 플라톤의 진리, 아리스토텔레스의 진리, 데카르트의 진리, 흄의 진리, 칸트의 진리, 듀이의 진리, 브래들리의 진리 및 다양한 다른 사람들의 진리 등을 이해할 수 있을 것이다. 그가 우리에게 제시한 폭넓은 관점에서 우리는 이들 각각의 사상을 지배하는 실재의 여러 측면들을 파악할 수 있을 것이고, 그들이 이끌어낸 추론들의 제한된 정밀성을 이해할 수 있을 것이며, 다른 사람들의 작업이 각각이 수행한 것을 수정하거나 보충하기 위해 어떻게 요구되는지에 대해서도 주목할 수 있을 것이다. 그럼에도 불구하고, 화이트헤드는 여전히 더욱 포괄적인 비전이 달성될 수 있는 하나의 미래를 내다보았다. 이때에는 화이트헤드 자신의 작업도 실재에 대한 단편적인 파악으로만 여겨지게 될 것이다. 우리도 역시 그런 미래의 시기를 예상할 수 있지만, 그 시기가 임박하게 도래할 것이라고는 기대하지 말아야 한다. 위대한 철학자들의 작업은 거의 모두 급격히 대체되지는 않는다. 그리고 화이트헤드는 한 사람의 위대한 철학자이다.

또한 화이트헤드는 가치들의 상대성을 인식하였고, 또한 주장하기도 하였다. 하나의 선$_{\text{good}}$만이 존재하는 것은 아니다. 신의 원초적인 비전에는 모든 가능한 가치들을 실현하려는 하나의 욕구가 존재한다. 탁월성의 패턴에는 최종적으로 우위를 점유하게 될 한 가지 탁월성의 패턴만이 존재하는 것은 아니다.[13)]

그러나 이런 점은 가치들이 달성될 값어치가 없다는 것을 의미하지 않는다. 그런 사실은 실제로 우리 시대의 이상들이 절대적인 것이 아니며 하나의 사회 관습이 아무리 뛰어나다고 하더라도 단지 여러 가지 중 하나에 불과하다는 것을 의미한다. 또한 하나의 뛰어난 패턴을 영원히 승인한다는 의미의 자연 법칙은 존재하지 않지만, 가치의 객관성은 존재한다. 실재적으로 더 좋은 것과 더 나쁜 것이 존재하며, 다양한 달성들을 판단할 수 있는 기준들 또한 존재한다. 다양한 탁월성의 비전에 의해 지배되는 다양한 문화 속에서의 달성에서 조차 그런 기준들은 존재한다. 가치들의 상대성은 가치들이 실재적이지 않다는 것을 의미하지 않는다.

이런 점들에 근거해 화이트헤드는 상대성의 문제를 진지하게 다루며 상대성으로부터 허무주의의 고통을 제거한다. 인간이 최종적 진리를 달성할 수는 없지만 다소 충분한 근사치에 접근해 갈 수는 있다. 모든 시간과 모든 공간을 위해 영원히 승인될 수 있는 인간적 가치는 존재하지 않지만, 다양한 방식들로 달성될 수 있는 실재적 탁월성들은 존재한다. 모든 탁월성은 훌륭하게 달성될 만한 가치가 있다. 우리는 상대성 문제를 풀기 위해 이런 해결책에 안심할 수 있는가?

이 물음에 대해 나로서는 혼미함을 느낀다. 나는 화이트헤드 사상이 매우 강력한 설득력을 보유하고 사상사에 포괄적인 빛을 비추고 있음을 발견했기 때문에 그 사상이 철학적 진리에 이르는, 여태껏 발견된 가장 충분한 접근으로 주장되는데 힘입어 대개의 경우 나의 행위와 사고를 맡겨버린다. 이런 관점에서, 우리가 이 사상에 대해 알고 있다는 사실이 최종적인 것일 수 없으며, 미래가 화이트헤드 사상의 한계들을 보여줌으로써 그것을 대체시킬 것이라는 점은 나를 성가시게 하지 않는다. 우리는 어떠한 시대에든 자기에게 주어진 진리에 근거해 행동해야만 한다.

그러나 내가 화이트헤드 사상이 매우 심오한 만족감을 주는 것이라는 점을 발견하는 그 시점에, 나는 모든 사물을 매우 다양한 관점에서 이해하는 나보다 더욱 명민하고 섬세한 정신의 소유자들이 있다는 것 역시 깨닫는다. 나는 그들이 단순히 틀렸다고만 믿을 수 있는가? 내 화이트헤드주의 관점으로부터 나는 보통 그들이 어째서 그들만의 견해를 신봉하게 되었는지에 대해 이해할 수 있으며, 전체 실재 속에서의 어떤 요소들이 그들에게 그렇게 인상적이었는지, 즉 그런 요소들이 어째서 그들의 비전을 지배하도록 허용하였는지에 대해 이해할 수 있다. 그렇다면, 그들의 관점으로는 나의 관점을 포괄할 수 없으나 같은 방식에서 나의 관점은 그들의 관점을 포괄할 수 있다고 전제한다면 나의 관점에는 궁극적이며 정당화될 수 없는 오만함이 도사리고 있는 것은 아닐까? 나는 나의 비전에서 순전히 실수할 가능성을 더욱 근원적으로 고려해 보아야 하는 것은 아닌가?

이 점에서 나는 우리가 초월할 수 없는 현대적 감수성의 한 측면과 타협해야만 한다고 생각한다. 실제로 우리 인간들은 스스로를 초월할 수 없기 때문에 우리는 우리의 모든 경험이나 판단 및 사상의 극단적 유한성을 인식할 수 있으며, 또한 인식해야만 한다. 진리에 대한 우리의 모든 주장을 평가하기 위해 확립한 모든 기준들은 그 자체로서 우리가 초월하려 애쓰는 유한성과 관련된 것으로 인식돼야만 한다. 이런 상황으로부터 우리는 도망갈 수가 없다. 우리는 불확정성이라는 궁극적으로 불안정한 상황 속에서 살아가고 생각하며 사랑하기를 배워야 한다.

이런 사실이 어떤 신학자들에게는 자연신학의 전체 기획이 현혹되어 있다는 점을 제시할 수도 있을 것이다. 내가 자연신학에 대해 이제껏 언급해온 모든 것을 듣고 난 후 말이다. 자연신학적 기획은 상대성과 불확정성을 초월할 수 없는 하나의 철학 속에서 신학을 지지하는 길을 모색하는 것이다. 그런 신학자들은 기독교 신학이 절대적인 것이 상대적인 것으로 돌파해 들어온 것인 신의 말씀에만 충실한 것으로 남아 있어야 한다고 주장할 것이다. 그러나 나는 이런 주장에 굴복하지 않는다. 나는 절대적인 것이 철학적 분석의 진리 이상으로 스스로를 제시할 수 있다는 주장에 더 이상의 확신을 가질 수가 없다. 절대적인 것이 그 자체로 아무리 확실한 것이라고 하더라도, 이런 것은 나에게 절대성에 참여치 않는 경로들을 통해 중재된 것에 지나지 않는다. 만일 우리의 호소가 믿는 자 속에서 중재되지 않은 절대적인 것의 행위를 지향한다면, 그런 절대적인 것의 중재되지 않은 행위가 실제로 발생했으며 적절히 해석되어온 확실성을 벗어나는 신탁神託이 존재해야 할 것이다. 신앙은 철학적 작업 이상으로 상대성과의 관련성에서 우리를 탈출시킬 수가 없다.

그럼에도 불구하고, 또 다른 의미에서 신앙은 우리로 하여금 참이 아닐 수 있는 것의 관점에서 살도록 강요하는 인간의 진퇴양난에 대한 대답인 것이다. 아마도 이 점에서조차 우리는 화이트헤드가 우리를 도울 수 있거나 적어도 우리의 고통스런 투쟁에서 우리의 동지임을 느낄 수 있다.

철학의 영속적인 문제들 가운데 하나는 현상과 실재appearance and reality 사이의 관계성의 문제이다. 현재의 목적을 위해 우리는 '현상'을 감각적 경험 속에서 우리에게 주어진 세계로 고찰할 것이며, '실재'를 우리 안에서 감각적 경험을 불러일으키는 작인으로 보이는 물리 과학에서 다루는 존재들로 고찰할 것이다. 화이트헤드는 물리학과 생리학을 철저히 고려하는 이런 과정을 치밀한 분석으로 발전시켰으며, 인간의 경험에 대한 자신의 설명에 효과적으로 통합시켰다. 그러나 화이트헤드의 설명은 실제로 외부 세계의 대상들과 그 대상들에 대한 우리의 감각적 경험 사이에 존재하는 관련성을 해결하지 않은 채 남아 있다. 그렇다면, 들풀이 실제로 녹색이라는 점을 알게 하는 의미 있는 감각이 존재하는가? 아니면 우리의 경험이 우리가 파악하는 존재들의 경험에 순응하는 것은 눈에서의 경험 계기 이전까지만인가? 들풀과 우리 눈 사이를 중재하는 빛이 녹색이기 때문이라고 말하는 것은 확실히 괴상하다. 그러나 외부 세계가 실제로 인간 안에서 불러일으킨 속성들을 소유하고 있다는 인간의 본능적 신념은 매우 뿌리 깊은 것이다. 즉 화이트헤드는 이런 신념을 전적인 환상으로 간주하는 것을 내켜하지 않았다. 이 점에서 철학적 분석은 실패하고 만다. 철학적 분석은 우리의 미적인 경험 전체가 근본적으로 기만적이지 않다는 확신을 우리에게 제공할 수 없다.

화이트헤드의 평화에 관한 논의는 이미 본서에서 두 번씩이나 다루어졌지만, 여전히 조금 더 다룰 필요가 있다. 특히 하나의 요소가 아직 남아 있다. 화이트헤드에게 평화 속의 요소는 궁극적으로 감각적 경험에 주어지는 세계에 대한 비전이 참이라는 점을 확신시켜 준다.[14] 이것은 실재가 궁극적으로 우리를 기만하지 않는다는 확신을 의미한다. 다만 그것은 합리적 논증을 초월하는 것이 있음을 확신시켜 준다. 그것이 바로 신앙이다.

현재의 논의 문맥에서 이 신앙은 우리가 인식할 수 없는 진리를 따르는 하나의 신념에 의해 살고 활동해야할 필연성이, 그런 신념에 의해 살고 활동할 때 우리가 전적으로 기만당하고 있는 것은 아니라는 확신과 동행하고 있음을 확인시킨다. 우리는 실재 전체에 대해 특별한 권리를 갖고 파악하고 있는 것처럼 꾸미지는 않을 것이다. 그러므로 우리는 우리에게 동의하지 않는 사람들이 틀렸다고도 전제하지 않을 것이다. 우리는 오직 우리 최선의 반성이 우리에게 세계를 지각케 해주는 방식임을 증언할 뿐이다. 그러나 우리는 이런 증언에서도 진리가 이바지하고 있음을 믿을 수 있으며, 또한 믿어야만 할 것이다.

## 4. 신학의 다른 과제들

신학자들이 자기 진술의 정당성을 위해 인류의 일반적인 경험에 호소하는 한, 그들은 기독교 자연신학과 관련되고 있는 것이다. 신학자들은 특수한 계시로부터 자신들의 통찰을 얻을 수도 있지만, 그럴 경우 그들은 그 계시의 고유한 장점에 근거해 그 계시가 인간의 상황을 조명할 수 있는 것으로 받아들여질 수 있는지를 묻고 있는 것이다. 그리고 자연신학을 가장 극렬히 공격해온 사람들의 작업을 포함해 그 동안 수행되었던 수많은 작업들도 이런 의미에서의 기독교 자연신학이었던 것이다. 그러나 신학자들의 과제에는 또 다른 차원이 존재한다. 그들은 또한 자기들 공동체에 독특한 것을 직접 목격해야만 하며, 자기 공동체를 구성시킨 진리가 계시되고 있음을 직접 목격해야만 한다. 이런 점에서 그는 본래적인 기독교 신학과 관련되고 있는 것이다.

이런 신학적 기획을 수행하는 데에는 하나의 방식만이 존재하는 것은 아니다. 자신들의 신앙과 자기 공동체에 동등하게 책임적인 사상가들은 다양한 방식들을 통해 기독교적으로 반성해야할 자기들의 과제에 접근한다. 우리들은 이런 방식들 가운데 몇 가지만을 매우 간략히 고찰할 것이다. 그러나 나로서는 나와는 다른 접근방식들을 경시할 의도는 전혀 갖고 있지 않다.

첫째, 성서 텍스트에 관한 해석이 존재한다. 특별히 개신교주의 속에서 공동체는 성서 해석과 선포를 신학적 과제의 핵심이 되는 하나의 규범을 성서로 귀결시킨다. 이런 견해는 19세기와 20세기에 가장 위대한 지적인 지도력을 제공해온 유럽의 대륙 전통에서 특수한 효력으로 주장되어 왔다. 이 점에서 신학자는 특별히 현대적 풍경에서 성서학자와 날카롭게 구별되지 않는다. 오히려 그들은 성서 텍스트에서 발견되는 메시지를 이해한 후 자기 시대와 관련시키는 하나의 과제를 공유한다. 성서학자는 성서 텍스트에 관한 이해를 전제하는 더욱 좁혀진 초점을 가지며, 신학자는 자기 세대와의 관련성에 더욱 초점을 두게 된다. 그러나 이런 작업 분할은 거의 유지되지 못한다. 최근에 가장 창조적이고 영향력 있는 신학적 작업을 수행해 왔으며 가장 효과적으로 현대적 상황과의 관련성의 문제에 천착해온 사람들은 조직신학자들이 아니라 성서학자들이었다.

이 나라에서 신학과 성서 텍스트에 관한 해석이 거의 동일시되어 온 것은 때때로 보수주의와 혼동되었다. 물론 이 나라는 성서가 교회의 규범이라는 전제로 시작해야 한다고 주장하는 만큼 정신적으로 보수적이다. 그러나 성서 비평이 현대의 역사 편집적 방법의 관점에서 과격하게 수행되어 왔다는 점, 즉 우리 시대와의 생생한 상관성을 갖는 의미와 메시지를 성서 속에서 찾으려는 강렬한 관심은 보수주의와 자유주의 사이의 구별이 성서에 대한 비평적 접근과 그렇지 않은 접근들 사이의 구별과는 상관이 없다는 점을 우리에게 경고해 준다.

둘째, 신학자는 신학의 적절한 과제에 대한 자신의 접근에 있어, 해당 공동체에서 일어났으며 지속적으로 일어나고 있는 사건에 관한 반성에 근거한 고백으로 취할 수 있을 것이다. 이것은 공동체에서 성서가 차지하는 역할을 고찰하는 방식 및 공동체를 구성시킨 사건들을 결정하는 원천인 성서를 활용하는 방식과 해당 신학자를 관련시킬 것이다. 그럼에도 불구하고, 성서의 역할과 그에 대한 해석은 신학에 고백적으로 접근한 것으로 내가 앞서 논의했던 것과는 매우 다르다. 그 접근에서는 성서가 아니라 공동체가 관련된 핵심으로 취해지고 있었다.

내가 앞서 논의했던 신학에 대한 첫 번째 접근은 종교개혁과 그 개혁과의 가장 밀접한 연관성을 지속시키는 신학적 흐름의 특색을 보여준다. 종교개혁 전통에서 성서를 연구한다는 것은 인간의 실존을 위한 진리가 성서 텍스트에서 발견될 수 있다는 전제가 갖는 장점에 힘입어 독특하게 신학적인 것이 된다. 실존적 중요성에 대한 어떠한 확신 없이 성서에 접근하는 학자는 성서학 분야에 기여할 수 있으며 간접적으로는 신학에 기여할 수도 있지만, 이는 자기 스스로를 신학적 기획에 연루시키지는 않는 것이다. 이와 유사하게, 고백적 접근에서 오로지 공동체 속에서 발생되어 온 것과 현재 발생하고 있는 것에 대해 말하고 있는 사람이 믿음에 공감하는 참여자로서 그런 고백적 접근을 취한다면, 그의 작업은 신학적인 것이 된다.[15] 공동체 밖에 있는 사람도 동일한 주제에 대해 논의할 수 있으며 신학자는 그로부터 틀림없이 많은 것들을 배울 수 있을 것이다. 그러나 그런 사람들의 작업은 역사학이나 사회학은 될 수 있을지언정 신학은 될 수 없을 것이다.

고백적 신학자들은 자신들이 일원으로 참여하고 있으며, 삶의 전체에 대해 보았던 사건의 관점에서 자기에게 의미가 있는 공동체를 형성시켜온 역사에 대해 반성한다. 그들은 이 공동체의 역사에서 일어난 핵심적 사건들의 구속적이고 계시적인 능력에 대해 고백한다. 그들은 그런 사건들의 능력에 대해 고백하면서 믿는 자들 속에서 효력을 발휘하는 신앙의 의미와 본성에 대해 말한다. 다시 말해 그런 신학자들은 그런 신앙을 심리학적 능력으로 기술하려는 시도를 하지는 않는다. 그들은 그런 신앙의 능력을 살아 있는 직접성으로 공동체 속에서 효력을 발휘시키고 자기들도 공유하는 능력이라고 말한다. 그들은 그런 능력이 발생하는 방식과 그 능력이 삶과 행위의 전체적인 특징에 영향을 미치는 방식에 대해 설명한다.

그들은 그런 능력에 대한 적합한 반응과 그 능력이 사람들을 우정으로 한데 묶어내는 방식에 대해 논의한다. 이런 사실을 넘어서는 공동체의 삶과 실제가 존재한다. 이것도 역시 해당 공동체의 구성원을 위한 독특한 의미에서 기술되어야 한다. 계시된 사건들과 믿는 자의 신앙과 갖는 관계 속에서 구성원들이 이해할 수 있고 해석할 수 있는 설교와 성례전이 있다. 그리고 성립될 수 있는 역사적 연속성과 불연속성, 즉 개혁의 역할과 한계에 대한 이해가 존재한다. 이 모든 것들 속에서 신이 어떻게 특수하게 작용하고 있으며, 신의 현재적 작용이 계시된 사건들에서의 신의 사역과 어떻게 관련을 맺을 수 있는지를 이해하는 시도가 존재한다.

원칙적으로, 고백적 신학은 자기 공동체를 넘어서서 적용되거나 그 공동체 밖에서 입증되는데 종속되는 것을 긍정하지 않는다. 이 말은 고백적 신학이 토론과 논쟁의 대상이 되지 않는다는 것을 의미하지는 않는다. 다만 논쟁은 해당 공동체에 참여하는 자들 사이에서 발생하며, 논쟁과 관련되는 규범들도 그들에게서만 권위를 갖는다.

그럼에도 불구하고, 본래의 신학은 내가 아주 자의적으로 '교조적'신학 dogmatic theology 이라고 부르는 제 삼의 형태를 취할 수도 있다. 교조적 신학자들은 객관적 진리에 관한 주장들을 펼치며, 그런 주장들이 모든 사람들과 상관이 있다고 주장한다. 사람들이 해당 공동체 안에 있든 밖에 있든 개의치 않고 말이다. 그들은 인간이 처한 상황 자체에 대해 말할 뿐, 해당 신봉자의 상황만을 말하지 않는다. 신학자들이 그런 주장을 옹호하기 위해 특수 공동체 안이든 밖이든 상관없이 모든 사람들이 활용 가능한 일반적인 증거에 호소하는 한, 그 신학자들도 기독교 자연신학과 관련되고 있는 것이다. 그러나 신학자들이 일반적인 경험이 보증하는 것이 아닌 해당 공동체가 의존한 계시 사건들 속에서만 보증되는 보편적인 인간의 상황에 관한 주장들을 펼치고 있다면, 나의 관점에서 그 신학자들은 교조적 신학자들이라 할 수 있다. 예를 들어, 교조적 신학자들은 예수 부활의 여러 근거 위에서 모든 사람들이 부활할 것이라고 주장할 것이다. 그런 진리를 위해 다른 증거들이 존재한다고 전제하거나 예수 부활의 객관적인 증명이 가능하다는 점을 전제하지도 않고 말이다.

고백적 신학과 교조적 신학에 대한 지금까지의 구별에서 역사의 문제는 두 가지 중요한 역할을 수행한다. 첫째, 모든 사람들은 역사에 의해 영향을 받고, 그래서 그 때문에 순수한 객관성이나 중립성에 관한 어떠한 주장역사적으로 조건지어져 있다는 점에서 도피하려는 어떠한 주장도 거부된다. 둘째, 신앙 공동체들은 분명히 각 공동체에 항구적인 중요성을 갖게 되는 역사적 사건들에 의해 보통 극적으로 형성되는 것이다. 그 공동체들이 계시라고 부르는 것은 그들이 그런 사건들을 통해 철저히 배우게 된 것이다. 위의 고백적 신학과 교조적 신학 간의 구별은 그것들이 확립한 공동체 내의 사람들을 위해 그 사건들이 가지는 의미를 숙고하고, 또한 그런 사건들이 보편적인 상황에서도 진리의 원천들이라고 주장한 결과에 의한 구별이다.

역사와의 세 번째 관계가 신학자들을 위해 존재한다. 신학자들은 자연신학이 철학과 관련되는 방식과 아주 흡사하게 세속 역사가들의 작업과도 관계하기를 추구할 것이다. 달리 말해, 한 공동체 구성원들이 역사적 사건 자체로부터 비롯된 것을 자신들의 성서 속에 제시된 것으로 기술하는 대신에, 그들은 자신들의 공동체를 위해 자기 공동체 존립의 기반이 되는 사건들에 관해 가능한 한 가장 객관적인 지식을 추구할 것이다. 그들은 자기 공동체의 기원과 역사에 관한 이런 다른 이해에 반응하면서, 자기 공동체에 대한 스스로의 이해를 변화시켜야겠다는 제안들을 할 수도 있다.

기독교 자연신학이 철학자로서 그들의 탁월함과 그들의 기본적인 관점이 기독교적 관점과 일치하느냐에 따라 철학자들 사이에서 선택을 당하는 것처럼, 객관적인 역사적 연구의 빛에서 자기 신앙을 다시 사유할 과제를 맡는 기독교 신학자들도 방금 말한 근거들을 따라 다양한 역사적 설명들 사이에서 선택을 할 수 있다. 나는 이런 작업을 기독교 자연신학과의 유사성을 끌어내기 위해 '기독교 역사신학'이라고 부르겠다. 이런 작업은 자신의 혁신을 위해 해당 공동체 내의 상황에서 이루어질 수 있으며, 그런 혁신으로부터 끌어낸 판단들의 보편적인 진리를 위한 주장을 정당화하는 방식으로 과거에 일어났던 사건을 확립하는 길을 모색할 수도 있다.

최종적으로, 신학자들은 오늘날 인간들을 위해 가장 중요한 많은 문제들이 좁은 의미의 신학적 문제들은 아니라고 판단할 수 있다. 이런 문제들은 주로 자연 신학적 형태들 속에서 조명될 수 있는 것들이다. 경제 이론과 정치 이론이 사람들에게 실제적으로 일어나는 일들에 대해 막강한 중요성을 갖는 세계에서, 신학자들은 이런 저런 분야들 가운데 작용하는 전제들과 관계된 기독교의 통찰들을 제시해 주는 것이 중요하다고 판단할 수 있다. 개인과 공동체, 또는 사랑과 정의, 인간의 죄성과 미덕에 관한 기독교의 독특한 통찰들을 정치학과 경제학에 관한 토론으로 도입하는 것은 신학에 있어서만 새로운 것이 아니다. 과거에는 인간의 경험과 자연 세계의 관계에 관한 기독교의 통찰들을 자연 과학에 관한 토론 속으로 도입시키는 것이 그렇게 일반적이지는 않았다. 그러나 이런 도입은 기독교 신학자들이 맡아야할 중요한 과제라는 점이 입증될 것이다.

나는 본래의 신학에 대한 이런 방식의 접근이 성립될 때, 화이트헤드주의 범주들은 하나의 자연신학을 형성하는데 매우 유용할 것이라는 점을 제안한다. 기독교인들이 신앙 안에서 그리스도와 관계하고, 그리스도 안에서 새로운 존재의 본성과 관계하고, 성례전들과 관계하고, 성령의 현재적 활동과 관계하는 방식이라 할 수 있는 예수 그리스도 안에서 신이 현존할 때의 이 모든 것들은 화이트헤드의 개념들을 활용함으로써 명증하게 밝혀지도록 위임된다. 이런 과제가 우리들 앞에 여전히 놓여 있다.

그러나 우리 시대에 기독교와 세계의 위대한 다른 종교들의 만남은 이띠힌 형태로든 기독교 신학의 지속적인 사업을 의분시 하게 된다. 이런 만남은 새로운 것은 아니나, 세계가 정치적 · 경제적 · 문화적으로 하나가 될수록 그들의 특수한 신앙을 지속적으로 고백하려는 모든 종교들 사이의 불화는, 점차적으로 많은 사람들이 인내할 수 없을 정도가 되고 있다. 물론, 위기에 무관심한 것도 가능하다. 그러나 여러 공동체들을 지속시켜온 위대한 다른 계시들이 존속해 왔다는 인식은 간단히 무시될 수 있는 문제가 전혀 아니다. 신학자의 작업은 새로운 비책 속에서 설정되어야만 한다. 특정인은총주의particularism와 보편주의universalism 사이에서의 기독교의 내적인 긴장은 이런 새로운 상황에 반응함으로써 스스로를 표현하고 있다.

하나의 반응은 각 종교들을 공정하게 연구하면서 모든 사람들에게 일반적인 것들을 받아들이도록 특수한 모든 전통과 공동체로부터는 거리를 유지하려고 시도하는 것이다. 그러나 이때 각 전통이 다른 전통들에 참여하는 것은 최선의 가치가 아니라 최소의 가치만을 갖게 된다. 모든 종교들의 공통분모는 사람들이 인생에서 의미를 찾을 수 있게 해주는 어떠한 것도 제공할 수 없다는 것을 입증하고 있다는 것이다. 따라서 다른 사람들은 이런 절차가 불가능하다고 주장한다. 이들은 우리가 다른 공동체들로부터 가장 효과적으로 배울 수 있는 것과 진정 헌신적으로 관련되는 것은 바로 하나의 공동체가 제시한 관점으로부터만 가능하다고 주장한다. 완전한 일치나 개종을 기대할 수는 없다고 하더라도 여러 전통의 신봉자들은 모두가 배울 수 있는 하나의 대화 속에 관련될 수 있다. 세 번째 반응은 내가 종교개혁이나 교조적 신학으로 명명했던 것을 포기하고서 본래의 신학을 고백적 형태에 한정시키는 것이다. '인간으로서의 인간'에 관한 특별한 주장을 하지 않고 '신앙인으로서의 신앙인'에 관한 주장만을 함으로써, 이런 고백적 신학은 다른 신앙들과의 논쟁에 전념하는 것을 거부한다. 네 번째 반응은 상이한 공동체들이 조금이라도 동일한 차원에 놓일 수 있다는 점을 부정하는 것이다. 한 공동체는 자신들에게만 독특하게 주어진 진리 위에 설립된 것으로 주장된다. 따라서 그런 공동체 내에서의 신학적 반성만이 보편적 진리를 명료하게 표현하는 유일하게 책임적인 방식이 된다.

자연신학은 이 점에서도 우리를 도울 수 있을 것인가? 인간의 이성이 종교와 관점의 모든 상대성들을 초월하여 신학적 중요성의 문제에 관한 결론에 도달할 수 있다고 전제되는 의미에서라면 자연신학은 도움을 줄 수 없다. 나는 신학자들이 철학적 탁월성을 따르는 동시에 자신들의 근본적 비전과 임의의 철학이 양립할 수 있는 가능성을 따라 하나의 철학을 선택해야 한다고 논증하였다. 그렇다면, 신학자들은 다른 신앙의 옹호자들이 자신들의 선택을 공동의 반성을 위한 공동의 기초로서 그냥 받아들여야만 하는 것으로 전제할 수는 없는 것이다.

이러한 점에서 화이트헤드의 비범하게 포괄적이며 창조적인 철학에 관하여 특기할만한 것은 이 철학이 또한 동양과의 다수의 접촉점을 갖는다는 것이다. 내재성에 대한 강조, 경험 계승의 기저에 어떤 실체가 있다는 점을 거부한 것, 인간과 자연의 관계, 윤리학에 대한 이해에서의 미적美的인 범주들의 우위성 등의 이 모든 것들은 여러 가지 아시아 철학이나 종교와 철저한 유사성들을 갖는다. 앞 장에서 나는 서양에서 보다는 동양에서 보다 철저하게 발전된 다양한 형태의 종교적 경험들이 화이트헤드의 범주들을 통해 어떻게 자신들의 진정성을 이해시킬 수 있는지를 제시하려고 시도했었다. 따라서 궁극적으로는 화이트헤드의 철학이 인격들과 상호-인격적 관계들, 유일신론, 그리고 역사적 과정 속의 유의미성에 관한 신념을 위한 유대-기독교적 관심에 호응한다는 판단은 동양사상이 단순히 거부될 수밖에 없다는 것을 의미하지 않는다. 실제로 내가 화이트헤드의 철학에서 하나의 기독교 자연신학을 합리적으로 발전시키는 것처럼, 불교도들도 그의 철학으로부터 하나의 불교 자연신학을 발전시키는 것도 높은 가능성을 지녔다고 할 수 있다.[16] 화이트헤드도 확실히 이에 반대하지 않을 것이다.

화이트헤드가 동양과 서양에 공통적인 하나의 자연신학을 제공하는 것과 상관없이, 그는 동양의 위대한 종교들의 실재의 빛에서 기독교 신앙을 재사유하는 과제를 통해 서양에 위대한 원조$_{援助}$를 제공하였다. 동양과 서양의 만남을 고통에 빠뜨렸던 것은 동양과 서양의 종교들이 너무나도 다르다는 사실 때문이었다. 즉 하나의 종교가 옳다면 다른 종교들은 틀린 것으로 여겨져야 할 처지에 있었던 것이다. 궁극적으로 어떤 점들과 관련해서는 이런 이분법이 맞을 수도 있을 것이다. 그러나 우리가 다수의 신뢰할만한 형태의 종교적 경험들을 이해하도록 배울 수만 있다면, 즉 우리가 사물들의 본성을 파악하는 그토록 많은 다양한 방식들 속에 현존하는 진리를 이해할 수 있다면, 우리는 다른 신앙들 속에서의 진리와 나란히 놓인 하나의 신앙 속의 진리에 직면함으로써 출발할 수 있다. 어떤 점에서 각 전통은, 과장된 주장이나 또는 인간의 모든 파악들에 둔감하거나 단편들에만 근거함으로써 발생할 수 있는 오류를 피할 수 있도록 매우 신중하게 자기 진리를 진술하는 방법을 배워 체득해야만 할 것이다. 이런 과제가 수행된다면 갈등의 지점들이 사라질 수도 있을 것이다. 각 전통은 자기에게 계시된 전통적 진리에 대한 확신을 잃어버리지 않으면서 다른 전통의 진리를 신뢰할 수도 있게 될 것이다.

나는 우리가 모든 신앙들의 신념을 단순히 통합함으로써 종교적 다원성의 문제를 해결할 수 있다는 뜻을 표현하는 것이 아니며, 각각의 주장이 참일 수 있다고 전제함으로써 출발할 수도 있다는 점을 제시하고자 하는 것뿐이다. 즉 자신의 우선적인 계시와 가장 확실한 직관들에 근거한 가장 위대한 확신을 갖춘 각 전통의 주장은 참일 수 *있다*. 각 전통이 주장하는 경험은 실제적으로 발생하고 있다. 각 전통이 발견한 장점들도 실재적인 것이다. 그러나 사람들은 개인적으로 모든 다수의 종교적 경험들을 포괄해낼 수가 없다. 만일 어떤 사람이 모든 가능한 축복들로서 자신의 삶을 풍부하게 하고자 한다면, 그런 사람은 실제로 거의 아무 것도 얻지 못한다. 삶은 하나의 한정, 하나의 결정, 하나의 초점을 요구한다. 세계의 종교들 간에 놓인 최종적인 문제는 어김없이 가치의 문제일 것이다. 각각의 전통이 파악한 진리를 허용한다면 사람들의 최종적 요구는 궁극적으로 어디에서 충족될 것인가?

이 물음이 철저하고도 정직하게 제기된다면, 세계의 위대한 종교 전통들 가운데 이 물음에 완전한 답을 제공할 수 있는 전통이란 존재할 수 없다. 각 전통은 너무도 특수화된 학설과 문화로 자신들을 규정해 왔기 때문에 모든 사람들이 처한 가장 일반적인 조건에 대해 말할 수가 없다. 보다 위대한 순수함과 그에 따른 상관성이라는 보다 위대한 보편성은 종교 전통들의 위대한 고전적 인물들 속에서 발견될 수 있다. 하지만 그들 가운데에서도 상대성은 역시 남아 있다. 불타의 실재 비전은 그리스도의 비전이 아니며, 이 둘의 비전은 소크라테스의 비전과도 결정적으로 다르다.

그럼에도 불구하고, 모든 비전들이 최종적으로 결정체에서의 동일한 면은 아닐 것이다. 각 비전의 궁극적인 요구는 자신의 비전 안에서만 그 답을 발견할 수 있을 것이다. 기독교인은 자신이나 교회를 위해서 주장할 수는 없지만 예수 그리스도를 위해서는 대담한 주장을 펼칠 수 있을 것이다. 즉 기독교인은 예수 그리스도 안에서 보편적인 대답을 찾을 수 있다고 주장할 수 있을 것이다. 그러나 이런 주장은 다른 종교 전통의 진리들이 예수 그리스도 안에서 내적으로 철저하게 체화될 때에만 참이 될 수 있을 것이다. 만약 기독교인들이 이런 종류의 궁극성을 향한 주장을 지속시키기를 바란다면, 그들은 다른 전통들로부터 배우며 변형을 겪는 과정 속에서 그리스도의 의미가 더욱 온전히 실현되도록 해야 할 엄중한 과제에 직면하게 된다.

## 장주 … 7

1) John B. Cobb Jr., Living Options in Protestant Theology (Philadelphia: Westminster, 1962).

2) 이번 절에서 나는 "신앙"을 "궁극적 관심"과 교환 가능한 것으로 본다는 점에서 틸리히를 따른다.

3) 예를 들어 다음을 참조하라. John A. Hutchison, Language and Faith (The Westminster Press, 1963), Ch. IX.

4) 역자 주: 이 비존재의 학설은 사실상 무아설이나 연기설을 의미한다.

5) 그런 주장은 하츠혼의 작업에 의해 철저하게 확립되었다. 특별히 그의 『신의 상대성: 신의 사회적 개념』(The Divine Relativity: A Social Conception of God (New Havan: Yale University Press, 1948)을 참조하라.

6) 『개신교 신학 속의 생생한 선택』에서 나는 인식되든지 인식되지 않든지 각각의 경우에 신학적 입장들이 어떻게 신학에 공적인 주장들에 체계적으로 의존하고 있는지를 보여주려고 노력하였다. 나는 그런 의존을 피할 때에 바르트(Karl Barth)가 대담하게도 거의 성공에 도달했다고 인식하였다.

7) 화이트헤드는 창조적인 철학자의 작업을 관점의 새로움이라는 견지에서 보았다. 철학자는 "어떤 확실한 방식으로 우주를 꿰뚫어 보며 어떤 참신한 측면 하에 현상을 본다. 그는 자신의 비전에 충만하며 그 비전을 전달하기 위해 고심한다. 다른 사람들에게 끼치는 그의 가치는 그가 본 것 속에 있는 것이다"(Dial 266). 또한 화이트헤드는 철학자의 비전이 그가 서있는 역사 공동체에 의해 영향을 받는다는 점을 인식하고 있었다. "플라톤과 아리스토텔레스에게 기원을 두었으며 기독교의 일천 육백년의 세월을 거치고난 근대 유럽 철학은 경험들의 이행을 통한 하나의 지속하는 존재(an abiding entity)로 개념화된 경험의 개별적 주체의 중요성에 점차적으로 주목함으로써 자기의 문제들을 정식화하였다."(RM 140).

8) 하나의 예외로 다음을 참조하라. 존 브리스(John W. Blyth)의 『화이트헤드의 인식론』(Whitehead' s Theory of Knowledge), [Brown University Studies, Vol. VII.] Brown University Press, 1941. 브리스는 화이트헤드의 철학에는 근본적으로 불철저한 면들이 있다고 논증하였다. 난점은 주로 화이트헤드가 상호 파악들에 대한 유감스러운 언급들을 빈번하게 시도하고 있다는 점에서 비롯된다. 만일 이런 언급들이 액면 그대로 취해진다면, 동시적 계기들이 서로 서로를 파악하게 된다

는 것을 의미하게 될 것이다. 그런데 이런 파악은 화이트헤드가 명시적으로 거부했던 학설이었다. 아마도 화이트헤드가 의도했던 의미에 대한 셔번의 설명은 브리스의 대부분의 비판들을 다루고 있다(Sherburne, 73-76 참조).

9) (ESP 87).

10) (PR 20~21/66~68).

11) (FR 70~71).

12) (PR 7~11/56~61).

13) 이 점은 제3장 2절에서 논의되었다.

14) (AI 377ff/442~443).

15) 이것도 저것도 아닌 사례는 낯선 관점에 공감을 갖는 사람과 상상적으로만 그런 관점의 확신들을 표현하는 사람들의 경우이다. 이런 의미에서 나는 한 사람의 불교도가 기독교 신학에 대한 글을 쓸 수 있다고 말하고자 한다.

16) 하츠혼은 화이트헤드 철학과 불교의 어떤 형태들 간의 유사점들을 강조하였다. 예를 들어 다음을 참조하라. 찰스 하츠혼의 『완전성의 논리』(The Logic of Perfection, [LaSalle, IL: Open Court, 1962]), 278; Kline, 25.

# 역자 첨부 부록

## 실재론을 방어하며[1)]

존 B. 캅 Jr.

### I

고든 카우프만Gordon D. Kaufman과 나는 구성적 기독교 신학constructive Christian theology이라는 공동의 프로젝트에 참여하였다. 이런 프로젝트는 근래에 흔한 것이 아니었다. 그래서 사소한 프로젝트라 할 수 없다. 이것은 과거의 사상가들을 되짚어보려는 어떠한 노력과도 다르며, 기독교 신앙과 신학을 외부에서 객관적으로 다루는 종교적 연구들의 접근과도 다르다. 우리 두 사람은 스스로를 모더니즘의 종말에 살고 있으며 현대의 신자들에게 적합한 사고방식을 구성시켜 주어야 할 책임감을 받아들여야할 기독교 사상가들로 이해하고 있다.

또한 우리는 다른 많은 관심들도 공유한다. 우리는 우리의 과제가 단순히 지식적이거나 학문적일 수만은 없다는 점에 대해 의견이 일치한다. 만일 그런 과제가 인류가 직면하고 있는 가장 첨예한 문제들을 무시하는 것을 의미한다면 말이다. 카우프만은 핵 위협의 관점에서 기독교 신앙을 다시 사유해야 할 과제를 맡았고, 나는 자연 환경의 도전에 매우 포괄적으로 응답해 왔다. 그러나 이런 차이들이 우리를 분리시키지는 못한다. 우리 두 사람은 이 두 주제들이 중요하다는 점에 대해 서로 잘 알고 있다.

나아가, 우리 두 사람은 공동의 원천에 의존하고 있다. 실용주의 전통은 우리 두 사람에게 중요하다. 우리는 각자 해방 신학자들과 페미니즘 신학자들에게서 영향을 받았으며, 모든 사유란 역사적이고 문화적인 요소들과 해당 사상가의 사회적 위치에 의해 근원적으로 영향을 받는다는 점에 대해서도 알고 있다.

그러나 이런 모든 유사점들에도 불구하고, 실제로 한 가지 특별한 차이가 우리 두 사람을 구별시킨다. 우리는 임마누엘 칸트 Immanuel Kant를 평가하는 데서 근원적인 차이를 보인다. 카우프만에게 칸트는 근대 철학의 위대한 영웅이다. 그러나 나에게 칸트는 문제를 일으킨 장본인이다.

확실히, 나는 지나친 극적 효과를 노리고 있다. 나는 카우프만이 칸트의 대담성 · 창조성 · 열정 등을 찬양하는 것에 공감한다. 문명의 발전에서 칸트 이상으로 더욱 심오하고 광범위한 효과를 끼친 인물은 거의 없다. 그는 문명이 스스로를 이해하고 그 고유한 지적인 활동들을 이해하는 방식을 바꿔버린 사람이다. 그리고 나는 이런 문명의 전환 방향에는 심오하고 참된 어떤 것이 존재한다는 점에도 동의한다. 인간의 정신은 매우 중요하게 자신의 세계를 창조한다. 하지만 나는 이런 심오한 통찰력의 출현이 그와 동등하게 중요한 다른 진리를 무시하거나 부정하여 재앙과 같은 것이 되어 왔다고 믿는다. 그와 동등한 진리란 인간의 정신이 인간의 신체와 그 신체와 연결된 더 포괄적인 세계에 의해 영향을 받는다는 점을 말한다. 그래서 관념론의 진리는 실재론의 진리와 상반된 것으로 파악되어져 왔던 것이다. 관념론의 진리가 발견됨으로써 개시된 지배적인 지적인 프로젝트는 더욱 포괄적인 실재론적 상황 속에 통합되어야만 했었는데, 그렇지 못하고 관념론적 진리는 정신의 창조적 활동이 물리적 신체와 물리적 세계를 창조한 것처럼 이해되어 버린 것이다.

"관념론"idealism과 "실재론"realism이란 용어들은 다양한 방식으로 사용된다. 이것들은 오늘날에는 거의 주창하는 사람들이 없는, 아주 특정한 철학적 입장들에 주로 붙여져 사용되는 경향이 있다. 칸트는 이렇게 협애한 용법에서는 관념론자가 아니었다. 왜냐하면 그는 본체적 실재noumenal reality가 현상의 배후에 존재하고 있다고 주장했기 때문이다. 이와 유사하게, 언어적 전회linguistic turn를 취해온 자들도 자신들의 입장을 관념론과는 구별한다.

이들과는 대조적으로, 나는 이 글에서 관념론과 실재론을 더욱 폭넓은 의미로 사용하고 있다. "실재론"이란 말로서 내가 의미하는 것은 하나의 세계가 인간의 정신이나 인식과 독립해서도 존재하고 있다는 점을 명확히 주장하는 것이다. 그리고 "관념론"이란 말로서 내가 의미하는 것은, 세계가 구성될 때 인간의 정신에 비교적 영향을 받지 않는 물리적 과정들의 중요성을 최소화하거나 부정하기 위해, 인간의 '사유'와 '형상화'와 '언어'의 창조적이고 결정력이 있는 특성을 강조하는 19세기와 20세기의 매우 폭넓은 경향을 말한다. 이런 경향은 세계가 인간의 사상과 언어와 상상력에 의해 구성될 때에만 본래의 특성을 가지는 것인 양 논증한다. 그러나 물론 내가 관념론자들이라고 부르는 사람들 사이에서도 그런 구성적 활동 중 어떤 것이 보편적인지, 또는 그런 구성적 활동이 문화적 활동이나 심지어 개인적 활동과 철저히 관계적인지에 대해서는 중요한 차이들을 보이고 있다.

관념론자들에게 철학과 자연과학은 철저히 구별되며 전혀 다른 것이다. 칸트 이전이나 초기 칸트에서는 철학이 자연 과학과 연속적이었으며, 세계를 이해하려는 과정 속에서 그 양자는 상호 작용을 하는 것들이었다. 그러나 칸트의 성숙한 작업과 함께하게 된 과학은 철학에 의해 더 이상 철학에 영향을 줄 수 없는 역할로 축소되어 버렸다. 결과적으로, 칸트 이후 철학과 자연 과학은 서로 구별되어 점차 파편화되는 각자만의 길을 갔다. 과학이 존재하는 것처럼 보여준 세계에 의미를 두려는 어떠한 시도도 과학과 철학 모두의 바깥 일이 되어 버렸다.

나의 견해에서 보면, 이것은 지적이고 영적인 재앙이다. 사람들은 더 이상 자신들을 세계로 방향 정위 시키거나 삶을 위한 지침을 구할 때에 과학에도 철학에도 기댈 수 없게 되었다. 누군가는 이런 현상이 기독교 신앙을 위한 자유로운 공간을 제공한 것이라고 강력히 추정할 수 있으며, 실제로 그런 주장을 진지하게 펼쳤던 신학자들도 존재해 왔다. 그러나 기독교 신학은 과학이나 철학과의 친밀한 상호 작용 속에서 사상과 삶의 지침을 위한 개연성

있는 주장을 할 수 있지만, 그것들로부터 고립된다면 기독교 신학은 제멋대로의 확언으로 축소돼 버린다.

기독교 신학이 사상과 삶에서 책임적 지침을 갖추지 못할 때 온갖 종류의 근본주의와, 카리스마적 지도자들에게 속수무책으로 노출 당한다. 고도의 훈련을 받은 과학자들도 거의 교육을 받지 못한 사람들처럼 윤리학과 종교 영역에서의 권위주의에 굴복해 버릴 가능성이 커졌다. 철학은 자살하고, 신학은 하나의 문화적 세력으로 사라진다.

물리적 세계에서 실제로 발생한 것에 무관심하게 된 것은 관념론이 끼친 또 다른 결과였다. 19세기와 20세기를 통하여 줄곧 소수의 예언자들만이 인간의 행동이 인간 삶의 자연적 기초를 절단시켰다는 경고를 날렸다. 그들이 관념론의 교활하고 폭넓은 영향으로 무시되었다고 말하는 것은 극히 부분적인 설명에 불과하다고 할지 모르지만, 이는 잘못된 설명이 아니다. 관념론이 낳은 19~20세기의 지적인 삶과 학문 분과들은 구체적으로 주어져 있는 자연적 세계에 관여하지 못하고 있었다. 경제학에서 "땅"은 생산적 요소가 되기를 중단하고 돈의 가치라는 관점에서 모든 것을 결정하는 수학적 공식으로 표상된 상품이 되었다. 심지어 물리학에서마저 수학이 자연에 대한 관측을 지배하기에 이르렀다. 단지 자연 과학 일부에서만 자연적 세계에 대한 관찰에서, 연구실의 실험과 수학적 계산으로 이행하는데 저항하고 있었을 뿐이다. 생태학자들 가운데 한 그룹이 실제로 저항했으며, 이들의 재앙 경고는 드디어 근대적 사고 습관의 완강한 저항을 돌파할 수 있었다. 이 때문에 우리는 자연 세계의 강등이 우리에게 치명적인 영향을 끼치는 모든 재앙에 대해서 일반적으로 말할 수 있는 "생태학적" 위기에 대해 말할 수 있게 된 것이다.

학문 분과들을 관념적으로 결정하는 정신성과 자연적 세계에서 발생한 것에 진지하게 주목하는 것 사이의 긴장은, 재앙의 위협이 신문의 헤드라인을 장식할 때에도 사라지지 않았었다. 학자들은 동업자 모임에 나가게 되면, 자연 환경의 위협들에 대해 가끔씩 지적하는 말들을 듣게 되지만 사정은 별로 달라지지 않는다. 그 이유는 이들이 물리적 세계가 전혀 존재하지 않는다는 듯이 계속 행동하기 때문이었다. 사상은 사상만을 언급하고 수학적 기호는 수학적 기호만을 언급하고, 언어는 언어만을 언급한다.

이런 모임들에서조차 사람들은 다른 사물들이 발생하고 있다는 점을 관찰한다. 토론은 식사 때가 돌아올 때마다 중단된다. 어떤 사람들은 걷기 위해 나가기도 한다. 구석에서는 낭만적인 음악이 흘러나오기도 한다. 말하는 사람은 이게 불편할 수도 있다. 방음장치는 작동하지 않는다. 그래서 물리적 세계는 심사숙고한 생각들에 개입한다. 그럼에도 불구하고, 그런 개입 사실은 사람들이 말하고 생각하는 것에 영향을 주지 않는다. 학문 분과들은 그들 자신의 고유한 삶을 갖기 위해 물리 세계로부터 자유롭게 부유해 버린 것이다. 이런 분과들 내에서의 유일한 물리적 세계는 마치 사상과 수학과 또는 언어 속에 있는 실재인 것만 같아 보인다.

물론 모든 사람들은 실제로 물리적 세계가 매우 객관적으로 실재하고 있는 것처럼 살고 있다. 그렇게라도 하지 않는다면 우리는 살아 있지도 못했을 것이다. 우리는 자동차가 고속도로를 제멋대로 달린다면 우리가 죽을 수도 있다는 점을 알고 있다. 즉 사상과 수학과 또는 언어에 의해 연구되지 않는 사실적 실재가 존재한다. 그러나 학문적 논의나 지적인 논쟁의 상황에서 우리가 상식적으로 인식한 것을 제기하는 것은 순진한 짓이나 좋지 않은 취향으로 간주된다. 그것은 "소박한 실재론"naive realism으로 간주된다. 그리고 칸트 이후 교양인들은 소박한 실재론이 퇴출된 것으로 알아 왔다.

나도 소박한 실재론이 퇴출되었다는데 동의한다. "소박한 실재론"을 통해 내가 이해하고 있는 것은 우리의 감각적 경험과 구별되어 있는 세계가 현상학적으로 우리의 감각적 경험에 주어지는 세계와 거의 같은 세계라는 신념이다. 철학과 과학은 모두 이런 관념을 불신해 왔다. 나의 불만은 소박한 실재론에 대한 불신이 "세련된 실재론"sophisticated realism을 달성하려는 강력한 노력으로 이어지지 않았다는 점이다. 오히려 소박한 실재론에 대한 불신이 실재론 전체를 배제하도록 해버린 것이다.

그러나 19세기와 20세기는 철저하게 관념주의적이지만은 않았다. 이 세기는 또한 많은 유물론자들이 살았던 세기이다. 어떤 과학에서는 유물론이 규정적으로 정통적인 것이었다. 예를 들어, 생리학적 심리학physiological psychology의 목표는 모든 정신적이고 주체적인 현상들이 뇌 속의 물리적 사건들에 의해 어떻게 설명될 수 있는지를 보여주는 것이다. 그런 현상들은 "단지" 물리적 사건들에 불과한 것이었다. 비록 위대한 몇 사람의 생리학적 심리학자들이 그 기획은 정신이 뇌의 부산물 이상이기 때문에 실현될 수 없다고 주장해 왔지만, 학문으로서의 과학은 이에 영향을 받지 않았고, 그 학문에 헌신하는 대부분의 사람들도 유물론적 비전을 당연한 것으로 간주하였다.

더 일반적으로 말해, 화학과 생물학에서 기계론적 모형이 계속적으로 지배하고 있는 것은 그 분과들 밑에 있는 유물론적 편견을 표현하고 있다. 이런 분위기를 따르는 연구 프로그램들은 압도적으로 환원주의적이었다. 여전히 많은 사람들은 전통적인 결정론적 결과들을 이끌어내면서 자유와 우연성의 요소들을 철저히 부정하고 있다. 유물론은 전혀 죽지 않았다.

나는 관념론에 반대하는 것만큼 유물론에 반대하는데 관심을 갖고 있다. 관념론의 매력 가운데 하나는 그것이 유물론의 세력을 차단시킨다는데 있어 왔다. 유물론이 실재론의 결과로 이해되는 한, 실재론에 대해 진지하게 듣는 것은 어려워질 것이라는 점은 이해 할 만할 것이다.

나는 알프레드 노드 화이트헤드$_{\text{A. N. Whitehead}}$의 사상 속에서 소박하고 유물론적인 형태들과는 전혀 다른 하나의 실재론을 발견하였다. 이 실재론은 관념론의 진정한 통찰을 결코 부정하지 않는 실재론이다. 이 점은 화이트헤드의 철학이 나에게 그토록 매력적인 이유 가운데 하나이다. 나는 나의 경험에 훨씬 더 충분한 비전을 찾았지만, 다른 사람들이 그 비전을 만났을 때 거세게 저항한다는 점에 종종 당혹스럽다. 이에 대해 일부 해명하자면 다음과 같다. 하나의 사상이 대안들의 전체 범위를 망라해 있는 상황 내에서 누군가 여러 입장 중 한 입장을 자신의 것으로 선택한다면, 그는 아주 다른 선택지를 도입하는 데에는 열정을 쏟지 않으면서, 그는 전체를 망라하고 있는 그 하나의 사상을 자신이 거부할만한 상당한 근거를 가진 한 선택지의 또 다른 형태로 보기를 더 좋아한다. 그럼에도 불구하고, 관념론도 역시 거부될 수 있는 것이라면, 관념론에 대한 참선한 문제제기로서 화이트헤드주의 실재론을 도입하려고 재차 시도해보는 것도 가치가 있는 것 같다. 화이트헤드의 실재론은 적어도 소박한 실재론과 유물론에 반대하기 위해 사용된 관념론의 논증들과는 다른 논증들을 필요로 하기 때문이다.

## Ⅱ

화이트헤드주의 입장에서 보면, 인간의 경험은 다른 사건들과 복잡하게 상호 작용하는 매우 광대한 사건들의 장場 안에서 일어난다. 인간의 경험 · 사고 · 형상화 · 언어 사용에 관해 설명하는 것은 이런 보다 확대된 장에 대해 설명할 것을 요구하며, 그것이 특수한 인간의 경험에 미치는 영향력을 설명할 것도 요구한다. 따라서 존재론과 우주론이 인식론을 설명하는데 요구된다. 우리가 어떻게 인식하는지에 관한 화이트헤드 자신의 논의는 더욱 포괄적인 성찰 속에 위치하며, 대부분의 화이트헤드주의자들은 화이트헤드를 따라 왔다.

이것은 화이트헤드의 인식론을 등한시 한 이유를 부분적으로 설명해 준다. 근대 철학에서는 인식론이 우선적인 자리를 차지하고 있으며 관념론에 의해 강화되었다. 만일 우리가 우리의 경험에 대한 분석을 통해 세계를 정당화할 수 없다면, 우리는 우리의 경험을 넘어선 세계에 대해서는 말할 수 없다. 그러나 그런 경험의 분석은 칸트 이후 대부분의 인식론자들로 하여금 자신들을 넘어서 있는 그 어떤 실재도 목격할 수 없는 분석 자체의 내용물만을 제시토록 하였다. 따라서 경험 속에서의 요소들이 외부 세계의 요소들을 지칭하거나 그것에 대응한다는 주장은 거부되었다. 가장 초기의 철학자들이 우리의 사상과 언어가 다소 실재적이고 객관적인 세계에 대응한다고 전제했던 반면에 칸트의 작업 이후 대다수의 철학자들은 진리 대응 이론the correspondence theory of truth을 거부하는데 동의한다.

이런 거부가 최종적인 것으로 간주될 때 일어날 수 있는 결과들은 매우 강렬한 것이어서 실제적으로는 그런 결과들을 채택하는 사람은 아무도 없다. 그 결과들은 유아론적인solipsistic 것들이다. 만일 화자가 의도한 것과 청자가 이해한 것 사이에 어떤 대응이 존재한다는 점을 희망하지 않았다면, 화자는 더 이상 말을 이어갈 수 없을 것이다. 그래서 청자는 오해를 할 것이고, 실제로 의도된 것과 이해된 것 사이의 완전한 대응은 결코 발생하지 않을 것이다. 하지만 그것이 문제의 핵심은 아니었다.

우리는 진리 대응 이론을 거부하는 주장을 펼치는 사람들 사이에서 어떤 과거 사상가의 관념에 대한 진지한 논의를 종종 듣곤 한다. 어떤 사람은 그런 관념들을 서투르게 해석하는 것 때문에 다른 사람을 비판할 수 있다. 예를 들어, 누군가 내가 진리 대응 이론을 거부했던 사람들의 의도를 잘못 해석하고 있다고 말할 수 있다. 그럼에도 불구하고, 그런 지적은 내가 다른 사람들에 대해 말하는 것과 그들의 실제적 의도가 대응하는지에 관해 어떤 잠재적인 관심이 있다는 점을 의미한다.

하나의 중요한 의미에서 나는 진리 대응 이론을 거부해 왔던 대다수의 사람들이 의도했었던 바를 잘못 표현하고 있는 중이다. 그들은 한편에 있는 우리의 관념들, 형상들, 또는 언어와 다른 편에 있는 관념이나 형상이나 언어가 아닌 어떤 것이 대응하고 있는지에 대하여 말해 왔던 것이었다. 이들은 대개의 경우 관념과 관념이 대응할 것이라는 점을 부정할 의도를 갖고 있진 않다. 하지만 나의 경험의 내용들이 나의 경험 밖의 어떤 것에도 대응될 수 없다는 것이 그들의 논증일 때 그들의 이런 비판의 한계들[2]이 명시적으로 드러나지 않았기 때문에, 대응 이론에 대한 그들의 거부는 그들의 수사rhetoric가 제시하는 것만큼 완전한 것이 못된다. 관련됐지만 용인되어 버린 사항들이 종종 자각되어 있는 사항들보다 더 중요하다.

때때로 대응을 거부하는 것은 두 가지 대응되는 요소들을 함께 보여줄 가능성을 부정하는 것으로 나타나곤 한다. 어떤 사람들은 자신들의 사상이나 언어가 어떤 사물에 대응된다고 정말로 믿고 있지만 자신들이 그런 주장을 정당화하길 원할 때 두 가지 비교 항목들을 제시할 수가 없다는 점을 인식한다. 대신에 그들은 정합성이나 실용주의적 효과 같은 다른 고려사항들에 호소해야만 했다. 일부 사람들은 어떤 진술을 참된 것으로 주장할 때 그 진술이 사물들의 어떤 상태에 대응은 하지만 대응이 직접적으로 알려지거나 보여 질 수 있어야 한다는 것을 의미하기에 진리 대응 이론을 여전히 거부해야 한다고 인식할 수도 있다. 다른 사람들은 진리에 대한 유일한 입증은 실용적이거나 정합성의 관점에 있는 것이기 때문에, 그런 입증들이 성공할 수 있다고 예측하는 것 이상으로 진리가 의미할 수 있는 것은 아무 것도 없다고 논증한다.

화이트헤드는 이런 고려사항들의 상황에서 진리 대응 이론을 방어한다. 그에게서 하나의 진술이 참이라는 점을 긍정하는 것은 그 진술이 사건의 어떤 상태<sub>그렇게 긍정하는 사람의 직접 경험을 넘어서 있는</sub>에 대응한다고 주장하는 것이다. 그는 또한 진리에 대한 입증이 대응을 직접 경험하는 것을 포함하고 있다고 주장한다. 그러나 그의 철학적 상황 속 이런 주장들은 우리가 다른 존재론과 우주론으로 문제에 접근할 때에는 부족한 것이 될 개연성이 있다. 비록 내가 승인될 수 있는 인식론적 관점에서 화이트헤드 실재론의 인식론적 정당성을 설명해야할 도전 과제를 수용한다고 하더라도, 나는 우리가 서로 관계를 맺고 있는 사건들의 세계 속에 살고 있으며 인간의 경험이 그런 사건들과 이원론적으로 분리되지 않도록 고려되어야 한다는 화이트헤드주의의 근본적인 확신과 분리된다면 그런 도전 과제를 받아들일 수 없다는 점을 잘 알고 있다. 나는 우리가 이런 몇 가지 전제 없이 사건을 인식하는 본성에 대해 어떻게 알 수 있는지 설명해 낼 수 없다. 인식론에서 다른 사물들을 향해 나아가게 하는 하나의 중립적인 토대를 발견하려는 시도는 환상일 뿐이다.

인식론적 분석에서는 어떤 사례들을 취하느냐가 매우 중요하다. 가장 일반적인 절차는 감각적 경험과 함께 시작하는 것이다. 그 결과는 관념론이었다. 화이트헤드는 보다 희미한 경험의 측면들과 함께 시작할 것을 제안하였다. 예를 들면, 과거가 존재한다는 "인식", 즉 현재 발생하는 경험은 무로부터 발생하지 않았다는 것이다. 버트란트 러셀Bertrand Russell은 언젠가 현재의 경험 속에는 세계가 막 존재하기 시작했다는 전제에 제동을 걸 수 있는 것이 존재하지 않는다고 논증한 적이 있다. 즉 그는 과거가 존재하지 않을 수도 있다고 논증한 셈이다. 그러나 화이트헤드는 우리의 경험 속에는 이런 전제에 제동을 걸 수 있는 많은 요소들이 있다고 믿었다.

여기에 대해 항의하는 것은 이제 현상학적phenomenological이라고 불린다. 독자들은 자신들이 현재의 순간이 발생한 첫 순간으로 믿고 있는지를 스스로 물어야 한다. 이에 대한 대답이 '아니오'라면, "왜" 아닌지도 또한 물어야 한다. 러셀의 입장에서 그렇게 믿는 사람[3)]이 아무도 없다는 것은 완전한 우연이다. 하지만 우연은 예외 없이 항상 발생하는 사건들을 설명하기에는 너무도 빈약하다.

과거가 존재한다는 점을 입증할 수 있게 하는 현재의 경험 요소에 대해 생각하는 것이 우연보다 더욱 가능성이 높다.

감각적 경험에만 집중하는 사람들은 거기에서 과거가 존재했다는 점을 찾아 낼 수가 없다. 특별히 그들이 가장 생생한 경험적 내용물인 색깔이나 소리에만 집중한다면, 그들은 그것들이 과거에 대해 아무것도 말해주지 않는다는 점을 발견할 수 있을 것 같다. 그럼에도 불구하고, 이런 발견은 경험에는 감각적 경험 이상의 무언가가 있다는 점을 제시하며, 감각적 경험에만 주목하는 것마치 모든 경험들이 이런 감각적 경험에서 비롯된 것처럼은 잘못이라는 점도 제시한다.

우리가 경험 속에서 과거가 존재한다는 점을 위한 증거를 찾는다면, 우리의 고찰을 위해 스스로 제시될 수 있는 첫 번째 요소는 기억memory이다. 우리는 자신이 과거로부터 어떤 것을 기억하고 있기 때문에 과거가 존재한다는 점을 안다고 말할 수 있다. 하지만 이 증거는 얼마나 강력한 것인가? 데이비드 흄David Hume은 기억 속의 내용은 덜 생생한 현재의 감각적 경험 속의 내용 같은 것이라고 논증한 바 있다. 덜 생생한 감각적 경험 같은 것이 존재한다는 것은 과거를 증거 하는 강력한 경험은 아닌 것 같다는 것이다. 게다가, 우리는 간혹 과거에 대해 잘못하고 있으며 실제로는 기억이 아닌 것을 기억으로 착각하는 경우도 있다는 점을 알고 있다. 우리는 우리 문제와의 관련성으로부터 이런 종류의 기억도 단순히 무시하지는 말아야 하겠지만, 특정한 과거 사건들에 대한 특수한 기억들은 과거가 존재한다는 점보다 확실한 것 같지는 않다. 우리는 과거가 존재한다는 점을 조금도 의심하지 않고서 과거에 대해 잘못이해 할 수 있다는 점도 마지못해 인정할 수 있다. 그러나 실제로 우리가 과거에 대해 잘못 알고 있다는 인식도 하나의 잘못된 과거가 존재한다는 점을 전제하는 것이다.

나는 바로 위에서 고려한 종류의 기억을 "상기"recall나 회상으로 부를 수 있고 "직접 기억"immediate memory과 대비시킬 것이다. 우리가 음악의 악구樂句 전부를 듣고 났을 때 우리는 그 악구의 첫 부분을 상기하는 것이 아니다. 악구의 마지막 부분에 대한 경험은 그 마지막 부분만을 고립시켜 경험하고 첫 부분의 소리는 상기와 관련하여 해석하는 것이 아니다. 만일 앞의 소리들을 상기하는 것이라면, 음악은 존재할 수도 없다. 악구의 처음 부분을 들었던 것이 마지막 부분을 듣는 경험 속에서 여전히 작용하고 있는 것이다. 이렇듯 방금 전의 경험은 현재의 경험 속에서 기능을 발휘하고 있다.

이와 동일한 점이 우리가 하나의 단어를 들을 때에도 적용된다. 한 단어의 끝 부분을 듣는 동안 우리는 그 단어의 첫 부분을 상기하는 것이 아니며 그 두 부분들을 관련시키는 복잡한 과정에 있는 것도 아니다. 만약 우리가 상기하거나 복잡한 과정에 있다면, 언어는 존재할 수가 없다. 한 단어의 첫 부분을 들었던 경험은 마지막 부분을 듣는 순간에도 여전히 살아 있는 것이다. 실제로, 이것은 한 단어를 넘어 어구와 절, 그리고 전체 문장을 듣는 순간에도 적용되지만, 하나의 단어를 듣는 것만으로도 우리는 그런 논증을 할 수 있다. 우리가 한 단어의 마지막을 들을 때 과거가 여전히 현재 속에서 기능을 발휘하고 있기 때문에 과거가 존재한다는 점을 알 수 있는 것이다.

직접 과거가 현재 속에서 작용하는 이런 기능은 우리의 경험에 매우 근본적이기 때문에 과거가 존재한다는 점을 진정으로 의심할 수 있거나 의심하는 사람은 없는 것이다. 나는 러셀이 실제로는 과거를 의심하지 않았다고 확신한다. 그가 과거를 부정하는 것을 거부할 근거를 굳이 찾지 못했을 때에도 말이다.

나는 직접 과거에 대한 경험과 그 경험이 현재 속에서 계속 기능하는 방식에 초점을 두어 왔다. 흄에 반대하는 나의 논증은 과거 경험이 희미한 감각적 경험이 아니라는 것이다. 그 경험은 과거로서 현재에 주어진 것이다. 이제는 신체의 경험이라는 또 다른 하나의 경험적 특징에 대해 알아보자.

나는 신체의 경험을 신체의 시각적 경험이나 촉각적 경험의 의미로 사용하지 않는다. 그런 경험들도 존재하며 중요한 것이지만, 감각들을 통해 경험되는 신체는 다른 감각적 여건들과 동일하게 다루어질 수 있는 것일 뿐이다. 대신 내가 의미하는 것은 훨씬 더 직접적인 실현의 느낌과 그런 실현에 의해 알게 되는 경험을 말한다. 보이는 대상들에 집중하는 시각적 경험 대신, 그런 목적들을 위해서는 눈의 역할에 집중하는 것이 더 좋을 것이다. 나는 나의 보는 즐거움이 눈의 기능에 의존하고 있다는 것을 거의 의심할 수 없다는 점을 발견한다. 내가 여기서 "거의 없다"라는 표현을 사용하는 것은 보는 즐거움을 전제할 때 눈이 그 기능을 하지 않는 환각

$_{\text{hallucinations}}$을 상상할 수도 있기 때문이다. 이와 유사하게, 가상적인 치통이 있을 수 있다. 우리는 이런 환각의 가능성으로부터 나의 경험이 신체에 전혀 의존하지 않을 가능성으로 일반화를 전개할 수도 있다. 그러나 누구든 이런 일반화를 실제로 믿을 수 있다는 것은 의심스러운 일이다. 비록 모든 점에서 실수할 가능성들은 있지만, 우리의 경험이 우리의 신체로부터 파생된다는 압도적인 느낌$_{\text{우리의 경험이 과거로부터 발생한다는 느낌처럼}}$은 계속해서 지속된다. 우리가 신체를 갖고 있다는 점은 우리가 감각적 경험을 통해 신체를 발견하기 때문이 아니라, 신체가 감각적 경험들과 많은 다른 경험의 작인$_{\text{agents}}$이기 때문인 것으로 알고 있다. 우리의 신체는 우리의 과거 경험과 매우 동일하게 우리의 경험 속에 주어지는 것이다.

이런 점은 인식론을 위해 어떤 의미를 함축하고 있는가? 이것은 매우 뿌리 깊고도 많은 인식론적 고찰들이 가진 전제들이 거부되어야 한다는 것을 의미한다. 그런 전제들은 일반적으로 인식하는 작인$_{\text{우리의 신체: 역자 주}}$을 자기-폐쇄적인 것으로 묘사한다. 이런 전제들은 경험 안에 있는 것과 경험 밖에 있는 것을 명확히 구별한다. 이런 구별은 매우 치명적인 많은 결론으로 이어지고 유아론으로 빠지는 것을 불가피하게 만든다. 화이트헤드와 나의 견해에서 보자면, 경험을 보다 정확히 설명하는 것은 경험을 자신 이외의 다른 사건들을 포함해 내는 것으로 보는 것이다. 화이트헤드에게 하나의 경험은 하나의 사건이며, 모든 단위적인 사건은 다자$_{\text{many}}$가 일자$_{\text{one}}$가 되는 사례인 것이다. 다자는 일자에 대해 외적인 것들이 아니다. 만일 다자가 일자에 외적인 것이라면, 다자는 영원히 일자에게 알려질 수 없다. 많은 사건들과거의 인격적 경험들과 신체적 사건들은 일자의 본질적 경험에 참여한다.

대응의 문제는 일반적으로 이런 상황에서 그것이 어떻게 제시되느냐에 따라 매우 달라진다. 과거는 주어짐으로써 어떤 순응성을 부과한다. 한 단어의 끝 부분을 들었을 때 그 첫 부분에 대한 경험은 내가 한 순간 전에 들었던 것에 어느 정도 순응해야만 한다. 순응성이 완벽한 것은 아니지만, 세계와 인간 경험의 기본적인 질서는 상당한 정도의 대응 기능인 것이다. 하나의 과거 순간이 현재 속에서 기능하는 방식과 그것이 과거였을 때이 과거가 현재였을 때의 사이에는 하나의 진리 관계가 존재하는 것이다.

## Ⅲ

나는 철학에서 많은 경험의 특성들이 분석을 위해 선별된다는 점과 고찰을 위해 제시된 사례들에 의존한다는 점을 강조하였다. 진리 이론들의 발전 속에서는 경험의 한 순간 속의 요소가 직접 과거의 경험들과 맺는 관계성의 사례가 대체로 조명되지 못해 왔다. 그러므로 화이트헤드주의자들이 인식론에 대해 토론 할 때 그들은 다른 사람들에게 이 주제에 대한 변화를 주도록 할 수 있을 것 같다. 만일 우리가 다른 사람들의 관심사에 관여하고자 한다면 우리도 또한 그들이 다루는 사례들에 대해서 토론할 수 있어야만 한다. 그럼에도 불구하고, 그들이 다루는 녹색의 풀green grass과 같은 진술 사례들은 화이트헤드의 관점에서는 매우 복잡한 것이며, 따라서 어떤 진술과 객관적으로 존재하는 어떤 사물 사이에 대응이 존재한다는 문제는 손쉽게 대답될 수 없다. 이에 대해 "예"나 "아니오"로만 말하는 것은 우리를 현혹시킬 뿐이다. 하지만 우리는 이 주제를 더욱 일상적인 토론과 관련시켜야만 한다.

두 사람 사이에 전혀 의사소통이 이루어지지 않는 하나의 상황을 가정해 보자. 어떤 여자가 "당신이 내게 오른쪽으로 가라고 했지요."You told me to turn right.라고 말했다고 가정해 보자. 이에 대해 어떤 남자가 "아니오! 나는 불빛 쪽으로 가라고 했는데요."No! I told you to turn at the light.라고 대답한다. 여자는 다시 "어! 나는 '오른쪽'이라고 들었는데."라고 말한다. 이 대화는 진리의 대응과 상관적일 수 있는가?

여자가 처음에 말했을 때, 그녀는 자신의 진술이 그녀가 실제로 들었던 것에 대응한다고 믿었었다. 남자가 그에 대해 대답했을 때 그녀는 자신이 잘못 들었을 가능성을 받아들인다. 그런 뒤 그녀는 자신의 방금 들은 과거 경험에 대해 진술한다. 그녀의 이 진술은 그녀가 상기하는 경험에 그럴듯하게 대응한다.

이 간단한 사례는 매우 핵심적인 질문을 제기 한다. 즉 하나의 진술이 하나의 경험에 대응한다고 말하는 것은 어떤 의미를 가질 수 있는가? 하나의 진술은 사물의 한 종류이고, 경험은 또 다른 종류의 사물이다. 진술과 경험의 대응에 관한 이런 물음은 항상 발생하는 것은 아니다. 예를 들어 그 남자는 현재 말한 것과 과거에 말한 것 사이에서 맞을 수도 있고, 틀릴 수도 있다. 두 문장이나 진술은 진술과 경험의 대응에 관한 물음을 제기하지 않고 대응될 수 있다. 그렇지만 하나의 문장도 하나의 경험에 대응될 수 있는 것이기 때문에, 하나의 언어적 존재와 한 사건의 청각적 측면 사이에는 어떤 중재mediation가 있어야만 한다. 화이트헤드는 자신의 사상에서 이런 중재적 요소를 "명제"propositions라고 불렀다.

명제는 그 자체가 언어적 존재linguistic entity는 아니다. 명제는 어떠한 사건과 사건이 구현할 수도 있고 구현하지 않을 수도 있는 어떤 형식 사이의 현실적이거나 가능적인 관계이다. 앞의 사례에서는 여자의 인생에서 한 과거적 사건[4]과 특수한 소리 패턴오른쪽으로 가라을 듣는 것 사이에 하나의 관계가 있었다. 그녀는 해당 순간 자신의 과거 경험 속에서 "오른쪽으로 가라"라고 들었던 명제를 영입하고 있었던 것이다. 모든 인간의 경험 속 많은 부분들이 그 경험이 영입하는 명제들의 관점에서 분석될 수 있다.

위의 사례는 말로 표현될 수 있는 하나의 명제를 갖는다. 그러나 모든 순간 속에서 영입될 수 있는 많은 명제들 가운데 극히 몇 가지만이 언어로 표현된다. 예를 들어, 그 여자가 자신이 그 남자로부터 들었던 경험을 명제로 명확히 말로 표현하는 그 때, 그녀는 그 남자가 무뚝뚝하고 다소 무례하다는 느낌도 받았다. 그녀는 이런 느낌에 대해서는 심지어 그녀 자신에게까지 아무런 말도 하지 않았다. 그녀가 명확히 말로 표현했던 명제처럼 그런 명제도 참이거나 거짓일 수 있다.

하나의 명제가 참인지 거짓인지 하는 것은 그 명제에 있어 가장 중요한 것은 아니다. 이 경우 비록 그 남자가 실제로 무뚝뚝하거나 무례하지 않았다고 하더라도, 그가 그랬을 것으로 그녀가 믿었다는 것은 그녀의 느낌이나 행동을 위한 결과들을 야기 시킨다. 화이트헤드의 진술 가운데 종종 인용되는 것 중 하나는 명제가 참이라는 것보다 그것이 '흥미를 끈다'는 것이 더 중요하다는 것이다. 만일 명제가 흥미를 끄는 것이 아니라면, 언어로 표현될 것 같지도 않다.

언어의 주된 기능은 명제를 표현하는 것이며 다른 사람들에게 그것에 주목하도록 만드는 것이다. "나는"이라는 말은 그 여자의 경험의 특수한 과거 계기들을 지시한다. "'오른쪽'이라고 들었는데"라는 어구는 해당 계기"나는"이 의미하는 것: 역자 주에서 예시될 수도 있고 예시되지 않을 수도 있는 하나의 패턴을 확인시킨다. 그 진술은 전체적으로 문제의 사건이 말로 명확히 표현된 성격[5)]을 가졌을 가능성에 대한 주목을 불러일으킨다. 이 가능성은 그 사건에 의해 실제로 소유된 성격에 대응될 수도 있고, 대응되지 않을 수도 있다. 그 여자의 주장은 그것이 대응된다는 것이다.

보통 그 대화는 거기서 끝난다. 남자의 마음속에 불러일으켜졌던 여자의 과거 경험에 관한 명제가, 그녀가 실제로 들은 것에 대응되었다는 것은 아마도 수용될 수도 있는 것 같다. 하지만 그렇지 않을 수도 있다. 아마도 여자의 실수가 정직한 것이었는지에 관한 문제는 법률적 근거들을 위해서는 중요한 것이든지, 아니면 단순한 지시를 기억하지 못하는 여자 능력의 문제가 될 것이다. 여자의 진술에 의해 불러일으켜졌던 명제가 참이었는지 거짓이었는지를 결정하는 중요한 역할을 할 수도 있는 것 같다. 그렇다면 문제는 대응된다는 주장을 입증할 때 대응이 어떠한 역할이라도 하는지와 관련해 발생한다.

아마도 대응의 역할이 상당히 크겠지만 여자 자신이 그에 대한 확신을 갖고 있지 못하다면 대응은 유일한 입증 방법을 확인해 줄 수가 없다. 여자는 남자의 말을 들었던 경험을 복원하는 방법들을 가질 수도 있다. 그녀가 회상으로 그 경험의 생생함을 높일 때 그녀는 그 생생함을 해당 명제[6]와 비교할 수 있다. 이것은 문제의 대응에 관해 의혹을 증가시킬 수도 있고, 확신을 증가시킬 수도 있다. 비록 다른 사람들이 여자의 설명을 의심할 수 있다고 하더라도, 입증하는 과정에서 대응에 근접한 어떤 것을 배제하는 것은 옳지 않을 것이다. 그녀는 입증 조건 하에서 자신의 경험을 되살리도록 최면술에 걸린 채 유도 심문을 받을 수도 있다.

심지어 해당 명제와 해당 사건에 대한 비교를 제시하는 경우에도 다른 요소들이 주어진다. 어떤 훈련이나 심리학적 테크닉 등을 통해 그녀가 더욱 위대하고 철저하게 신뢰할 수 있도록 자신의 과거사건남자의 말을 들었던 사건: 역자 주으로 돌아갈 수 있다는 그녀의 신념은, 그녀의 이전의 다른 경험들과 연결되고 대략적으로 그녀의 전체 세계관과도 연결된다. 현재의 더욱 생생한 회상 속에서 그 사건이 처음에 발생했을 때와 대응한다는 것은, 그 자체로서는 대응에 의해 검토될 수는 없다. 그 대응은 다른 신념들이나 경험들과의 정합성$_{coherence}$으로 인해 받아들여져야만 하고, 따라서 아마도 다른 사례들에서의 실용적인 성공을 통하여 받아들여져야만 한다. 최면술로부터의 증거는 훨씬 더 분명하게 실용주의적이고 정합성적인 고찰들과 관련되기도 한다.

만일 이 문제가 최면술이 허용되지 않고 법관에 의해 고찰된다면, 어떤 종류의 입증이 가능할 수 있겠는가? 그렇다면 대응은 배경 속에서나 자리를 잡을 것이다. 법관의 정신 속에서 더욱 중요한 문제는 여자가 정직한지와 회상이 명확한지 하는 점일 것이다. 법관의 정신은 이것들을 어떻게 결정할 수 있겠는가? 법관의 정신은 다른 상황들 속에서 반영된 그녀의 성격과 기억에 관한 모든 것들을 알려고 할 것이다. 법관의 정신은 그녀의 사건이 있었을 때와 다른 속임수의 동기들도 있을 수 있는 정신적 조건에 관심을 보일 것이다. 법관의 정신은 최종적으로 자신이 그녀에 대해 알고 있는 모든 것들에 관한 여자의 설명이 정합적인지의 관점에서 결론에 도달하고, 그녀 설명의 정합성을 법관 본인 정신의 전체 삶에 대한 경험적 상황 속에서 판단하게 될 것이다. 정합성이 지배하게 된 것이다. 하지만 정합성은 대응을 배제하는가? 나는 그렇다고 생각하지 않는다. 대응이 복잡한 방식으로 전체 진행 과정에 관여되고 있는 것이다. 아마도 이것은 최종적인 결정 속에서 가장 명확히 드러날 것이다. 자신의 이야기를 들려줄 때의 여자의 정직성이 다른 모든 증거들과 어느 정도 정합적인지 아닌지를 판단할 때, 한 가지 결정적인 요소는 전제들의 패턴이 인간이 자신의 고유한 삶의 경험을 통해 이해될 수 있는 방식에 더 잘 대응되는지에 관한 하나의 결정이다.

이상의 논의는 대응에 대해 판단하는 과정 속에서 정합성과 대응이 얼마나 복잡하게 뒤엉켜 있는지를 예시한다. 그럼에도 불구하고, 이 사례는 실용주의적인 고찰들을 부각시키는데 실패했다는 점에서 일방적이었다. 실제로, 화이트헤드는 그런 실용적인 고찰들을 우선적인 것으로 다루었다. 비록 궁극적이거나 유일한 것으로 다룬 것은 아니지만 말이다.

나의 연구실을 대충 둘러보아도 나는 명확히 말할 수 없는 많은 명제들을 영입하게 된다. 나는 하나의 대상을 의자로 판단한다. 또 다른 것들을 냉장고로, 테이블로, 유리로, 사과로 판단한다. 나는 이런 판단들 가운데 어떠한 것에 대해서도 입증하지 않는다. 나는 그런 판단들을 과거로부터 물려받았을 뿐이다. 기본적으로, 내가 그 판단들을 현재 받아들일 수밖에 없는 이유는 다른 유사한 판단들이 나의 환경으로 나를 이끌고, 목적을 달성하고자 하는 나의 행동으로 이끌기 때문이다. 이런 판단들의 실용적인 성공이 나로 하여금 그 판단들을 자기화하게 하고, 그 판단들을 참인 것으로 신봉하게 하는 주된 근거이다. 이런 사실이 그토록 넓게 확산되어 있기 때문에 화이트헤드는 그의 진리 이론을 거의 실용적인 것으로 다룰 수 있다고 말하였다.

그러나 "거의"는 "완전히는 아니다"를 의미한다. 왜냐하면 실용적인 고찰들은 최종적으로 정합성이나 대응과 분리될 수 없기 때문이다. 특수한 판단들은 그것들이 다른 판단들과 정합적이지 않았다면 적절히 잘 작용하지 않을 것이다. 더욱이, 실용적인 입증은 대응과 관련된다. 내가 보고 있는 하나의 특수한 대상이 테이블이라는 나의 판단에 대해 고찰해 보자. 이 판단은 테이블을 표상하고 표현하는 어떤 시각적 패턴을 판단하는 일이 과거에도 그렇게 작용하고 있었다는 점에서 유래한다. 바로 지금 나는 어떠한 것과 테이블을 대응시킴으로써 나의 판단을 입증하고 있는 것이 아니다. 그러나 때때로 과거의 나는 하나의 대상을 이전의 경험과의 관계성에서 테이블로 판단함으로써 불러일으켜졌던 예상들expectations을 입증하곤 했었다. 종종 예상과 결과 사이에 대응이 있어 왔던 것이다.

드디어 나는 굉장히 복잡한 사례, 즉 "저 풀은 녹색이다."The grass is green라는 사례로 나아갈 것이다. 이 명제는 무엇을 의미할 수 있으며? 어떻게 입증될 수 있는가?

물음은 위의 순서로 제기되어야만 한다. 우리는 그 명제저 풀은 녹색이다가 무엇인지를 알기 전까지 그것을 검증하는 방식에 대해 논의할 수 없다. 어떠한 언어적 표현도 표현될 수 있으며 다양한 명제들을 불러일으킬 수 있다. 이런 추가된 복잡성을 이전의 사례들에서 지적하는 것은 중요한 것 같지 않았으나, 이 사례에서는 피할 수 없다.

'저 풀이 녹색'이라고 말하는 것은, 색깔을 식별할 줄 아는 사람들이 어떤 장소에서 적절한 빛의 조명을 받게 될 때 녹색을 볼 것이라는 점을 의미할 것이다. 이 명제는 현실적 경험과 대응되기 때문에 꽤 손쉽게 입증될 수 있다. 이런 입증은 이전 사례와의 관계에서 논의되었던 일종의 정합성과 대응의 뒤섞임과도 관련될 것이다. 하지만 의도되고 불러 일으켜졌던 명제들이 관찰자들$_{\text{즉 사람들}}$에 관해서가 아닌, "풀"로 표시된 $_{\text{현실적}}$ 존재들에 관한 것이라고 가정해 보자. 그런 명제들이 존재하는가? 아니면 화자$_{\text{the speaker}}$[7]가 단순히 혼동하고 있는 것인가?

만일 화자가 저 풀이 시각적으로 녹색을 향유하고 있다는 점을 의도한다면, 우리의 고찰을 위해 명료하지만 불합리한 하나의 명제가 이용될 수 있다. 화이트헤드는 또 다른 가능한 의미를 공감적으로 관조하였다. 그는 그 명제가 풀이 "녹색적으로$_{\text{greenly}}$ 느낀다"는 것을 의미한다고 생각하였다. 그런 명제는 화이트헤드에 의해 상세하게 성립된 많은 전제들을 갖고 있다. 우선, 그 명제는 우리가 저 풀이라고 부르는 것을 구성하는 사건들이 근본적으로 인간의 경험과 유사한 것처럼 다른 사건들과의 관련성을 통해 구성된다. 이런 관계들은 느낌이라고 불릴 수 있고, 이런 느낌은 객체적 여건$_{\text{objective data}}$과 주체적 형식$_{\text{subjective forms}}$을 갖는다. 그렇다면 "녹색적으로"는 풀이라는 사건들을 구성하는 어떤 느낌의 주체적 형식을 지시한다.

이 "녹색적으로"가 눈의 보임을 통해 인간에게 주어진 객체화

된 색깔에 관련항을 가질 수 없을 경우 "녹색적으로"가 의미하는 것은 무엇일까? 화이트헤드의 믿음에 따르면, 이 객체화된 색깔들은 시각의 양태를 통하여 인간 느낌의 주체적 형식들을 표현하는 인간 창조성의 산물이다. 객체화된 색깔보다 인간의 경험에 더욱 근원적인 것은 그 색깔 속에서 표현된 정서적 색조emotional tones이다. 비록 정서적 색조가 명증한 의식에는 턱없이 미치지 못하는 것이지만 말이다. 화이트헤드는 인간 경험 속에는 인간의 경험에 끼치는 풀의 물리적 영향력에서 파생된 정서적 색조라는 어떤 순응이 있으며, 풀 세포들 속에서도 느낌의 주체적 형식이 존재하는 것이 가능하다고 믿었다. 만일 그렇다면, '저 풀이 녹색'이라는 진술은 풀에 관한 하나의 참인 명제를 불러일으킬 것이다.

그와 같은 명제가 참이라는 점은 어떻게 결정될 수 있었는가? 만일 "결정된다"라는 말이 규정적인 방식definitive manner으로 정해진다는 것을 의미한다면 결코 답이 되지 못한다. 화이트헤드에게 그런 방식은 임의의 명제가 참이든 거짓이든 어느 것이 되는 것을 막지 않는다. 왜냐하면 참과 거짓의 의미는 명제들이 입증되는 방식의 한 기능이 아니기 때문이다. 그럼에도 불구하고, 그 의미가 해당 진술이 참이라는 점에 의존하고 거기서 결론들을 끌어내는 것은 현명하지 않을 것이라는 점을 의미한다. 그런 진술들은 사변의 극단적인 한계에 놓여 있다. 명제가 참이라는 점은 화이트헤드의 나머지 사변과 일관된 것으로 보일 수 있다. 그러나 명제가 거짓이라는 점도 역시 화이트헤드의 나머지 사변과 일관적일 것이다. 화이트헤드는 그의 사변을 그가 어느 낭만파 시인들과, 그리고 덜 생생하게는 우리들과 공유할 수 있는 심오한 미적이고 종교적인 느낌으로부터 승인하였다. 미적이고 종교적인 직관들을 잠정적으로 신뢰하는 것은 화이트헤드가 세계와 인간 경험에 대해 일반적으로 이해한 것에 일관적이다.

나는 대응적인 사고가 얼마나 멀리까지 상관적일 수 있는지를 보여주기 위하여 화이트헤드 사상에서는 극히 주변부에 위치한 이 사례$_{녹색의\ 풀}$를 다루었다. 화이트헤드에게 훨씬 더 자연스러운 것은 인격적 경험과 신체의 세포적인 경험 사이의 대응을 강조하는 것이다. 치통을 통해 우리의 인격적 경험이 치아 세포 경험에 순응하게 되며, 그래서 그것들 사이에 대응이 있다는 점을 알게 되는 것을 예로 들 수 있다. 우리는 이런 대응이 우리에게 끼치는 영향력이 훨씬 더 복잡하게 중재되는 풀 세포 사례보다 훨씬 더 강렬하다는 점을 예상할 수 있을 것이다.

## Ⅳ

나는 관념론적 회의주의의 맥락에서 실재론을 방어하기 위해 진리 대응 이론에 초점을 두어 왔다. 이 이론을 방어하는 과정에서 나는 하나의 특수한 형태의 실재론을 전제해 왔다. 나는 처음부터 이런 순환성을 인식했었다. 나는 이 상황이 모든 인식론적 논증들을 위해서도 동일하다고 확신하며 인식론적 토대주의에 대한 최근의 비판에 찬성한다. 단지 내가 유감스러운 것은 그런 비판이 실재론적 사유에 이르는 길을 다시 열어주는 것이 아니라 실재론을 넣은 관에 박을 못$_{nail}$으로 종종 기술된다는 점이다.

나는 화이트헤드주의의 실재론적 형태를 마지막으로 방어하기 위해 앞에서 기술된 논점으로 돌아가고자 한다. 이 실재론의 형태도 관념론의 적극적인 통찰을 위한 광범위한 범위, 즉 우리가 세계를 형성시킬 때의 역사의 창조적 활동, 문화, 사상, 그리고 언어 등에 관한 통찰을 제공한다.

세계를 구성하는 실재적인 사건들은 물리적이자 정신적인 측면에서 양극적이다. 인간에게서 정신성은 극도로 중요하다. 지금까지 내가 강조한 것은 물리적 극이었는데, 이 극에서는 순응이 일어난다. 이 극에서는 우리의 신체와 우리의 과거 경험들이 결합해서 현재의 우리 자신의 존재를 구성한다. 비록 그것들이 모든 순간 우리 존재에서 매우 복잡하고 극히 중요하다고 하더라도, 우리는 언제나 과거로부터의 인과적 효과성의 결과로서만 살아가는 것은 아니다. 우리에게는 그 "이상"의 것이 필요한데, 그것이 정신적 극이다. 이 극이 우리의 의식적 삶을 매우 확실하게 지배하고 있었기에 철학자들로 하여금 우리 물리성의 실재를 못 보게 해버린 것이다. 관념론적 사상들의 대부분의 적극적인 공헌은 인간의 정신성이 인간의 세계를 형성시킨 방식으로 명확하게 평가될 수 있고 전용될 수 있다. 내가 매우 강력하게 반대하는 것은 세계를 형성하는 과정에서 인간의 정신이 세계를 무로부터 또는 정신성 그 자체로부터 창조한다는 관념이다. 즉 인간의 경험에 철저히 필요했고 인간의 세계를 형성시켰던 물리적 실재가 존재하지 않는 것처럼 보는 관념 말이다. 물리적인 것이 부정되거나 간과된다면, 정신의 본성은 뿌리부터 잘못 이해될 수밖에 없다.

한 가지 위험은 물리적인 것을 조금이라도 인식하게 될 때 그것은 단순 질료mere matter로 조명된다는 것이다. 고대의 이원론[8]은 이론적으로 그것을 거부했던 많은 이론들 사이에서 여전히 잘 살아남아 있다. 그러나 화이트헤드에게서 한 순간의 정신은 다음 순간에 물리적인 것이 된다. 즉 물리적인 것은 너무도 복잡하게 정신적인 것과 서로 얽혀 있다. 단순한 물리적 사건이란 존재하지 않으며 단순한 정신적 사건이란 것 역시 존재하지 않는다. 정신성을 물리성으로부터 분리시키거나 또는 물리성을 정신성으로부터 분리시키는 것은 언제나 추상일 수밖에 없다. 추상도 정당한legitimate 것들이지만, 그것이 추상이며 그 추상의 정도를 잊게 될 때 파멸이 찾아온다.

어떤 관념주의자들에게, 실재론자들은 그들의 사상이 역사적으로 제약되어있는 것에서 도피할 수 있다고 주장하는 것처럼 보인다. 이런 역사적 제약은 현대의 관념론자들이 올바르게 강조해왔던 것이다. 실재론자들이 역사적으로 특징지어지지 않은 경험의 특징들가령, 사람들이 다른 동물들과 공유하는 특징들을 지적한다는 점에서는 옳다. 그럼에도 불구하고, 실재론자는 그런 특징들에 관한 확신이 자신이 살고 있는 특정한 역사적 상황 이외의 다른 곳으로부터 발생했다고 주장하지는 말아야 할 것이다. 우리가 사용하는 모든 말과 우리가 보이는 모든 태도는 역사적으로 제약되어진 것이다. 문제는 역사적으로 제약되었다는 것이 무엇을 의미하는가 하는 점이다. 만일 우리가 창조하는 세계들이 무로부터 온 것들이라면, 그것은 우리의 관념들다른 사람들의 관념들은 제외하고이 어떠한 것과도 전혀 관련되지 못하고 있다는 것을 의미할 것이다. 만일 우리가 창조한 세계들이 물리적 실재과거적 사유를 포함하지만 그에 의해서는 완전히 소진되지는 않는로부터 온 것들이라면, 우리의 모든 세계의 기저에 있으며 그 안에서 지적될 수 있는 공통의 요소들이 존재하게 된다. 비록 그것들을 확인하려는 어떠한 노력도 언어가 역사적으로 제약되어 있다는 점에 묶일 수밖에 없게 되지만 말이다. 한 사람의 실재론자로서 나는 모든 사람들이 구체화되어 있다는 점, 모든 신체들이 세포들많은 살아 있는 세포들을 포함한로 구성되어 있다는 점, 그리고 모든 세포들이 음식을 필요로 하고 있다는 점 등을 믿는다. 나는 이런 문제에 주목하지 못하게 하거나 인간의 활동을 음식 획득과 무관하게 만드는 모든 언어-문화적 체계는 자멸적이라고 믿는다. 그럼에도 불구하고, 나는 많은 문화-언어적 체계들이 상호간 매우 다르지만 생명을 유지시키는데 필수적인 물리적 활동들을 동등하게 고무시키고 있다고 확신한다. 인간은 살기 위해 음식을 필요로 한다는 나의 이런 신념조차도 문화적으로 습득된 것이다. 그러나 나는 문화적으로 습득되고, 이런 의미에서 상대적인 것도 모든 문화들 속에서 습득되는 것이지만, 또 다른 의미에서 문화적 특수성에 의해 중요하게 결정되는 것은 아니라고 믿는다. 이런 신념들 또한 문화적으로 습득된 것들이다.

내 생각에 더 중요한 것은 누군가는 하나의 사유 영역에서 실재론적 사유를 채택하고 다른 누군가는 또 다른 사유 영역에서 관념론적 사유를 채택한다는 점을 인정하는 것이다. 모든 것들에 대한 이해상대주의(relativism)와 역사주의(historicism)를 포함한는 어떤 형태를 이루는 경향이 있다. 실재론자들이나 관념론자들은 개별적으로는 조금 독단적으로, 또는 조금은 겸손하게 그들의 기본적인 선택이 적절하다는 점과 그런 선택이 궁극적으로는 상대적이라는 점을 인식한다고 주장할 수 있다. 아마도 실재론자들이 관념론자들보다 오만함에서 더 떳떳치 못할 수도 있다. 그럼에도 불구하고, 우리 실재론자들이 매우 소수뿐인 학자들의 세계에서 우리는 우리가 틀렸고 다수[9]가 옳을 가능성을 인정하지 않을 수도 없다. 아마도 이 점이 우리의 논증을 더욱 열정적인 것으로 만들 수도 있다. 그러나 이 열기도 우리의 사유가 상대적일 수밖에 없다는 점을 부정하지는 않는다.

## V

카우프만과 나와 같은 신학자들에게 관념론과 실재론의 문제는 신의 학설에 대해 특별히 중요한 초점에 도달하도록 한다. 현대 신학에서는 많은 사람들이 실재론적인 것처럼 보이는 방식들로 자신들의 인간학과 심지어 역사와 자연에 대한 학설들을 발전시켰다. 원칙적으로는 대응에 대한 모든 주장이 폐기될 것을 기대할 때에도 일어났던 것이다. 관념론을 위한 논증들은 신에 대한 학설이 가장 핵심적이고 결정적일 몇 가지 학설들에만 엄격히 적용된 것으로 종종 판명되었다.

비록 이런 방식으로 작업하던 몇몇 사람들이 일관적이지 못했다고 하더라도, 그런 구별은 또한 일관되게 이루어질 수 있는 것이기도 하였다. 우리가 역사와 자연과 관련해서는 어느 정도 묘사된 사물들의 실재에 실제로 대응되는 기술을 정식화할 수 있는 가능성을 가졌지만, 그런 대응적인 기술은 신과 관계해서는 불가능하였다. 왜냐하면 신은 순수하게 신비적인 존재이기 때문이었든지, 아니면 하나의 인간적 투영물이나 구성물이었든지 했기 때문일 것이다.

이 점에서까지 나의 실재론 논증은 신과 관련하여 이런 방향들 가운데 어느 것에도 개방적이다. 나는 과거의 경험 · 신체 · 다른 사람들 및 자연 세계 전반 등이 실재함에 대해 논의해 왔다. 이 모든 것들을 실재적으로 믿는 것과 그것들이 모든 존재한다는 것, 또는 전적으로 알려져 있지 않은 것들조차도 무엇이든지 실재론적으로 믿는 것은 매우 가능하다. 화이트헤드로부터 영향을 받은 실재론자들 사이에서조차 이 문제에 대해 다양한 견해들이 존재한다. 그럼에도 불구하고, 화이트헤드와 대다수 그의 신학적 추종자들은 그의 실재론을 신에 관한 실재론을 주장하는 선까지 확대했었다. 이런 확대는 현대적 민감성관념론적이든, 유물론적이든, 상대주의적이든의 흐름에 역행하여 그것을 끊어버리는 것과 신의 실재성을 주장하지 않았다면 화이트헤드에게 매료될 수도 있었을 사람들을 주저시킨 것을 제외한다면 문제될 것이 없다. 그럼에도 불구하고, 신뢰할 수 있고 예배 받을만한 가치가 있는 하나의 실재에 대한 신념이 죽어버려 생생한 기독교 신앙에 의해서조차 오랫동안 살아나기 힘들 것이라고 믿는 나 같은 사람들에게 화이트헤드의 이런 행보는 그의 신학적 관심에 크게 추가되었다.

우리는 얼마만큼의 확신을 갖고서 신에 대해 실재론적 주장을 펼 수 있는가? 실재론 일반을 선택하는 것이 확신과 관련될 수 없고, 이런 선택이 출발점으로 주어진다고 하더라도 많은 다른 불확실한 선택들도 이루어질 수 있다. 하지만 나는 과거가 효과적으로 나의 현재의 경험 속에 내재해 있다는 판단에 대해 상당한 확신을 가질 수 있다는 점에서 화이트헤드를 따른다. 다른 극단에서 나는 풀로부터 파생된 우리의 느낌이 풀이 느끼는 방식에 순응한다는 화이트헤드의 신념그에 의해 신앙의 행위로 인식된을 사례로 제시했었다. 내가 신의 실재에 도달할 수 있게 된 확신의 정도는 이런 양극단 사이의 어딘가에 있다.

이런 지속된 나의 노력에도 불구하고, 세계 속에서 효력을 가지며 세계에 방향을 지시하는 가능성을 제공하는 실재신을 의미함: 역자주에 대해 화이트헤드의 우주론을 완전히 절제된 정합적인 설명으로 발전시킬 수 있는 사람은 아직까지 아무도 없었다. 화이트헤드는 초기에 이런 가능성이 지속적으로 현존하는 것을 '제한의 원리' 또는 '구체화의 원리'라고 칭하였다. 비록 내가 화이트헤드의 개념 체계가 비범한 설명력을 갖고 있다관련된 점들이 내 자신의 경험에 대응된다고 했던 것처럼는데 이미 확신을 가지고 있었지만, 나는 화이트헤드가 제한의 원리나 구체화의 원리라는 학설이 요구된다는 결론을 내렸을 때에도 그가 옳았다고 믿고 있다.

만일 화이트헤드가 이 점에서 멈추었더라면, 나는 그가 많은 적개심을 불러일으키지 않았을까하고 생각해 본다. 형이상학자들이란 원리를 통해 말하도록 허용된 사람들이다! 그러나 화이트헤드는 그가 제한의 원리라고 불렀던 것이 어떤 종교인들에 의해서는 신神이라는 이름으로, 다른 종교인들에 의해서는 다른 이름들로 불리고 있는 것이라고 판단하였다. 화이트헤드의 이런 판단은 화이트헤드와 그의 몇 사람의 추종자들에 의해 신의 학설을 복잡하게 발전시키는 데로 나가도록 하였다. 화이트헤드는 신에 관해 언급될 수 있는 그 이상의 내용은 종교적 경험으로부터 배워야 한다고 진술하였다. 그래서 비록 그의 철학적 고찰과 종교적 고찰이 신의 학설에 관한 그의 발전을 통하여 상호 뒤섞여 있다고 하더라도, 우리는 그의 이런 요점을 항상 기억하고 있어야만 한다. 화이트헤드의 입장에서 종교적 경험이란 순수 투영물은 아니지만 인간의 문화와 역사적 사실들에 의해 뿌리 깊게 제약되어 있는 것이다. 종교적 경험 증거에 대한 그의 고유한 해석과 신이 이런 증거의 빛에서 존재할 수 있다는 그의 정식화 역시 뿌리 깊게 제약되어 있는 것이다. 따라서 화이트헤드가 신에 관해 했던 많은 말들은, 방금 전에 들었던 것을 기억하려는 여자의 사례보다 풀이 우리 경험에 끼치는 영향력의 복잡한 중재가 풀과 우리의 경험을 질적으로 완전히 단절시키지 않는다는 그의 신앙과 더 유비적이다. 풀이 녹색이 되는 경우에서처럼, 그는 이례적인exceptional 경험에 호소하였고 그런 경험이 가능할 수 있는 하나의 논증을 발전시켰다. 화이트헤드는 이런 과정의 많은 부분이 딱딱한 철학보다는 시詩에 더 근접된 것으로 이해하였다. 비록 딱딱한 철학과 같은 것들도 실제로 존재하지만 말이다. 그리고 물론 앞의 사례 속 여자의 경험과 종교적 민감성도 그의 사상에서 어느 정도 대응하지 않는다면 누구든 그를 따라야 할 근거는 없어진다.

이와는 대조적으로, 화이트헤드의 사변이 대부분의 현대인들이 승인할 수 있는 것을 넘어서 너무 멀리 갔기 때문에 그의 사변은 거부되어야 한다는 것도 근거가 없는 것이다. 우리는 회의주의를 주요한 덕목으로 여기는 것에 회의적이어야만 한다. 나에게는 모든 상세한 점에 굳이 이르지 않더라도, 화이트헤드는 신에 대해 내가 발견한 가장 강력하고 확고한 비전을 제공하였다. 그래서 나는 화이트헤드주의 유신론자가 되었다. 하지만 나는 다른 성향을 갖고서 다른 삶의 경험을 가진 사람들의 형이상학적인 제한의 원리에는 동의할 수 있지만, 이런 동의가 신의 존재함에 대한 자신들의 이해와는 관계가 없다고 정직하게 단언할 수 있다는 점도 확신을 할 수 있다. 그리고 나는 존재하는 것과의 완벽한 조화 속에서

단 하나의 참된 방법만이 존재할 경우에, 우리의 주장이 참되지 않을 수 있다는 점도 확신한다. 그러나 우리들 가운데 많은 사람들이 전적으로 틀렸을 것이라는 점에 대해서는 미심쩍게 생각하기도 한다. 그것이 실재가 존재하는 방식으로는 전혀 대응하지 않는 신념들을 신봉하는 것을 의미한다고 하더라도 말이다. 또한 나는 신에 관한 우리의 생각과 실재가 존재하는 방식 사이에 많은 가능한 대응을 얻는다는 것을 믿기도 한다.

관념들이 더 좋은 것이든 더 나쁜 것이든 신적인 실재에 대응할 수 있다는 점에 대한 책임적 판단을 어떻게 정식화 할 수 있을까? 나는 다른 누군가가 그런 판단을 내리는 방식과 동일하지 않을까 생각한다. 화이트헤드는 정합성으로 고찰하는 일과 함께 시작한다. 그러나 정합성의 요구로부터 그가 내린 결론들은 실용적으로나 대응의 관점으로나 모두 어느 정도 입증될 수 있다. 하나의 인간 경험이 제한의 원리가 작동하고 있는 사건들 가운데 하나이기 때문에 혹자는 이 원리가 그 사건 속에서 식별 가능한 효과를 가질 것이라고 기대할 수 있다. 화이트헤드는 새로운 질서와 질서화 된 새로움 속에서 이런 효과를 발견하였고, 특히 부분적으로는 구현되었지만 부분적으로는 놓쳐버린 사물들의 정당성$_{\text{rightness}}$의 의미 속에서 그런 효과를 발견하였다. 이런 느낌은 종종 종교적 경험과 결합된 것으로 여겨질 수 있다. 그리고 그런 느낌은 나의 경험과도 결합된 것으로 간주될 수도 있다.

나는 화이트헤드가 나에게 지적해 주지 않은 또 다른 확증적인 사실을 발견하게 되었다. 화이트헤드에게는 제한의 원리를 창조성 creativity에서 구별하는 것이 중요했었다. 그는 창조성도 인간의 종교적 경험과 삶에서 중요한 역할을 한다는 점에는 주목하지 못하였다. 하지만 내가 불교도들과 교류를 하게 되었을 때, 불교도들이 그들의 궁극적 실재혹은 비실재, 즉 의존적 발생: dependent origination에 대해 말했던 많은 것들이 화이트헤드가 자신의 궁극자인 창조성에 대해 묘사한 것과 동일한 방식으로 묘사되고 있음을 알게 되었다. 화이트헤드처럼 대다수의 불교도들은 이런 궁극자는 신이 아니라는 확신을 갖고 있다. 그들은 제한의 원리 같은 것이 있다는 점을 부정하든지, 아니면 그런 문제 자체에 주목하지 않는다. 결과적으로 그들은 질서화 된 새로움이나 새로운 질서, 혹은 부분적으론 구현되었으나 부분적으론 놓쳐버린 사물의 정당성에 대한 문제들을 주제적으로 고찰하지는 못하였다. 역사에 대한 느낌이나 인간 경험의 역사적 차원과 관련된 윤리적 반성의 유형들은 신에 초점을 둔 성서적 신앙과 비교해 볼 때, 불교 속에서는 매우 빈약하게만 발전되었다. 불교와 달리, 우리가 창조성의 사례들이라는 점에 대한 깨달음 속에 함축된 의미들은 성서적 신앙 속에서는 거의 상상되지 못했으며 화이트헤드마저 거의 예상하지 못하게 매우 위대한 풍요로움으로 발전된다. 이런 문제들에 대해 반성할수록, 나는 화이트헤드의 개념 체계 속에서 실용주의적 가치들, 내 경험과의 대응적인 요소들, 정합성을 향한 증가 등이 있다는 점을 발견한다. 그래서 나는 신에 관한 실재론적 사유를 포기할 마음을 가질 수가 없다.

## 장주 … 역자 첨부 부록

1) John B. Cobb Jr., "In defense of Realism," in Theology at the End of Modernity, (ed.) Sheila Greeve Davaney, Trinity Press International, Philadelphia, 1991, 제9장.
2) 역자 주: 본문의 문맥에서 '그들의 한계'란 진리 대응을 하나의 경험과 외부의 사물 사이의 대응에만 적용하고 관념과 관념 간의 대응에는 일반적으로 적용하지 않는다는 것이다. 즉 관념과 관념 간의 대응 여부도 일종의 경험과 외부 사물 간의 대응에 속한다는 것이 저자의 전제일 것이다. 이는 '어떤 과거 사상가의 관념에 대한 사람들의 진지한 논의'라는 사례의 형식으로 앞서 제시되기도 했다.
3) 역자 주: 현재의 순간이 발생한 첫 순간이라고 믿는 사람을 말한다.
4) 역자 주: 여자의 편에서 남자로부터 어떤 말을 들었던 경험 사건을 말한다.
5) 역자 주: 이 역자 주가 달린 본문으로부터 세 단락 위의 두 번째 문장 속의 명제에 관한 정의 중에 나오는 '형식'을 의미 한다.
6) 역자 주: 남자가 최초에 여자에게 했던 말로써 표현된 것을 의미 한다.
7) 역자 주: '저 풀은 녹색이다'라고 말한 사람.
8) 역자 주: 이 고대의 이원론은 이 문맥에서는 주로 아리스토텔레스 체계의 직관적 전제였던 단순 질료와 순수 형상을 의미한다고 볼 수 있다.
9) 역자 주: 관념론자들을 의미할 것이다.

# 찾아보기

ⓒ



ⓓ



ⓔ

ㅂ



ㅅ

## ㉿

ㅋ



ㅌ



ㅍ



ㅎ

# 지은이 및 옮긴이 소개

**존 캅** John B. Cobb Jr., 1925~

현재 미국 클레어몬트Claremont 대학의 명예교수이며, 《과정사상 연구소》의 창설자이자 현존하는 가장 창조적인 기독교 신학자 및 종교 철학자 가운데 한 사람으로 알프레드 노드 화이트헤드A. N. Whitehead의 과정 철학에 근거해 과정 신학자 및 철학자로서 60년 이상 역동적이고 헌신적으로 활동하여 20세기를 대표하는 신학자 가운데 한 사람으로 높이 평가된다. 그는 새로운 자연신학적 방법론에 기초해 다양한 주제들에 대해 수많은 역작들을 발표하고, 고전의 반열에 올렸으며, 특히 기독교 신학의 고유한 주제들은 물론이고 기독교 신학자의 독특한 시각에서 타 분야들과의 대화의 결실을 공동의 연구 성과물로 발표하여 통전적인 유기체적 실재의 해명에 전력을 쏟아 왔다. 대표적인 저술들로는 다음과 같은 것들이 있다:

~ Living Options in Protestant Theology(1962),

~ A Christian Natural Theology(1965, 2007),
이경호 역, 『화이트헤드 철학과 기독교 자연신학』, 동과서, 2013,

~ The Structure of Christian Existence(1967),

~ God and the World(1969),

~ Is it too Late: A Theology of Ecology(1972, 1995),

~ Christ in a Pluralistic Age(1975),

~ Process Theology(1976, with David R. Griffin),
이경호 역, 『캅과 그리핀의 과정신학』, 이문출판사, 2012,

~ Process Theology as Political Theology(1982),

~ Beyond Dialogue(1982),
이경호 역, 『기독교와 불교의 대화와 대화를 넘어서』, 이문출판사, 2010,

~ For the Common Good(1989, 1994, with Herman E. Daly),

~ The Liberation of Life(1990, with Charles Birch),
양재성 · 구미정 공역, 『생명의 해방』, 도서출판 나남, 2010,

~ Matters of Life and Death(1991),

~ Becoming a Thinking Christian(1993),
이경호 역, 『생각하는 기독교인이라야 산다』, 한국기독교연구소, 2002,

~ Grace and Responsibility(1995),
심광섭 역, 『은총과 책임』, 기독교대한감리회홍보출판국, 1997,

~ Transforming Christianity and the World(1999),

~ Postmodernism and the Public Policy(2001),

~ Sustainability: Economics, Ecology, and Justice(2007),

~ Spiritual Bankruptcy: A Prophetic Call to Action(2010).

## 이경호

서울 감리교신학대학교와 대학원을 졸업하였다Th. D. 감리교신학대학교 학부와 대학원에서 종교 철학 과목들을 강의하고 있다. 논문으로는 『'成唯識論'에서 본 유식사상과 화이트헤드의 과정 사상의 비교연구』, 『탈실체화된 영혼들: Living Person과 無我』화이트헤드연구 제18집, 『철학, 존재, 언어: 들뢰즈와 화이트헤드~사건론의 두 유형 ~』화이트헤드연구 제21집, 『유식불교의 식識과 화이트헤드의 주관주의적 원리』화이트헤드연구 제25집 등이 있으며, 옮긴 책으로는『화이트헤드 철학 풀어 읽기』이문출판사, 2003, 공역, 『화이트헤드 철학과 자연주의적 종교론』동과서, 2004, 공역, 『과정신학과 자연주의』이문출판사, 2003, 『기독교와 불교의 대화와 대화를 넘어서』이문출판사, 2010, 『캅과 그리핀의 과정신학』이문출판사, 2012 등이 있다.